Zeitdiagnose Männlichkeiten Schweiz
AG Transformationen
Männlichkeiten (Hrsg.)

D1720235

Die Gender Studies haben sich aus den feministischen Bewegungen und kritischen Theoriebildungen des 20. Jahrhunderts heraus entwickelt. Inzwischen haben sich die Gender Studies sowohl als eigenes Lehr- und Forschungsfeld etabliert wie auch in den unterschiedlichsten Disziplinen verankert. Die Gender Studies untersuchen, wie über Geschlecht in der Vergangenheit wie in der Gegenwart gesellschaftliche Ordnung und Machtverhältnisse hergestellt werden. Dabei wird Geschlecht nicht als biologisch oder natürlich gegebene Konstante verstanden, sondern als ein historisch-kulturell bedingter, lebenslanger Konstitutionsprozess, als eine Existenzweise und damit immer als das Ergebnis gesellschaftlicher und individueller Prozesse.

Die Reihe Geschlechterfragen publiziert theoretische und empirische Arbeiten aus dem Feld der gesellschaftswissenschaftlichen Geschlechterforschung. Sie berücksichtigt verschiedene Disziplinen und sie schlägt als mehrsprachige Reihe auch Brücken zwischen sprachkulturell unterschiedlichen Forschungssensibilitäten.

Die Reihe «Geschlechterfragen» wird von der Schweizerischen Gesellschaft für Geschlechterforschung herausgegeben. Die Reihe ist Peer-Reviewed und publiziert Open Access.

Direktion

Janine Dahinden, transnational Studies, Laboratory for the Study of Social Processes, University of Neuchâtel

Julien Debonneville, sociologist and anthropologist, Institute of Gender studies, University of Geneva

Francesca Falk, historian, Historical Institute, University of Bern

Delphine Gardey, historian and sociologist, Gender Studies, Université de Genève

Dominique Grisard, historian, Center for Gender Studies, University of Basel

Eléonore Lépinard, sociologist, Center for Gender Studies, University of Lausanne

Marylène Lieber, sociologist, Institute of Gender Studies, University of Geneva

Brigitte Liebig, sociologist of Gender and Applied Psychologist, Institute for Sociology University of Basel / School of Applied Psychology, University of Applied Sciences and the Arts Northwestern Switzerland

Katrin Meyer, Gender Studies / Philosophy, Department of Gender Studies at the Institute of Asian and Oriental Studies, University of Zurich

https://www.unige.ch/etudes-genre/fr/institut/questionsdegenre

Geschlechterfragen

AG Transformationen Männlichkeiten (Hrsg.)

Zeitdiagnose Männlichkeiten Schweiz

Die Druckvorstufe dieser Publikation wurde vom Schweizerischen Nationalfonds zur Förderung der wissenschaftlichen Forschung unterstützt.

Der Verlag und die Herausgebenden bedanken sich bei der Graduate School of Social Sciences der Universität Basel für den Druckkostenbeitrag.

Der Seismo Verlag wird vom Bundesamt für Kultur für die Jahre 2021–2024 unterstützt.

Bibliografische Angaben der Deutschen Nationalbibliothek
Die Deutsche Nationalbibliothek verzeichnet diese Publikation in der Deutschen Nationalbibliografie; detaillierte bibliografische Daten sind im Internet über http://dnb.de abrufbar.

ISBN 978-3-03777-217-1

www.seismoverlag.ch
buch@seismoverlag.ch

ISBN 978-3-03777-217-1

Umschlag: Hannah Traber, St.Gallen

Inhalt

Grusswort

Dominique Grisard und Katrin Meyer

Der gesellschaftliche Wandel von Männlichkeitsnormen und männlichen Lebens- und Arbeitsformen wird in den Kultur- und Sozialwissenschaften seit vielen Jahren intensiv analysiert und breit debattiert. Gemessen an den ersten Publikationen im angelsächsischen Raum seit den 1980er Jahren setzte die kritische Männer*- und Männlichkeitenforschung in der Schweiz erst langsam und mit zeitlicher Verzögerung ein. Entsprechend bedeutsam ist die Publikation des vorliegenden Sammelbandes «Zeitdiagnose Männlichkeiten Schweiz» unter der Herausgeberschaft der Arbeitsgruppe *Transformation von Männlichkeiten (TransforMen). TransforMen* ist eine Arbeitsgruppe der SGGF, die sich zum Ziel gesetzt hat, die Männlichkeitenforschung in der Schweiz zu stärken und die Forschenden untereinander zu vernetzen. Ihr Buch bietet eine Tour d'Horizon durch die interdisziplinäre Schweizer Männlichkeitenforschung in ihrer thematischen Breite und zeigt auf, was die kritische Männer*- und Männlichkeitenforschung «in, zur und für die Schweiz» leisten kann.

Der vorliegende Band ist die erste Publikation, die im Rahmen der Reihe *Geschlechterfragen* unter neuer Herausgeberschaft erscheint. *Geschlechterfragen* publiziert theoretische und empirische Arbeiten aus dem Feld der gesellschaftswissenschaftlichen Geschlechterforschung. Die Reihe wurde 2005 von Lorena Parini gegründet und vom Institut des études genre der Universität Genf betreut. An dieser Stelle möchten wir Lorena Parini für ihre wertvolle, langjährige Arbeit unseren besonderen Dank aussprechen. 2019 wurde die Reihe von der Schweizerischen Gesellschaft für Geschlechterforschung (SGGF) übernommen. Die SGGF bietet damit der Geschlechterforschung in der Schweiz eine eigene Plattform für die theoretische und empirische Reflexion und Diskussion von Geschlechterfragen und ermöglicht Analysen und Debatten zu spezifisch schweizerischen Themenstellungen sowie zu geschlechterrelevanten Forschungsfragen allgemein. Die mehrsprachige Reihe soll zudem Brücken schlagen zwischen den unterschiedlichen Sprach- und Wissenschaftskulturen in der Schweiz. Zum Auftrag des neuen Publikationsorgans der SGGF gehört auch die Sichtbarmachung der Geschlechterforschung in ihrer inter-, trans- und postdisziplinären Vielfalt und die dezidierte Förderung des Austausches zwischen Wissenschaft und Gesellschaft.

Wir freuen uns darüber, dass die neue Publikationsreihe *Geschlechterfragen/Questions de genre/Gender Issues* im Seismo Verlag mit dem Sammelband «Zeitdiagnose Männlichkeiten Schweiz» einsetzt.

Wir wünschen dem Buch viel Erfolg und seinen Leser*innen eine anregende Lektüre.

Im Namen der Direktion der Geschlechterfragen
Dominique Grisard und Katrin Meyer
Basel und Zürich, im Januar 2021

1 Einleitung: Männer*, Männlichkeiten und die Schweiz

Anika Thym, Matthias Luterbach, Diana Baumgarten, Martina Peitz

1 Wo steht die Schweiz in der Auseinandersetzung über Männer* und Männlichkeiten? Oder: Warum es diesen Sammelband braucht

Auseinandersetzungen über Männer*[1], Männlichkeiten und männliche Lebensweisen werden in der Schweiz zunehmend in der breiten Öffentlichkeit geführt. Beispielsweise wurden im Februar 2019 in der prominenten Sendung «Club»[2] das so genannt «toxische Verhalten» von Männern* und der Wandel der Geschlechterverhältnisse diskutiert. Auslöser für diese kontrovers und emotional geführte Debatte (Lüthi 2019) war ein Werbespot der amerikanischen Marke für Rasierzubehör Gillette (2019), der für ein neues Männerbild warb. Die Ausstrahlung wurde hierzulande sowohl in herkömmlichen wie auch in sozialen Medien breit rezipiert (bspw. horm/kalo 2019; Waldmeier 2019; Wyt 2019). In der Sendung «Sternstunde Philosophie»[3] debattierten im September 2019 zwei eingeladene Philosophen unter dem Titel «Der gekränkte Mann als Gefahr» die Frage, wieso bei Themen wie Rechtsextremismus, Verschwörungstheorien aber auch Gewalt, Suizid und Alkoholismus ein «Männerüberhang» herrscht (Bossart 2020). Das Landesmuseum Zürich hat im Oktober 2020 eine Ausstellung mit dem Titel «Der

---

[1]   Mit der Verwendung des Gender-Sterns möchten wir auf die vielfältigen Positionierungen und auch das uneindeutige Ringen hinweisen, welche zu Geschlecht möglich sind. Er ersetzt nicht die spezifische Nennung nichtbinärer Personen, deren Positionierung in den Begriffen Frau* und Mann* nicht aufgeht.

[2]   Der «Club» ist eine jeweils am Dienstagabend ausgestrahlte Diskussionssendung des Schweizer Fernsehens (SRF1), in der die Gäste häufig pointierte Standpunkte zu gesellschaftlichen Themen aller Art vertreten (https://www.srf.ch/sendungen/club/sendungsportraet-2).

[3]   Hierbei handelt es sich um eine weiteres traditionsreiches Sendeformat des Schweizerischen Fernsehens welches jeweils am Sonntagvormittag ausgestrahlt wird, und in dem Persönlichkeiten auftreten, mit denen das Zeitgeschehen vertiefend reflektiert werden soll (https://www.srf.ch/play/tv/sendung/sternstunde-philosophie?id=b7705a5d-4b68-4cb1-9404-03932cd8d569).

erschöpfte Mann»[4] lanciert, in der heroische Ideale von Männlichkeit untersucht und dekonstruiert werden sollen. International publizierte Bücher wie "Man Up: Surviving Modern Masculinity" (auf Deutsch erschienen als "Boys don't cry") von Jack Urwin (2016) oder "Mask Off: Masculinity Redefined" (auf Deutsch erschienenen als «Sei kein Mann») von JJ Bola (2019) werden kurz nach Erscheinen in der Originalsprache auf Deutsch veröffentlicht und erhalten auch in der Schweiz medial viel Beachtung. Die Autoren konstatieren eine Krise der Männlichkeit und wollen Männern* in Form von Bewältigungshilfen und Appellen progressive Auswege zeigen. Es sind, wie die Beispiele deutlich machen, in der Schweiz auch die Männer* selbst, die zunehmend Aspekte von Männlichkeit oder gar insgesamt die männliche Vormachtstellung problematisieren.

Angesichts dieser breiten öffentlichen Debatte erstaunt es also nicht, dass gerade jetzt ein Sammelband mit dem Anliegen erscheint, eine Zeitdiagnose zu Männlichkeiten in der Schweiz zu leisten. Jedoch ist es bemerkenswert, dass eine erste Anthologie dazu für die Schweiz erst jetzt veröffentlicht wird. Die kritische Männer*- und Männlichkeitenforschung[5] konnte sich in der Schweiz anders als in Ländern wie Schweden[6], USA[7] oder Deutschland[8]

---

4   Landesmuseum Zürich, Ausstellung «Der erschöpfte Mann», (16.10.2020–10.01.2021, virtueller Rundgang unter https://virtuell.landesmuseum.ch/mann/), Kuratoren: Juri Steiner, Stefan Zweifel.

5   Mit Hearn (2019) bevorzugen wir den Begriff "Critical Studies on Men and Masculinities (CSMM)", auf Deutsch «kritische Männer*- und Männlichkeitenforschung». Damit grenzen wir uns vom Begriff «Männerforschung» ab, dem oft eine ontologische und dekontextualisierte Perspektive zugrunde liegt. Hingegen verdeutlicht die Formulierung von Hearn die begriffliche Differenz und zugleich enge Verbindung von Männern* und Männlichkeiten, die uns ebenso wichtig ist.

6   In Schweden werden die Critical Studies on Men and Masculinities spätestens seit den 1990ern von einzelnen Wissenschaftler*innen bearbeitet. Seit 2006 hat sich NORMA, dass International Journal for Masculinity Studies etabliert (zu Beginn als Nordic Journal for Masculinity Studies). Aktuell wird das Forschungsfeld in der interuniversitären Arbeitsgruppe von GEXcel International Collegium for Advanced Transdisciplinary Gender Studies (GEXcel 2020) bearbeitet. 2017 fand die internationale Tagung *Men and Masculinities: Politics, Policy, Praxis* an der Universität Örebro mit mehreren hundert Teilnehmenden statt und 2020 erschien das Routledge International Handbook of Masculinity Studies (Gottzén u. a. 2019), herausgegeben von Forschenden aus Schweden und Südafrika.

7   In den USA wurde 1991 die American Men's Studies Association (AMSA) gegründet, die auf die Arbeiten und das Engagement anti-sexistischer Männer*gruppen und Forschenden aus den 1980ern zurückgeht (https://www.mensstudies.org/). Die AMSA veranstaltet jährlich eine internationale, interdisziplinäre Konferenz zu einem aktuellen Thema rund um Männlichkeit. Das US-basierte Journal Men and Masculinities publiziert seit 1998 Artikel aus der aktuellen Forschung.

8   In den 1990er Jahren entwickelte sich in enger Verbindung mit der amerikanischen und englischen Forschung die Männlichkeitenforschung auch in Deutschland. Sie wurde ins-

bisher nur punktuell etablieren. Hierbei gilt es allerdings zu erwähnen, dass immer wieder auch aus der Schweiz wichtige Beiträge zur theoretischen und empirischen (Weiter-)entwicklung der deutschsprachigen Männer*- und Männlichkeitenforschung kamen. Ein frühes Beispiel ist der Schweizer Soziologe Walter Hollstein, der mit seinem Buch «Nicht Herrscher, aber kräftig» (Hollstein 1989) «den Startpunkt einer sich langsam entwickelnden Männerforschung in Deutschland» (Schoelper 2008, 6, zitiert aus Brandes 2002, 16) markierte und der die Erkenntnisse der US-amerikanischen damals so genannten "men's studies" erstmals einem breiteren deutschsprachigen Publikum zugänglich machte (Schoelper 2008). Zum vieldiskutierten Topos der «Krise(n) der Männlichkeit» besprechen Claudia Opitz und Martin Lengwiler in der Zeitschrift «L'Homme. Europäische Zeitschrift für Feministische Geschichtswissenschaft», die dieses Thema 2008 zum Schwerpunkt erhob, aus dem Blickwinkel der Geschichtswissenschaften inwiefern von einer Krise gesprochen werden kann.

Darüber hinaus sind in den letzten 15 Jahren in der Schweiz wegweisende Studien in der Väter- bzw. Vaterschaftsforschung entstanden (vgl. hierzu Baumgarten et al. 2012, 2017, 2020; Liebig/Kron 2017; Liebig et al. 2017; Liebig/Peitz 2018 Maihofer et al. 2010; Nentwich 2008; Stamm 2016; Valarino 2016; Wehner et al. 2010). Weitere wichtige Beiträge zur kritischen Männlichkeitenforschung stammen u. a. aus dem Bereich der Sozialen Arbeit (Stiehler 2009; Graf et al. 2015) und den Bildungs- und Erziehungswissenschaften (Hadjar/Lupatsch 2010; Forster 2020) sowie der Professionssoziologie (Zinn 2019a, b). Trotzdem bildet die Männer*- und Männlichkeitenforschung in der Schweiz eine zerklüftete Forschungslandschaft. Es gibt nur wenige Untersuchungen, deren Forschungen spezifisch im schweizerischen Kontext verortet sind. Anders als in den bereits erwähnten Ländern sind die Forschenden hierzulande bisher nur wenig untereinander vernetzt und es findet sich kaum eine institutionelle Verankerung, die einer kontinuierlichen Forschungspraxis dienlich wäre: So gibt es beispielsweise keine Professuren mit dem Schwerpunkt Männlichkeitenforschung.

---

besondere durch Impulse der Soziologie und der Psychologie sowie durch Einsichten aus der Geschlechtergeschichte angeregt (Erhart 2016, 14). Sammelbände mit breitem Forschungseinblick sind in Deutschland zur ersten Jahrzehntwende erschienen (Bereswill u. a. 2009; Bereswill und Neuber 2011). Mittlerweile findet Forschung zu Männlichkeiten neben den Gender Studies und der Soziologie in vielen anderen Disziplinen statt, wie der Erziehungswissenschaft, der Literaturwissenschaft, der Geschichtswissenschaft oder der Gesundheitswissenschaft. Als Netzwerk hervorzuheben ist der 1999 gegründete Arbeitskreis für interdisziplinäre Männer- und Geschlechterforschung AIM Gender, der seit 2001 regelmässig Tagungen in Stuttgart veranstaltet.

Wir, die Arbeitsgruppe «Transformation von Männlichkeiten» (AG TransforMen)[9], die diesen Band herausgibt, hat sich deshalb zum Ziel gesetzt, gegenwärtig Forschende zu Männlichkeiten in der Schweiz zu vernetzen und somit die kritische Männer*- und Männlichkeitenforschung als Forschungs-feld zu fördern. Die AG hat sich bei einer Forschungswerkstatt des Netzwerks «Gender Studies Schweiz» in Lausanne 2015 gegründet und organisiert sich als Arbeitsgruppe der Schweizerischen Gesellschaft für Geschlechterforschung (SGGF). Inhaltliche Forschungsthemen der AG sind u. a. die historischen Entwicklungen von Männlichkeiten in der Schweiz im Zusammenhang mit dem Verständnis von Demokratie, Familie, Staat, Wirtschaft und Militär. Weitere Schwerpunkte sind: Vereinbarkeit von Familie und Beruf, Erwerbs-arbeit und Freizeit, Alter, Soziale Arbeit und Sozialpädagogik, Liebes- und Freundschaftsbeziehungen sowie Männer* in der Finanzbranche. Im März 2018 haben wir zusammen mit der FHS St.Gallen die Tagung «Zeitdiagnose Männlichkeiten Schweiz» durchgeführt. In der weiteren inhaltlichen Arbeit der AG ist nun dieser Sammelband entstanden.

Ziel dieses Sammelbandes ist es, die Bedeutung kritischer Män-ner*- und Männlichkeitenforschung *in, zur* und *für* die Schweiz aufzuzeigen, bestehende Forschung sichtbar zu machen und somit dieses Forschungsfeld in der hiesigen Forschungslandschaft voranzubringen und besser institu-ionell zu verankern. Wir möchten damit jedoch nicht nur auf einen bislang wenig beachteten Forschungsbereich aufmerksam machen, sondern auch die dringende Notwendigkeit einer Auseinandersetzung mit Männlichkeit in der Schweiz hervorheben. Denn im Rahmen der gegenwärtigen «Vielfachkrise» (Demirović und Maihofer 2013), in der sich westliche Gesellschaften – und damit auch die Schweiz – derzeit befinden, hängen verschiedene Krisen be-zogen auf Geschlecht, Sexualität, Familie, Rassifizierung, Ökologie/Klima, Militär, Ökonomie, (Post)Kolonialismus, Bildung usw. konstitutiv zusam-men. In all diesen verschiedenen Krisendimensionen spielt Männlichkeit in ihrer sozialen und kulturellen Verwobenheit eine zentrale Rolle. Insofern ist profundes Wissen über Männlichkeit von gesellschaftlicher Brisanz, und ver-langt nach einer differenzierten Auseinandersetzung; denn Krisen können nur bewältigt werden, wenn ihre Entstehung und ihre Einbettung in andere gesellschaftliche Entwicklungen erklärt und verstanden werden.

Unsere Motivation für diesen Band ist daher auch, nicht nur zum Verständnis von Männlichkeiten in der Schweiz, sondern mit neuem und gebündeltem Wissen zur produktiven Verständigung über aktuelle Probleme und zu möglichen Lösungsansätzen beizutragen.

---

9   https://www.gendercampus.ch/de/sggf/arbeitsgruppen-der-sggf/ag-transformen

2 Warum es kritische Männer*- und Männlichkeitenfo für aktuelle gesellschaftliche Transformationsprozess braucht und was mit «Zeitdiagnose» gemeint ist

Als interdisziplinäre Wissenschaft etablierte sich die kritische Männer*- und Männlichkeitenforschung in den 1980er Jahren aus der sogenannten 68er-Bewegung, der Zweiten Frauenbewegung der 1970er Jahre, den Schüler*innen- und Studierendenbewegungen sowie den Friedens- und Ökologiebewegungen. Zunächst entstand aus der Zweiten Frauenbewegung eine feministische Wissenschaft, deren zentrales Anliegen es war, «Frauen und die Kategorie Geschlecht in den vorhandenen Wissenskanon» einzuführen (Harding 1994, 121). Damit wurde gleichzeitig zunehmend deutlich, dass bisherige androzentrische Annahmen in der Forschung auch die Perspektive auf Männer* und Männlichkeiten in spezifischer Weise verengt, was ein grosses Forschungsdesiderat deutlich machte. Die Herausbildung einer solchen feministischen Forschung ist damit zugleich sowohl Ausdruck als auch aktiver Teil gesellschaftlicher Transformationsprozesse. Das zentrale Anliegen kritischer Männer*- und Männlichkeitenforschung ist es, die historischen und gesellschaftlichen Kontexte und Entwicklungen nachzuzeichnen, mit denen bürgerlich-patriarchale Männlichkeit konstitutiv verbunden ist und somit Männlichkeit als gesellschaftlich-historisches und damit kontingentes Phänomen zu betrachten. Das Forschungsfeld entwickelte sich aus der Einsicht, «auch Männer haben ein Geschlecht. Auch sie werden nicht als Männer geboren, sondern dazu gemacht» (Maihofer 2006, 69). Diese sozialisatorische Erkenntnis war wichtig, um Männlichkeit bzw. die Geschlechtsidentität von Männern* überhaupt zum Gegenstand von (feministischer bzw. profeministischer) Kritik und politischer Reflexion zu machen (Ashe 2007, 13) – entgegen der Annahme, der Mann sei Repräsentant des Allgemeinen schlechthin. Zentrale Themen für die kritische Männer*- und Männlichkeitenforschung waren und sind daher der Zusammenhang von bürgerlicher Männlichkeit und Macht (Meuser 2010), spezifisch männliche Sozialisations-, Disziplinierungs- und Normalisierungsprozesse und die damit verbundenen Verletzungserfahrungen, welchen Männer* unterworfen sind (Böhnisch 2013; Bourdieu 2013).

Das Konzept der «hegemonialen Männlichkeit» ist nach wie vor der meistverwendete und -diskutierte theoretische Ansatz in der kritischen Männer*- und Männlichkeitenforschung (Carrigan/Connell/Lee 1996; Connell 1999; Connell/Messerschmidt 2005). Mit hegemonialer Männlichkeit ist «die bislang dominante Form vom Mannsein mit ihren Bestimmungsmerkmalen: weiss, heterosexuell, körperlich stark, selbstdiszipliniert und Vollzeit berufsorientiert» gemeint, die nach wie vor die Norm darstellt, auf die Bezug genommen wird bzw. genommen werden muss (Baumgarten et al. 2017, 85; siehe auch die Ausführungen zu «hegemonialer Männlichkeit» im Beitrag von Andrea Maihofer in diesem Band). «Gleichzeitig verliert sie zunehmend ihre Wirkmächtigkeit und wird zumindest teilweise in Frage gestellt» (Baumgarten et al. 2017, 85). Genau diese paradoxe Gleichzeitigkeit von Persistenz *und* Wandel (Maihofer 2014), von Widersprüchen zwischen alten und neuen Normen von Männlichkeit in den Blick zu nehmen, meinen wir, wenn wir von «Zeitdiagnose» sprechen. Um erkennen zu können, was sich derzeit auf gesellschaftlicher wie individueller Ebene verändert, gilt es, «jeweils genau zu analysieren, wie in einem konkreten Individuum die verschiedenen gesellschaftlichen Diskurse [bezogen auf Klasse, Geschlecht, «Rasse», Kultur, usw.] ineinander verflochten sind» und wie sich das Verhältnis «zwischen Individuum und Hegemonie» bzw. «zwischen individueller Einzigartigkeit und gesellschaftlich hegemonialer Denk-, Gefühls- und Körperpraxen» ausgestaltet (Maihofer 1995, 107). Im Zentrum einer solchen multidimensionalen bzw. intersektionalen Analyse steht also die Frage, inwiefern eine Person hegemoniale Diskurse affirmiert oder eben infrage stellt.

Zeitdiagnostisch gilt es, die vielfältigen gegenwärtigen Auseinandersetzungen in den Blick zu nehmen: die Transformationen in den Geschlechterverhältnissen und bezogen auf Geschlechtsidentitäten, die Ausweitung von Rechten für Homosexuelle wie auch die Veränderungen in Familie und Arbeitswelt. Alle diese sozialen, ökonomischen und kulturellen Veränderungen fordern bisherige hegemoniale Männlichkeitsvorstellungen heraus und lassen sie brüchig werden (Meuser und Scholz 2011).

Insofern Männlichkeit zunehmend wissenschaftlich und gesellschaftlich problematisiert wird, ruft der Verlust der bisherigen Selbstverständlichkeit und Fraglosigkeit eine Ungewissheit hervor, die aktuell immer breitere gesellschaftliche Kreise erfasst und so zu einer Basiserfahrung von Vielen wird. Gerade in öffentlichen Debatten wie in den eingangs beschriebenen Sendungen taucht eine gewisse Orientierungslosigkeit von Männern* auf, die durch den Verlust bzw. die Infragestellung ihrer bislang als selbstverständlich erlebten Geschlechternormen hervorgerufen wird. Ein Umstand, der sich übrigens auch in der wachsenden Zahl an Ratgeberliteratur und Zeitschriften für Männer* widerspiegelt, wie «Walden», «Beef» oder «Men's Health». In den USA, aber nicht nur dort, fühlen sich ältere, weisse, christliche Männer* aufgrund der Verschlechterung der Lebensbedingungen und Stagnierung der Löhne abgehängt. Abgehängt fühlen sie sich jedoch gegenüber Minderheiten, die im Unterschied zu ihnen gefördert und unterstützt würden. Hierbei geht vergessen, dass sich Ungleichheiten durch den ökonomischen Strukturwandel insgesamt zuspitzen (Hochschild 2018, 215 f.). Der zunehmende Verlust bisher selbstverständlicher männlicher Privilegien und Macht wird im Rahmen der bereits oben erwähnten «Vielfachkrise» (Demirović und Maihofer 2013) unterschiedlich erlebt: Manche reagieren auf die Veränderungen mit dem Wunsch nach Rückkehr zu alten Gewissheiten. Andere erleben sie als einen sich öffnenden Gestaltungsraum, der einen Gewinn an Freiheit verspricht. Insgesamt werden diese Veränderungen ambivalent wahrgenommen und viele Männer* verhalten sich darin widersprüchlich – sind sowohl Akteure von Wandel wie auch Verteidiger eines Statuts Quo.

Dass der aktuelle Wandel ausgeprägter und grundlegender Art ist, zeigt sich an der vermehrten Reflexion von Männern* selbst über die Vorstellungen und Ideen von Männlichkeit. Vermehrt geraten sie in Situationen, in denen sie ihr «typisches» Verhalten erklären oder legitimieren müssen. Ein wichtiges Beispiel hierfür ist die durch die #MeToo-Bewegung ausgelöste Debatte um sexuelle Übergriffe von Männern* gegenüber Frauen*. Und auch darüber hinaus wird es nicht mehr einfach als legitim anerkannt, dass Männer* per se besser bezahlt, leichter in Führungspositionen aufsteigen und weniger Zeit mit Hausarbeit und Kindererziehung verbringen. Diese Veränderungen verweisen auf eine Krise, was mit Maihofer (2014, 314) bedeutet, dass sich die Geschlechterverhältnisse aktuell «auf eine so grundsätzliche Weise transformieren, dass sie zu etwas «Neuem» führen (wie etwa beim epochalen Wandel von der feudalen zur bürgerlichen Gesellschaftsformation)».

Es ist uns bewusst, dass eine historische Einschätzung der Gegenwart selbst enge Grenzen hat und historische Prozesse erst mit einiger Distanz überhaupt richtig in ihrer geschichtlichen Bedeutung eingeordnet werden können. Ob sich Männlichkeit grundlegend ändert oder doch nur peripher oder sogar «kosmetisch», diese Frage lässt sich derzeit noch nicht abschliessend beantworten. Obwohl zunehmend der Eindruck entsteht, an einem Wendepunkt angelangt zu sein, ist noch unklar, in welche Richtung sich die Geschlechterverhältnisse weiter entwickeln werden. Gerade angesichts dieser aktuell umstrittenen Transformationsprozesse sind vielfältige Analysen und Diskussionen für ein vertiefendes Verständnis dessen, was sich im aktuellen Wandel eigentlich wandelt, elementar.

3 Wie mit kritischer Männer*- und Männlichkeitenforschung die Schweiz als «Männerbund» erkennbar wird

In Bezug auf die Gleichstellung der Geschlechter ist die Schweiz im europäischen Vergleich meist eine Nachzüglerin. Ein möglicher Grund für das Schneckentempo – beispielsweise bei der späten Einführung des Frauenstimmrechts (1971 auf nationaler Ebene, 1990 folgt als letzter Kanton Appenzell Innerrhoden nach einer Beschwerde von Appenzeller Frauen* beim Bundesgericht) – liegt im zutiefst androzentrischen und patriarchalen Selbstverständnis der Schweizer Demokratie. Eine Demokratie, die zwar früh politische Rechte unabhängig der Klassenzugehörigkeit zusprach, weitere Gruppen wie jüdische Menschen, Frauen* und Migrant*innen jedoch ausschloss bzw. Letztere auch nach wie vor ausschliesst.

Fragt man nach den spezifischen historischen, gesellschaftlichen und institutionellen Entwicklungen, die zu dieser Ungleichbehandlung führten, dann wird deutlich, wie die Schweizer Demokratie ihr nationales Selbstverständnis mentalitäts- und ideengeschichtlich auf einem «Männerbund» gründet. Zu finden ist die konstitutive Idee der Schweiz als Männerbund exemplarisch in der Gründungsgeschichte mit dem mythischen Gründungsakt auf dem Rütli. Gelebt wurde diese spezifische nationale männliche Haltung nicht nur im Militär und an der Urne beziehungsweise – sinnbildlicher – an der Landsgemeinde, sondern auch in den unzähligen demokratisch organisierten Vereinen. «In Sozietäten wie der Helvetischen Gesellschaft, Studentenverbindungen und den zahlreichen Sänger-, Turner- und Schützenvereinen wurde nicht nur Geselligkeit gepflegt, sondern gleichzeitig die republikanische Geisteshaltung eingeübt – und zwar unter Männern» (Arni 2009, 24). Für Frauen* gab es in dieser «Männer-Öffentlichkeit» (Joris/Witzig 1991, 150) keinen gleichberechtigten Platz. Ihnen wurde der soziale Raum der Frauenvereine, Arbeits- und Hauswirtschaftsschulen zugewiesen, wo ihnen die Möglichkeit der weiblich-mütterlichen Identifikation mit dem Schweizer Staat geboten wurde (Joris/Witzig 1991, 150).

Ein wichtiger Bestandteil dieses – lange ausschliesslich unter Männern* gepflegten – nationalen Selbstverständnisses ist die wirtschaftsliberale Tradition des Landes und die Abwertung gesellschaftlicher sozialer Verantwortung. Zu den Eigenheiten «des schweizerischen Sozialstaats gehören die Bedeutung des Föderalismus und der individuellen Vorsorge, der Einfluss privater Einrichtungen und der geringe Anteil fiskalischer Mittel in der Finanzierung der Sozialen Sicherheit» (Geschichte der Sozialen Sicherheit in der Schweiz 2016). Das Bedürfnis nach möglichst «wenig Staat» sowie der Appell an die individuelle Eigenverantwortung sind bis heute der Grund, warum es in der Schweiz so schwierig ist, gesellschaftliche Strukturen in den Blick zu nehmen und für sie als Gesellschaft kollektiv Verantwortung zu übernehmen – gerade im Bereich der Geschlechterverhältnisse (Baumgarten et al. 2020). Das Private wird eben nicht als politisch verstanden bzw. es wird auch in gegenwärtigen Auseinandersetzungen darum gerungen, aufzuzeigen, inwiefern das Private politisch ist.

Diese enge Verbindung von Männlichkeit, Nation und Politik wird jedoch erst deutlich, wenn man die historischen Prozesse aus der Perspektive der kritischen Männer*- und Männlichkeitenforschung anschaut. Damit tritt auch deutlich zu Tage, wie dieses männlich geprägte nationale Selbstverständnis die gesellschaftliche Realität bis heute prägt. Neben der sehr späten Einführung des Frauenstimmrechts (1971) – wenn dieses Buch erscheint, «feiern» wir 50 Jahre –, zählen dazu:

— die späte Kriminalisierung der Vergewaltigung in der Ehe, sie ist erst seit 1992 strafbar, und erst seit 2004 ein Delikt,

— die nach wie vor umkämpfte Gleichstellung im Familien- und Erbrecht,

— das insistente Festhalten an der Militärdienstpflicht für alle Schweizer Männer* und die Wahrnehmung des zunehmend nachgefragten Zivildienstes als Bedrohung des Militärs,

— eine schwach entwickelte Familienpolitik[10], die zu einer geringen staatlichen Finanzierung von Kitas führt (weniger als 0,2 Prozent des BIP, weniger als die meisten OECD-Länder),

— entsprechend hohe Kinderbetreuungskosten für Privathaushalte von durchschnittlich 110 Franken pro Tag und Kind (im globalen Vergleich mit am höchsten in Relation zum Einkommen),

— eine weitestgehend traditionell-modernisierte geschlechtliche Arbeitsteilung mit dem Mann* als Vollzeit arbeitendem Hauptverdiener und der Frau* als Teilzeit arbeitender Nebenverdienerin[11],

— der erst 2021 – als letztes Land in Europa – eingeführte zweiwöchige «Vaterschaftsurlaub»,

— die erst 2020 – mit Einschränkungen – erlassene Gleichstellung der Ehe für homosexuelle Paare,

— und die Widerstände gegenüber der Umsetzung des Verfassungsauftrags zur materiellen Gleichstellung der Geschlechter.

---

10   Schweizer Sozial- bzw. Familienpolitik folgte bislang einem «liberal-konservativen Muster» (Esping-Anderson 1990; Armingeon 2001), das einerseits durch limitierte staatliche Ausgaben und Interventionen gekennzeichnet ist, andererseits jedoch den Akzent auf Transferleistungen setzt, die den Erwerbsausfall eines Elternteils (in der Regel desjenigen der Mutter) kompensieren, anstatt in genügendem Mass die Rahmenbedingungen für eine Erwerbstätigkeit beider Eltern zu schaffen (Häusermann/Zollinger 2014).

11   Aktuelle Ausführungen zum Gender Pay Gap zeigen, dass Paare in der Schweiz den Anteil von Frauen* am gemeinsamen Einkommen bewusst verfälschen. Insbesondere, wenn das Einkommen der Frauen* über 50 Prozent liegt, wird es von den befragten Männern* wie Frauen* systematisch nach unten korrigiert (Roth/Slowinski 2020).

Ohne Anspruch auf Vollständigkeit dieser Aufzählung sind alle diese Eigenheiten, gesellschafts- und geschlechtertheoretisch erklärungsbedürftig. Und gerade weil sie auf den historischen Prozessen und den Besonderheiten der Schweiz basieren, ist es aus unserer Perspektive wichtig, nicht einfach Analysen und Ergebnisse der Männlichkeitenforschung aus anderen Ländern auf die Schweiz zu übertragen – wie es oftmals passiert. Vielmehr möchten wir in einem ersten Schritt die für die Schweiz spezifische Bedeutung von Männlichkeit(en) situieren und reflektieren, bevor wir diese in einem möglichen zweiten Schritt zu Analysen aus anderen Ländern ins Verhältnis setzen.

4 Vielfältige Zugänge zu Männlichkeit: Überblick über die Beiträge

Im Hinblick auf die übergeordnete Intention von uns Herausgeber*innen, die wissenschaftliche und gesellschaftliche Diskussion über die existierende Vielgestaltigkeit von Männlichkeiten in der Schweiz zu befördern, sind im vorliegenden Band Beiträge aus verschiedenen Disziplinen (Geschlechterforschung, Soziologie, Soziale Arbeit, Geschichte, Literaturwissenschaft, Psychologie und Migrationsforschung) und mit unterschiedlichen Fokussen auf Aspekte von Männlichkeit versammelt.

Diese Herangehensweise entspricht auch unseren eigenen, ebenfalls breiten Verortungen im Feld der Geschlechterforschung. Dem für die Schweizer Männer-* und Männlichkeitenforschung konstatierten Mangel an ausführlichen und systematischen Ausführungen möchten wir mit unserem Band eine vorläufige und kursorische «Bestandsaufnahme» aktueller Forschungen und eine essayistische Betrachtung entgegensetzen. Die unterschiedlichen Themenfelder, die in den Artikeln beleuchtet werden, und die unterschiedlichen Zugänge zum Thema «Männlichkeit(en)», die dabei gewählt werden, geben einen Einblick in das vielfältige Potenzial der kritischen Männer*- und Männlichkeitenforschung in der Schweiz. Dass dabei bestimmte Themen unbearbeitet bleiben, ist uns bewusst. Diese «thematischen Lücken» eröffnen weitere Forschungsperspektiven und tragen gleichfalls zu unserem Wunsch bei, mit dem Band einen kontinuierlichen Austausch und stetige Verständigung über theoretische und methodische Herausforderungen und Zeitdiagnosen von Männlichkeiten anzustossen.

Die Beiträge lassen sich vier Themenfeldern zuordnen, die aus der inneren Logik der eingereichten Beiträge heraus entstanden. Die Gliederung der Texte ist ein Vorschlag für einen möglichen roten Faden durch die verschiedenen Aufsätze und ist nicht Ausdruck einer Gewichtung. Es lassen sich zwischen den einzelnen Artikeln auch andere mögliche Verbindungen herstellen.

Wandel und Persistenz von Männlichkeiten

Andrea Maihofer zeigt in ihrem Beitrag auf, wie Männlichkeit historisch stets in Bewegung und Gegenstand gesellschaftlicher Auseinandersetzungen war – auch zwischen Männern*. Der gegenwärtige Wandel hegemonialer Männlichkeit sei jedoch grundlegender Art. Um diese These zu verdeutlichen, zeigt sie zum einen zentrale Elemente der hegemonialen bürgerlich heteropatriarchalen Männlichkeit auf und skizziert so einen detaillierten Überblick darüber, was nach wie vor hegemoniale Männlichkeit ausmacht. Zum anderen verdeutlicht sie anhand einiger Aspekte – bezogen auf den familialen Kontext, Gefühle, wie den Umgang mit Schmerz, oder Veränderungen bezogen auf Militär und Zivildienst – wie bei aller Persistenz inzwischen eine Reihe zentraler Elemente bürgerlich heteropatriarchaler Männlichkeit in Bewegung geraten sind, dies insbesondere in den Subjektivierungs- und Lebensweisen. Deutlich wird insgesamt, wie komplex, langwierig und von Widerständen geprägt die gegenwärtigen tiefgreifenden gesellschaftlichen Entwicklungen sind.

Ueli Mäder führt die Lesenden in seinem Essay in einem *stream of consciousness* durch biographische Erinnerungen an die 1968er, Frauenbefreiungs- und Schwulenbewegung und Diskussionen, die sich in der damaligen Schweiz bezogen auf das Engagement von Männern* ergaben. Es geht um geschlechtliche Aspekte von Konsens und Konfliktlösung, kritische Selbstreflexion, die Auseinandersetzung und den Umgang mit Gewalt und Aggression von Männern* und Gewalt in der Erziehung, welche in der Schweiz verbreitet ist. Durch seine Erinnerungen möchte Mäder auf eine aktuelle Gegenläufigkeit aufmerksam machen: die zunehmende ökonomische Ungleichheit, die Ökonomisierung der Lebensverhältnisse und ein ausgeprägter Narzissmus von Männern* in Machtpositionen kontrastieren emanzipatorische Entwicklungen von Männlichkeiten. Beide stellen traditionelle Männlichkeit auf ihre Weise infrage.

Im Beitrag von *Claudia Opitz* wird deutlich, wie mit der Aufklärung die Vorstellung von Vaterliebe konzipiert wird. Hier ist interessant zu sehen, wie zu dieser Zeit die Rolle des Vaters eng mit der beruflichen (bzw. öffentlichen) männlichen Rolle als Bürger und Staatsdiener verbunden ist, und wie diese frühmoderne Vorstellung von Vaterschaft sich mit der Entstehung der bürgerlichen Gesellschaft im 19. Jahrhundert grundlegend hin zu einer Erwerbszentrierung und abwesender Vaterschaft verändert.

Krise hegemonialer Männlichkeit und Bedeutung nicht-hegemonialer Männlichkeiten

Christa Binswanger liest in ihrem Artikel Max Frischs Roman «Stiller» aus dem Jahre 1954 nochmals neu. Während die Krise der Männlichkeit in Bezug auf den Protagonisten Stiller in der Rezeption bereits vielfach diskutiert wurde, verschiebt Christa Binswanger den Fokus auf die Figur leicht, aber entscheidend. Ihre palimpsestische Lektüre bringt eine Vielschichtigkeit an sexuellen Scripts der Figur Stiller ans Licht. Sie macht unter anderem deutlich, dass Stillers sexuelle Scham in Bezug auf die Figur Julika stigmatisierend und in dieser Unsicherheit konformistisch gegenüber männlichen Identitätserwartungen wirkt. Hingegen kann er sie seiner Geliebten Sibylle erzählen, damit ermöglicht gerade die Scham und deren Anerkennung eine dialogische Begegnung über herkömmlich heteronormative Erwartungen hinaus. Auf diese Weise macht Binswanger deutlich: die Destabilisierung einer klar konturierten männlichen Identität eröffnet auch einen Möglichkeitsraum für neue Geschlechterverhältnisse, die im Roman von Max Frisch bereits aufscheinen.

Margot Vogel wirft zunächst kritische Schlaglichter auf drei in den medialen Diskursen um Männlichkeit erkennbar werdende Themen: die dichotome Einteilung der sozialen Ordnung, den Begriff der Krise, sowie die Angst vor dem Verlust der Hegemonie. Anhand ihres empirischen Materials zeigt sie auf, wie in «rechten» Gruppierungen der Rückgriff auf eine in einer «natürlichen», dichotomen Geschlechterordnung situierten «Männlichkeit» es ermöglicht, die bestehende soziale Ordnung zu legitimieren und zu bewahren. Zu verorten ist dieser Rückgriff auf «Männlichkeit» in sozialen Milieus, in denen soziale Mobilität (subjektiv) unsicher scheint.

Nathalie Pasche beschäftigt sich in ihrem Beitrag mit der Polizei als einem gesellschaftlichen Handlungsfeld, welches traditionellerweise von Männern* und einer Tendenz zur Gewaltaffinität geprägt ist. Sie zeigt im Rahmen ihrer Forschung insofern Veränderungen auf, dass Deeskalation Polizei-intern gegenüber der eher aggressiven Handlungsweise und der entsprechenden Männlichkeitsvorstellung zusehends in den Vordergrund rückt und eine andersgeartete Orientierung für Polizist*innen bieten kann.

Romina Seminario analysiert in ihrem englischsprachigen Beitrag am Beispiel von in der Schweiz lebenden Peruaner*innen die bisher wenig erforschten Geschlechternormen des Schweizerischen Migrationsregimes. Anhand des Konzepts der "citizen deservingness" zeigt sie auf, dass dieses auf einer vergeschlechtlichten und hierarchischen Arbeitsteilung zwischen den Geschlechtern basierenden Normen beruht und dabei gleichzeitig durch eine klassenbasierte Dimension der Berufshierarchien überlagert wird. Männliche

Migranten, die nicht aus der EU stammen, sind bei ihrem Ersuchen um einen legalen Aufenthaltsstatus in der Schweiz mit Vorstellungen einer "deserving masculinity" konfrontiert, die sich an traditionellen Vorstellungen von Männlichkeit orientieren, wozu beruflicher Erfolg und Vollzeitbeschäftigung sowie eine traditionelle familiale Arbeitsteilung gehören.

Männlichkeit im Kontext von Care- und Erwerbsarbeit

Marisol Keller knüpft in ihrem Beitrag über junge Männer* in geschlechtsuntypischen Berufen an das Thema der Geschlechtersegregation auf dem Arbeitsmarkt an. Gerade in der Schweiz erfolgt die Berufswahl in ausserordentlich hohem Mass entlang von Geschlechterstereotypen. Männer* mit geschlechtsuntypischer Berufswahl stossen vor allem im privaten Umfeld auf Vorbehalte – gleichzeitig profitieren sie beruflich von bestehenden Geschlechterhierarchien. Die Autorin setzt an diesen – bisher für die Schweiz wenig erforschten – Privilegien an und untersucht, wie diese von den Männern* verhandelt und legitimiert werden. Dabei kann sie aufzeigen, dass männliche Beschäftigte in geschlechtsuntypischen Berufen sich ihrer Privilegien nicht bewusst sind und eine individualisierte Sichtweise auf ihre Karriere haben. Insofern sei es wichtig, so die Autorin schlussfolgernd, Privilegien sichtbar zu machen und auf die strukturellen Hintergründe der Geschlechterhierarchien hinzuweisen.

Martina Peitz und *Brigitte Liebig* gehen in ihrem Beitrag der Frage nach, welche Erwartungshaltungen und Ansprüche Väter in Schweizer Unternehmen und Verwaltungen an die Vereinbarkeit von Beruf und Familie stellen. Die empirischen Befunde belegen, dass trotz des eigentlichen Wunsches nach mehr Handlungsspielräumen für eine aktive Vaterschaft ambivalente Haltungen im Sinne eines «Gebens und Nehmens» dominieren, wenn es um die Geltendmachung von Vereinbarkeitsansprüchen geht. Diese sind auf betriebliche Normen, Aushandlungen im Privaten und eigene Leistungsansprüche zurückzuführen. Einmal mehr drückt sich in dieser Haltung der für die Schweiz dominante Diskurs aus. Nämlich: Vereinbarkeitsmassnahmen in (Gleichstellungs-)Politik und Wirtschaft unter dem Aspekt des betriebswirtschaftlichen Nutzens anstelle von sozialer Gerechtigkeit oder Geschlechtergerechtigkeit zu betrachten.

Isabelle Zinn, Michela Canevascini und *Brenda Spencer* gehen in ihrem englischsprachigen Artikel der Frage nach, welche Bedeutung Stillen für Väter hat. Schliesst es sie in die frühkindliche Beziehung und das familiale Zusammenleben mit ihrer Unterstützung ein oder stellt Stillen eher ein Hindernis für die gleichberechtigte Teilhabe dar? Sie zeigen auf, dass Stillen per se egalitäre Elternschaft nicht erschwert, aber institutionelle Rahmenbedingungen eine grosse Bedeutung für die Ermöglichung oder Verhinderung präsenter Vaterschaft spielen.

Männer* und Gleichstellungspraxis

Matthias Luterbach und *Anika Thym* gehen in ihrem Beitrag der Frage nach, inwiefern ein feministischer Standpunkt von einem männlichen Standort aus möglich ist. Sie verstehen Feminismus als Kritik der patriarchalen Gesellschafts- und Geschlechterordnung, an männlicher Herrschaft und Sexismus. Ausgehend von diesem Verständnis kann ein feministischer Standpunkt von allen Geschlechtern eingenommen werden, wenn es diesen auch im jeweiligen Standort zu situieren gilt. Anhand aktueller Debatten und Gruppen in der Schweiz untersuchen sie mögliche Fallstricke in der progressiven Männer*arbeit: wird auf Männerpolitik allein fokussiert, gerät manchmal die gemeinsame Verantwortung und Betroffenheit aller Geschlechter von der cis-heteropatriarchalen Geschlechterordnung aus dem Blick; wird anstatt von asymmetrischen patriarchalen Verhältnissen von Gleichheit ausgegangen, wird Gleichstellungsarbeit für Frauen* als ungerecht empfunden; im Fokus auf die grosse Gewaltbetroffenheit von Männern* (vorwiegend durch Männer*) bleibt zum Teil der Zusammenhang von Gewalt, Ohnmacht und Männlichkeit in der bürgerlichen Gesellschaft unberücksichtigt. Schliesslich plädieren Luterbach und Thym dafür, die eigenen normativen emanzipatorischen Ansprüche immer selbstkritisch zu situieren und setzen sich für emanzipatorische Bündnisse und offenen Dialog ein.

Abschliessend sei gesagt, dass wir die Diskussion über die gegenwärtige Analyse von Männlichkeiten in der Schweiz keineswegs für abgeschlossen erachten. So bedürfen auch die Themen Religion, Migration, Rassismus, Postkolonialität, LGBTIQ Personen, männliche Gewalt und Freiwilligenarbeit einer detaillierteren Bearbeitung mit Bezug auf die Schweiz.

Darüber hinaus bedarf es weiterer Grundlagenforschung zu aktuellen Transformationen und zwar auf qualitativer wie quantitativer Ebene. Wichtig erscheint uns, dass Statistiken nicht mehr nur binäre Vergleiche zwischen «den Männern» und «den Frauen» anstreben, sondern die Vielfalt von Geschlechtern abbilden. Es gibt also noch viel zu tun.

Interessierte Forscher*innen sind herzlich eingeladen, mit unserer Arbeitsgruppe in Kontakt zu treten unter der Website: https://www.gender-campus.ch/de/sggf/arbeitsgruppen-der-sggf/ag-transformen.

5   Dank

Hiermit bedanken wir uns bei der Schweizerischen Gesellschaft für Geschlechterforschung für die Möglichkeit der Publikation in der Reihe *Geschlechterfragen,* beim Seismo Verlag für die Unterstützung bei der Herausgabe des Buches, der Graduiertenschule Social Sciences der Universität Basel und beim Schweizer Nationalfonds für die finanzielle Unterstützung und schliesslich bei unserer Gutachterin Dr. Julia Gruhlich für ihr konstruktives Review.

6   Literatur

Armingeon, Klaus. 2001. Institutionalizing the Swiss Welfare State. In Lane, Jan-Erik (Hrsg.), *The Swiss Labyrinth. Institutions, Outcomes and Redesign, West European Politics,* 24(2): 145–168.

Arni, Caroline. 2009. Republikanismus und Männlichkeit in der Schweiz. In Schweizerischer Verband für Frauenrechte (Hrsg.), *Der Kampf um gleiche Rechte* (S. 20–31). Basel: Schwabe Verlag.

Ashe, Fidelma. 2007. *The new politics of masculinity. Routledge studies in social and political thought.* London: Routledge.

Baumgarten, Diana, Karsten Kassner, Andrea Maihofer und Nina Wehner. 2012. Warum werden manche Männer Väter, andere nicht? Männlichkeit und Kinderwunsch. In Walter Heinz, Eickhorst Andrea (Hrsg.), Das *Väter-Handbuch. Theorie, Forschung, Praxis* (S. 415–443). Gießen: Psychosozial-Verlag.

Baumgarten, Diana, Andrea Maihofer und Nina Wehner. 2020. Kinderwunsch, Familie und Beruf. In Ecarius Jutta und Schierbaum Anja (Hrsg.). *Handbuch Familie* (S. 1–19). Wiesbaden: Springer.

Baumgarten, Diana, Nina Wehner, Andrea Maihofer und Karin Schwiter. 2017. «Wenn Vater, dann will ich Teilzeit arbeiten». Die Verknüpfungen von Berufs- und Familienvorstellungen bei 30jährigen Männer*n aus der deutschsprachigen Schweiz. *GENDER. Zeitschrift für Geschlecht, Kultur und Gesellschaft,* Sonderheft 4: 76–91.

Bereswill, Mechthild, Michael Meuser und Sylka Scholz (Hrsg). 2009. *Dimensionen der Kategorie Geschlecht: der Fall Männlichkeit. Forum Frauen- und Geschlechterforschung* 22. Münster: Westfälisches Dampfboot.

Bereswill, Mechthild und Anke Neuber (Hrsg.). 2011. *In der Krise? Männlichkeiten im 21. Jahrhundert. Forum Frauen- und Geschlechterforschung.* Münster: Westfälisches Dampfboot.

Böhnisch, Lothar. 2013. *Männliche Sozialisation. Eine Einführung.* Weinheim/Basel: Beltz Juventa.

Bola, JJ. 2020. *Sei kein Mann. Warum Männlichkeit ein Albtraum für Jungs ist.* München: Carl Hanser Verlag GmbH & Co.KG.

Bossart, Yves. 2020. Der gekränkte Mann als Gefahr. Sternstunde Philosophie. Zürich: Schweizer Radio und Fernsehen SRF, https://www.srf.ch/play/tv/sternstunde-philosophie/video/der-gekraenkte-mann-als-gefahr?urn=urn:srf:video:48adc4ce-aa65-47fc-8c2b-d19f8dd4d6d1 (Zugriff 05.01.2021).

Bourdieu, Pierre. 2013. *Die männliche Herrschaft.* Frankfurt a. M.: Suhrkamp.

Brandes, Holger. 2002. *Männerforschung und Männerpolitik.* Opladen: Leske + Budrich.

Brown, Alexander. 2018. What is so special about online (as compared to offline) hate speech? *Ethnicities* 18: 297–326.

Carrigan, Tim, Robert W. Connell, und John Lee. 1996. Ansätze einer neuen Soziolgie der Männlichkeit. In BauSteineMänner (Hrsg.), *Kritische Männerforschung. Neue Ansätze in der Geschlechtertheorie* (S. 38–75). Hamburg: Argument-Verlag.

Connell, Robert W. 1999. *Der gemachte Mann: Konstruktion und Krise von Männlichkeit.* Opladen: Leske + Budrich.

Connell, Robert W. und James Messerschmidt. 2005. Hegemonic Masculinity. Rethinking the Concept. *GENDER & SOCIETY,* 19(6): 829–859.

Demirović, Alex und Andrea Maihofer. 2013. Vielfachkrise und die Krise der Geschlechterverhältnisse. In Hildegard Maria Nickel und Andreas Heilmann (Hrsg.), Krise, Kritik, *Allianzen: Arbeits- und geschlechtersoziologische Perspektiven* (S. 30–48). Weinheim: Beltz Juventa.

Erhart, Walter. 2016. Deutschsprachige Männlichkeitsforschung. In Stefan Horlacher, Bettina Jansen und Wieland Schwanebeck (Hrsg.), *Männlichkeit. Ein interdisziplinäres Handbuch* (S. 11–25). Stuttgart/Weimar: Metzler.

Esping-Anderson, Gøsta. 1990. *Three Worlds of Welfare Capitalism.* Princeton, NJ: Princeton University Press.

Forster, Edgar. 2020. Männlichkeit und soziale Reproduktion. Zur Geschichtlichkeit der «Critical Studies on Men and Masculinities». In Edgar Forster, Friederike Kuster, Barbara, Rendtorff und Sarah Speck, *Geschlecht-er denken. Theoretische Erkundungen* (S. 83–150). Opladen: Barbara Budrich.

Geschichte der Sozialen Sicherheit in der Schweiz. 2016. *Schweiz im internationalen Vergleich. Geschichte der sozialen Sicherheit in der Schweiz.*

GEXcel. 2020. Critical Studies on Men & Masculinities. gexcel.

Gillette. 2019. We Believe: The Best Men Can Be.

Gottzén, Lucas, Ulf Mellström, und Tamara Shefer, Hrsg. 2019. *Routledge International Handbook of Masculinity Studies.* Abingdon, Oxon; New York, NY: Routledge.

Graf, Ursula, Thomas Knill, Gabriella Schmid und Steve Stiehler (Hrsg.). 2015. *Männer in der Sozialen Arbeit – Schweizer Einblicke.* Berlin: Frank & Timme GmbH.

Hadjar, Andreas und Judith Lupatsch. 2010. Der Schul(miss)erfolg der Jungen. Die Bedeutung von sozialen Ressourcen, Schulentfremdung und Geschlechterrollen. *Kölner Zeitschrift für Soziologie und Sozialpsychologie,* 62(4): 599–622.

Harding, Sandra G. 1994. *Das Geschlecht des Wissens. Frauen denken die Wissenschaft neu.* Frankfurt a. M.: Campus.

Häusermann, Silja und Christine Zollinger. 2014. Familienpolitik. In Peter Knöpfel, Yannis Papadopoulos, Pascal Sciarini, Adrian Vatter und Silja Häusermann (Hrsg.), *Handbuch der Schweizer Politik* (S. 911–934). Zürich: NZZ Libro.

Hearn, Jeff. 2019. So What Has Been, Is, and Might be Going on in Studying Men and Masculinities? Some Continuities and Discontinuities. *Men and Masculinities,* 22(1), 53–63.

Hochschild, Arlie Russell. 2018. *Strangers in Their Own Land: Anger and Mourning on the American Right.* New York London: The New Press.

Hollstein, Walter 1989. *Nicht Herrscher, aber kräftig. Die Zukunft der Männer.* Hamburg: Hoffmann und Campe.

horm/kalo. 2019. Club sorgte für Gesprächsstoff. Von Männer-Zickenkrieg und schlüpfrigen Geständnissen. Schweizer Radio und Fernsehen (SRF), https://www.srf.ch/news/panorama/club-sorgte-fuer-gespraechsstoff-von-maenner-zickenkrieg-und-schluepfrigen-gestaendnissen (Zugriff 21.03.2021).

Joris, Elisabeth und Heidi Witzig. 1991. Konstituierung einer spezifischen Frauen-Öffentlichkeit zwischen Familie und Männer-Öffentlichkeit im 19. und beginnenden 20. Jahrhundert. In Mireille Othenin-Girard, Anna Gossenreiter und Sabine Trautweiler (Hrsg.), *Frauen und Öffentlichkeit. Beiträge der 6. Schweizerischen Historikerinnentagung* (S. 143–160). Zürich: Chronos.

Kergomard, Zoé. 2018. «Mehr Freiheit, weniger Staat». Zum Neoliberalismus als Patentrezept gegen die Krise der Schweizer Parteien um 1980. In Regula Ludi, Matthias Ruoss, und Leena Schmitter (Hrsg.), *Zwang zur Freiheit: Krise und Neoliberalismus in der Schweiz* (S. 111–136). Zürich: Chronos.

Lengwiler, Martin. 2008. In kleinen Schritten: Der Wandel von Männlichkeiten im 20. Jahrhundert. *L'homme: Zeitschrift für feministische Geschichtswissenschaft* 19(2): 75–94.

Liebig, Brigitte und Christian Kron. 2017. Ambivalent Benevolence. The instrumental rationality of father-friendly policies in Swiss organizations. In Brigitte Liebig und Mechthild Oechsle (Hrsg.), *Fathers in Work Organizations. Inequalities and Capabilities, Rationalities and Politics* (S. 105–126). Opladen/Berlin/Toronto: Budrich Publishers.

Liebig, Brigitte und Martina Peitz. 2018. Zeit-Nischen oder Familienzeit? Väter und der Umgang mit den Widersprüchen flexibler Arbeitsformen. *GENDER. Zeitschrift für Geschlecht, Kultur und Gesellschaft,* 10(1), 151–166.

Liebig, Brigitte, Martina Peitz und Christian Kron. 2017. Familienfreundlichkeit für Väter? Herausforderungen der Umsetzung familienbewusster Maßnahmen für Männer. *Arbeit. Zeitschrift für Arbeitsforschung, Arbeitsgestaltung und Arbeitspolitik* 26 (2): 1–20.

Ludi, Regula, Matthias Ruoss und Leena Schmitter. 2018. *Zwang zur Freiheit: Krise und Neoliberalismus in der Schweiz.* Zürich: Chronos.

Lüthi, Barbara. 2019. Oh Mann! Männlichkeit in der Krise? Club. Schweizer Radio und Fernsehen SRF, https://www.srf.ch/play/tv/club/video/oh-mann-maenn-lichkeit-in-der-krise?urn=urn:srf:video:0c07f561-a903-4e58-8d5f-790db27b-8bb6 (Zugriff 05.01.2021).

Maihofer, Andrea. 2016. Resisting change: A critical analysis of media responses to research on gender equality. In Brigitte Liebig, Karin Gottschall, und Birgit Sauer (Hrsg.), *Gender Equality in Context: Policies and Practices in Switzerland* (S. 241–260). Opladen/Toronto: Barbara Budrich.

Maihofer, Andrea. 2014. Familiale Lebensformen zwischen Wandel und Persistenz: eine zeitdiagnostische Zwischenbetrachtung. In Cornelia Behnke, Diana Lengersdorf und Sylka Scholz (Hrsg.), *Wissen – Methode – Geschlecht: Erfassen des fraglos Gegebenen* (S. 313–334). Wiesbaden: Springer.

Maihofer, Andrea. 2006. Von der Frauen- zur Geschlechterforschung. Ein bedeutsamer Perspektivenwechsel nebst aktuellen Herausforderungen an die Geschlechterforschung. In Brigitte Aulenbacher, Mechthild Bereswill, Martina Löw, Michael Meuser, Gabriele Mordt, Reinhild Schäfer und Sylka Scholz (Hrsg.), *FrauenMännerGeschlechterforschung. State of the art (Forum Frauen- und Geschlechterforschung)* 19. (S. 64–77). Münster: Westfälisches Dampfboot.

Maihofer, Andrea. 1995. *Geschlecht als Existenzweise: Macht, Moral, Recht und Geschlechterdifferenz.* Frankfurt a. M.: Helmer.

Maihofer, Andrea, Diana Baumgarten, Karsten Kassner und Nina Wehner. 2010. *Familiengründung und Kinderlosigkeit bei Männern. Bedingungen von Vaterschaft heute im Spannungsfeld zwischen alten und neuen Männlichkeitsnormen.* ZGS Diskussionspapier I, Zentrum Gender Studies, Basel.

Meuser, Michael. 2010. Geschlecht, Macht, Männlichkeit: Strukturwandel von Erwerbsarbeit und hegemoniale Männlichkeit. *Erwägen Wissen Ethik EWE* 21(3): 325–336.

Meuser, Michael und Sylka, Scholz. 2011. Krise oder Strukturwandel hegemonialer Männlichkeit? In Mechthild Bereswill und Anke Neuber (Hrsg.), *In der Krise?* (S. 56–79). Münster: Westfälisches Dampfboot.

Nationalrat Herbstsession. 2019. 18.052 Für einen vernünftigen Vaterschaftsurlaub – zum Nutzen der ganzen Familie. Volksinitiative. Amtliches Bulletin. Das SchweizerParlament,https://www.parlament.ch/de/ratsbetrieb/amtliches-bulletin/amtliches-bulletin-die-verhandlungen?SubjectId=46983 (Zugriff 12.11.2019).

Nentwich, Julia 2008. New Fathers and Mothers as Gender Troublemakers? Exploring Discursive Constructions of Heterosexual Parenthood and their Subversive Potential. *Feminism Psychology,* 18(2): 207–230.

Opitz-Belakhal, Claudia und Martin Lengwiler. 2008. Krise der Männlichkeit – ein nützliches Konzept der Geschlechtergeschichte? *L'homme: Zeitschrift für feministische Geschichtswissenschaft,* 19(2): 31–49.

Roth, Anja und Michela Slotwinski. 2020. *Gender Norms and Income Misreporting within Households*. Discussion Paper, ZEW-Leibnitz-Zentrum für Europäische Wirtschaftsforschung GmbH Mannheim, https://www.zew.de/fileadmin/FTP/dp/dp20001.pdf (Zugriff 06.01.2021).

Schölper, Dag. 2008. Männer- und Männlichkeitsforschung: Ein Überblick. in: gender...politik...*online,* https://www.fu-berlin.de/sites/gpo/soz_eth/Frauen-_M__nnerforschung/M__nner-_und_M__nnlichkeitsforschung_____ein___berblick/dag_schoelper.pdf (Zugriff 21.03.2021).

Schweizer Parlament. 2020. Bundesverfassung. Dienstag, 12. September 1848. Parlamentsgeschichte. Das Schweizer Parlament, https://www.parlament.ch/de/%C3%BCber-das-parlament/parlamentsgeschichte/parlamentsgeschichte-detail?historyId=3 (Zugriff 12.10.2020).

Stamm, Margrit. 2016. *Väter: Wer sie sind, was sie tun, wie sie wirken. Die TARZAN-Studie.* Dossier 16/1. Hintergründe ihrer Aufstiegsangst. Dossier 16/2. Bern.

Ständerat Sommersession, Zwölfte Sitzung 20.06.2019. 18.441. Indirekter Gegenentwurf zur Vaterschaftsurlaubs-Initiative. Amtliches Bulletin. Das Schweizer Parlament, https://www.parlament.ch/de/ratsbetrieb/amtliches-bulletin/amtliches-bulletin-die-verhandlungen?SubjectId=46570 (Zugriff 13.11.2019).

Stiehler, Steve. 2009. *Männerfreundschaften: Grundlagen und Dynamiken einer vernachlässigten Ressource.* Weinheim – München: Juventa.

Studer, Brigitte. 2012. Ökonomien der sozialen Sicherheit. In Patrick Halbeisen, Margrit Müller und Béatrice Veyrassat (Hrsg.), *Wirtschaftsgeschichte der Schweiz im 20. Jahrhundert* (S. 923–974). Basel: Schwabe.

swissinfo.ch. 2015. *Switzerland: home to the world's most expensive crèches.* SWI swissinfo.ch, https://www.swissinfo.ch/eng/family-time_switzerland--home-to-the-world-s-most-expensive-cr%C3%A8ches/41280142 (Zugriff 15.12.2020).

Tanner, Jakob. 2015. *Geschichte der Schweiz im 20. Jahrhundert.* München: C.H.Beck.

Tobler, Andreas. 2018. *Die USA als Vorbild der modernen Schweiz.* Tages-Anzeiger, https://www.tagesanzeiger.ch/kultur/die-usa-als-vorbild-der-modernen-schweiz/story/23746369 (Zugriff 12.10.2020).

Urwin, Jack. 2017. *Boys don't cry. Identität, Gefühl und Männlichkeit.* Hamburg: Nautilus Flugschrift.

Valarino, Isabel. 2014. *The emergence of Parental and Paternity Leaves in Switzerland: A Challenge to Gendered Representations and Practices of Parenthood?* Universität Lausanne, https://serval.unil.ch/resource/serval:BIB_EC9A89C2A3A6.P001/REF (Zugriff 06.01.2021).

Waldmeier, Daniel. 2019. Männer-«Club» auf SRF artet aus. 20 Minuten, https://www.20min.ch/story/maenner-club-auf-srf-artet-aus-485113399006 (Zugriff 21.03.2021).

Wehner, Nina, Andrea Maihofer, Karsten Kassner und Diana Baumgarten. 2010. Männlichkeit und Familiengründung zwischen Persistenz und Wandel. *FamPra – Die Praxis des Familienrechts* 11(2): 295–314.

Wyt. 2019. Frauen greifen SRF-Moderatorin Barbara Lüthis Männer-«Club» an. Blick.ch, https://www.blick.ch/people-tv/tv/frauen-greifen-barbara-luethis-maenner-club-an-das-zeugt-nicht-gerade-von-intelligenz-id15141974.html (Zugriff 21.03.2021).

Zinn, Isabelle. 2019a. Les épreuves corporelles des bouchères et des bouchers. *Nouvelles Questions féministes* 38 (2): 51–67, https://www.cairn.info/revue-nouvelles-questions-feministes-2019-2-page-51.html (Zugriff 12.01.2021).

Zinn, Isabelle. 2019b. The "truly creative" Floral Designers. When creativity becomes a gendered privilege. *Journal of Contemporary Ethnography* 48(3): 429–447, https://journals.sagepub.com/doi/10.1177/0891241618792074 (Zugriff 12.01.2021).

Teil I

Wandel und Persistenz von Männlichkeiten

2 Wandel und Persistenz hegemonialer Männlichkeit – aktuelle Entwicklungen

Andrea Maihofer

Entscheidend ist nicht nur, dass Männer Sorgetätigkeiten verrichten, sondern auch, ob sie die Tätigkeiten als wertvoll empfinden.
(Tholen 2019, 18)

werk: die allmähliche Verwirklichung der Lust, nicht zu herrschen.
(Tholen 2019, 49)

1 Einleitung

Historisch war Männlichkeit immer, mal mehr, mal weniger, in Bewegung und stets Gegenstand von Auseinandersetzungen auch zwischen Männern*, letzteres wird in seiner Bedeutung allerdings häufig unterschätzt. Auch im Zuge der gegenwärtigen Entwicklungen in den Geschlechterverhältnissen ist dies der Fall. Denn zweifellos ist Männlichkeit nicht nur in einem grundlegenden Wandel begriffen, der den Kern dessen betrifft, was bürgerlich hegemoniale Männlichkeit bislang ausmacht (siehe u. a. Maihofer 2018; Demirović und Maihofer 2013 und Luterbach und Thym in diesem Band), um ihren Erhalt finden auch heftige Auseinandersetzungen, ja Kämpfe statt. Letzteres wird insbesondere am Widerstand von rechtspopulistischen bis rechtsextremen Akteur*innen gegen diesen Wandel sichtbar. Mein Fokus liegt im Folgenden jedoch weniger auf diesem Widerstand, wenn ich auch punktuell auf ihn verweisen werde, als vielmehr auf zentralen Aspekten hegemonialer Männlichkeit, die in Bewegung geraten sind, sowie auf der «paradoxen Gleichzeitigkeit von Wandel und Persistenz» (Maihofer 2007) in diesen Prozessen.

Um den gegenwärtigen Wandel bürgerlich hegemonialer Männlichkeit angemessen einschätzen zu können, ist zuvor ein Blick auf zentrale Bestimmungen bürgerlich hegemonialer Männlichkeit notwendig. Dabei geht es zum einen um das allgemeine Verständnis hegemonialer Männlichkeit, insbesondere um das zugrundeliegende Verständnis von Hegemonie, zum anderen um zentrale Elemente bürgerlich heteropatriarchaler Männlichkeit.

2 Zentrale Bestimmungen bürgerlich hegemonialer Männlichkeit

Zum allgemeinen Verständnis hegemonialer Männlichkeit

Im Rahmen des Konzepts «hegemonialer Männlichkeit», wie es insbesondere durch Raewyn Connell (1999) bekannt wurde, wird Männlichkeit nicht als etwas natürlich Gegebenes verstanden, sondern als ein historisches und gesellschaftlich-kulturelles Phänomen. Das impliziert zunächst einmal die Einsicht, dass sich die Vorstellungen, Normen und Praxen von Männlichkeit historisch verändern. So unterscheiden sich feudale und bürgerliche Männlichkeit auf grundlegende Weise.[1] Das aber bedeutet: auch Männer* haben ein Geschlecht. Sie werden nicht als Männer* geboren, sondern dazu gemacht bzw. sie haben die Aufgabe, im Laufe ihrer Sozialisation oder, um es mit Bourdieu zu sagen, im Laufe einer «ungeheuren kollektiven Sozialisationsarbeit» (2005, 45) geschlechtlicher Differenzierung zu solchen zu werden. Auch Männer* sind also gesellschaftlicher Herrschaft unterworfen. Sie setzen nicht nur Normen, auch sie sind an ihre «eigenen» Normen gebunden, müssen sich an ihnen orientieren und ihnen gerecht werden. Die Wirkmächtigkeit hegemonialer Anforderungen an Männlichkeit wird umso deutlicher, wenn Männer* diese Normen nicht teilen oder ihnen nicht (mehr) genügen können bzw. wollen. In welchen Bereichen dies derzeit zu beobachten ist, darauf gehe ich später noch ausführlicher (Kapitel 3) ein.

Eine ganz grundsätzliche Frage ist jedoch, wie der Begriff der Hegemonie bzw. des Hegemonialen verstanden wird: Connell (1999) beispielsweise scheint die Ansicht zu präferieren, dass erst in bürgerlich kapitalistischen Gesellschaften von Hegemonie im Zusammenhang gesellschaftlicher Konsensbildung gesprochen werden kann. So beziehen sich ihre Ausführungen vor allem auf westliche bürgerlich kapitalistische Gesellschaften. Diese Herangehensweise hat insbesondere damit zu tun, dass Connell im Anschluss an Antonio Gramsci «Hegemonie» vor allem als Resultat der aktiven Herausbildung eines gesellschaftlichen Konsenses versteht (Connell 1999). Danach orientieren sich neben der bürgerlichen Klasse die anderen gesellschaftlichen Klassen und Schichten nicht in erster Linie aufgrund von Zwang oder Gewalt an den bürgerlichen Normen von Männlichkeit, vielmehr durch Zustimmung. Demgegenüber lässt sich «Hegemonie» im Anschluss an Nicos Poulantzas (1975) und Michel Foucault (1991) zunächst einmal als Ergebnis

---

1   So sind im Feudalismus z. B. Berufstätigkeit, Wehrhaftigkeit oder politische Teilhabe (noch) keine zentralen Bestimmungen von Männlichkeit.

gesellschaftlicher Macht- und Herrschaftsverhältnisse, also gesellschaftlicher Kräfteverhältnisse begreifen und damit als ein historisch übergreifendes Phänomen. Die Form der Hegemoniebildung, wie sie im Zuge der Etablierung der westlich geprägten bürgerlich kapitalistischen Gesellschaften entsteht, stellt entsprechend eine historisch *spezifische* Form der Hegemoniebildung dar. Und bürgerlich hegemoniale Männlichkeit ist danach, wie ich es in *Geschlecht als Existenzweise* formuliert habe, «als hegemoniale Selbststilisierung und Selbstaffirmierung» zu verstehen, die sich in «Abgrenzung gegen Männer anderer gesellschaftlicher Klassen und Schichten» vollzieht und «zur Legitimierung» der Hegemonie der bürgerlichen Klasse dient (Maihofer 1995, 104). Das heisst, im Unterschied zum Feudalismus basiert die Hegemonie bürgerlicher Männlichkeit nicht mehr vor allem auf gesellschaftlichen Macht- und Herrschaftsverhältnissen, sondern sie bedarf nun *gesellschaftlicher Zustimmung*. Dies hat zum einen damit zu tun, dass die Form des Regierens, nicht mehr, wie noch deutlich werden wird, vor allem auf Zwang bzw. Gewalt gründet, vielmehr über normative Anforderungen und damit über *Selbstregierung* funktioniert. Zum anderen ist mit der Etablierung bürgerlich kapitalistischer Gesellschaften der Anspruch auf allgemeine Gültigkeit gesellschaftlicher Normen – also über alle Schichten und Klassen hinweg – verbunden, so auch die Gültigkeit der Normen bürgerlich hegemonialer Männlichkeit (aber auch, was bislang häufig übersehen wird, bürgerlich hegemonialer Weiblichkeit (Maihofer 1995, 104): Die Anerkennung allgemeiner Normen kann jedoch nur über die Herausbildung zumindest eines gewissen *gesellschaftlichen Konsenses* gelingen.

Für beide Konzeptionen von Hegemonie stellt sich mithin die Frage, wie diese Zustimmung bzw. dieser Konsens zustande kommt. Ist er das Ergebnis der Einsicht in die Richtigkeit der hegemonialen Normen? Oder eher schlichtes Sich-Fügen in gesellschaftliche Notwendigkeiten? Oder ist die normative Wirkmächtigkeit gepaart mit der Entwicklung eines «Begehrens nach Konformität» (Maihofer 2015, 648–649)? Schliesslich drohen denen, die hegemoniale Normen an Männlichkeit (oder Weiblichkeit) nicht befolgen, vielfältige Sanktionen und sich ihnen zu fügen, zielt darauf, das eigene «kulturelle Überleben» zu sichern (Butler 1919, 205; Woolf 2000, 171). Letztlich ist es sicher eine komplexe Gemengelage von alldem.

Überdies finden im Zuge der Etablierung der bürgerlich heteropatriarchalen Gesellschafts- und Geschlechterordnung immer wieder Prozesse statt, in denen gesellschaftlicher Konsens und damit die nötige Zustimmung durch spezifische Zugeständnisse insbesondere gegenüber den subalternen Klassen und Schichten zustande kommen (vgl. Demirović im Anschluss an Gramsci 2017, 59). So ist z. B. die Einführung des Familienlohns in der zweiten Hälfte des 19. Jahrhunderts Ergebnis anhaltender Kämpfe der Gewerkschaften. Zugleich forciert seine Einführung den Prozess der «Familiarisierung der Lebensweise» (Maihofer 2018, 115) und mit ihr die Verallgemeinerung der traditionellen bürgerlichen Kleinfamilie mit ihrer geschlechtsspezifischen Arbeitsteilung – mit dem Mann* als Ernährer und Oberhaupt der Familie: beides zentrale Elemente bürgerlich hegemonialer Männlichkeit. Das heisst, dieser Konsens trägt dazu bei, dass sich die bürgerlich heteropatriarchale Lebensweise und deren Existenzbedingungen verallgemeinern und als allgemeine Norm etablieren. Dies umso mehr als die neuen hegemonialen Anforderungen an Männlichkeit konstitutiv mit der Entstehung der bürgerlich kapitalistischen Gesellschaft verbunden und zu deren Erhalt und Reproduktion unabdingbar sind. Ausserdem garantiert dies die Aufrechterhaltung männlicher Suprematie.

An diesem Beispiel wird jedoch genau besehen deutlich, gesellschaftliche Hegemoniebildung wie auch die Bildung von Konsens und Zustimmung sind (auch wenn dies im Begriff der Hegemonie, nicht immer explizit mitgedacht wird) stets Ergebnis bestimmter gesellschaftlicher Macht- und Herrschaftsverhältnisse. So finden Auseinandersetzungen um gesellschaftliche Entwicklungen – und hierzu gehören auch Auseinandersetzungen um Geschlechternormen und -verhältnisse – innerhalb bestimmter gesellschaftlicher Kräfteverhältnisse statt, und das sowohl *innerhalb* der herrschenden Klassen (z. B. zwischen verschiedenen Fraktionen der bürgerlichen Klasse)[2] als auch zwischen den herrschenden und subalternen Klassen. Daher gilt es, zu unterscheiden zwischen einer historisch bestimmten hegemonialen Männlichkeit *innerhalb* einer gesellschaftlich herrschenden Gruppe oder Klasse – z. B. *innerhalb* des Adels oder *innerhalb* des Bürgertums – und einer *gesamtgesellschaftlich hegemonialen Männlichkeit,* wie z. B. die in der bürgerlichen Klasse entstehende hegemoniale Männlichkeit, die im Laufe des 19. Jahrhunderts zunehmend auch für alle anderen Gruppen oder Klassen hegemonial wird. Allerdings kommt, wie gesagt, dieser Anspruch auf eine gesamtgesellschaftliche Verallgemeinerung von Lebensweisen und Existenzbedingungen erst mit der bürgerlich kapitalistischen Gesellschaft auf.

Im Feudalismus bestand kein solcher Anspruch; im Gegenteil, in gewisser Weise implizierte die ständische Stratifizierung jeweils unterschiedliche hegemoniale Anforderungen an Männlichkeit. Ebenso findet im Rahmen der gegenwärtigen neoliberalen Transformationsprozesse eine zunehmende Aufkündigung des gesellschaftlichen Konsenses statt: so in Form vielfältiger Prozesse der Deregulierung, der Vertiefung sozialer und mate-

---

2   Auch hier besteht kein einheitliches Interesse; dieses muss sich ebenfalls stets erst herausbilden bzw. durchgesetzt werden (Demirović 2017, 56).

rieller Ungleichheit, der Herausbildung oligarchischer Strukturen. Ebenso schwindet der Anspruch auf Verallgemeinerung der Normen und Praxen von Männlichkeit der herrschenden Klasse/n zusehends. Gesellschaftliche Hegemonie funktioniert inzwischen vermehrt im Sinne von Exklusivität und klassenspezifischen Ausschlüssen.

Von hegemonialer Männlichkeit zu sprechen heisst also: auch zwischen Männern bestehen hierarchische Geschlechterverhältnisse (Maihofer 1995; Connell 1999). Keineswegs sind alle Männer bezogen auf ihre Teilhabe an der «männlichen Herrschaft» (Bourdieu 2005) gleich. Gerade derzeit verschärfen sich soziale und gesellschaftliche Hierarchien und Ungleichheiten zwischen Männern* jedoch nochmals deutlich.

Zentrale Elemente bürgerlich heteropatriarchaler Männlichkeit

Wie bereits angesprochen, hat sich die bürgerlich hegemoniale Männlichkeit Ende 18./Anfang 19. Jahrhundert im Zuge der Etablierung der westlichen kapitalistischen Gesellschaften als ein neuer Typ von Männlichkeit in der bürgerlichen Klasse entwickelt, und zwar in expliziter Abgrenzung gegenüber feudaler sowie bäuerlicher und proletarischer Männlichkeit. Sie ist als Ergebnis einer gesellschaftlichen Auseinandersetzung zwischen Männern* zu begreifen, der um die gesellschaftliche Hegemonie ringenden bürgerlichen Klasse, des *noch* herrschenden Adels und den entstehenden subalternen Klassen.

Dabei geht es zugleich um die Herausbildung einer neuen Form männlicher Suprematie gegenüber Frauen* – quer durch alle Schichten/Klassen –, nun in der Form der bürgerlich kapitalistischen Gesellschafts- und Geschlechterordnung mit ihrer spezifischen geschlechtlichen Arbeitsteilung und heteropatriarchaler Zweigeschlechterordnung (Maihofer 1995).[3] Angesichts der sich im Rahmen der bürgerlichen Gesellschaft etablierenden Idee allgemeiner gesellschaftlicher Normen bedarf dies nun allerdings Strategien der Legitimierung männlicher Herrschaft. Hierfür wird insbesondere die Behauptung natürlicher qualitativer Unterschiede zwischen den Geschlechtern und der darin begründeten männlichen Überlegenheit zentral (Maihofer 1995, 21 ff.). Das heisst: Die Ausbildung der bürgerlich heteropatriarchalen Männlichkeit und ihrer allmählichen Verallgemeinerung war nicht nur essentiell für die Hegemoniebildung der bürgerlichen Klasse, sondern auch konstitutiv für die Etablierung und Reproduktion westlich geprägter bürgerlich kapitalistischer Gesellschaften.

---

3   Zur Rolle bürgerlicher Frauen* in diesen Prozessen und damit zur Bedeutung hegemonialer Weiblichkeit siehe Maihofer 1995 (27 und 104) sowie 2018.

Dabei muss die *Selbststilisierung* bürgerlicher Männlichkeit zugleich als ein hegemonialer Prozess der *Selbstfindung* und *Selbstbindung* gegenüber und innerhalb der eigenen Klasse begriffen werden. So haben bürgerliche Männer* mit der Etablierung der kapitalistischen Gesellschaftsformation und den mit ihr einhergehenden ökonomischen, politischen und kulturellen Veränderungen – wie die mit ihr einhergehende Trennung von Öffentlichkeit und Privatheit sowie von Beruf und Familie – neue Denk-, Gefühls- und Handlungsweisen, neue Körperpraxen und eine neue Subjektivierungsweise entwickelt und entwickeln müssen. Und die Herausbildung bürgerlicher Männlichkeit hat zunächst mit diesen neuen gesellschaftlichen Bedingungen, Lebensweisen und Praktiken sowie den mit ihnen verbundenen neuen Anforderungen an bürgerliche Männer* zu tun. Entsprechend impliziert sie eine Zurichtung, Disziplinierung und Normalisierung vor allem auch *gegenüber sich selbst.*

Ein plastisches Beispiel hierfür ist die Bekämpfung der Onanie Ende des 18. Jahrhunderts. Onanie war in dieser Zeit ein verbreitetes Phänomen insbesondere bei Männern, aber nicht nur. Sie galt als Ursache für fast alle physischen und psychischen Krankheiten und als Bedrohung der körperlichen und geistigen Volksgesundheit. Wie Foucault zeigt, treibt die Onaniekampagne die Herausbildung des bürgerlichen autonomen und souveränen Subjekts voran (2003, 320; Eder 2009, 91). Sie kann in diesem Sinne auch als (Selbst)Disziplinierung bürgerlicher Männlichkeit verstanden werden. Durch die normative Anforderung, die Lust nach Selbstbefriedigung zu beherrschen, errichtet das männliche Individuum, in der Be*herr*schung seiner inneren Natur, seines männlichen Triebes in sich selbst ein *männliches* Verhältnis zu sich selbst (Foucault 1986). Zugleich ist dies ein Prozess, in dem es für Männer* gilt, ihre sexuellen Lüste nun ausschliesslich auf eine *heterosexuelle* und *phallisch* zentrierte Lust zu reduzieren (Adorno 1977; Irigaray 1980). Ausserdem wird gerade in dieser Zeit der männliche Trieb (nicht umsonst jetzt so genannt) im Gegensatz zur Vormoderne als wesentlich stärker imaginiert als die weibliche Lust (Laqueur 1992; Eder 2009). Der Akt der Selbstdisziplinierung wird damit umso deutlicher als besondere männliche Leistung stilisiert.

In diesem Sinne stellt die bürgerlich heteropatriarchale Männlichkeit mit ihrer spezifischen männlich vergeschlechtlichten Subjektivierungsweise auch eine Form der Regierungsintensivierung dar, eine neue Form der Herrschaftstechnik, die nun ganz wesentlich als Selbsttechnik funktioniert. Danach wirken die (männlichen) Individuen in ständiger Arbeit an sich selbst dergestalt auf sich ein, dass sie sich selbst dazu bringen, möglichst konform gemäss den gesellschaftlichen Anforderungen an Männlichkeit zu fühlen, zu denken und zu handeln. Es entsteht nicht nur ein wachsender (innerer)

Zwang, sondern auch eine wachsende *Fähigkeit,* «durch die das Selbst durch sich selbst konstruiert und modifiziert wird» (Foucault zitiert in Lemke 2000, 29) und letztlich so seine eigene Disziplinierung und damit Normalisierung betreibt.

Das damit entstehende bürgerliche männliche Subjekt wird jedoch nicht als in sich männlich verstanden, weil es Männer* «sind», von denen die Rede ist, sondern weil diese Form des Subjekts ein Verhältnis zu sich selbst impliziert: «von sich selber zu sich selber eine Struktur von Männlichkeit zu errichten» und damit «im Verhältnis zu sich Mann» zu sein (Foucault 1986, 110). Diese Selbstbeherrschung, dieses Herr-über-sich-selber-sein gilt in Folge sowohl als Basis der Berechtigung männlicher Suprematie als auch überhaupt zur Herrschaft über Andere – auch über andere Männer* –, worin sich die eigene Macht sowie die eigene Männlichkeit beweisen (Foucault 1986; Bourdieu 2005; zu männlichen Spielen des Wettbewerbs Meuser 2006).

Dieser neuen Subjektivierungsweise des «identischen, zweckgerichteten, männlichen Charakter(s) des Menschen» ist, wie schon Horkheimer und Adorno in der *Dialektik der Aufklärung* betonen, eine spezifische Dialektik von Herrschaft und Unterwerfung inhärent. Das heisst, das bürgerliche männliche Subjekt hat eine konstitutiv autoritäre Struktur (2009, 40; Maihofer 1995, 109 ff.), die genaugenommen schon im Begriff des Subjekts selbst präsent ist (subicere: unterwerfen und sich unterwerfen). Foucault spricht daher auch vom «Untertanen/Subjekt» (1979, 78). So entsteht das männliche Subjekt, wie sich am Beispiel der Onanie zeigt, als Akt des Herr-werdens über sich selbst. In ihm unterwirft das Individuum sich selbst den herrschenden Anforderungen an Männlichkeit, um – wie hier – seine Lust zur Selbstbefriedigung im Namen der Norm (gesunder) heterosexueller Reproduktion zu zügeln. Ein Akt, in dem als männlich identifizierte Individuen, indem sie sich den Normen bürgerlicher Männlichkeit unterwerfen, in sich selbst ein *männliches* Verhältnis zu sich selbst etablieren.

Viele Anforderungen an bürgerliche Männlichkeit funktionieren in ebendieser Logik der Normalisierung durch Disziplin/ierung. So gehören zur Zurichtung bürgerlich heteropatriarchaler Männlichkeit: *erstens* die Herausbildung einer spezifischen *Verbindung von Beruf und Männlichkeit* (eine Verbindung, die für adlige Männlichkeit so nicht der Fall war), also die eigene Identität als Mann über den Beruf und das damit verbundene Arbeitsethos bis hin zur absoluten Hingabe z. B. an Wissenschaft zu definieren; *zweitens* die *Verbindung von Familie und Männlichkeit,* also die Etablierung des bürgerlich heteropatriarchalen Familienoberhaupts mit seiner Verantwortung für die materielle Absicherung der Familie; *drittens* die *Verbindung von Politik und Männlichkeit* durch die Einführung des allgemeinen Stimm- und

Wahlrechts, wodurch Männlichkeit des Weiteren durch die aktive Teilhabe an Politik definiert wird (Arni 2009, 20) und sich der Staat nun ausdrücklich als «Männerstaat» versteht (Botschaft des Bundesrates 1957, 680); und schliesslich gehören dazu viertens die *Verbindung von Sport und Männlichkeit,* die besonders zentral ist für die körperliche Selbstdisziplinierung, sowie die eng damit verbundene *Verknüpfung von Militär bzw. Wehrhaftigkeit und Männlichkeit* – auch sie werden zu wesentlichen Aspekten bürgerlich heteropatriarchaler Männlichkeit. Die spezielle Bedeutung der Verknüpfung von Wehrhaftigkeit und Männlichkeit wird auch in der langen Verbindung von Politik bzw. Stimm- und Wahlrecht mit männlicher Wehrfähigkeit deutlich.[4] So verschränken sich in der im 19. Jahrhundert (teils gegen den expliziten Willen des Adels) eingeführten allgemeinen Wehrpflicht viele zentrale Anforderungen männlicher Disziplinierung und Normalisierung ineinander. In dieser Militarisierung des Mannes* bzw. von Männlichkeit – quer durch alle Schichten – wird die grundlegend autoritäre Struktur männlicher Subjektivität in der Einübung absoluten Gehorsams und bedingungsloser Unterordnung exemplarisch sichtbar. Und nicht zuletzt war das Duell für die Herausbildung bürgerlicher Männlichkeit bedeutsam.[5] In der Bereitschaft des Mannes*, im *Duell* für seine Ehre zu kämpfen, möglicherweise gar zu sterben, stellt er den Besitz gleich eines ganzen Bündels hegemonialer Anforderungen an Männlichkeit unter Beweis: Willenskraft, Mut, Selbstbeherrschung und Disziplin (Frevert 1991, 193–194). Einmal mehr demonstriert er seine männliche Souveränität, dass er in der Tat ein autonomes souveränes Subjekt ist, das in jeder Situation «seinen Mann steht»: Hier wird vollends deutlich, wie grundlegend bürgerlich hegemoniale Männlichkeit in ihrem Ideal eines autonomen souveränen Subjekts letztlich mit dem Phantasma eines isolierten egoistischen Individuums einhergeht, dessen Selbstbeherrschung in Folge sowohl als Basis der Berechtigung zur Herrschaft über andere als auch über die Natur gilt.[6] Das heisst, Sozialität und Gesellschaft werden nicht als Bedingung der Möglichkeit der eigenen Existenz erfahren, vielmehr als Grenze und Einschränkung. Was zählt ist die eigene (männliche) Willenskraft und Disziplin (siehe auch schon die Kritik von Marx (1978, 366) am bürgerlichen Subjekt.

---

4   Das Fehlen der Wehrhaftigkeit war daher auch ein zentrales Argument in der Schweiz für die Legitimierung des Ausschlusses von Frauen aus der Politik und der Verweigerung des Stimm- und Wahlrechts (Botschaft des Bundesrates 1957, 733 f., 740).

5   Wobei das Duell – anders als die anderen Praxen – zugleich auch eine Distinktionspraxis der herrschenden Klassen gegenüber den subalternen war.

6   Siehe auch Horkheimer und Adorno in der Dialektik der Aufklärung zum Zusammenhang der Herrschaft über die innere und die äussere Natur, also zum konstitutiven Zusammenhang von bürgerlich männlicher Subjektivität und der Ausbeutung der Natur (2009).

Und nicht zuletzt ist diese Neudefinition von Männlichkeit ein hegemonialer Akt der *Selbstaffirmierung* bürgerlicher Männlichkeit als fortschrittlich und modern gegenüber feudaler und proletarischer Männlichkeit und deren *Veranderung* als dekadent, rückschrittlich bzw. als ungebildet und unbeherrscht. Gegenüber Frauen impliziert sie die Gleichsetzung von Männlichkeit mit allgemeinem Menschsein und die *Veranderung* der Frauen als das an diesem Massstab gemessen defizitäre Andere, Besondere. Entsprechend sind mit dieser Selbstaffirmierung bürgerlicher Männlichkeit die Entstehung der modernen Klassentheorien sowie der Theorien der Rassifizierung (Mosse 1994) verbunden, so die Selbstaffirmierung Europas und die Veranderung des Orients[7] sowie das Ideal des «weissen Mannes». Es entsteht die Logik des «Wir» versus «die Anderen». Ebenso geht mit alldem die Etablierung des bürgerlichen Geschlechterdiskurses mit seiner Vorstellung natürlicher qualitativer Geschlechterdifferenzen einher (Maihofer 1995). Auch dieser entwickelt sich erst Ende des 18./Anfang 19. Jahrhunderts und dient bis heute zur Legitimierung von Sexismus und der Diskriminierung von Frauen*. Die Dialektik von Selbstaffirmierung und Veranderung ist folglich der bürgerlich hegemonialen männlichen Subjektivierungsweise ebenfalls konstitutiv inhärent.

An diesen Anforderungen bürgerlich hegemonialer Männlichkeit und den mit ihnen einhergehenden Lebensweisen müssen und wollen sich dann, wie gezeigt, nach und nach auch Männer* anderer gesellschaftlicher Gruppen und Klassen orientieren. Dabei gilt es sich zu erinnern, dass erst mit der bürgerlichen Gesellschaft überhaupt der Anspruch auf *Allgemeinheit* gesellschaftlicher Normen zentral wird sowohl für die mit ihr einhergehenden Regierungstechniken als auch für ihre Hegemoniebildung selbst. Zugleich ist genau dieser Anspruch auf Allgemeinheit wiederum die Basis ihrer gesellschaftlichen Einforderung für «alle», wie sich dies in den verschiedenen Kämpfen der Arbeiterbewegung um den Familienlohn ab dem 19. Jahrhundert oder in der feministischen Forderung nach Menschenrechten auch für Frauen zeigt (siehe schon de Gouges (1979 [1791])).

Das bedeutet jedoch nicht, dass alle bürgerlichen Männer historisch die gleichen Vorstellungen von Männlichkeit präferiert oder gar gelebt hätten – auch innerhalb der bürgerlichen Klasse gab es immer wieder Auseinandersetzungen um Männlichkeit. Ebenso wurden in anderen Schichten und Klassen fortwährend eigenständige Vorstellungen von Männlichkeit entwickelt und praktiziert. Was bürgerlich patriarchale Männlichkeit inhaltlich ausmacht und deren gesellschaftliche Hegemonie ist stets in Bewegung und mal mehr mal weniger stark umkämpft. So können wir gerade gegenwärtig

---

7   Exemplarisch deutlich wird die Verwobenheit dieser Prozesse in Montesquieus *Persische Briefe* (1991); ausführlich Maihofer (2017).

heftige Auseinandersetzungen zwischen Männern* und ihren Vorstellungen von Männlichkeit beobachten. Ja, fast lässt sich sagen, je mehr bürgerlich heteropatriarchale Männlichkeit alltagspraktisch erodiert, je vehementer wird insbesondere durch rechtskonservative bis rechtsextreme Akteur*innen für ihre Absicherung gekämpft. Genau hierin zeigt sich auch die «paradoxe Gleichzeitigkeit von Wandel und Persistenz» (Maihofer 2007) gegenwärtiger gesellschaftlicher Entwicklungen.

3 Aspekte des Wandels bürgerlich hegemonialer Männlichkeit

Wie sich zeigt, gehört zur Herausbildung der bürgerlich hegemonialen Männlichkeit ein komplexes Bündel an vergeschlechtlichten und vergeschlechtlichenden Wahrnehmungs-, Denk-, Gefühls- und Handlungsweisen, spezifische Körperpraxen sowie die Entwicklung einer phallisch zentrierten Heterosexualität bis hin zu bestimmten Lebensweisen und -entwürfen und nicht zuletzt eine spezifische Subjektivierungsweise als autonomes souveränes männliches Subjekt. Bislang bedeutete die normative Anforderung, ein «richtiger», intelligibler Mann zu werden, idealiter all diese Aspekte im Laufe einer komplexen «Sozialisationsarbeit» (Bourdieu 2005, 90) in einer eindeutigen lebenslangen heterosexuellen männlichen Existenzweise zu vereinen (Maihofer 2015). Doch ist inzwischen nicht nur die normative Wirkmächtigkeit vieler dieser Anforderungen im Schwinden begriffen, auch ihre Verknüpfung ist brüchig geworden. Hierfür spricht die zunehmende *Pluralisierung* männlicher geschlechtlicher und sexueller Existenzweisen, aber auch, dass all diese Anforderungen von einer wachsenden Zahl von Männern* selbst grundlegend problematisiert werden. Eine Entwicklung, zu der nicht ganz unwesentlich die Frauenbewegung und feministische Theorie beigetragen haben, aber auch ein wachsendes Unbehagen von vielen Männern* selbst an bürgerlich hegemonialer Männlichkeit: an dem ihr inhärenten Sexismus, ihrer Fiktion autonomer souveräner Subjektivität, ihrer Militarisierung bis hin zu dem ihr inhärenten Begehren nach weisser männlicher Suprematie und ihrem Hang zur Ausbeutung von Natur und menschlichen wie nichtmenschlichen Lebens. Zugleich ist eine steigende Vehemenz zu beobachten, mit der von rechtskonservativer bis rechtsextremer Seite um den Erhalt bürgerlich heteropatriarchaler Männlichkeit gekämpft wird.

Für eine genauere Einschätzung des gegenwärtigen Wandels sowie der Persistenzen bis hin zu expliziten Widerständen gilt es, verschiedene gesellschaftliche Prozesse in unterschiedlichen Kontexten in den Blick zu nehmen. Denn wie deutlich wird, ist historisch nicht nur *ein* gesellschaftlicher Bereich etwa die Ökonomie oder gar nur die Berufssphäre zentral für die Herausbildung bürgerlich heteropatriarchaler Männlichkeit. Vielmehr geschah dies im Rahmen vielfältiger sich wechselseitig verstärkender Prozesse und durch eine komplexe gesellschaftliche Gemengelage hindurch – gleichsam quer durch die Gesellschaft. Anders ausgedrückt: die verschiedenen Prozesse der Herausbildung der traditionellen bürgerlich hegemonialen Männlichkeit vollziehen sich zwar, wie sich zeigt, in unterschiedlichen Bereichen, teilweise aufgrund jeweils spezifischer Dynamiken in den verschiedenen gesellschaftlichen Bereichen wie Familie, Militär, Staat, Berufssphäre. Doch mit der Zeit werden darin gemeinsame Logiken sichtbar, die sich nach und nach verdichten, ineinander verweben und als gesamtgesellschaftliche Entwicklungstendenzen herausbilden bzw. nachträglich als solche erweisen. Bezogen auf die heutige paradoxe Gleichzeitigkeit von Wandel und Persistenzen von Geschlechterungleichheit und -egalität ist das meines Erachtens nicht weniger der Fall.

In diesem Sinne möchte ich im Folgenden anhand vier unterschiedlicher Bereiche beispielhaft und unterschiedlich ausführlich sichtbar machen, was meiner Ansicht nach bezogen auf bürgerlich hegemoniale heteropatriarchale Männlichkeit inzwischen signifikant in Bewegung geraten ist.

Wandel von Männlichkeit im familialen Kontext

Für die Reproduktion der bürgerlich heteropatriarchalen Männlichkeit war die Institution der (ehelichen) Geschlechtsvormundschaft teilweise bis zu Beginn des 20. Jahrhunderts zentral. Mit ihr war die Familie als ein privater «Herrschaftsraum» des Ehemanns staatlich legitimiert (R. Habermas 2001, 293). Nach ihrer Abschaffung besass der Mann als Familienoberhaupt weiterhin die fast uneingeschränkte Verfügungsgewalt über die Ehefrau (und Kinder) sozial und vor allem auch sexuell. Eine grundlegende Veränderung erfährt diese rechtliche Festschreibung des bürgerlich patriarchalen Familienoberhaupts in der Schweiz erst mit den Reformen des Ehe- und Familienrechts (1988) sowie der Strafbarkeit der Vergewaltigung in der Ehe ab Mitte des 20. Jahrhunderts (1992 und 2004 als Offizialdelikt). Erst seitdem sind Frauen formal gleiche Rechtssubjekte in allen Belangen und über Vergewaltigung und sexuelle Nötigung hinaus sind nun auch bestimmte Formen von Sexismus wie sexuelle Belästigung im öffentlichen Kontext rechtlich verboten. Mehr noch, auch *alltagspraktisch* werden sie inzwischen – gerade jüngst nochmals verstärkt durch die #MeToo-Bewegung – zunehmend sanktioniert. Auch hier macht die Vehemenz, mit der diese Veränderungen insbesondere von rechtskonservativer bis rechtsextremer Seite zurückgewiesen werden, die Brisanz, die diese wachsende Infragestellung von Männlichkeit für manche darstellt, nur allzu deutlich.

ber noch in anderer Weise sind die patriarchalen Strukturen in
῾amilie am Schwinden. So lassen sich schon für die Herausbildung des
jeweiligen familialen Arrangements Veränderungen beobachten. Weder das
jeweilige familiale Arrangement noch die jeweilige familiale Arbeitsteilung
verstehen sich heute mehr als normativ vorgegeben wie von selbst. Sie müssen
vielmehr zwischen den Beteiligten «ausgehandelt» werden und in diesen Prozessen lässt sich eine wachsende Gleichberechtigung ausmachen, selbst dort,
wo letztlich traditionelle Arrangements der Arbeitsteilung gewählt werden.
Dies verweist auf das, was Giddens als Demokratisierung von Beziehungen
prognostiziert hat (1993).

Ausserdem besteht bei vielen (jungen) Männern* inzwischen der ex-
plizite Wunsch, mehr Zeit zu Hause mit ihren Kindern zu verbringen und
sich selbstverständlich an deren Erziehung und Betreuung zu beteiligen (für
die Schweiz Baumgarten et al. 2017). In deutlicher Abgrenzung von ihren
eigenen Vätern möchten sie «präsente Väter» sein (Maihofer 2018), die eine
alltägliche emotionale Beziehung zu ihren Kindern haben. Sie verstehen dies
als wichtigen Aspekt der eigenen Selbstverwirklichung und als integralen
Bestandteil ihrer Lebensentwürfe. Dies führt dazu – um ans eingangs formulierte erste Zitat von Toni Tholen anzuknüpfen –, dass Männer* nicht nur
vermehrt «Sorgetätigkeiten verrichten» (2019, 18), sondern dass für sie damit
auch explizit eine Aufwertung von Sorgearbeit verbunden ist. Allerdings betrifft dies vor allem die Übernahme der Betreuung der Kinder und damit
verbundener Tätigkeiten, bezogen auf die Hausarbeit besteht nach wie vor
ein deutliches Ungleichgewicht (Maihofer 2018).

Am Beispiel dieses wachsenden Bedürfnisses von Vätern* nach einer
alltäglichen emotionalen Beziehung zu ihren Kindern wird einmal mehr die
zunehmende Bedeutung überhaupt von emotionalen Bindungen für Männer* deutlich. Dies führt bei ihnen vermehrt zur Erfahrung der *essentiellen
Abhängigkeit* der Kinder von ihren Eltern bzw. von anderen Menschen, von
deren Verhalten, alltäglicher Präsenz und emotionalem Sich-Einlassens. Mehr
noch, sie erfahren überhaupt die existentielle Notwendigkeit wechselseitiger
Verbundenheit und Sorge füreinander sowie die grundlegende Abhängigkeit
des Menschen von den sozialen und gesellschaftlich kulturellen Bedingungen. Dies impliziert, mal mehr, mal weniger bewusst, eine grundlegende
Infragestellung autonomer souveräner Subjektivität, die, wie angesprochen,
als Fiktion für Männlichkeit bislang essentiell ist und erlaubt die Erfahrung,
dass die eigene Existenz «in ein Netz von affektiven Beziehungen eingelassen
ist» (Tholen 2016, 325). Das heisst, sie gewinnen die Einsicht, dass soziale
Beziehungen und gesellschaftliche Verhältnisse unabdingbare Bedingungen
der Möglichkeit ihrer Existenz(weise) und der anderer sind.

Dieser Wunsch nach einer alltäglich präsenten und emotionalen Beziehung zu den Kindern führt zudem bei vielen Männern* sowohl zu einer neuen Gewichtung von Familie und Beruf und damit zu einer Relativierung von Erwerbsarbeit (Behnke/Meuser 2012; Baumgarten et al. 2017) als auch zum expliziten Wunsch nach einer kürzeren und flexibleren Arbeitszeit (Ziel ist derzeit eine Reduktion auf 80%; Baumgarten et al. 2017). Selbst Männer* aus dem Finanzsektor kritisieren mittlerweile die entgrenzte Arbeitszeit und Arbeitsweise. Ihre Ehen, Freundschaften aber vor allem ihre Beziehungen zu ihren Kindern haben dadurch gelitten, wenn sie nicht gar gescheitert sind (für die Schweiz Hearn/Sveiby/Thym 2020, 168–169). All dies zeigt, Männer* selbst stellen inzwischen zentrale Elemente bürgerlich patriarchaler Männlichkeit grundlegend in Frage.

Diese Entwicklungen vor allem durch die Entsicherung des fordistisch geprägten männlichen Normalarbeitsverhältnisses zu erklären, übersieht genau die relative, aber bedeutsame Eigendynamik der Veränderungen im familialen Bereich. Ihre Auswirkungen sowohl auf den Berufsbereich als auch auf die Geschlechter- und Gesellschaftsordnung werden daher oft unterschätzt und es wird nicht wahrgenommen, dass diese Entwicklungen in der Familie grundlegend dafür sind, dass selbst der Anspruch auf männliche Hegemonie inzwischen zunehmend schwindet, weil Männer selbst männliche Suprematie vermehrt nicht nur problematisieren, sondern für sich selbst zurückweisen.

In diesen Entwicklungen liegt unter anderem auch der Grund für die hohe Bedeutung einer restaurativen Familienpolitik von rechtskonservativer bis rechtsextremer Seite wie der AfD in Deutschland bzw. der SVP in der Schweiz. Dies zeigt sich nicht nur an deren Insistieren auf der traditionellen heteropatriarchalen Kleinfamilie «als die kleinste und wichtigste Zelle» (SVP, 97) und «die tragende Säule der Gesellschaft» (SVP, 94), ohne die der Zerfall der Gesellschaft droht. Es zeigt sich auch in ihrem anhaltenden Widerstand gegen die (vollzogene) Reform des Ehe- und Familienrechts sowie gegen die Einführung der Vergewaltigung in der Ehe als Straftatbestand und schliesslich an ihrem Votum gegen die Einführung eines «Vaterschaftsurlaubs» (Schweizerische Eidgenossenschaft 2019). All diese Reformen reagieren auf einen Wandel der Rolle des Mannes* sowie des Vaters in der Familie, die aufgehalten werden soll. Die Intervention gegen die Einführung der «Ehe für Alle», wonach gleichgeschlechtliche Familien nicht einmal als *Familie* anerkannt werden sollen, richtet sich zudem auf die Absicherung der Heterosexualität als einzig legitimer Form der Sexualität und der aus ihrer Sicht unauflöslichen Verbindung von Heterosexualität und Männlichkeit (für die Schweiz Sushila Mesquita 2011; Yv Nay 2017).

Das heisst, verhindert werden soll, dass die Familie kein zuverlässiger Ort mehr ist weder für die Reproduktion traditioneller binär-hierarchischer als natürlich verstandener Geschlechterdifferenzen noch – damit verbunden – für die Reproduktion bürgerlich heteropatriarchaler Männlichkeit, kurz: dass die Familie ihre bislang bedeutsame Rolle als Basis der Reproduktion männlicher Suprematie Schritt für Schritt verliert.

Männlichkeit und Schmerz

Für die Herausbildung bürgerlich hegemonialer Männlichkeit und ihrer Selbstvergewisserung ist, wie schon deutlich wurde, auch ein *spezifisches Gefühlsregime* konstitutiv. Dieses ist eng verwoben mit dem normativen Anspruch, die eigene Männlichkeit durch die Fähigkeit zur Selbstbeherrschung zu beweisen, die eigenen Gefühle also stets unter Kontrolle zu haben, allemal nicht zuzulassen, dass sie einen beherrschen. Das gilt jedoch nicht für alle Gefühle. So gibt es Gefühle, die als «männlich» gelten, wie Stolz, Überlegenheit, Verehrung, Aggression, Furchtlosigkeit, Leidenschaft für eine Sache und nicht zuletzt die Lust zu herrschen, Gefühle, die mit Stärke verbunden werden und die auszubilden von Männern* geradezu gefordert wird. Während andere, als «weiblich» geltende Gefühle wie Angst, Unsicherheit, Mitgefühl, Liebe, Scham die mit Schwäche verbunden werden, für sie tabuisiert sind oder unangemessen erscheinen, da sie die eigene Männlichkeit desavouieren.

Insbesondere die Disziplinierung des Körpers bis zur Ausreizung seiner Schmerz- und Leistungsgrenzen und die Kontrolle von Ängsten und Unsicherheiten sowie eine hohe Risikobereitschaft spielen bei der Einübung in dieses Gefühlsregime eine bedeutsame Rolle. Dies zeigt sich auch in unserem Forschungsprojekt zum Gesundheitshandeln von Schweizer Männern* im Alltag (Wehner et al. 2015). Überraschend ist das nicht. Überraschend ist jedoch das ausdrückliche Wissen der Befragten um diese Stilisierung von Männlichkeit sowie die spürbare Ambivalenz in ihren Äusserungen. Es scheint, diese enge Verbindung von Männlichkeit, der Beherrschung des Körpers und der eigenen Gefühle ist in Bewegung geraten. So hören wir einerseits Heldengeschichten von körperlichen Belastungen, die bis an die äusserste Grenze ausgereizt, und von grossen Schmerzen, die über Stunden oder gar Tage ausgehalten werden. Und diese Geschichten werden mit gewissem Stolz erzählt. Es geht um männliche Disziplinierung des Körpers, um «Steigerung seiner Leistungskraft»[8] durch «Ausreizung seiner Schmerzgrenzen», um aktives Herr-seiner-selber-Sein. Andererseits sind diese Geschichten keineswegs

---

8   Dieses Zitat und die folgenden stammen aus verschiedenen Interviews unseres Projekts, nicht aus dem oben angeführten Text.

ungebrochen. Sie werden häufig von verlegenem Schmunzeln oder Lachen begleitet sowie von der Feststellung: «Es war auch blöd!». Doch letztlich ist man(n) doch stolz auf seine Kontrolle, sein Aus- und Durchhalten.

Diese Ambivalenz prägt auch die Antworten auf die Frage, welche Bedeutung für sie das Sprichwort hat: «Ein Indianer kennt keinen Schmerz». Nicht wenige der Männer* bestätigen, dass sie sich daran «orientieren». Es ist «wie eine Normierung eigentlich», die sie «verinnerlicht haben». Sie üben, gegenüber ihren Schmerzen «indifferent zu sein», sie auszuhalten, seien es körperliche oder psychische. Denn auch Weinen oder Trauer gilt es «hinterzuschlucken». Das gehört nun mal zu «einem echten Mann», zu einem «Macho im positiven Sinne (…) man will ja kein Weichei sein». Hier wird nochmals die enge Verwobenheit körperlicher und psychischer Disziplinierung deutlich; genau besehen sind sie nicht voneinander zu trennen.

Es findet sich aber noch eine andere Rede vom Schmerz, in der der Schmerz mit Krankheit und körperlichem Verschleiss verbunden wird. Hier sehen sie nicht nur die Selbstbeherrschung, sondern vor allem die eigene Autonomie und Souveränität bedroht. Dies ruft Ängste hervor, Ängste vor dem Schwinden der eigenen körperlichen Leistungsfähigkeit und damit der «männlichen Potenz». Man(n) könnte verletzlich sein und zum Objekt von Mitleid und Fürsorge werden, was als «unmännlich» gilt. «Männliche Potenz» erweist sich hier einmal mehr als sowohl sexuelle als auch psychische und soziale Potenz bzw. «Reproduktionsfähigkeit», wie es Bourdieu bezeichnet (2005, 92–93). Schwindet die körperliche Stärke, entsteht das Gefühl auch sozialer und psychischer Schwäche. Schon die Gefahr einer möglichen Abhängigkeit von anderen wird in diesen Erzählungen als Schwäche und damit als Schwinden der eigenen Männlichkeit empfunden. Schliesslich besteht, wie Bourdieu betont, «die Pflicht, seine Männlichkeit unter allen Umständen zu bestätigen» gegenüber sich selbst, aber vor allem gegenüber Anderen (Bourdieu 2005, 92). Dieser Zwang zur Stärke und zum Erhalt männlicher Dominanz trägt die «ausserordentliche Verletzlichkeit» (Bourdieu 2005, 93) in ihrem Verlust schon in sich.

All diese Zwänge und Ängste vor dem Schwinden «männlicher Potenz» sind als problematisch bewusst und werden als Anforderungen an Männlichkeit kritisiert. Besonders deutlich wird dies, wenn es um die eigenen Söhne geht. Diese sollen sich nicht mehr den traditionellen Normen körperlicher Disziplinierung unterordnen. Sie sollen ein anderes Verhältnis zu sich selbst und ihrem Körper entwickeln und in der Lage sein, ihre Schmerzen und Gefühle zu zeigen. Aber wehleidig, «Weicheier» sollen sie auch nicht sein. Bei aller Ambivalenz ist die enge Verbindung von Männlichkeit und Selbstbe*herr*schung als Beweis, ein *echter* Mann* zu sein, doch grundlegend in Bewegung geraten. Auch hier haben wir es mit einer paradoxen Gleichzeitigkeit von Wandel und Persistenz *von* und *in* Männlichkeit zu tun. Hörbar wird bei den interviewten Männern* ein Ringen um ein *neues* Verhältnis zum eigenen Körper, zu Schmerzen und Gefühlen und die Ambivalenz gegenüber der Anforderung nach männlicher Selbstbeherrschung. Deutlich werden Versuche, sich diesen Ansprüchen an Männlichkeit zu entziehen, weil diese ihnen letztlich nicht guttun. Deshalb sollen die Söhne hierzu nun ein anders Verhältnis entwickeln. Sie sollen nicht wehleidig, aber doch in der Lage sein, Gefühle, Ängste, Unsicherheiten und Schwäche nicht zu verdrängen, vielmehr zuzulassen, lernen, auf sich zu hören und sich um sich zu kümmern. Kurz: Sie sollen eine *neue* Form des Verhältnisses zu sich selbst entwickeln, so etwas wie eine «Sorge um sich». Für Foucault (2005, 884) ist im Übrigen die «Sorge um sich», die hier sichtbar wird, unabdingbar für die «Sorge um die anderen».

Männlichkeit und Zivildienst

Spätestens seit 2010 lässt sich in der Schweiz beobachten, dass junge Männer* statt zum Militärdienst vermehrt zum zeitaufwendigeren Zivildienst gehen (ZIVI 2018, 2019). Dies wird von manchen mit Sorge und teils heftiger Kritik betrachtet.[9] Auch werden Lösungen diskutiert, diese Entwicklung rückgängig zu machen oder zumindest zu erschweren. Irritiert wird darüber nachgedacht, ob sich hier möglicherweise ein grundlegender Wandel von Männlichkeit andeutet. Statt für die Schulung im Töten, für die Einübung in militärischer Disziplin, in striktem Gehorsam sowie in körperlichem Drill, entscheiden sich Männer mit dem Zivildienst bewusst für ganz andere Arten von Tätigkeiten: Sie arbeiten nun in Kitas mit Kindern, kümmern sich um Alte, Behinderte und Kranke, beschäftigen sich mit Pflege, sozialer Arbeit, öffentlich-kulturellen Aufgaben und Landschaftspflege. Statt auf bislang typisch «männliche» und Männlichkeit einübende und beweisende Tätigkeiten, haben sie sich für Arbeiten entschieden, die bislang als typisch «weiblich» konnotierte Sorge- und Pflegearbeiten gelten. Welche Motive junge Männer* zu dieser Entscheidung bewegen und welche Erfahrungen dies langfristig für sie bedeutet, wäre genauer zu wissen sehr aufschlussreich. Allemal verliert damit jedoch eine weitere gesellschaftliche Institution, die bis um das Jahr 2010 noch äusserst zentral für die Reproduktion bürgerlich heteropatriarchaler Männlichkeit war, nicht nur ihre Attraktivität, sie wird gar als problema-

---

9   Feindbild Zivildienst: https://www.srf.ch/sendungen/einfachpolitik/feindbild-zivildienst

tisch zurückgewiesen.[10] Mehr noch, sie wird mit dem Zivildienst durch das Einüben in ganz anders geartete Tätigkeiten ersetzt. Durch Arbeiten, die sie über längere Zeit die Bedeutung erfahren lassen, was es heisst und wie es sich anfühlt, sich um Andere zu sorgen, sie zu pflegen, für sie da zu sein, sich um sie zu kümmern und sich für deren Wohlbefinden verantwortlich zu fühlen. Erfahrungen, die zumindest manche von ihnen bewusst machen wollten und die sie möglicherweise in dem Gefühl bestärken, dass diese Tätigkeiten wertvoll sind und zu einem substantiellen Aspekt ihrer Lebensweise und damit auch ihrer Männlichkeit werden könnten.

Hiermit gerät ein weiterer Aspekt bürgerlich heteropatriarchaler Männlichkeit in Bewegung: das traditionelle Verständnis von männlicher Subjektivität, das sich ganz wesentlich über Souveränität, Unabhängigkeit und Autonomie definiert und nicht über die Sorge für und um Andere (Maihofer 2019). Wie bereits Marx in Zur *Judenfrage* problematisiert, liegt bürgerlich hegemonialer Subjektivität ein Verständnis des «egoistischen Menschen» (1978, 366) zugrunde, dem «die Gesellschaft als ein den Individuen äußerlicher Rahmen, als Beschränkung ihrer ursprünglichen Selbständigkeit» (Marx 1978, 366). Die eigene Subjektivität und damit auch Existenz basiert danach «nicht auf der Verbindung des Menschen mit dem Menschen, sondern vielmehr auf Absonderung des Menschen von dem Menschen» (Marx 1978, 364). Andere Menschen und die Gesellschaft werden entsprechend, so Marxens Kritik, nicht als notwendige Voraussetzung und Bedingung der Möglichkeit der eigenen Existenz und Lebensweise begriffen, sondern vor allem als deren Beschränkung. Eine gemeinsame gesellschaftliche Verantwortung für die Gestaltung der Lebensverhältnisse aller kommt damit gar nicht erst in den Blick oder wird gar ausdrücklich zurückgewiesen. Die Entscheidung junger Männer* zum Zivildienst könnte also nicht nur die männliche Fiktion autonomer souveräner Subjektivität grundlegend fraglich werden lassen, sondern auch nachhaltig zu der Einsicht in die gemeinsame Verantwortung für die Gestaltung der gesellschaftlichen Lebensverhältnisse führen. Eine Einsicht, die jedoch der stetig lauter werdenden neoliberalen Anforderung nach individueller Eigenverantwortung widerspricht. Dass auf diese Entwicklung teils mit heftiger Kritik reagiert wird, ist daher kaum verwunderlich. Besteht doch die Sorge, diese neuen Erfahrungen und Einsichten könnten allmählich zu einem substantiellen Aspekt von Männlichkeit werden und den emanzipatorischen Wandel von Männlichkeit weiter vorantreiben.

---

10   So lässt sich seit 2011 ein kontinuierlicher Anstieg der Zivildienstleistenden verzeichnen, der 2018 zum ersten Mal aufgrund von deutlicher Kritik an diesem Anstieg und Erschwernissen des Zugangs eingebrochen ist (ZIVI 2019). Ob dies eine Trendwende darstellt, wird sich noch zeigen müssen.

4 Schluss

Wie sich zeigt, sind bei aller Persistenz inzwischen eine Reihe zentraler Elemente bürgerlich heteropatriarchaler Männlichkeit in Bewegung geraten. Wie tiefgreifend und nachhaltig dieser Wandel ist, wird sich noch erweisen müssen. Doch, wie bereits angesprochen, geschieht ein gesamtgesellschaftlicher Wandel selten, wenn überhaupt, plötzlich. Meist finden «zunächst»(wo auch immer dieses «zunächst» anzusetzen wäre) eine Vielzahl kleiner, erstmal unscheinbarer Veränderungen in den unterschiedlichsten gesellschaftlichen Bereichen statt. Veränderungen, die auf den ersten Blick nichts miteinander zu tun haben oder zu haben scheinen. Mit der Zeit werden jedoch die innere Logik und Dynamik einzelner Phänomene immer sichtbarer. Auch beginnen sie sich in ihrer Entwicklung zunehmend wechselseitig zu verstärken, sich miteinander zu verbinden und allmählich zu gesamtgesellschaftlichen Entwicklungstendenzen zu verdichten, in denen gemeinsame innere Logiken erkennbar werden. All dies kann bereits im Prozess selbst wahrnehmbar oder auch erst im Nachhinein historisch rekonstruierbar sein.

Derzeit deuten sich allerdings bereits einige Aspekte des Wandels an, auch wenn sich deren Nachhaltigkeit, wie gesagt, noch beweisen wird müssen. Allemal ist klar, die aufgezeigten Veränderungen zentraler Aspekte bürgerlich hegemonialer Männlichkeit finden insbesondere auf einer subjektiven Ebene statt: es geht um Wahrnehmungen, Gefühle, Denkweisen, Haltungen, Körperpraxen usw., kurzum um zentrale Elemente der hegemonialen bürgerlich heteropatriarchalen männlichen Subjektivierungsweise.

Häufig wird jedoch, insbesondere im Rahmen soziologischer Analysen, die These vertreten, dass Aspekte gesellschaftlichen Wandels nur dann wirklich als gesamtgesellschaftlich relevantes Phänomen ernst genommen werden können, wenn sie sich auf der Ebene gesellschaftlicher Institutionen bzw. Strukturen vollziehen. Deren Wirkmächtigkeit und gesellschaftsstrukturierende Bedeutung gilt meist als grösser und relevanter. Entwicklungen auf der subjektiven Ebene werden daher oft nur dann als relevant angesehen, wenn sie erkennbar durch Entwicklungen im ökonomischen Bereich «angestossen» wurden. So werden Veränderungen von Männlichkeit in der Familie z. B. – ökonomistisch verkürzt – auf die wachsende Prekarität in der Berufswelt zurückgeführt. Das heisst, der Familie wird keine Eigenlogik und gesellschaftskonstituierende Bedeutung im gesellschaftlich gegliederten «Ganzen» zugesprochen (Demirović/Maihofer 2013). Zudem werden Denkweisen, Gefühle, Haltungen, Normen, Körperpraxen bis hin zu Subjektivierungsweisen – weil auf der Ebene der Subjekte verortet – nicht als strukturelle gesellschaftliche Phänomene begriffen.

Doch die Verfasstheit von Menschen, deren Subjektivierungsweisen, was und wie sie fühlen, denken, handeln, ist nicht nur für die Reproduktion gesellschaftlicher Institutionen und Strukturen essentiell, sondern sie selbst sind als zentrale gesellschaftliche Strukturelemente zu begreifen. Ohne entsprechend vergeschlechtlichte und vergeschlechtlichende Individuen lassen sich kaum bürgerlich heteropatriarchale Gesellschafts- und Geschlechterordnungen aufrechterhalten. Sie müssen immer auch von den Individuen getragen und reproduziert werden. Und das umso mehr in bürgerlichen Gesellschaften, die, wie oben angesprochen, eher durch Disziplinierung und Normalisierung, also durch Selbstführung der Individuen (die ihre eigene Normalisierung betreiben) funktionieren, statt durch Gewalt und Zwang.

Diese unterschiedlichen Auffassungen über gesellschaftliche Dynamiken finden sich im Übrigen auch in der vielfach in der Geschlechterforschung geführten Kontroverse, ob nun – um es kurz zu formulieren – vor allem gesellschaftliche Institutionen und Strukturen hauptverantwortlich sind für geschlechtliches Handeln, das Doing Gender von Individuen, oder ob davon ausgegangen werden muss, dass Individuen im Zuge der Sozialisation eine intelligible geschlechtliche und sexuelle Existenzweise entwickeln bzw. entwickeln müssen und sie daher mit der Zeit auch «von sich aus» vergeschlechtlicht und vergeschlechtlichend sich verhalten, denken und fühlen (Maihofer 2015). Wird letzteres angenommen, wird von einem Wechselverhältnis zwischen gesellschaftlich strukturellen Dispositionen des Denkens, Fühlens, der Selbstverhältnisse der Individuen und gesellschaftlichen Institutionen und Strukturen ausgegangen.

Das aber bedeutet, wenn sich zentrale Aspekte hegemonialer bürgerlicher Männlichkeit wie Gefühle, Körperpraxen, Sexualität, Denk- und Wahrnehmungsweisen, das Verhältnis zu sich selbst und anderen, zur Natur und der Gesellschaft sowie überhaupt das Verständnis von Männlichkeit und männlicher Subjektivität in dem gezeigten Sinne verändern, dann geraten die Geschlechterverhältnisse selbst als grundlegende Strukturelemente der gegenwärtigen Gesellschafts- und Geschlechterordnung – die ja die gesamte Gesellschaft durchziehen und sie auf vielfache Weise prägen – in Bewegung.

Gerade deshalb sind diese Entwicklungen derzeit ja auch vor allem von rechtskonservativen bis rechtsextremen Kräften so umkämpft. Dies zeigt sich unter anderem in den heftigen Angriffen auf die Geschlechterforschung (für die Schweiz siehe Maihofer und Schutzbach 2015 und Thym, Maihofer und Luterbach 2021) sowie in den Widerständen gegen die verschiedenen rechtlichen Reformen des Familienrechts oder der Einführung der «Ehe für alle» und nicht zuletzt in der Kritik an der #MeToo-Bewegung. Genau besehen, durchziehen diese Widerstände inzwischen fast alle gesellschaftlichen

Themen bzw. sind in diesen präsent. Schliesslich stellen diese Entwicklungen für manche Männer* eine grundlegende Infragestellung ihrer männlichen Identität, ihrer Privilegien und Macht dar sowie der gegenwärtigen Geschlechterverhältnisse und ihrer Rolle darin. Zudem wird hier einmal mehr deutlich, wie konstitutiv die bürgerlich heteropatriarchale Männlichkeit für die Entstehung und Reproduktion der westlichen bürgerlich kapitalistischen Gesellschaften ist. Daher ist sie auch für das Vorantreiben der neoliberalen Transformationsprozesse und damit für die Fortsetzung der kapitalistischen Wachstumslogik essentiell. So wird beispielsweise im Zuge der wachsenden Kritik an der ökologischen Krise vermehrt ein Zusammenhang hergestellt zwischen der bürgerlich hegemonialen Männlichkeit und der kapitalistischen Wachstumslogik. Daher betonen z. B. Andreas Heilmann und Sylka Scholz das «gesellschaftliche Transformationspotential fürsorglicher Männlichkeit» (2017, 349) und insistieren darauf, dass Männlichkeit und deren Kritik in der Debatte um die ökologische Krise eine zentrale Rolle spielen sollte. Schliesslich ist, wie sie feststellen, «der Aufstieg des wachstumsorientierten Kapitalismus mit der Herausbildung einer spezifischen männlichen Subjektivität verknüpft» (Heilmann und Scholz 2017, 349). Anders ausgedrückt: die Überwindung der bürgerlich heteropatriarchalen Männlichkeit und der mit ihr verbundenen Subjektivierungsweise ist für das Ende der kapitalistischen Wachstumslogik unabdingbar. Ein Zusammenhang, auf den im Übrigen bereits Horkheimer und Adorno in *Der Dialektik der Aufklärung* hingewiesen haben (2009).

Mit anderen Worten: In dem gegenwärtigen Wandel geht es um deutlich mehr als um die Entwicklung von Sorgepraktiken im familialen Bereich und einer Sorge um sich, nämlich um die Etablierung einer allgemeinen gesellschaftlichen Praxis der Sorge und Verantwortung für sich und andere, die auf der Einsicht in die Verantwortung aller in die kollektive Gestaltung der Gesellschaft basiert.

Entsprechend werden zunehmend mehr Männer* künftig immer ausdrücklicher, wie sich jetzt schon andeutet, in verschiedenen gesellschaftlichen Bereichen (wie Familie, Beruf, Wissenschaft, Freizeit, Politik) andere Prioritäten setzen, andere Lebens- und Umgangsweisen präferieren bis hin, dass sie das Begehren nach einer weissen heterosexuellen männlichen Suprematie nicht nur problematisch finden, sondern das Begehren selbst zu schwinden beginnt bzw. – um an die eingangs zitierte Formulierung von Toni Tholen anzuknüpfen – gar vermehrt die «Lust» entsteht, «nicht zu herrschen» (2019, 49). Damit gehen jedoch für die Reproduktion der gegenwärtigen bürgerlich heteropatriarchalen Gesellschafts- und Geschlechterordnung zunehmend sowohl zentrale Akteure* als auch grundlegende Denk- und Handlungsweisen sowie unabdingbare Subjektivierungs- und Lebensweisen verloren.

Und gerade deshalb werden diese Entwicklungen auch insbesondere von rechtskonservativen bis rechtsextremen Akteur*innen so vehement bekämpft. Bislang ist unsicher, in welche Richtung sich diese gesellschaftlichen Auseinandersetzungen entwickeln. Meines Erachtens ist es jedoch wichtig zu sehen, dass es in diesen Auseinandersetzungen *einerseits* um den Erhalt der bestehenden bürgerlich kapitalistischen cis-heteropatriarchalen Gesellschafts- und Geschlechterordnung in neoliberal autoritärer Form geht und damit um den Erhalt weisser heterosexueller männlicher Suprematie oder *andererseits* um deren emanzipatorischer Überwindung, das heisst um die Überwindung jeglicher Form von Ausbeutung und Diskriminierung sowie um die Übernahme der gemeinsamen Verantwortung, die gesellschaftlichen Verhältnisse so zu gestalten, dass sie Freiheit und Gleichheit für alle gleichermassen garantieren.

5   Literatur

Adorno, Theodor. W. 2010. *Probleme der Moralphilosophie*. Frankfurt a. M.: Suhrkamp.

Adorno, Theodor W. 1977. *Sexualtabus und Recht heute. Gesammelte Schriften*. Band 10.2, Frankfurt a. M.: Suhrkamp.

Arni, Caroline. 2009. Republikanismus und Männlichkeit in der Schweiz. In Schweizerischer Verband für Frauenrechte (Hrsg.), *Der Kampf um gleiche Rechte* (S. 20–31). Basel: Schwabe Verlag.

Baumgarten, Diana, Wehner, Nina, Maihofer, Andrea, Schwiter, Karin. 2017. «Wenn Vater, dann will ich Teilzeitarbeiten» – Die Verknüpfung von Berufs- und Familienvorstellungen von 30jährigen Männern aus der deutschsprachigen Schweiz. *Gender, Sonderheft 4*: 76–91.

Behnke, Cornelia, Meuser, Michael. 2012. "Look here mate! I'am taking parental leave for a year" – involved fatherhood and images of masculinity. In Mechthild Oechsle, Ursula Müller und Sabine Hess (Hrsg.), *Fatherhood in Late Modernity. Cultural Images, Social Practices, Structural Frames* (S. 129–145). Opladen: Barbara Budrich.

Botschaft des Bundesrates an die Bundesversammlung über die Einführung des Frauenstimm- und -wahlrechts in eidgenössischen Angelegenheiten vom 22. Februar 1957. *Bundesblatt* 109(1) (665–798).

Bourdieu, Pierre. 2005. *Männliche Herrschaft*. Frankfurt a. M.: Suhrkamp.

Bundesamt für Zivildienst ZIVI. 2019. Der Zivildienst in Zahlen. Online verfügbar unter: https://www.zivi.admin.ch/zivi/de/home/dokumentation/medienecke/kennzahlen.html (Zugriff 22.12.2020).

Bundesamt für Zivildienst ZIVI. 2018. Jahresbericht. Online verfügbar unter: https://www.zivi.admin.ch/zivi/de/home/dokumentation/publikationen/geschaeftsberichte.html (Zugriff 22.12.2020).

Butler, Judith. 1991. *Das Unbehagen der Geschlechter.* Frankfurt a. M.: Suhrkamp.

Connell, Raewyn. W. 1999. *Der gemachte Mann. Konstruktion und Krise von Männlichkeiten.* Wiesbaden: VS Verlag für Sozialwissenschaften.

Demirovi, Alex. 2017. Kapitalistischer Staat, Hegemonie und demokratische Transformation zum Sozialismus. In Tobias Boos, Hanna Lichtenberger und Armin Puller (Hrsg.), *Mit Poulantzas arbeiten … um aktuelle Macht- und Herrschaftsverhältnisse zu verstehen* (S. 51–77). Hamburg: VSA.

Demirovi, Alex und Andrea Maihofer. 2013. Vielfachkrise und die Krise der Geschlechterverhältnisse. In Hildegard Nickel, Andreas Heilmann (Hrsg.), *Krise, Kritik, Allianzen. Arbeits- und geschlechtersoziologische Perspektiven* (S. 30–48). Weinheim/Basel: Beltz.

Eder, Franz. X. 2009. *Kultur der Begierde. Eine Geschichte der Sexualität.* München: C.H.Beck.

Foucault, Michel. 2005. Die Ethik der Sorge um sich als Praxis der Freiheit. In Derselbe, *Dits et Ecrits* (S. 875–902). Schriften Bd. 4. Frankfurt a. M.: Suhrkamp.

Foucault, Michel. 2003. *Die Anormalen. Vorlesungen am Collège de France (1974–1975).* Frankfurt a. M.: Suhrkamp.

Foucault, Michel. 1986. *Sexualität und Wahrheit.* Bd. 2: Der Gebrauch der Lüste. Frankfurt a. M.: Suhrkamp.

Foucault, Michel. 1979. *Sexualität und Wahrheit.* Bd.1: Der Wille zum Wissen. Frankfurt a. M.: Suhrkamp.

Frevert, Ute. 1991. Ehrenmänner: *Das Duell in der bürgerlichen Gesellschaft.* München: Beck.

Giddens, Anthony. 1993. *Wandel der Intimität. Sexualität, Liebe und Erotik in modernen Gesellschaften.* Frankfurt a. M.: Fischer.

Gouges de, Olympe. 1979 [orig. 1791]. Deklaration der Rechte der Frau und Bürgerin. In Hannelore Schröder (Hrsg.), *Die Frau ist frei geboren. Texte zur Frauenemanzipation. Bd. I 1789–1870* (S. 31–54). München: C.H.Beck.

Habermas, Rebekka. 2001. Bürgerliche Kleinfamilie – Liebesheirat. In von Richard van Dülmen (Hrsg.), *Entdeckung des Ich. Die Geschichte der Individualisierung vom Mittelalter bis zur Gegenwart* (S. 287–309). Köln/Weimar/Wien: Böhlau.

Hearn, Jeff, Sveiby, Karl-Erik, Thym, Anika. 2020: Organizational Autoethnographies of Economy, Finance, Business and Management: Reflections and Possibilities. In Andrew F. Herrmann (Hrsg.), *The Routledge International Handbook of Organizational Autoethnography* (S. 160–175). Oxon/New York: Routledge.

Horkheimer, Max und Theodor W. Adorno. 2009. Dialektik der Aufklärung. Frankfurt a. M.: Fischer.

Irigaray, Luce. 1980. *Speculum. Spiegel des anderen Geschlechts.* Frankfurt a. M.: Suhrkamp.

Laqueur, Thomas. 1992. *Auf den Leib geschrieben. Die Inszenierung der Geschlechter von der Antike bis Freud.* Frankfurt a. M./New York: Campus Verlag.

Lemke, Thomas. 2000: Eine Einleitung (zusammen mit Susanne Krasmann und Ulrich Bröckling). In Ulrich Bröckling, Susanne Krasmann und Thomas Lemke (Hrsg.), *Gouvernementalität der Gegenwart. Studien zur Ökonomisierung des Sozialen* (S. 7–40). Frankfurt a. M.: Suhrkamp.

Maihofer, Andrea. 2018. Pluralisierung familialer Lebensformen – Zerfall der Gesellschaft oder neoliberal passgerecht? In Katharina Pühl, Birgit Sauer (Hrsg.), *Kapitalismuskritische Gesellschaftsanalyse. Queer-feministische Positionen* (S. 114–139). Münster: Westfälisches Dampfboot.

Maihofer, Andrea. 2017. Säkularismus – Wie weiter? Ein Essay. *Freiburger Zeitschrift für Geschlechterforschung* Jg. 23, Nr. 2.: 93–110.

Maihofer, Andrea. 2015. Sozialisation und Geschlecht (unter Mitarbeit von D. Baumgarten). In Klaus Hurrelmann, Ullrich Bauer, Matthias Grundmann und Sabine Walper (Hrsg.), *Handbuch Sozialisationsforschung* (S. 630–658). Weinheim/Basel: Beltz.

Maihofer, Andrea. 2007. Gender in Motion. Gesellschaftliche Transformationsprozesse – Umbrüche in den Geschlechterverhältnissen? Eine Problemskizze. In Dominique Grisard, Jana Häberlein, Anelis Kaiser und Susanne Saxer (Hrsg.), *Gender in Motion. Die Konstruktion von Geschlecht in Raum und Erzählung* (S. 218–315). Frankfurt a. M.: Campus.

Maihofer, Andrea. 1995. *Geschlecht als Existenzweise. Macht, Moral, Recht und Geschlechterdifferenz.* Frankfurt a. M.: Helmer Verlag.

Maihofer, Andrea, Schutzbach, Franziska. 2015. Vom Antifeminismus zum «AntiGenderismus». Eine zeitdiagnostische Betrachtung am Beispiel Schweiz. In Sabine Hark und Paula-Irena Villa (Hrsg.), *Anti-Genderismus. Sexualität und Geschlecht als Schauplätze aktueller politischer Auseinandersetzungen* (S. 201–217). Bielefeld: Transkript.

Marx, Karl. 1978a. Zur Judenfrage. Marx-Engels-Werke Bd. 1. Berlin: Dietz.

Mesquita, Sushila. 2011. *BAN MARRIAGE! Ambivalenzen der Normalisierung aus queer-feministischer Perspektive.* Wien: Zaglossus.

Meuser, Michael. 2006. Riskante Praktiken. Zur Aneignung von Männlichkeit in den ersten Spielen des Wettbewerbs. In Helga Bilden und Bettina Dausien (Hrsg.), *Sozialisation und Geschlecht. Theoretische und methodologische Aspekte* (S.163–178). Opladen: Barbara Budrich.

Montesquieu, Charles-Louis de. 1991. *Persische Briefe.* Stuttgart: Reclam.

Mosse, Georg L. 1994. *Die Geschichte des Rassismus in Europa.* Frankfurt a. M.: Fischer.

Nay, Yv. 2017. *Feeling family: Affektive Paradoxien der Normalisierung von «Regenbogenfamilien».* Wien: Zaglossus.

Poulantzas, Nicos. 1975. *Politische Macht und gesellschaftliche Klassen.* Frankfurt a. M.: Fischer.

Schweizerische Eidgenossenschaft April 2019. 18.441 *Parlamentarische Initiative. Indirekter Gegenentwurf zur Vaterschaftsurlaubsinitiative.* Bericht der Kommission für soziale Sicherheit und Gesundheit des Ständerates. Online verfügbar unter: https://www.admin.ch/opc/de/federal-gazette/2019/3405.pdf (Zugriff 29.12.2020)

Tholen, Toni. 2019. *Notizen zu Werk.* Hildesheim: Universitätsverlag.

Tholen, Toni. 2016. Kritik aus affektiver Fülle. Roland Barthes' späte écriture. *Germanisch-Romanische Monatsschrift* 66 (3): 315–328.

Thym, Anika, Andrea Maihofer und Matthias Luterbach. 2021. «Antigenderistische» Angriffe – wie entgegnen? In Annette Henninger, Denise Bergold-Caldwell, Sabine Grenz, Barbara Grubner, Helga Krüger-Kirn, Susanne Maurer, Marion Näser-Lather und Sandra Beaufaÿs (Hrsg.), *GENDER Sonderheft 6: Mobilisierungen gegen Feminismus und «Gender»* (S. 155–171). Opladen: Barbara Budrich.

Wehner, Nina, Baumgarten, Diana, Luck, Frank, Maihofer, Andrea und Zemp, Elisabeth. 2015. «Mir geht es gut!» – Gesundheitsvorstellungen von Männern in der Schweiz. Ergebnisse aus einem empirischen Projekt. *Freiburger Zeitschrift für Geschlechterforschung* 21(2): 33–49.

Woolf, Virginia. 2000. *Orlando.* Frankfurt a. M.: Fischer.

3   Vorstellungen von Männlichkeiten – ein Paradigmenwechsel

Ueli Mäder

Vorstellungen von Männlichkeit verändern sich. Ausgewählte Begebenheiten zeugen davon. Sie symbolisieren auch, was sich gesellschaftlich tut. Männlich stand einst für hart, weiblich für einfühlsam. Solche duale Sichtweisen weichen sich auf, sind aber immer noch verbreitet. Was steckt dahinter?
Ich stelle einen doppelten Paradigmenwechsel fest. Er vollzieht sich gegenläufig: Emanzipative Vorstellungen von Männlichkeit kontrastieren zum einen alte Bilder und zum andern, wie sich unsere Lebensverhältnisse neu ökonomisieren. So lautet meine Annahme.

1   Konflikte verbinden

Im Spätherbst 2019. Ich sitze im Zug und ziehe mich in den Jura zurück. Im Rucksack sind Unterlagen für den vorliegenden Artikel. Ein Umschlag ist noch verschlossen. Er kam heute per Post. Ich öffne ihn und erblasse. Alberto Godenzi ist gestorben. Der engagierte Sozialpsychologe forschte über Männer und Gewalt. In der Todesanzeige scheinen seine markanten Konturen auf. Die Bitte, sich zur Trauerfeier per Mail anzumelden, irritiert mich. Ich tue meine (An-)Teilnahme lieber brieflich kund. Trotz digitalem Zeitalter.

Ich erinnere, wie Alberto uns in der 68er/innen-Kommune besuchte. Wir debattierten lebhaft, solidarisierten uns im Basler Volkshaus mit afrikanischen Befreiungsbewegungen, fachsimpelten in der Genossenschaftsbeiz Hirscheneck über Fussball und spielten im Arbeiterverein VFR Kleinhüningen. Wir tauschten auch therapeutische Erfahrungen aus und forschten später an der Uni Fribourg. Ein gemeinsames "Projekt Peace Research" scheiterte. Und der geplante Studiengang «Konfliktanalysen» liess sich erst im dritten Anlauf an der Uni Basel verwirklichen. Leider ohne Alberto. Er nahm eine Professur in Boston (USA) an.

Vor Albertos Abreise diskutierten wir noch an einer Tagung darüber, wie «Konflikte verbinden» (Godenzi 2001). Gruppen sind tragfähiger, bilanzierten wir, wenn sie Konflikte nicht hierarchisch, sondern demokratisch angehen. Divergente Interessen und soziale Positionen prägen das Zusammenleben. Konflikte gehören dazu. Interdependente Dynamiken verlangen verstehende Annäherungen, die sich mit dialektischen, systemisch-konstruktivistischen und psychoanalytischen Zugängen vernetzen. Konflikte beinhalten ein Informations- und Reflexionspotential. Wer sie weg definiert, voreilig harmonisiert oder bloss pragmatisch managen will, behindert mögliche Erkenntnisse. Zum Beispiel darüber, wie wir, Männer und Frauen, Ängste mit Feindbildern abwehren und Kritiken an die Adresse unseres eigenen Schattens richten. Wir verurteilen bei andern, was wir selbst unterdrücken. Oder wir flüchten uns in Identitäten, die Ambivalenzen übergehen, statt aufdecken. Homogenisierte Gruppen regredieren. Das Zulassen von Differenz und Konflikten fordert uns hingegen heraus, etwas zu verändern. Auch gängige Vorstellungen von Männlichkeit.

Ideal typisiert: Viele Männer halten sich für konfliktfähig. Sie orientieren sich in ihrem Selbstbild und ihren Teamvorstellungen am Blitz und Donner; zumal die Luft nie so rein sei, wie nach einem Gewitter. Gerne kritisieren sie andere, die konsensbedacht sind. Das erlebte ich schon an unzähligen Workshops. Frauen plädieren indes eher für ein organisches Verständnis. Sie gewähren mehr Zeit und respektieren individuelle Eigenheiten. Skeptisch beurteilen sie mechanische Modelle, die das Funktionelle betonen. Beim Reflektieren zeigt sich: Wir lehnen bei andern ab, was wir uns selbst vergönnen; beispielsweise mehr Gelassenheit oder ein forsches Auftreten. Diese Einsicht hilft, Verdrängtes zu integrieren und eigene Präferenzen zu differenzieren. Der gesellschaftliche Wandel unterstützt durch pluralisierte Sozialstrukturen dieses Anliegen. Er trägt so dazu bei, Vielfalt zu anerkennen und dualisierte (Geschlechter-)Kategorien aufzuweichen, die sich in der industriellen Moderne verbreiteten. Mechanisierte Produktionsweisen beförderten ein stark funktionalistisches Denken mit vordergründiger Klarheit. Im Sinne des kategorischen Entweder-oder. Das Zulassen von Widersprüchen öffnet indes den Horizont. Es weitet den Blick auf das aus, was trennt und verbindet.

2 Besitzansprüche

Im Jura angelangt. Ich händige in der alten Mühle die frühere Studie «Bieder, brutal» aus dem Büchergestell. Alberto Godenzi (1989) hat sie verfasst. Er analysiert die Normalität sexueller Gewalt von Männern. Als Grundlage dienen Gespräche mit Tätern und Opfern, die sich auf einen Aufruf in den Medien hin meldeten. Sexuelle Gewalt erscheint als etablierte Umgangsform, wenn Männer auf Frauen stossen. Sie geschieht, verdeckt und kaum bemerkt, täglich hinter verschlossenen Türen.

Besitzansprüche prägen unsere hierarchischen «Liebesordnungen». Sie begünstigen Machtmissbrauch und Übergriffe. Unbehelligte Täter berichten in der Studie vom Sofa aus. Die gewährte Anonymität hilft, sich freier zu explorieren. Von Mann zu Mann. Ja, Männer müssen sich mit der Gewalt von Männern auseinander setzen. Alberto Godenzi löste diese Forderung der Frauenbewegung ein. Feministinnen gratulierten ihm dazu und monierten: Kaum erhellt ein Forscher, was Forscherinnen längst aufspürten, und schon berichten Medien ausgiebig darüber. Die Politologin Regula Stämpfli und Publizistin Bettina Nyffeler (1990: 12) problematisieren diesen Zwiespalt. Sie distanzieren sich von einer männlichen Logik, die Frauen nahe legt, Kurse in Selbstverteidigung zu besuchen, um sich gegen Täter besser behaupten zu können.

Wenn Männer schier protzig zu ihrer Gewalt stehen, so Godenzi, stellen sie sich ungewollt selbst infrage. Sie wollen weder Macht abgeben, noch sich um Belange kümmern, die kein Prestige bringen. Daher sind Druck, Richtlinien und Gesetze nötig. Auf freiwillige Veränderungen ist kein Verlass. Wirtschaft und Gesellschaft müssen Männer dazu anhalten, ihre Privilegien hälftig mit Frauen zu teilen, statt von ihnen zusätzliche Leistungen zu verlangen. Einzelne Männer werfen Alberto Godenzi vor, ein Nestbeschmutzer zu sein. Er kritisierte anmassende Besitzansprüche und weigerte sich, inmitten patriarchalischer Verhältnisse vornehmlich eigene Benachteiligungen zu beklagen.

Bettina Nyffeler bezweifelt (Nyffeler, 1990, 12), ob sich fest gezurrte Geschlechter-Verhältnisse in absehbarer Zeit egalitär gestalten lassen. Solche Veränderungen erforderten viel Zeit und Bereitschaft, sie strukturell abzustützen. Die Soziologin Regina-Maria Dackweiler (2001: 115) weist indes auf globale Vereinbarungen der UNO hin. Zivile Netzwerke gehen auch die Gewalt im sozialen Nah-Raum an. Und eine Gender-Sicht verbreitet sich, die nebst sozialen Klassen mannigfache kulturelle Differenzierungen einbezieht. Das mag zuversichtlich stimmen. Am internationalen Tag der Frau erklärte allerdings Soroptimist Schweiz (2019), dass bei uns jede dritte Frau von Gewalt betroffen ist. Und nach dreissig jährigem Bestehen der UNO-Kinderrechtskonvention erleben in der Schweiz zwei Drittel der Jugendlichen elterliche Gewalt. 42 Prozent mit Züchtigungen wie Ohrfeigen, hartes Anpacken oder Stossen, 22 Prozent mit einem Gegenstand oder der Faust (Baier 2018). Gewalt ist Teil unserer Erziehungskultur. Diese stützt auch Verhaltens- und Denkweisen, die Godenzi (1989: 1) mit «bieder, brutal» beschreibt und keineswegs passé sind. Deutschland hat allerdings ein tieferes Ausmass an elterlicher Gewalt. Die Differenz beträgt ein Drittel. Der nördliche Nachbar verbietet, im Unterschied zur Schweiz, seit dem Jahr 2000 die Züchtigung. Das hilft.

3   68er*innen-Aufbruch

Anno 1968. Wir lehnten uns vehement gegen autoritäre Strukturen und Verhaltensweisen auf, die wir teilweise selbst reproduzierten. Wir sind stets Kinder unserer Zeit und machen teilweise auch, was die Gesellschaft mit uns macht. Gleichwohl emanzipierten sich allmählich die Beziehungen zwischen den Geschlechtern und Generationen. Breite Bevölkerungskreise setzten sich mit antiautoritärer Erziehung und Gleichberechtigung auseinander. Das war bitter nötig.

1967 kündigte die Jugendzeitschrift Bravo (17: 68/69) an, der Rock 'N' Roll Star Elvis Presley werde seine Freundin Prissy heiraten. Sie habe ihm bewiesen, dass sie eine gute Ehefrau sein werde. Sie sei treu, bescheiden, ehrlich. Und sie habe sich Elvis untergeordnet. Selbst wenn sie einen neuen Lippenstift verwende, frage sie ihn vorher um seinen Rat. Ein Jahr später kursierte die rote Bibel von Mao Tse-Tung (1968: 348). Der chinesische Übervater widmete den Geschlechterbeziehungen ein ganzes Kapitel. Neben den üblichen Gewaltsystemen würden Männer ihre Frauen zusätzlich beherrschen. Wobei die Bäuerinnen mehr in die Arbeit integriert und ihre Männer deshalb weniger gewalttätig seien. Ergo müssten sich alle Frauen in die Arbeitsfront einreihen. Mit gleichem Lohn für gleiche Arbeit. Diese Forderung ist in der Schweiz weiterhin aktuell.

«Frauen sind heute besser ausgebildet und häufiger erwerbstätig als vor fünfzig Jahren, Männer übernehmen aktivere Rollen im Familienalltag», stellt Leila Straumann (Präsidialdepartement 2017: 3) fest. Sie leitet in Basel-Stadt die Abteilung Gleichstellung und differenziert: Noch verdienen Frauen für gleiche Arbeit 18 Prozent weniger. Sie sind seltener in führenden Positionen und leisteten mehr Care-Arbeit. Das Bundesamt für Statistik (BFS 2017) veranschlagt in der Schweiz 9,2 Mrd. Stunden unbezahlte Arbeit und 7,9 Mrd. bezahlte Arbeit. Den Geldwert der unbezahlten Arbeit veranschlagt das BFS mit 408 Mrd. Franken. Frauen leisten 61,3 Prozent der unbezahlten Arbeit, Männer 61 Prozent der bezahlten. Die Hausarbeiten machen mit 7,1 Mrd. Franken 77 Prozent der unbezahlten Arbeit aus, die Betreuungsarbeiten für Kinder und Erwachsene mit 1,5 Mrd. Franken 16 Prozent.

1968 postulierten wir egalitäre Strukturen und Beziehungen. Frauen- und Männerbewegungen setzten sich dafür ein. «Die sexuelle Befreiung war allerdings ein Murks», erinnert sich Urs Haldimann (in: Mäder 2018: 209). «Ich liess mich auf Beziehungen ein, suchte Nähe. Das führte schnell einmal ins Bett, auch wenn ich mir mehr Geborgenheit gewünscht hätte.» Der Publizist erlebte den Aufbruch im grossen Ganzen aber als lebendig und wirkungsvoll. Er erwähnt zum Beispiel die Schwulenbewegung. Sie agierte heiter, ernsthaft. Und als der Jurist Claude Janjak im Jahr 2006 den Nationalrat präsidierte, kümmerte seine Homosexualität niemanden mehr. Ende 2019 verabschiedete sich der Sozialdemokrat vom Parlament. Die Sozialarbeiterin Maya Graf (Grüne) ersetzt ihn. Sie ist, rund ein halbes Jahrhundert nach Einführung des Frauenstimmrechts, die erste Frau, die den Kanton Baselland im Ständerat vertritt. Veränderungen sind also möglich. Manche erfordern einen langen Atem. Aber jeder Schritt ist wichtig, wenn er in eine emanzipative Richtung geht. Im Sinne der Gleichstellung der Geschlechter. Frauen-, Männer- und soziale Bewegungen engagieren sich dafür.

1969 entstand in Zürich die Frauenbefreiungsbewegung (FBB). Sie fokussierte ihre Kritik mehr auf das Patriarchat denn auf den Kapitalismus. 1971 initiierte ein überparteiliches Komitee eine Volksinitiative für einen straflosen Abbruch der Schwangerschaft. Traditionelle Frauenbünde wandten sich anfänglich dagegen. Sie unterstützten indes eine prominente Frauenstudie, die 1974 erschien. Der Bundesrat hatte die beiden Soziologen Thomas Held und René Levy damit betraut. Die Historikerinnen Kristina Schulz, Leena Schmitter und Sarah Kiani (2014) analysierten die Schweizer Frauenbewegung seit 1968. Sie umfasst heterogene Sozialformen: Netzwerke, Milieus und alternative Szenen. Ein Wechselspiel besteht zwischen Innovation und Kontinuität. Die Themen reichen von der Gesundheit über die Rechtsgleichheit bis hin zum Militär. Mit Machtfragen setzten sich auch Männergruppen auseinander, die sich ab Ende der 70er-Jahre verbreiteten. (Hollstein 2001) Vierzig Männer meldeten sich spontan auf einen kleinen Hinweis von Urs Haldimann und mir in der WochenZeitung (WoZ). Wir suchten Männer, die sich kollektiv und selbst-reflexiv mit ihrer Sozialisation und ihren Alltags- und Lebenserfahrungen auseinander setzen wollten. Mit zwanzig Männern trafen wir uns dann während zwei Jahren vierzehntäglich. Der intensive Austausch führte dazu, tabuisierte Verletzlichkeiten anzusprechen. Die Diskrepanz zwischen Wunsch und Wirklichkeit hat offenbar viel mit tradierten Vorstellungen einer Männlichkeit zu tun, die eigene Bedürfnisse übergeht. Anhand des Handbuchs «Frauen auf öffentlichem Parkett» (Fetz 2001) stellten wir auch fest, wie dominante Vorstellungen einer Weiblichkeit ebenfalls mit dem kollidieren, was Frauen selbst intendieren. Der rege Austausch unter uns Männern förderte wohl einen (selbst-)kritischen Umgang mit Macht. Das tun auch diverse Männer-Studien.

4   Narzissmus und Macht

Der Psychoanalytiker Hans-Jürgen Wirth habilitierte über «Narzissmus und Macht» (2002). Ein Befund lautet: Die forcierte Konkurrenz schiebt selbst in der Politik vornehmlich Männer nach oben, die über viel Geld und wenig soziale Kompetenzen verfügen. Ich sprach Gerhard Dammann (Mäder 2015: 334) darauf an. Er leitet die Psychiatrische Klinik in Münsterlingen und beschreibt in einer eigenen Untersuchung (Dammann 2007) die Sucht nach Anerkennung als Motor für Erfolg. Mit Emotionslosigkeit, Ehrgeiz und Stärke lasse sich viel erreichen. Zusammen gefasst: Der Narzissmus verknüpft Erfolg mit einer Führerschaft, die in Krisen gefragt und gefährlich ist, weil Narzissten die Bodenhaftung und das Gefühl für Grenzen fehlen. Sie erheben sich über andere und sehen in ihnen viel Feindliches. Sie gewähren wenig Unterstützung und nutzen ihre Energie für eigene Ziele. Die strapazierte Konkurrenz verlangt von ihnen, sich stets durchzusetzen, auch gegen Mitarbeitende. Geltungssüchtige sind mit andern nur oberflächlich verbunden. Ihnen geht es darum, ihr eigenes Ego zu pflegen. Das verleiht ihnen etwas Selbstwert. Hinter der Sucht verbergen sich erlebter Mangel und emotionale Vernachlässigung. Zudem die Erfahrung fehlender oder zu enger Grenzen. Wer fremde Gebote verinnerlicht, erfährt den äusseren Erfolg als Mittel zum Zweck. Wichtig ist, im Rampenlicht zu stehen. Das hält andere auf Distanz, die einen bewundern sollen. Die Sucht nach Anerkennung drückt Angst vor Nähe aus. Sie verunmöglicht Empathie. Folgen sind Neid, Gemütsdusel, Wutanfälle und Zynismus.

Der Psychotherapeut Thomas Kornbichler analysierte «Die Sucht, ganz oben zu sein» (2007) ebenfalls. Er deutet sie als fehlgeleitete Kompensation empfundener Minderwertigkeit. Für Mächtige sei genug nie genug. Sie wollen, verkürzt gesagt, noch mehr Anerkennung: Ihr Einfluss gibt ihnen Sicherheit. Sie wenden sich kaum fördernd andern zu. Sie suchen Wissen nicht wegen der Wahrheit, Kunst nicht wegen der Schönheit, Menschen nicht wegen der Geselligkeit und Wirtschaft nicht wegen dem allgemeinen Wohl. Werte sind für sie ein Mittel, andere zu manipulieren. Das Bad in der Menge soll innere Leere und «überwertigen Selbstwert» affektiv aufladen. Demagogie zielt darauf ab, andere für eigene Zwecke zu benutzen. Sie weist sich gerne als schützende Hand aus. In schwierigen Zeiten kommt der Ruf nach Stärke, Sauberkeit und einfachen Tugenden gut an. Was verunsichert und irritiert, wird simplifiziert. Als Feindbilder für paranoide Botschaften dienen «der korrupte Staat» und «Randständige». Wer von eigenen Vergehen ablenken will, projiziert sie auf andere. Etwas Philosophie verleiht dem strategischen Denken «höhere Würde». Der Ego-Kult ist eine gehobene Sucht.

Soweit kritische Einschätzungen. Sie problematisieren gängige Vorstellungen von Männlichkeit und verknüpfen gesellschaftliche mit persönlichen Dimensionen. Den aufdeckenden Bemühungen steht allerdings eine weitere Ökonomisierung entgegen, die schier sämtliche Lebenswelten kolonisiert.

5   Ökonomisierte Lebenswelten

Bis in die 1980er-Jahre dominierte in der Schweiz ein politisch liberaler Kompromiss, der das Verhältnis zwischen Kapital und Arbeit etwas harmonisierte. Seit dem hoffnungsvollen Aufbrechen der Berliner Mauer (1989) drängt das Kapital jedoch offensiver dorthin, wo es sich maximal verwerten lässt. Statt die Realwirtschaft zu unterstützen, zielen Geldinstitute darauf ab, ihre Gewinne noch mehr zu steigern. Der finanzgetriebene Kapitalismus überlagert den politischen Liberalismus. Dieser Paradigmenwechsel kurbelt die Konkurrenz und Rationalisierung der Produktion an. Er prekarisiert erstens Teile der (Lohn-)Arbeit. Zweitens halten niedrige Löhne mit steigenden Lebenshaltungskosten kaum Schritt. Drittens orientiert sich die soziale Sicherheit einseitig an den (Erwerbs-)Einkommen. Und viertens konzentriert sich viel Reichtum bei wenigen Personen. Keine drei Prozent der privaten Steuerpflichtigen verfügen in der Schweiz über mehr Nettovermögen als die restlichen 97 Prozent (Mäder 2015: 25). Laut dem Wirtschaftsmagazin «Bilanz» (12/2019: 85) erhöhten die 300 Reichsten in der Schweiz ihre Vermögen in zwanzig Jahren von rund 100 Mrd. Franken auf 702 Mrd. Franken.

Wachsende Ungleichheiten bei den Vermögen und Teilen der frei verfügbaren Einkommen gefährden den sozialen Frieden. Das kritisieren sogar einzelne Reiche. Eigentum verpflichtet, sagen sie. Und plädieren dafür, den sozialen Ausgleich zu fördern. Das mag ja erfreulich sein. Die Existenzsicherung darf aber von keinem beliebigen Goodwill abhängen. Sie ist, wie die soziale Gerechtigkeit, eine gesellschaftliche Aufgabe und auch von paternalistischen Konzepten zu emanzipieren, die diesen Sachverhalt mit Unworten wie «Haushaltsvorstand» oder «Ernährer» vernebeln.

Mit der Ökonomisierung häufen sich beispielsweise auch Schlagzeilen über die Alterslast. Angeblich entscheidet der Markt darüber, wie wertvoll die Arbeit oder ein Mensch ist. Aktuelle Diskurse erwecken den Anschein, als ob immer weniger Junge immer mehr Alte finanzieren müssten. Noch überwiegen aber die unter 20-jährigen die über 65-jährigen. Und in 15 Jahren kommt der Pillenknick ins Alter. Dann sinken die Anteile der alten Menschen wieder, die übrigens alle ihre Renten selbst verdienen. Einige Frauen tun dies mit viel unbezahlter Arbeit. Und so könnte ich nun weiter argumentieren, wie die Renten rentieren, die über Konsumausgaben viele Arbeitsplätze schaffen. Renten sind jedoch wichtig, weil sie Menschen den Rücken stärken und Lebensqualität ermöglichen. Die Ökonomisierung vernachlässigt diesen gesellschaftlichen Nutzen. Sie bewirtschaftet, was sie bewirtschaften kann, auch Ängste, Gefühle, die Umwelt oder den Sport, der sich übrigens auch «sanft» ökonomisieren und instrumentalisieren lässt. Das deutet sich schon an, wenn Tennisstar Roger Federer (2018: 35) im Wirtschaftsmagazin Bilanz mit Kinderzeichnungen, die an seine wohltätige Stiftung erinnern, für den Autokonzern Mercedes wirbt. Anders verhält sich Fussball-Nationalspieler Timm Klose. Er verzichtet bewusst darauf, sich als Sportler und Gutmensch vermarkten zu lassen (Krapf 2019: 50).

6   Widerständige Kultur der Auseinandersetzung

«Ich mache den Garten zu Wochenbeginn», sagt der Profi-Fussballer Raphael Nuzzolo (Waldis 2019: 42). Der Goalgetter der höchsten Spielklasse verpflegt sich glutenfrei. Er setzt sich für eine gesunde Ernährung ein. Dazu gehören für ihn saisonale und regionale Gemüse; Karotten und selbst gezogener Lauch. Für einzelne Fans verkörpert Nuzzolo eine widerständige Kultur, für andere ist er ein weicher «Körnlipicker» und «Müeslityp». Ein richtiger Sportler isst doch Fleisch. Das hörten wir schon vor fünfzig Jahren in der Handball-Nationalliga. Als jüngster Spieler bekam ich sogar ab und zu vom Trainer ein Kotelett spendiert. Um ein richtiger Mann zu werden? Nein. André Irion tickte anders. Wir beerdigten ihn dieser Tage. Er förderte sonst vor allem die spielerische Kreativität und das gesellig kooperative Miteinander. Fraglich ist, ob sein «weiches» Kollegialitäts-, Fairness- und sein «nach Lust- und Launeprinzip» heute noch gegen die gesteigerte Härte und Bedeutung des Geldes ankäme? Ein bekannter Coach und Politiker lehrte uns etwas später, den Gegner so zu foulen, ohne dass es der Schiedsrichter bemerkt.

Früher lernten die Jungen, andere zu respektieren, erzählt Lara Dickenmann (Birrer 2019: 34). Sie ist derzeit die erfolgreichste Schweizer Fussballerin, aber einer breiteren Öffentlichkeit kaum bekannt. Das liegt am Geld, Geschlecht und ihrer Sportart, einer Männerdomäne. «Die Welt des Männerfussballs ist vor allem Business, ganz anders als bei uns», sagt Lara Dickenmann. Das Geld verdrehe schon den Jungen den Kopf. Das Grundgehalt des Brasilianers Neymar liegt bei 40 Mio. Euro. Die Nationalspielerin und achtfache Schweizer Fussballerin des Jahres spricht Klartext. Ihr Vorbild ist Megan Rapinoe, eine frühere Teamkollegin in Lyon. Die US-Bürgerin kritisiert öffentlich, wie der egomanische Präsident Donald Trump die Gesellschaft spaltet und Menschen ausgrenzt. Lara Dickenmann kickt heute in Wolfsburg. Hier schätzt sie, dass alle Captains bei den Frauen und Männern eine Regenbogenbinde gegen jede Form der Diskriminierung tragen. So nehme auch die gegenseitige Achtung zwischen den Geschlechtern zu. Gemeinsame Aktionen und Gespräche könnten fest gezurrte Rollenbilder verändern. Wichtig sei aber vor allem eine reale Besserstellung der Frauen. Das betonte auch der Männer- und Gewaltforscher Godenzi, der im Fussball gerne Libero spielte.

Alberto Godenzi (1989) postulierte eine strukturell und kulturell verankerte Gleichberechtigung. Er plädierte dafür, einseitige Abhängigkeiten zu
mindern. Sein Einsatz in einem Entwicklungsprojekt (mit Strassen-Kindern)
in Ecuador inspirierte ihn dazu. Godenzi setzte sich auch mit lateinamerika-
nischen Dependenztheorien auseinander. Dieter Senghaas (1974) verbreitete
sie nach 1968 in Europa. Das primäre Anliegen besteht darin, ökonomische
Ungleichheiten und soziale Benachteiligungen auf allen Ebenen zu beseitigen. Ökofeministinnen halten ebenfalls dafür. Menschen sollen ihre Subsis-
tenz bzw. das, was sie zum Leben benötigen, möglichst selbstständig sichern.
Sie sollen eigene Gärten pflegen können und mit andern so kooperieren, damit alle davon profitieren; besonders jene, die am meisten darauf angewiesen
sind. Dieser soziale Imperativ gilt regional und global. Die finanzgetriebene
Ökonomisierung hat ihn teilweise verdrängt. Er lebt aber in widerständigen
Ansätzen auf, für die Menschen primär Menschen sind.

Paternalistische Vorstellungen von Männlichkeit weichen allmählich
menschlich kooperativen. Frauen-, Männer- und soziale Bewegungen sowie
Gender-Studies setzten sich nach 1968 und später dafür ein. Mehr Gleichberechtigung zeugt davon. Der Weg war teilweise steil und steinig. Das betont
die im Tessin lebende Lehrerin Ruth Barbara Stämpfli (in: Mäder 2018: 209).
Sie reflektiert frühere Auseinandersetzungen mit Machismo geprägten Genossen der Lotta Continua. «Und wo sind heute die Verwaltungsrätinnen?»,
fragt die feministische Ärztin Maria Caminati (in: Mäder 2018: 208) rheto-
risch. Emanzipatorische Dynamiken und Selbstverständnisse weiten sich aus,
allerdings nur beschränkt. Auch frühere Dualitäten zwischen männlich und
weiblich, hart und weich, gelten längst als überholt, wirken aber verkappt
fort. Ähnlich verhält es sich mit subtilen Raum-, Geltungs- und Machtan-
sprüchen, trotz Frauenstimmrecht und eifrig bekundeter Gleichstellung. Der
doppelte Paradigmenwechsel vollzieht sich offenbar gegenläufig. Einerseits
bleiben emanzipatorische Prozesse, die sich gegen erheblichen Widerstand
durchgesetzt haben, zentral. Sie entlasten Männer beispielsweise von der
Vorstellung, permanent dominant und stark sein zu müssen. Andererseits
durchdringt seit Ende der 1980er-Jahre eine Ökonomisierung unsere gesellschaftlichen Verhältnisse. Sie verlangt, stets erfolgreich zu sein und forciert
eine Konkurrenz, die sich im Kontext sozialer Ungleichheit oft auf Kosten
von andern durchsetzt. Je nach Bedarf, erhöht diese neoliberale Konzeption
die Erwerbsintegration von Frauen. Sie kommt verbal progressiv daher und
distanziert sich sogar von paternalistischen Sichtweisen. Aber mit welchen
Prämissen und zu welchen Bedingungen? Die Ökonomisierung favorisiert
private Vorteile gegenüber dem Wohl für alle. Funktionell nützlichkeits- und
gewinnorientiert, reaktiviert sie auch alte Vorstellungen einer egozentrischen

Männlichkeit. Emanzipation bedeutet jedoch etwas Anderes: Gleichberechtigung, sozialen Ausgleich und gerechte Verhältnisse in allen Bereichen. Eine widerständige Kultur der Auseinandersetzung hilft, sie durchzusetzen.

7 Literatur

Baier, Dirk, Patrik Manzoni, Sandrine Haymoz, Anna Isenhardt, Maria Kamenowski und Cédric Jacot. 2018. *Elterliche Erziehung unter besonderer Berücksichtigung elterlicher Gewaltanwendung in der Schweiz.* Zürich: ZHAW.

Birrer, Peter M. 11.09.2019. Die Männer finden es cool, mit uns über Fussball zu reden. In *Basler Zeitung.* S. 34. Basel: BaZ.

Dackweiler, Regina. 2001. Frauenrechte sind Menschenrechte. In: Godenzi 2001, 115–149.

Dammann, Gerhard. 2007. *Narzissten, Egomanen, Psychopathen in der Führungsetage.* Bern: Haupt.

Federer, Roger. 2018. Fahren Sie, wohin Ihr Herz Sie führt. In *Wirtschaftsmagazin Bilanz,* Nr. 12, 35.

Fetz, Anita, et al. 2001. *Frauen auf öffentlichem Parkett.* Wettingen: eFeF-Verlag.

Godenzi, Alberto. 2001. *Konflikte verbinden.* Fribourg: Universitätsverlag.

Godenzi, Alberto. 1989. *Bieder, brutal. Frauen und Männer sprechen über sexuelle Gewalt.* Zürich: Unionsverlag.

Hollstein, Walter. 2004. *Geschlechterdemokratie.* Wiesbaden: VS-Verlag.

Kornbichler, Thomas. 2007. *Die Sucht, ganz oben zu sein.* Stuttgart: Kreuz.

Krapf, Christof. 12.10.2019. Timm Klose, der Tabubrecher. S. 50. In *Neue Zürcher Zeitung.* Zürich: NZZ.

Lüscher, Stefan. 2019. Wenige wurden viel reicher. In: *Bilanz,* Nr. 12, 84–88.

Mäder, Ueli. 2018. *1968 – was bleibt?* Zürich: Rotpunktverlag.

Mäder, Ueli. 2015. *Macht.ch – Geld und Macht in der Schweiz.* Zürich: Rotpunktverlag.

Nyffeler, Bettina und Regula Stämpfli. 1990. Die Normalität des Schrecklichen: zur Alberto Godenzi Studie über sexuelle Gewalt in der Schweiz. In *Emanzipation: feministische Zeitschrift für kritische Frauen,* Nr. 2, (Bd. 6), 12–13.

Präsidialdepartement (Hg.). 2017. *Gleichgestellt?* Basel: Kantonale Verwaltung.

Schulz, Kristina, Leena Schmitter und Sarah Kiani. 2014. *Frauenbewegung. Die Schweiz seit 1968. Analysen, Dokumente, Archive.* Baden: hier + jetzt.

Senghaas, Dieter. 1974. *Peripherer Kapitalismus. Analysen über Abhängigkeit und Unterentwicklung.* Frankfurt a. M.: Suhrkamp.

Soroptimist Schweiz/International. 2019. Wir setzen ein Zeichen, *Prospekt.* Rheinfelden: 25.11.2019.

Tse-Tung, Mao. 1968. *Worte des Vorsitzenden Mao Tse-Tung.* Peking: Verlag für fremdsprachige Literatur.

Waldis, Samuel. 24.08.2019. Ich mache den Garten zu Wochenbeginn. S. 42–43. In *Basler Zeitung.* Basel: BaZ.

Wirth, Hans-Jürgen. 2002. *Narzissmus und Macht.* Giessen: Psychosozial.

4 Zum Wandel von Männlichkeitsidealen in der Aufklärung: Isaak Iselins «Schreiben eines Vaters an seinen Sohn [...]» (1781)

Claudia Opitz-Belakhal

1 Einleitung

In einer 1781 publizierten kleinen pädagogischen Schrift mit dem Titel «Schreiben eines Vaters an seinen Sohn, der sich der Handelschaft widmet» entwickelte der Basler Aufklärer Isaak Iselin (1728–1782), u. a. auch in Auseinandersetzung mit Schriften bekannter Pädagogen wie dem Zürcher Johann Heinrich Pestalozzi (1746–1827), seine Vorstellung von einem idealen Bürger, Kaufmann, Familienvater und (damit) Mann. Die Schrift erschien in den von Iselin herausgegebenen *Ephemeriden der Menschheit,* einer in der Aufklärungszeit im deutschsprachigen Raum weit verbreiteten und angesehenen Zeitschrift.[1]

Iselin widmete diese Schrift seinem ältesten Sohn Dietrich, der wenige Jahre zuvor (1779) als erst Sechzehnjähriger eine Lehre zum Kaufmann angetreten hatte. Die Schrift ist somit keine «Trockenübung» eines ambitionierten Pädagogen, sondern trägt durchaus autobiographische Züge. Doch bilden sich in ihr auch die Debatten der Zeit über aufklärerische Lebens-, Ökonomie- und Moralvorstellungen ab. Der Rat des Vaters an den Sohn trennt diese verschiedenen Aspekte nicht scharf voneinander ab, sondern verbindet sie über Schilderungen idealer Männlichkeit(en), in denen ihrerseits ältere Traditionen und neue Vorstellungen verschmelzen.

Im Folgenden möchte ich den Autor und seine Abhandlung sowie deren Entstehungszusammenhang zunächst kurz vorstellen, bevor ich dann intensiver der Frage nachgehe, welche Männlichkeitsvorstellungen sich hier niederschlagen – und welche Gefahren und Probleme Iselin in diesem Zusammenhang zu konstatieren vermeint. Insbesondere geht es mir in meinem Beitrag darum zu zeigen, wie in diesem Text Iselins «private» bzw. familiä-

---

1   Die Schrift wurde erstmals abgedruckt in Iselin, Isaak (Hrsg.). 1781. *Ephemeriden der Menschheit* 1(4): S. 385–425. Ich zitiere hier aus der Ausgabe Iselin, Isaak. 2014. *Schriften zur Pädagogik* (S. 459–478). Naas, Marcel (Hrsg.). (Isaak Iselin, Gesammelte Schriften. Kommentierte Ausgabe Bd. 3). Basel: Schwabe. – Im Folgenden zitiert als Iselin 2014.

re Rolle und Tätigkeit, vor allem die Rolle des Vaters, eng verbunden wird mit der beruflichen (bzw. «öffentlichen») männlichen Rolle als Bürger und Staatsdiener. Letztere ist charakteristisch für frühmoderne Vorstellungen von Männlichkeit(en) und erst mit der Entstehung der bürgerlichen Gesellschaft des 19. Jahrhunderts grundlegend oder zumindest weitgehend verändert worden.

2   Eine Botschaft vom Vater an den Sohn

Der Basler Ratsschreiber, studierte Jurist und ambitionierte Philosoph Isaak Iselin wurde 1728 in eine wohlhabende Basler Familie hineingeboren. Sein Vater war der vermögende Kaufmann und Seidenbandfabrikant Christoph Iselin (1699–1748), seine Mutter Anna Maria Burckhardt stammte ebenfalls aus einer wohlhabenden Fabrikanten- und Politikerfamilie. Allerdings trennten sich seine Eltern kurz nach seiner Geburt 1730 bereits wieder, sein Vater wanderte nach Berlin aus, wo er 1748 starb, ohne nach Basel zurückgekehrt zu sein. Iselin wuchs daher bei seiner Mutter und seinem Onkel, dem Ratsherrn und Oberst Isaak Burckhardt auf, der sein Vormund wurde.[2]

Nach dem Besuch des Gymnasiums in Basel studierte Iselin dort Jurisprudenz und schloss 1755 mit der Promotion ab; zwischenzeitlich hatte er auch ein Studienjahr in Paris verbracht, wo er u. a. Jean-Jacques Rousseau und den Naturforscher Jean Louis Leclerc de Buffon kennenlernte, die ihn beide tief beeindruckten. Auch an der Reformuniversität Göttingen verbrachte er zwei Studienjahre, wo er vor allem mit der Naturrechtsphilosophie Christian Wolffs bekannt wurde. Nach Beendigung seines Studiums bemühte er sich um eine Professur für Philosophie an der Basler Universität, was ihm jedoch nicht gelang. Vielmehr wurde er mit dem Amt des Stadtschreibers betraut und verfasste in den folgenden Jahren nebenberuflich zahlreiche Publikationen zu den verschiedensten Themen (Politik, Ökonomie, Pädagogik, Philosophie) und gab auch eigenhändig eine Zeitschrift, die *Ephemeriden der Menschheit* heraus, die im gesamten deutschsprachigen Raum Verbreitung fand. Daneben unterhielt er auch mit zahlreichen führenden Denkern der Zeit eine umfangreiche Korrespondenz.[3]

---

2   Siehe dazu den biographischen Eintrag «Isaak Iselin» im *Historischen Lexikon der Schweiz,* https://hls-dhs-dss.ch/de/articles/010691/2007-01-29/ (Zugriff 08.11.2019).

3   Obgleich die Aufklärung heute als eine breite intellektuelle Bewegung gilt, in die auch Frauen integriert waren, bestand das Korrespondentennetz Iselins ausschliesslich aus männlichen Kommunikationspartnern. Anders als etwa der Frühaufklärer René Descartes hatte nämlich Iselin keine hochadligen oder zumindest aristokratische Briefpartnerinnen bzw. Gönnerinnen (zu Iselins Korrespondentennetzwerk s. Jacob-Friesen 1993).

Bald wurde Iselin, der Stadt und Stand Basel auch mehrfach in der Eidgenössischen Tagsatzung[4] vertreten hatte, Teil einer aufklärerisch-antifeudalen Oppositionsbewegung. So wurde er nicht nur zum Mitbegründer der «Helvetischen Gesellschaft», sondern er setzte sich in Basel engagiert für die Öffnung des Bürgerrechts für Zuwanderer, für Reformen des Schulwesens sowie des Staatshaushalts und der Volkswirtschaft ein, die aber in der Regel am inhärenten Konservativismus der Basler Stadt-Republik scheiterten.[5] Immerhin gelang es ihm, hier eine philanthropische Vereinigung ins Leben zu rufen, die «Gesellschaft für das Gute und Gemeinnützige» (GGG), wo viele seiner Reformideen aufgegriffen und umgesetzt wurden; bis heute ist die GGG in der Stadtgesellschaft präsent, wo sie weiterhin vor allem Bildungs- und Hilfsangebote für sozial Schwache bereitstellt.

1756 heiratete Isaak Iselin die aus einer ehemaligen Hugenottenfamilie stammende Helena Forcart, mit der er in der Folge insgesamt neun Kinder hatte, sieben Töchter und zwei Söhne. Letzteren widmete er denn auch sein «Schreiben eines Vaters an seinen Sohn». Laut seinem Biographen Ulrich Im Hof ist dies Iselins «persönlichste Abhandlung», da ihm die Idee zu diesem kleinen Werk vor allem wegen der Berufswahl seiner beiden Söhne in den Sinn kam (Im Hof 1967). Wie Iselin in seinem Tagebuch anlässlich der Fertigstellung der Schrift notierte, sollte sie «meiner ganzen Nachkommenschaft nützlich werden», also auch für die noch ungeborenen Söhne seiner Söhne (und gegebenenfalls auch seiner Töchter, die mehrheitlich Kaufleute geheiratet hatten) wichtige Wegleitungen geben.[6] Die knapp 20 Druckseiten umfassende Schrift lehnt sich eng an andere Abhandlungen zum Thema, insbesondere an die 1775 publizierte Schrift des Zürcher Gelehrten Hans Kaspar Hirzel *Der Philosophische Kaufmann* an, die Iselin indes als zu vage und daher als wenig hilfreich empfand. Er reagierte darauf mit einer ersten Darlegung der Erziehung eines Kaufmannes in seiner Schrift *Philosophische und patriotische Träume eines Menschenfreunds* (1755 erstmals publiziert), vertiefte und erweiterte dann aber seine Überlegungen im «Schreiben eines Vaters

---

4   Die «Eidgenössische Tagsatzung» war eine Art Ständeversammlung der Alten Eidgenossenschaft, wo sich Vertreter aller eidgenössischen «Orte» (d. h. Vorläufer der heutigen Kantone) versammelten, um gesamteidgenössische Fragen zu verhandeln und gegebenenfalls auftretende politische Probleme zu lösen.

5   Das Basler Bürgerrecht, das für in Basel beheimatete Männer wie für Frauen galt – wenn auch für letztere nur in abgeschwächter Form –, wurde seit dem Ende des 17. Jahrhundert immer restriktiver vergeben und im 18. Jahrhundert wurde, trotz einer gesteigerten Zuwanderung vom Umland nach Basel, praktisch niemand mehr in die Basler Bürgerschaft aufgenommen. Dies führte zu einer immer geringeren Zahl von stimmberechtigten Bürgern und damit zu einer immer elitäreren politischen Kultur.

6   S. dazu den Kommentar von Marcel Naas zu der kleinen Abhandlung (Iselin 2014, 479).

an seinen Sohn», nicht zuletzt auch, weil ihn die Ausführungen von Johann Heinrich Pestalozzi zur Frage des Luxuskonsums und seiner Beschränkung sehr beeindruckt hatten, die dieser im Rahmen einer Preisschrift im Jahr zuvor (1779) formuliert hatte.

Dass dem Aufklärer Iselin die Abfassung einer solchen Schrift jedoch nicht nur höchst angenehm und inspirierend erschien, wie er ebenfalls in seinen Tagebüchern notierte, sondern vielmehr auch dringend notwendig, lässt sich vor allem dadurch erklären, dass der Sohn den «Stand» des Kaufmannes erwählt und damit eine aus traditioneller Sicht ambivalente Berufswahl getroffen hatte.[7] Tatsächlich entwirft Iselin einleitend eine ideale Lebensweise, die mit der Kaufmannschaft so gar nichts gemeinsam hat, wenn er schreibt:

> *Wenn es in meiner Macht stünde, dir, mein lieber Sohn, und jedem meiner Kinder, dasjenige Loos zuzutheilen, welches in meinen Augen das wünschenswürdigste ist: so würde meine Wahl auf den Stand des Eigenthümers fallen, dem weder ein sehr kleines noch sehr grosses Landgut [...] für sich und für die Seinigen die Nothwendigkeiten und die Annehmlichkeiten des Lebens in einem bescheidenen Maasse versichert, und noch einen Überfluss gewährt, aus dem er das Elend des Dürftigen erleichtern, und den Fleiss und die Talente des Emsigen aufmuntern kann.* (2014, 459)

Tatsächlich entstammt dieses Ideal klassisch-antiken Vorbildern, den antiken und frühmodernen «Oikonomiken», in welchen das geruhsame Leben auf dem Land gegenüber dem hektischen Treiben in der Stadt jeweils hervorgehoben und als erstrebenswerter dargestellt wurde[8], wobei Iselin noch eine zeitspezifische Aktualisierung hinzufügt, wenn er weiter schreibt:

> *Ich würde dich anfrischen [= ermuntern], durch die fleissigste Erforschung der Geheimnisse der Natur, dich zum Genusse und zur Erhöhung dieses Glückes fähig zu machen»* – und das heisst kon-

---

7   Der Begriff «Stand» ist hier in Anführungszeichen gesetzt, da er in der historischen Forschung üblicherweise für die politischen «Stände» – Adel, Klerus, Bürger bzw. Bauern – genutzt wird. Diese Begrifflichkeit ist jedoch im Hinblick auf das «bürgerliche» Basel, das ja im 18. Jahrhundert eine Stadtrepublik war, unpassend; in der zeitgenössischen Verwendung des Begriffs bedeutete «Stand» eher «Position» oder Lebensform; auch im Sinne von «Zivilstand» konnte der Begriff bereits vorkommen («Ehestand»).

8   Diese «Oikonomiken», die u. a. auf den antiken Autor Xenophon zurückgehen und die im Zuge der Antiken-Rezeption der Renaissancezeit und des Humanismus erneut grosse Bedeutung erlangten, firmieren in der Forschung schon seit längerem auch unter dem Überbegriff «Hausväterliteratur». Dies zeigt eine Traditionslinie auf, die in Iselins Schrift, bei allen bedeutenden Unterschieden, die sie charakterisiert, durchaus auch mitschwingt. (Zur «Hausväterliteratur» der Frühen Neuzeit s. Kruse 2013a; Kruse 2014b).

*kret: «die Reichtümer des Pflanzenreiches» zu studieren und zu
verbreiten und dadurch «dem Wohlstande unserer Enkel neue An-
nehmlichkeiten zuzusezen, die ihre Ahnen nicht gekannt haben.*
(2014, 459)

Erwerb von Natur- und insbesondere Pflanzenkenntnissen und Na-
turverehrung sind in der Tat im Zuge der Aufklärung nicht nur zu einem
«Hobby» für viele Menschen geworden, sondern die (verbesserte und intensive) Bebauung von Feld und Flur war seit der Mitte des Jahrhunderts zur
meistgeschätzten Form menschlicher Erwerbstätigkeit, gleichsam zur «natürlichen» Beschäftigung des Menschen avanciert (vgl. Ruppel 2019). Auch
Iselin selbst besass ein «kleines Gütlein» vor dem Basler Aeschentor, wo er
sich zum Lesen zurückziehen, sich aber auch als Agronom betätigen konnte.[9]

Tatsächlich aber wollte der Sohn ja gerade nicht zum Gutsherrn und
Agronomen ausgebildet werden, so dass hieraus die eigentliche Aufgabe des
Vaters erwächst, den Beruf des «Handelsmannes» aus allen Perspektiven heraus zu betrachten und dem Sohn die entsprechenden Verhaltensmaximen mit
auf den Weg zu geben, «[…] da sich früh deine Aussichten auf einen Beruf
gelenkt haben, der nach dem Stande des bescheidenen Landwirthes der wün-
schenswürdigste für jeden Menschen ist, der Freiheit und Unabhängigkeit
liebt […]» (Iselin 2014, 459).

Aus Sicht des Vaters und Aufklärers erscheint es aber letztlich nicht
so bedeutsam, welchen Beruf (bzw. zeitgenössisch welchen «Stand») ein junger Mann wählt, so lange er seinen Lebensunterhalt bzw. sein Glück nicht
«von Grossen oder von Kleinen erbetteln, erschmeicheln, oder noch theurer
erkaufen» muss (Iselin 2014, 459 f.). Letztlich geht es bei allen Berufen und
Lebensweisen darum, «ein nüzlicher Mann» zu werden und zur «allgemeinen Vervollkommnung und Beglückseligung» sein Scherflein beizutragen. In
Iselins Weltsicht, und damit befand er sich im Kreise der Aufklärer in guter
Gesellschaft, stand tatsächlich das Allgemeinwohl im Zentrum des Interesses, das indes aus seiner Sicht nur erreicht werden konnte, wenn auch der
Einzelne ein gewisses Mass an Glück und Erfolg erreichte: Jeder, «in welchem
Stande es auch immer seyn mag», müsse «seine Einflüsse in die allgemeine
Glückseligkeit ergründen, und als ein freier Bürger der Stadt Gottes, noch
einen höhern Lohn in dem Bewusstsein finden, dass er Gutes gewirkt habe,
aus Liebe zum Guten und zur ewigen Quelle des Guten» (Iselin 2014, 460).

9　Iselin hatte selbst bereits in den 1760er Jahren versucht, sich ein solches Landgut zu
verschaffen, scheiterte jedoch durch den Einspruch «der Familie» daran. Das «kleine Gütlein»,
das vom Umfang her deutlich bescheidener war, war insofern eine Art Kompensation dieses
Verlustes (S. dazu Im Hof, Ulrich. 1960. *Isaak Iselin 1728–1782. Neujahrsblatt* der GGG 138.
Basel).

Die ethischen Vorstellungen, die sich in den Ausführungen Iselins finden, sind zweifellos religiöser Herkunft, jedoch in seiner aufklärerischen Sicht bereits in hohem Grade säkularisiert:

Eine unendlich gütige und weise Gottheit hat auf unserm Erdkreise die Samen unzähliger Güter zerstreut, und den Menschen darauf gesezt, um sie zu erkennen, zu geniessen, zu vervollkommnen, und um durch die weise Anwendung der Kräfte seines Geistes und seines Leibes selbst immer weiser, glücklicher und vollkommener zu werden. (2014, 460)

Weisheit, Glück, Vollkommenheit, das sind die höchsten Werte und Ziele für das Menschsein – aber gelten sie für alle Menschen gleichermassen? Und inwiefern sind diese Werte vor allem – oder gegebenenfalls ausschliesslich – im männlichen Geschlecht zu erreichen?

3 Ideale und andere Männlichkeiten der Aufklärungszeit

Zunächst finden sich im Text selbst praktisch keinerlei erklärende Aussagen zu Geschlechterdifferenz oder Männlichkeit. Die Begrifflichkeit jedoch, mit der Iselin das berufliche Handeln des Kaufmannsstandes, aber auch aller anderen «Stände» beschreibt, lässt keinen Zweifel daran, dass es sich dabei um männliche Tätigkeiten handelt:

«Der Jäger säubert die Erde von den wilden Thieren, damit der Landwirth sie bauen könne, und der Soldat beschützt ihre Einwohner, damit sie ruhig die Früchte geniessen können, die dieser hervorbringt. Der Bergmann holt aus dem Eingeweide der Erde die Schäze hervor, welche sie zur Bequemlichkeit und zum Vergnügen der Menschen in sich schliesst. Der Fischer fängt die Bewohner der Flüsse, der Seen und Meere, um sie zur Nahrung zu gebrauchen. Der Handwerker und der gemeine Arbeiter machten die Produkte, welche diese sammeln und hervorbringen, bequem und brauchbar, und der Künstler gibt ihnen […] einen Glanz, durch die sie dem Menschen mehr Vergnügen gewähren, und ihn in Stand stellen, mehr Vergnügen zu erzeugen. Naturerforscher ergründen die Eigenschaften der Geschöpfe und die Geseze, nach denen sie wirken und gewirkt werden […] Weise und Priester entwickeln die Verhältnisse, in denen die Sterblichen mit Gott, mit der Natur und unter sich selbst stehen […] und leiten durch ihr Ansehn und durch ihre Macht die Anstalten und die Bemühungen, welche die gemeine Wohlfahrt erheischt.» (Iselin 2014, 461)

In diesem Tableau männlicher Tätigkeit und Tüchtigkeit, zu dem sich dann noch das Lob der Kaufmannschaft gesellt, ohne die es laut Iselin «nicht möglich [wäre], dass jedes Produkt der Natur und jede Arbeit des Menschen ihren grösten Werth und ihre gröste Vollkommenheit [...] und die ganze menschliche Gesellschaft das reichste Maas von Wohlstand und von Glückseligkeit erhalten» (Iselin 2014, 462), treten offensichtlich keine Frauen in Erscheinung; es handelt sich damit also um eine «männliche» oder jedenfalls männlich markierte Welt der Ökonomie, vom Jagen über den Ackerbau bis hin zum Fernhandel.

Auch die Rahmung der Abhandlung spricht für eine solche «männliche Markierung»: Hier spricht ein Vater zu seinem Sohn – was dann auch darin ein Echo findet, dass gelegentlich im Text «von der Sorge um die Seinen» (Iselin 2014, 470) die Rede ist oder davon, «was für eine Frau man nehmen» solle (2014, 463). Vor allem aber endet die Abhandlung mit einer Reihe von Ratschlägen des Vaters an seinen Sohn, deren Aussagen ein Männlichkeitsideal erkennen lassen, das sich sehr eindeutig auf eine bürgerliche Männerrolle und -existenz innerhalb einer alt-eidgenössischen Stadtrepublik richtet:

Wenn du also [...] dein Leben zu einem wohlgeordneten Ganzen machen willst, so sollst du es als ein unverlezliches Gesez ansehen, nie mit Versäumnis der deinem Stande und deinen natürlichen Beziehungen eigenthümlichen Geschäfte thätig seyn zu wollen, nie deine Pflicht deinem Geschmacke nachzusetzen und niemals aus Ehrgeiz oder aus Eitelkeit dich mit Dingen abzugeben, die dich von deinem Hauptzweck abführen können. [...] Du wirst deine Pflichten als Kaufmann niemals recht erfüllen können, wenn du nicht auch von denen vollständig unterrichtet sein wirst, die dir als Mensch, als Christ, als Bürger obliegen. (Iselin 2014, 464–465)

In der dem «Schreiben [...]» angefügten «Beilage» führt Iselin dieses Männlichkeitsideal dann expliziter aus:

Du bist ein vernünftiges Wesen, mit einer edlen Seele begabt, die dich zu einem Ebenbilde der Gottheit machte. Habe dieses allezeit vor Augen. [...] Sey ein eifriger Verehrer der Gottheit, ein eifriger Menschenfreund, ein guter Bürger, ein dankbarer Sohn, Verwandter und Lehrjünger. [...] Bereite dich, einst ein zärtlicher und getreuer Ehegatte, ein kluger und liebreicher Vater und ein eifriger und uneigennüziger Diener des Staates zu seyn, wenn in späten Jahren das Vaterland dich darzu auffordern sollte; denn niemals sollen Ehrgeiz oder Habsucht dich verleiten, ihm deine Dienste aufzudringen. (Iselin 2014, 478)

Zur Kontrastierung dieses Idealbildes folgt eine lange Liste derjenigen Verhaltensweisen, Tätigkeiten oder Leidenschaften, die diesem «wohlge-

ordneten Ganzen» eines Lebens als Mensch/Mann, Christ und Bürger entge-
genstehen: Da wäre zunächst das Bestreiten des Lebensunterhaltes aus dem
Erbetteln oder Erschmeicheln «von Grossen oder von Kleinen» (Iselin 2014,
459–460), das eines «freien Mannes» und guten Bürgers unwürdig ist – ein
ebenso adels- wie monarchiekritischer Seitenhieb, den sich der überzeugte
Demokrat Iselin nicht versagen kann. Fast ebenso verachtet wie die Schmei-
chelei und Bettelei ist im protestantischen Basel der Müssiggang, der sich einerseits aus unverdientem Reichtum, andererseits aber auch aus falscher Lektüre speisen kann – der «Müssiggänger» tötet die Zeit, so Iselin, und macht
sich gleichermassen vor Gott und den Menschen schuldig. Nicht weniger
verächtlich sind die «Leichtsinnigen, die durch ein wollüstiges und zügelloses
Leben sich jeder Ansprache auf höhere Zufriedenheit und oft auch zuletzt auf
den niedersten Grad des Wohlstandes verlustig machen» (Iselin 2014, 467).

Und richtig gefährlich für das Gemeinwohl sind schliesslich die
Gewinnsüchtigen, beherrscht von einer «abscheulichen Tyrannin, der Gier,
welche fast die ganze, sowohl kaufmännische als politische Welt, in Fesseln
hält, und welche die Fortgänge der Gesellschaft zu einem höhern Wohlstande
unendlich erschwert, indem sie den grösten Gesetzen der moralischen und
physischen Natur gerade entgegen arbeitet, welche wollen, dass die gröste
mögliche Menge von Gütern und von Arbeiten die gröste mögliche Menge
von Menschen in dem gerechtesten Ebenmaasse […] beglückselige, und dass
jede Wirkung durch den geringsten möglichen Aufwand von Kräften hervorgebracht werde.» (Iselin 2014, 468–469)[10]

Um diesen Verführungen und Lastern zu entkommen und dem
Idealbild erfolgreich nachzustreben, gibt es letztlich nur ein wirksames Mittel: Selbstreflexion und -beobachtung – und vor allem Selbstkontrolle. Dies
macht Iselin gegen Ende seiner Abhandlung an verschiedenen Beispielen
deutlich, so etwa, wenn der junge Mann sich, «jedesmal, wenn er aus einer
Gesellschaft kömt», befragen soll:

Was für Eindrücke haben die Beispiele und die Reden der Men-
schen auf dich gemacht, die du gesehn hast? Haben Sie deine
Liebe zur Tugend gestärkt oder geschwächt; und du, wie hast
du dich dabei verhalten; hast du mit einem feigen Beispiele
ihre Ausgelassenheit aufgemuntert, oder mit einem pedanti-
schen Stolze Unschuld und Rechtschaffenheit ihnen lächerlich

---

10   In der «Beilage» wird dies dann nochmals unterstrichen: *«Befleissige dich der Mä-*
ssigkeit, der Sanftmuth und der Gerechtigkeit, und fliehe die ihnen entgegenstehenden Laster, wie
eine Pest; insonderheit den Geiz, die Kargheit, die Unbescheidenheit und Unmässigkeit.» (Iselin
2014, 477) Auch Eitelkeit und Ehrgeiz sind Laster, die, wie Hochmut und Stolz, unbedingt zu
meiden seien.

gemacht? Und wie kanst du an dir und an andern die Ver-
schlimmerung wieder vergüten, die du erlitten oder gewirkt hast?
(Iselin 2014, 466)[11]

Noch ganz zuletzt gibt der Vater dem Sohn erneut diese selbstreflexive
und -kontrollierende Aufgabe mit auf seinen Lebensweg:

Gewöhne dich, jede deiner Handlungen, jeden Gebrauch, den du
von deiner Zeit, von deinen Kräften, von deinem Vermögen ma-
chen wirst, nach diesem Gesez zu beurteilen; immer darauf zu
sehn, was jede deiner Thaten beitragen kann, dich, deine Freunde
und jeden deiner Mitmenschen vollkommener oder unvollkomme-
ner zu machen, und zu bedenken, dass diese Vollkommenheit oder
Unvollkommenheit ewige Folgen haben werden, die es in keines
sterblichen Gewalt steht, zu vereiteln. (Iselin 2014, 466)[12]

Dies auch mit dem Hinweis auf seine Rolle als Vater, die in dem
Schreiben immer mitschwingt und die Iselin, vielleicht mehr als seine ökonomischen und moralischen Ansichten als einen typischen Aufklärer erscheinen
lassen:

Ich wiederhole es dir noch einmal, mein Sohn! Bestrebe dich, dein
Leben zu einem Ganzen zu machen, von dem alle Theile zu einem
einzigen Endzwecke, alle dahin abzielen, so viel Gutes zu wirken,
die Menge des Guten auf diesem Erdkreise so sehr zu vergrössern,
als es dir möglich seyn wird. […] Bedenke […] wie tröstlich bei
dem Ende davon der Zurückblick seyn wird, bei welchem du wirst
denken können: Ich habe nicht umsonst gelebt; ich verlasse diese
Welt nicht, ohne das Meinige zu ihrer Vervollkommnung beige-
tragen zu haben; ich darf hoffen, der Richter, den ich in jener
antreffen werde, werde ein väterliches Wohlgefallen an mir haben;
ich werde durch seine ewige Güte von der Glückseligkeit, die ich
hier genossen habe, zu einer immer höhern fortschreiten; und mei-
ne Nachkömmlinge werden in den Fusstapfen ihres Vaters noch
bessere Werkzeuge zur Glückseligkeit ihrer Mitmenschen werden.
(Iselin 2014, 475–476).

---

11   Auch Iselin selbst befragte sich auf diese Weise über sein Verhalten – wobei er meist
nicht sehr zufrieden mit sich sein konnte, wie seinen Tagebüchern zu entnehmen ist, wo er
immer wieder darüber klagte, *«wie wenig bin ich besser worden – wie wenig habe ich an Tugend*
zugenommen […]» (vgl. dazu Kommentar, in: Iselin 2014, 484).
12   Auch das «väterliche Geschenk», das als «Beilage» am Ende der Abhandlung angefügt
ist, ist eine solche Anleitung zur Selbstbefragung- und Selbstreflexion: *«Zur Vorbereitung am*
Morgen, zur Prüfung am Abend». (Iselin 2014, 477–478).

4   Neue Väterlichkeit um 1800

Tatsächlich steht die Schrift nicht nur unter dem Vorzeichen bürgerlicher – beruflicher und ökonomischer – Männlichkeit, sondern vor allem
auch unter dem Vorzeichen aufklärerisch-pädagogischer «Väterlichkeit». So
betont Iselin im Text ja mehrfach den wichtigen Prozess der Weitergabe von
Erfahrung und Erkenntnis «vom Vater auf den Sohn» (und von diesem auf
dessen Sohn), also einen generationenbezogenen Lernprozess, der letztlich zur
«Verbesserung» der gesamten Menschheit und zum allgemeinen Fortschritt
beitragen soll, eine Vorstellung die Iselin auch in seinen geschichtsphilosophi-
schen Schriften immer wieder betont und weiter ausgeführt hat.

Daneben zeigt sich hier auch noch eine andere Seite aufgeklärter Väterlichkeit: Das persönliche Interesse und die Emotionalität der Väter für ihre
Kinder, nicht nur die Söhne. Iselin führt nämlich seine Ausführungen mit
einigen sehr persönlichen Bemerkungen zu Ende:

> So wünscht dein Vater zu sterben, mein Sohn, so wünsche ich,
> dass du einst sterben mögest, und dein Bruder und deine sechs
> Schwestern und alle unsere lieben Verwandten und Freunde. Es
> ist tröstlich für mich, dass ich hoffen kann, du werdest dir diese
> meine väterliche Ermahnung zu Nuz machen, und deine Altern
> [...] werden noch die Früchte davon sehn. Das grösste Unglücke
> für mich würde seyn, wenn diese Hofnung sollte vereitelt; wenn
> dieses Schreiben nur anderen, nicht dir und deinem Bruder sollte
> nüzlich werden; wenn ich einst wünschen sollte, keine Söhne ge-
> habt zu haben. (Iselin 2014, 476)

In der Tat lässt sich für das späte 18. Jahrhundert im Kontext der europäischen Spätaufklärung eine Transformation der Vaterrolle konstatieren,
die allerdings eher deren «private» Seite betrifft, also vor allem den Umgang
mit Kindern (und auch mit der Ehefrau bzw. der Kindsmutter), die ich hier
einmal knapp als «Genese der Vaterliebe» bezeichne und die ich abschliessend etwas weiter ausleuchten möchte.

Schon von alters her gehört zum abendländischen Vaterbild nicht
nur die Vorstellung von der «värerlichen Gewalt» die sich im Laufe der frühen
Neuzeit immer deutlicher abzeichnete, sondern auch die Seite der Fürsorge
und des Schutzes. Je nach Bedarf bzw. Kontext konnte dann eher die herr-
schaftlich-gewalthafte oder eben auch die fürsorglich-liebevolle Seite hervor-
gekehrt und ausgemalt werden. Der französische Humanist Montaigne etwa
konstatierte schon Ende des 16. Jahrhunderts: einige Väter erfreuten sich an

den Streichen ihrer Kinder, wenn sie klein seien, aber sie würden ihnen gegenüber unduldsamer, wenn die Kinder herangewachsen seien (1985).[13]

In der Aufklärung nun gewann diese «private» oder genauer, die emotionale Dimension des Vaterbildes gegenüber der herrschaftlich-gewaltförmigen an Bedeutung, nicht zuletzt, weil die Kritik an der patriarchalischen Staatsführung und Herrschaftslegitimation wuchs. Wenn sich Fürsten als «Landesväter» gerierten oder Ratsherrn als «Stadtväter», dann durften sie nicht rücksichtslos über ihre Untertanen und Mitbürger «hinwegregieren», sondern sollten mit Umsicht herrschen und ihre väterliche Fürsorgepflicht ernst nehmen. Tatsächlich finden wir in dieser Zeit nicht nur eine Fülle literarischer und künstlerischer Beschwörungen des «guten Vaters»[14], sondern – dies gilt besonders für die deutschsprachige Aufklärung – der Vater wird geradezu zum Träger aufklärerischen Verhaltens und aufklärerischer Wertvermittlung im Schosse der Familie (und darüber hinaus) (Wild 1987; Schütze 1988). Zu diesem Zweck sollten sich Väter mit allen Aspekten der Kindererziehung befassen, ja, sie sollten sich sogar Kompetenzen aneignen (im doppelten Wortsinn), die traditionell und auch in der alltäglichen Praxis den Müttern zukamen oder ihnen zugewiesen wurden – etwa im Hinblick auf die Pflege und Aufzucht von Säuglingen und Kleinkindern.[15] Der «Liebe», als treibender Kraft, kam hierbei eine besondere Bedeutung zu – allerdings auf Mutter – wie auf Vaterseite.

Sicher hat die französische Kulturhistorikerin Elisabeth Badinter nicht unrecht, wenn sie in ihrem Bestseller über die Geschichte der Mutterliebe auf die Hervorhebung, ja, Idealisierung der *mütterlichen* Liebe und Pflege für das Gedeihen des Kindes durch Rousseau in seiner breit rezipierten Erziehungsschrift *Emile* – und in seinem Gefolge von zahlreichen aufklärerisch gesinnten Ärzten, Pädagogen und Moralisten – verweist (Badinter 1981, 113 ff.). Doch kann man mit derselben Berechtigung auch behaupten, dass die «Vaterliebe» eine Erfindung der Aufklärung – oder genauer: des empfindsamen Jahrhunderts (etwa zwischen 1750 und 1830) war, die in engem Zusammenhang mit der Entwicklung einer neuen, bürgerlichen Familienform stand, welche sich gegen Ende des 18. Jahrhunderts herausbildete. Diese

---

13   Siehe dazu auch Davis 1986.
14   Das Grimm'sche Wörterbuch verzeichnet Beispiele für väterliche Liebe, Trauer und weitere Gefühlslagen insbesondere in der Literatur des 18. Jahrhunderts – auch dies ist m. E. ein deutliches Indiz für die «Privatisierung» und Emotionalisierung der Vaterschaft in der Aufklärung.
15   Ein besonders wichtiger Autor, der in seinen Schriften solche neuen Vaterbilder verbreitete, war Jean-Jacques Rousseau mit seinem Erziehungsroman *Emile* (erstmals publ. 1762). Der dort beschriebene ideale Erzieher für den Knaben Emilie ist letztlich ein idealer Vater.

Familie beschränkte sich auf die «Kernfamilie», d. h. auf Mutter, Vater und Kinder – und zwar mit sinkender Kinderzahl.[16]

Die neue Familienform wurde zu einer vorwiegend emotional bestimmten Gemeinschaft der Eltern mit den Kindern, sie schuf in der neuen, emotionsbasierten Häuslichkeit einen Intimbereich, den ökonomisch abzusichern der Hausherr verpflichtet war, den aber vor allem die Frau als Hausfrau, Ehefrau und Mutter zu bewahren und zu «pflegen» hatte. Diese relativ neue Vorstellung durchzieht in gewisser Weise auch Iselins «Schreiben eines Vaters an seinen Sohn», wo ja keinerlei weibliche Aktivitäten im Bereich der Ökonomie verzeichnet sind und wo Frauen lediglich ganz am Ende des Textes in Gestalt «deiner Mutter, die beste der Mütter und der Ehegattinnen» in Erscheinung treten (Iselin 2014, 476), abgesehen von jenem an gleicher Stelle erwähnten «Frauenzimmer», dem der Sohn «ehrerbietig begegnen» soll und das gegebenenfalls zu «sträflichen Leidenschaften» anstacheln könnte, welche unbedingt vermieden werden sollten (Iselin 2014, 477).

Dass dieser Entwurf damals in vieler Hinsicht utopischen Charakter hatte und mit Sicherheit nicht den allgemeinen Verhältnissen – selbst im Bürgertum – entsprach, darauf wurde in der historischen Forschung schon seit längerem hingewiesen: Aufgrund der spätfeudalen Produktionsverhältnisse herrschten um 1800 noch immer traditionelle Formen des Zusammenlebens vor (Dienstboten, Verwandte und «Kernfamilie» unter einem Dach; gemeinsame Produktion im oder beim Haus, subsistenzielle oder gar marktorientierte «Hauswirtschaft» usw.). Die genannten neuen Elemente familiärer Bindung fanden bestenfalls in einer kleinen Schicht bürgerlicher Eliten Resonanz, die sich vor allem aus aufklärerisch gesinnten Beamten, Pfarrern, Professoren und Kaufleuten zusammensetzte, zu denen allerdings zweifellos auch der Ratsschreiber und Philosoph Isaak Iselin mit seiner Familie gehörte. Tatsächlich wurde in diesen Kreisen, das erfahren wir durch Briefe, Tagebücher und ähnliche Selbstzeugnisse, die auch in Basel in grosser Zahl verfasst wurden und überliefert sind, das Ehe- und Familienleben erstmals auch in seiner ganzen emotionalen Breite und Vielfalt thematisiert; die Gefühlsqualität wurde nun für alle Dimensionen des menschlichen Daseins bei der aufgeklärten Elite zum ideellen Leitstern, und zwar bei Männern und bei Frauen (fast) gleichermassen (Trepp 1995, passim).[17]

---

16   Es lässt sich zeigen, dass seit dem Ende des 18. Jahrhunderts in bürgerlichen Familien die Kinderzahl ständig abnahm, allerdings auch die Kindersterblichkeit zurückging. Dem liegt offensichtlich ebenso eine bewusste «Familienplanung» wie aber auch eine erhöhte Aufmerksamkeit für das einzelne Kind zugrunde (Trepp 1996a, 337 ff.).

17   Auch Irene Hardach-Pinke spricht für das 18. Jahrhundert von der Hervorhebung der «Elternliebe», während das 19. Jahrhundert das Zeitalter der «Mutterliebe» geworden sei (1981, 173). Dass diese Betonung der emotionalen Verbindlichkeiten auf dem Hintergrund

Mit dem neuen Leitbild der liebenden Eltern, die ganz in der Fürsorge und Erziehung ihrer Kinder aufgehen, wurde allerdings – wie einst im Bild des idealen Vater-Fürsten – das kritische Potential gleich mitgeliefert. Und dies gilt für die Vaterrolle ebenso wie für die Mutterrolle. Schon bei Rousseau lässt sich die Klage finden, die Väter nähmen ihre Berufsgeschäfte so wichtig, dass die Kinder dadurch zu kurz kämen.

> Wollt ihr also», so schreibt er im Emile gleich zu Beginn, «dass dieser [= der Mensch] seine ursprüngliche Form behalte, so behütet ihn vom Augenblick seiner Geburt an. Bemächtigt euch seiner sogleich und lasst ihn nicht los, bis er erwachsen ist, sonst wird es euch nicht gelingen. Wie die Mutter die wahre Amme ist, so ist der Vater der wahre Lehrer. […] Aber die Geschäfte, der Beruf, die Pflichten! […] Ach ja, die Pflichten! Ohne Zweifel ist die Vaterpflicht die geringste!?[…] Wenn ein Vater Kinder erzeugt und ernährt, so erfüllt er damit erst ein Drittel seiner Aufgabe. Er ist dem Menschengeschlecht Menschen schuldig, den Gemeinschaften sozial denkende Menschen und dem Staate Bürger. Jeder, der diese dreifache Schuld zahlen kann und nicht zahlt, verdient Strafe, die vielleicht noch grösser ist, wenn er seine Pflicht nur halb erfüllt. Wer die Pflichten eines Vaters nicht erfüllen kann, hat nicht das Recht, es zu werden. […] Du kannst es mir glauben, Leser, ich sage jedem, der ein Herz hat und seine heilige Pflicht vernachlässigt, dass er seinen Fehler lange bitter beweinen und sich niemals darüber trösten wird. (1985, 26–27)[18]

Indem sich Isaak Iselin neben seinen staatsbürgerlichen Geschäften und gelehrten Abhandlungen nun auch noch der Belehrung seiner Söhne zuwandte und ihnen gar eine ganze Schrift widmete, machte er zugleich deutlich, dass ihm diese ebenso private wie «(staats-)bürgerliche» Aufgabe wichtig und teuer war – und ihm dazu noch «viel Freude» bereitete.[19]

---

eines hierarchischen Gefälles zwischen (Ehe-)Männern und (Ehe-)Frauen ganz unterschiedliche Folgen für die Angehörigen des weiblichen wie des männlichen Geschlechts haben musste, wird von Yvonne Schütze zurecht problematisiert und ausgeführt – dies ist die Voraussetzung für die Transformation der «Elternliebe» zur «Mutterliebe». (Schütze 1986a; Schütze 1988b).

18   Rousseau fährt fort, ein finsteres Bild der Folgen einer nicht oder schlecht wahrgenommenen Vater- (und Mutter-)schaft zu zeichnen: «Es gibt kein reizenderes Bild als das einer guten Familie; stimmt aber ein Zug des Bildes nicht, so sind alle übrigen entstellt. […] Sobald die Vertrautheit zwischen den Eltern fehlt und die häusliche Geselligkeit nicht mehr den Reiz des Lebens ausmacht, greift man wohl oder übel zu verwerflichen Sitten, um sich schadlos zu halten.» (1985, 26–27)

19   Auch in Iselins Tagebüchern und Briefen wird immer wieder sein Interesse an seinen Kindern und seine sowohl emotionale wie auch pädagogische Zuwendung deutlich. S. dazu

5   Fazit und Ausblick

Dass sich im Laufe der Etablierung der bürgerlichen Gesellschaft ein einigermassen widersprüchliches «Anforderungsprofil» gerade für bewusste, ihren Kindern zugewandte Väter und ihr Verhalten etablierte, liegt auf der Hand. Welcher Vater konnte es sich schon leisten, «darauf Verzicht [zu] thun, irgend etwas Anderes nebenher zu tun» (Trepp 1996b, 31). und seine Kinder selbst zu erziehen?[20] Schon in Iselins Ratgeber-Schrift an seine den Kaufmannsberuf anstrebenden Söhne erscheinen Familienpflichten und berufliche Aufgaben bereits einigermassen getrennt, auch wenn sie in der «Beilage» noch, zusammen mit den Pflichten vor und für Gott, gemeinsam in Erscheinung treten. Der «zärtliche und getreue Ehegatte, der kluge und liebreiche Vater» und der «eifrige und uneigennützige Diener des Staates», der der Sohn ebenso sein soll wie der Vater als sein Vorbild, steht bereits in einem deutlichen Spannungsverhältnis zu all jenen Aufgaben, Pflichten und Tugenden, die den guten Kaufmann ausmachen.

Während also die Auseinanderentwicklung von familiärem (Privat-)Leben und berufstätiger Öffentlichkeit im Laufe des 19. Jahrhunderts für die Frauen im Bürgertum, wie Elisabeth Badinter und andere gezeigt haben, tatsächlich die «Freisetzung» für ihre familiären und vor allem mütterlichen Pflichten mit sich brachte, geriet eine solche Option für die bürgerlichen Männer in immer weitere Ferne. Noch die (bildungs-)bürgerliche Vätergeneration um 1800 hatte offenbar tatsächlich die Möglichkeit, dem Aufwachsen der Kinder tagtäglich beizuwohnen und, wo es beliebte, auch gerne Hand mit anzulegen. In den folgenden Generationen wurde dies jedoch, bedingt durch die immer dominanter werdende Berufskarriere und das dafür geforderte zeitliche und damit gegebenenfalls auch emotionale Engagement zunehmend verunmöglicht (Schütze 1988; Hausen 1988).[21] Andererseits boten aber «Öffentlichkeit» und Staat gerade den unwilligen bzw. unfähigen Vätern schon länger (und mit der Einrichtung staatlicher Schulen desto mehr) die Möglichkeit, ihre väterliche Funktion durch «Ersatzväter» vertreten zu lassen – und dafür gegebenenfalls ordentlich zu zahlen.

etwa die diesbezüglichen Textstellen im Kommentar zur oben genannten Schrift (Iselin, Schreiben (wie Anm. 1), 479–480).

20   Dies forderte etwa der Aufklärer Adolph Freiherr von Knigge im Jahre 1784; (zit. nach Trepp 1996b, 31). Trepp zeigt hier auch die strukturellen Grenzen der «passionierten Vaterschaft» der Aufklärer.

21   Diese Entwicklung zeigt m.E. auch die «utopische» Dimension der «Vaterliebe» als aufklärerischem Programm; viele Männer lebten tatsächlich anderen Wertvorstellungen weit stärker nach, gerade im Bildungsbürgertum, und dasselbe gilt sicherlich nicht weniger für die neuentstehenden technisch-naturwissenschaftlichen Berufe.

Die staatsbürgerliche Pflicht, die Vaterschaft eben auch darstellte, war und blieb, wie Militärdienst und Feuerwehr, vom individuellen Mann «ablösbar», während die Mutterschaft (und eben auch die «Mutterliebe») zunehmend als «Natur der Frau» betrachtet wurde; Mütterersatz (etwa durch Ammen und Kindermädchen) wurde geächtet und den Müttern damit – jedenfalls idealiter und vielfach auch realiter – keine Wahl gelassen, «irgend etwas Anderes nebenher zu treiben» (Trepp 1996b, 31).

6   Literatur

Badinter, Elisabeth. 1981. *Die Mutterliebe. Geschichte eines Gefühls vom 17. Jahrhundert bis heute.* München/Zürich: Piper.

Davis, Natalie Zemon. 1986. Die Gaben des Michel de Montaigne. Eine Renaissancetext, mit historischem Blick gelesen. In dies., *Frauen und Gesellschaft am Beginn der Neuzeit* (S. 108–116). Berlin: Wagenbach.

Hardach-Pinke, Irene. 1981. *Kinderalltag. Aspekte von Kontinuität und Wandel der Kindheit in autobiographischen Zeugnissen 1700–1900.* Frankfurt a.M.: Campus Verlag.

Hausen, Karin. 1988. «…eine Ulme für das schwanke Efeu». Ehepaare im Bildungsbürgertum. Ideale und Wirklichkeiten im späten 18. und 19. Jahrhundert. In Ute Frevert (Hrsg.), *Bürgerinnen und Bürger. Geschlechterbeziehungen im 19. Jahrhundert* (S. 85–117). Göttingen: Vandenhoek und Ruprecht.

Im Hof, Ulrich. 1967. *Isaak Iselin und die Spätaufklärung.* Bern: Francke.

Iselin, Isaak. 2014. Schreiben eines Vaters an seinen Sohn, der sich der Handelschaft widmet. In Marcel Naas (Hrsg.), *Schriften zur Pädagogik* (S. 459–478). Isaak Iselin, Gesammelte Schriften. Kommentierte Ausgabe Bd. 3. Basel: Schwabe.

Jacob-Friesen, Holger. 1993. *Profile der Aufklärung. Zum Briefwechsel Friedrich Nicolai – Isaak Iselin (1767–1782).* Basel: Schwabe

Kruse, Ulrike. 2014. Hausväterliteratur: praktische Ratgeber für eine imaginierte Landwirtschaft. *Traverse* 21: 40–52.

Kruse, Ulrike. 2013. *Der Natur-Diskurs in Hausväterliteratur und volksaufklärerischen Schriften vom späten 16. bis zum frühen 19. Jahrhundert.* Bremen: Edition Lumière.

Montaigne, Michel de. 1985. *Essais.* Auswahl und Übersetzung von Herbert Lüthy, Zürich: Manesse.

Rousseau, Jean-Jacques. 1958. *Emil oder über die Erziehung* (1752), Paderborn: Ferdinand Schöningh.

Ruppel, Sophie. 2019. *Botanophilie. Mensch und Pflanze in der aufklärerisch-bürgerlichen Gesellschaft um 180.* Wien/Köln/Weimar: Böhlau.

Schütze, Yvonne. 1988. Mutterliebe – Vaterliebe. Elternrollen in der bürgerlichen Familie des 19. Jahrhunderts. In Ute Frevert (Hrsg.), *Bürger und Bürgerinnen. Geschlechterbeziehungen im 19. Jahrhundert* (S. 118–133). Göttingen: Vandenhoek und Ruprecht.

Schütze, Yvonne. 1986. *Die gute Mutter. Zur Geschichte des normativen Musters «Mutterliebe».* Bielefeld: Kleine.

Trepp, Anne-Charlott. 1996a. *Sanfte Männlichkeit und selbständige Weiblichkeit. Frauen und Männer im Hamburger Bürgertum zwischen 1770 und 1840,* Göttingen: Vandenhoek und Ruprecht.

Trepp, Anne-Charlott. 1996b. Männerwelten privat: Vaterschaft im späten 18. und beginnenden 19. Jahrhundert. In Thomas Kühne (Hrsg.), *Männergeschichte – Geschlechtergeschichte. Männlichkeit im Wandel der Moderne* (S. 31–50). Frankfurt/New York: Campus.

Wild, Rainer. 1987. *Die Vernunft der Väter.* Stuttgart: J. B. Metzlersche Verlagsbuchhandlung

Teil II

**Krise hegemonialer
Männlichkeit und
Bedeutung nicht-
hegemonialer
Männlichkeiten**

5 Krise der Männlichkeit als Möglichkeitsraum: Männliche Scham in Max Frischs *Stiller* von 1954[1]

Christa Binswanger

Du schämst dich, daß du so bist wie du bist. Wer verlangt von dir, daß du ein Kämpfer bist, ein Krieger, einer, der schießen kann? […]
Ich bin kein Mann. Jahrelang habe ich noch davon geträumt: ich möchte schießen, aber es schießt nicht – ich brauche dir nicht zu sagen, was das heißt, es ist der typische Traum der Impotenz. (Stiller, Max Frisch, 1998: 616–617.)

1 Einleitung

Max Frischs Roman *Stiller* spielt in der Schweiz der 1950er Jahre, die Erstausgabe erschien 1954. *Stiller* gehört zu den bekanntesten Werken von Max Frisch.[2] Der Roman weist eine nun bald 70 Jahre während Rezeptionsgeschichte auf, in der er vorwiegend als Erzählung einer männlichen Identitätskrise interpretiert wurde. Die enge Verbindung von Geschlechter- und Identitätskonstruktion in diesem Werk wird ebenfalls schon lange und breit diskutiert.[3] Der folgende Beitrag widerspricht bisherigen Lesarten nicht grundlegend, doch setzt er einen Fokus, der bislang wenig Beachtung fand: eine Verknüpfung der Krise der Männlichkeit, die in diesem Text zum Ausdruck kommt, mit männlicher Sexualität und Emotionen. Besonders der

---

1   Der Beitrag basiert auf meiner Habilitation *Sexualität – Geschlecht – Affekt. Sexuelle Scripts als Palimpsest in literarischen Erzähltexten und zeitgenössischen theoretischen Debatten.* Er bezieht sich hauptsächlich auf Kapitel 4 (Binswanger 2020, 77–114). Weitere Unterkapitel, auf die Bezug genommen wird, werden jeweils in Fussnoten angezeigt.
2   *Stiller* begründete Frischs Weltruhm als Schweizer Schriftsteller. Es war sein erster, grosser literarischer und auch finanzieller Erfolg. Bis 2010 verkaufte sich *Stiller* mehr als zwei Millionen Mal (vgl. Weidermann 2010, 178).
3   Vgl. Schößler und Schwab (2004, 17 ff.). Vorerst erschien eine Vielzahl an Sekundärtexten zu Weiblichkeitskonstruktionen in den Werken Frischs (z. B. Knapp 1982; Haupt 1996; Schößler und Schwab 2004, 27 f.). Männlichkeit(en) wurden erst in jüngerer Zeit Gegenstand von Monographien: So liegt ein Schwerpunkt von Rohner (2015) darin, die Männlichkeitskonstruktion in postkolonialer Perspektive mit besonderer Berücksichtigung von *whiteness* in *Stiller* zu untersuchen. Bamert (2016) widmet sich dem Zusammenhang von Männlichkeitskonstruktion und Sexualität.

Affekt der Scham zeigt sich bezüglich des sexuellen Selbstverständnisses der Hauptfigur Stiller[4] in diesem Text als bedeutsam. So kommen aktuelle Debatten der Kritischen Männlichkeitsforschung wie auch der Affect Studies in der folgenden Analyse zum Tragen. Die Krise der Männlichkeit, welche der Protagonist dieses Textes schildert, ist durch sein sexuelles Scheitern in der Ehe schambesetzt. Stiller schämt sich aber auch als Künstler, da er nicht erfolgreich ist. Der Roman bringt Stillers Krise der Männlichkeit auf unterschiedlichen Ebenen zum Ausdruck: als Familienernährer, als Liebhaber, als Künstler, als Schweizer Bürger, als ehemaliger Spanienkrieg-Kämpfer, als verschollener Auswanderer sowie auf Ebene von Männerfreundschaften. Diesen unterschiedlichen Dimensionen einer Männlichkeitskonstruktion und Stillers oft schamvollem Scheitern «als Mann» gehe ich im Folgenden nach.

2 Sexuelle Geschlechterkonfiguration in der bürgerlichen Moderne[5]

Ein kurzer Rückblick in die sexuelle Geschlechterkonfiguration seit der bürgerlichen, aufgeklärten Moderne dient der Einordnung normativer Erwartungen an männliche und weibliche sexuelle Scripts, da sie bis in die Mitte des 20. Jahrhunderts wirkmächtig blieben.

Eine Szene aus der Odyssee wird sowohl von Horkheimer und Adorno (1973) wie auch von Maihofer (1995) zur Illustration einer Domestizierung und Disziplinierung männlicher Sexualität in der bürgerlichen Moderne herbeigezogen. Es geht um die Szene, in der sich Odysseus bei der Umschiffung der Sirenen an den Mast binden lässt, damit er deren Gesang zwar hören, ihnen aber nicht verfallen kann, weil dies seinen Untergang bedeuten würde: wer sich den Sirenen hingibt, muss sterben (Horkheimer und Adorno 1973, 57; Maihofer 1995, 113; vgl. auch Binswanger 2013, 221 ff.). Die Angst vor tödlicher Gefahr wird hier als Regulativ eingesetzt, um einem männlichen Abgleiten ins Triebhafte entgegenzuwirken. Dies führt Odysseus zur Selbstunterwerfung im Akt der Fesselung. Gleichzeitig wird das Triebhafte in dieser Szene ins Weibliche verschoben. Es gilt, die Sirenen, die unbegrenztes weibliches Begehren verkörpern, zu fürchten und durch Selbstdisziplinierung zu besiegen. Denn die unbegrenzte weibliche Verführungsmacht hat nur eines zum Ziel: den sich ihr hingebenden Mann auszulöschen. In diesem sexuellen Szenario ist männliche Selbstdisziplinierung einerseits überlebenswichtig, andererseits birgt sie in einem direkten Verhältnis zur

---

4   Für die Bezeichnung der Hauptfigur Stiller wird der Name nicht kursiv gesetzt. Für die Bezeichnung des Titels des Romans wird *Stiller* kursiv gesetzt.
5   Vgl. Binswanger (2020, 47–49).

Zunahme von Gefahr eine Steigerung der Lust. Denn je näher Odysseus dem Gesang kommt, umso fester lässt er sich fesseln und umso lustvoller ist der Akt der Selbstfesselung an das zu bändigende Begehren geknüpft. Mit Adorno und Horkheimer (1973) lässt sich folgern: Männliche Sexualität wird in der bürgerlichen Moderne als natürliche männliche Triebhaftigkeit figuriert, die durch den Mann im gewaltförmigen Akt der Selbstdisziplinierung gegenüber sich selbst gebändigt, aber nie vollständig gebannt werden kann. Die potenzielle Gewaltförmigkeit von Sexualität ist deshalb sowohl dem Selbstverhältnis des modernen, aufgeklärten Mannes zu sich selber wie auch der modernen, aufgeklärten Frau gegenüber dem Mann konstitutiv eingeschrieben. Angst haftet[6] hierbei sowohl an weiblicher als auch an männlicher Sexualität, wenn auch unter verschobenen Vorzeichen. Die männliche Triebhaftigkeit begründet den möglichen Kontrollverlust – wird sie nicht in Fesseln gelegt wie bei Odysseus. Dem Weiblichen kommt hierbei – so im Beispiel der Sirenen – die Rolle der zerstörerischen Verführerin zu; insofern ist die weibliche Seite in die Gewaltdynamik verstrickt. Doch die Figur der verführerischen, verderblichen Sirene oder in anderen Kontexten der verführerischen, sündhaften Prostituierten oder Tänzerin umfasst nur die eine Seite der weiblichen Figuration von Sexualität in der Moderne. Am gesellschaftlich anerkannten Gegenpol steht die Figur der liebenden, schutzbedürftigen, sich unterwerfenden und hingebungsvollen Gattin und Mutter. Im Namen der Liebe zum Gatten wird weibliches Begehren sowie weibliche Verführungsmacht unter das Primat der untergeordneten Ehefrau, Hausfrau und Mutter gestellt und im engen häuslichen Rahmen der bürgerlichen Kleinfamilie domestiziert. Silvia Bovenschen (1979) arbeitet zwar eine Bandbreite möglicher Figurationen heraus, welche die bürgerliche Moderne im 18. Jahrhundert für Weiblichkeit entworfen hat. Dominant bleibt in allen Facetten die Ablehnung selbstbestimmter, verführerischer Weiblichkeit, die aus dem häuslichen Rahmen tritt. Das Geschlechterverhältnis wird im Lauf des 19. Jahrhunderts mehr und mehr von einer patriarchalen Verfügungsmacht bestimmt. Honegger (1991) macht dabei geltend, dass die Trennung der männlichen und weiblichen Sphären den modernen Mann immer mehr in die Krise stürzte. So wird das traute Heim immer stärker zum Hort der Erholung für den Mann, der sich in einer feindlichen Welt behaupten muss. Zu Hause lässt er sich von seiner Gattin hegen und pflegen, bevor er in der Öffentlichkeit den gesellschaftlichen Kampf um Anerkennung standhaft wieder auf sich nimmt.

Weibliche sexuelle Passivität und Rezeptivität wird ab dem ausgehenden 18. Jahrhundert wissenschaftlich begründet und am biologischen

---

6   Ahmed betont, dass Gefühle an Subjekten haften, dass sie klebrig sind: "emotions are 'sticky'" (2004, 16).

Geschlechtskörper festgemacht (Hausen 2007). Verbunden mit Gefühlsökonomien der Hingabe, wird die grundlegend explosive Mischung von Lust und Gefahr im sexuellen Akt seit der bürgerlichen Moderne durch eine Asymmetrie männlich aktiver und weiblich passiver sexueller Scripts reguliert: die männliche Seite ist aktiv und aggressiv, die weibliche Seite passiv und hinnehmend.

Diese im 18. und 19. Jahrhundert wissenschaftlich begründete Zuweisung des Subjektiven, Häuslichen und Passiven an die Weiblichkeit und des Objektiven, Kulturellen und Aktiven an die Männlichkeit, prägte noch in den 1950er Jahren, in denen Frischs Roman *Stiller* spielt, geschlechtlich kodierte Auffassungen von weiblicher und männlicher Sexualität.

3 Sexuelle Geschlechterkonfiguration in der Schweiz der 1950er Jahre

Im deutschsprachigen Raum war die Nachkriegszeit die Blütezeit der bürgerlichen Kleinfamilie und die einzige historische Periode, in der sich diese gesellschaftlich als Mehrheitsmodell durchsetzte (Maihofer 2014, 315). Herzog hält in ihrer Untersuchung der Sexualgeschichte Deutschlands für die postfaschistische Ära fest, dass ein Konservatismus in den Vordergrund gerückt wurde, dessen antifaschistische moralische Autorität auf der Wiederherstellung eines traditionellen Wertekanons von Sexual-, Geschlechter- und Familienbeziehungen beruhte (Herzog 2005, 312). Die bürgerliche Kleinfamilie der Nachkriegszeit war gekennzeichnet durch die Liebesheirat, den Mann als Alleinernährer und die Gattin als Hausfrau und Mutter; durch gemeinsame Kinder, durch Heterosexualität sowie Monogamie und eine lebenslange Paarbeziehung (Maihofer 2014, 315). Gleichzeitig setzte damals eine Diskussion über die Rolle der Mutter und ihre potenzielle Erwerbstätigkeit ein, da ein Arbeitskräftemangel in der Schweiz bestand (Sutter 2005, 227 ff.). Doch erst die soziale Bewegung des Feminismus bewirkte eine grössere Offenheit in diesen Debatten – bis Ende der 1960er Jahre war es vor allem für Mütter mit kleinen Kindern verpönt, Erwerbsarbeit zu leisten (Sutter 2005, 227 ff.). Noch 1974 belegt eine Studie mit dem Titel «Frauen in der Schweiz», dass ebenso die Machtverteilung innerhalb von Familien traditionell blieb und dass sich im Konfliktfall der Mann gegen den Willen der Ehefrau durchsetzte (Joris und Witzig 1991, 78). Die Unterordnung weiblicher Bedürfnisse unter diejenigen des männlichen Ehepartners zeigte sich nicht zuletzt dadurch, dass die Ehefrau für das gute Klima in der Ehe verantwortlich war, einschliesslich der sexuellen Treue des Gatten zu ihr (Joris und Witzig 1991, 78). Auf diesem ideengeschichtlichen Boden entwickelte Frisch seine Romanfiguren Stiller und Julika. Sie gehen zwar eine Ehe miteinander ein, beide Figuren passen aber nicht ins Schema des Familienverständnisses der 1950er Jahre: Stiller ist Künstler und Bohemien. Julika dagegen ist eine erfolgreiche Tänzerin, sie trägt die Hauptlast des Familieneinkommens und möchte nicht Mutter werden. In diese untypische Ehe-Konstellation ist Stillers Krise der Männlichkeit eingebettet, wie im Folgenden ausgeführt.

4 Sexuelle Scripts als Analyse-Instrument[7]

Sexual Script Theory dient mir als Analyse-Instrument, um die Sexualität der literarischen Figuren und Figurenkonstellationen auf drei Ebenen zu untersuchen: der intrapsychischen, der interpersonellen und der kulturellen Ebene.

Intrapsychische Scripts formen die innere Welt des Begehrens, der Fantasien und Wünsche. Diese ist oft von Zweifeln und Konflikten gezeichnet (Simon 1996, 41). Intrapsychische Scripts werden laut Gagnon und Simon nicht von biologischen Trieben gesteuert (1973, 10), sondern werden immer im Rahmen sozialen Austauschs konzeptualisiert. Reflexivität ist ihnen von Anbeginn inhärent (Simon 1996, 41).

Interpersonelle Scripts sind Interaktionsmuster, die erlauben, in einer sexuellen Situation zu funktionieren (Gagnon und Simon 1973, 19; Irvine 2003, 489). Sexuelle Begegnungen werden als "dramatic event with continuous cumulative action" (Gagnon und Simon 1973, 23) wahrgenommen, die Beteiligten erwarten also eine Steigerung und Intensivierung in der Handlung mit einem Höhepunkt. Dabei sind interpersonelle sexuelle Scripts in hohem Masse von konventionellen Mustern einer dramatischen Erzählform geprägt (Gagnon und Simon 1973, 23).

Kulturelle Scripts sind der Sammelbegriff für bestehende und gesellschaftlich wirkmächtige Vor-Schriften[8] zu Sexualität. Sie werden durch historische und kulturelle Regelungen hervorgebracht. Sie sind das Szenario, die Bühne, der soziale Raum mit seinen Normen, im Rahmen deren sich ein sexueller Akt oder eine sexuelle Fantasie realisiert.

Meine im Folgenden dargelegte Analyse sexueller Scripts in *Stiller,* die ich mit der Untersuchung von Geschlechterkonfigurationen und Affekten verbinde, ist durch das kritische Potential eines *queer reading* (Sedgwick 1985; Schlichter 2006; Babka und Hochreiter 2008; Dillon 2007) angeleitet. Die

---

7   Vgl. auch Binswanger (2020, 67–75).

8   Diese Schreibweise soll hervorheben, dass eine Vorschrift einerseits in einem zeitlichen Sinne vorher verfasst sein kann und andererseits als Anleitung für die nachfolgende Schrift aufgefasst werden kann.

gesellschaftliche Fixierung sexueller Identitätspositionen erzeugt einerseits Marginalisierungen und Diskriminierungen für Subjekte, die (vermeintlich) als sexuelle Andere identifiziert werden. Sie erzeugt andererseits aber auch Schliessungen und Zwänge für diejenigen, die der heteronormativen Ordnung (vermeintlich) entsprechen. Dies gilt in *Stiller* für mehrere Figuren – seien sie heterosexuell oder homosexuell.

Die folgende Analyse lenkt das Augenmerk auf die in den Queer Studies aufgezeigte Destabilisierung sexueller Identitäten im Kontext von Heteronormativität, um der Durchquerung von Geschlechterpositionen nachzugehen. Die verschiedenen Ebenen sexueller Scripts werden in einer palimpsestischen Lektüre «durcheinander hindurch» gelesen. Im ursprünglichen Sinn ist das Palimpsest[9] ein Manuskript, dessen Beschriftung durch eine neue Schriftschicht überschrieben wird. Die bereits bestehende Schriftschicht wird weggewaschen oder weggeschabt, um das Pergament oder Leder wiederverwenden zu können. Dem neuen Text wird zum Zeitpunkt der Überschreibung ein höherer Wert zugeschrieben. Zu einem späteren Zeitpunkt kann aber auch die darunter liegende Schriftschicht als wichtiger erachtet und deshalb rekonstruiert werden. Die palimpsestische Lektüre als Erweiterung des Begriffs des *queer readings* trägt der Vielschichtigkeit verschiedener Ebenen sexueller Scripts Rechnung. Sie fragt nach Widerständen und eigensinnigen Konfigurierungen, die (hetero-)sexuelle Normierungen auffächern, unterlaufen oder überschreiten. So wird die De- und Rekonstruktion von Sexualität mit der Vielschichtigkeit des Palimpsests verbunden. Dies ermöglicht, Spannungsverhältnisse aufzugreifen, die der Verknüpfung von Sexualität, Affekt und Geschlecht innewohnen. Die kulturellen, interpersonellen und intrapsychischen Ebenen sexueller Scripts werden dabei analytisch erst voneinander getrennt, um sie dann wieder zusammenzuführen. Die palimpsestische Lektüre nimmt den Bachtinschen Begriff der Dialogik auf (Bachtin 1986).[10] Monologisch gelebte oder fantasierte sexuelle Scripts verschliessen eine gemeinsam konfigurierte Bedeutung einer sexuellen Begegnung in autoritärer Weise. Dialogische sexuelle Scripts öffnen den Raum für einen gemeinsamen Bedeutungsgewinn der an einer sexuellen Interaktion beteiligten Subjekte. Sowohl monologische wie auch dialogische sexuelle Scripts werden in Frischs Roman in unterschiedlichen emotionalen Szenen und Figurationen dargestellt. Im Folgenden wird zuerst eine kurze Inhaltsübersicht über den Roman gegeben, um danach einzelne Szenen detailliert zu diskutieren.

---

9   Vgl. auch Binswanger (2020, 42–45).
10   Vgl. Binswanger (2020, 70–72).

5   *Stiller:* Plot und Erzählanlage

Bei seiner Einreise in die Schweiz ist die männliche Erzählfigur, das «Ich» des Textes, gerade verhaftet worden. Mister White beharrt darauf, Amerikaner und nicht Herr Stiller zu sein, obschon seine personenkenntlichen Merkmale mit denen des seit sechs Jahren spurlos verschollenen Stiller übereinstimmen und obwohl die amerikanischen Papiere zu White offensichtlich gefälscht sind. «Ich bin nicht Stiller! – Tag für Tag, seit meiner Einlieferung in dieses Gefängnis, das noch zu beschreiben sein wird, sage ich es, schwöre ich es […]» (Frisch 1998, 361) – dies ist der fulminante Einstieg in die im Roman artikulierte Unmöglichkeit für den Ich-Erzähler, Stiller zu sein.

Stillers Identitätsverweigerung, die ihn bei seiner Rückkehr aus den USA in die Schweiz auf direktem Weg in die Untersuchungshaft führt, ist mit einem schamvollen «Liebesversagen»[11] in seinem früheren Leben in der Schweiz verstrickt. Sein sexuelles Scheitern an seiner Ehefrau und professionellen Tänzerin Julika hat damals zum Bruch mit ihr geführt. Geographisch kehrt er zwar an den Ort seiner gescheiterten Ehe zurück, doch identitär möchte er nach sechsjährigem USA-Aufenthalt als "White", als unbeschriebenes Blatt aufgenommen werden. White – oder eben Stiller – soll nun im Gefängnis sein Leben aufschreiben. Der erste Teil des Romans besteht aus den sieben Heften der Aufzeichnungen des Protagonisten, die im zweiten Teil des Romans ergänzt werden durch eine Beschreibung seines Lebens nach der Haft, verfasst von seinem Staatsanwalt. Die Hefte mit den ungeraden Zahlen spielen während seinem Gefängnisaufenthalt und halten auch seine dem Gefängniswärter und weiteren Besuchenden erzählten Geschichten fest. Die Hefte mit den geraden Ziffern enthalten die von Stiller/White[12] aufgezeichneten Berichte von zentralen Bezugspersonen, die ihn im Gefängnis besuchen: von Julika (Heft 2), von seinem Staatsanwalt, ehemaligen Rivalen und jetzigen Freund Rolf (Heft 4) sowie von Sibylle, seiner ehemaligen Geliebten und jetzigen Gattin Rolfs (Heft 6). Manchmal wird dieselbe Szene in verschiedenen Heften aufgrund der wechselnden Perspektiven sehr unterschiedlich geschildert. Doch der Verfasser der Hefte lässt widersprüchliche Schilderungen nebeneinander stehen.

Auch die Organisation der Erzählzeit ist in *Stiller* kompliziert aufgebaut: Rückblenden in das Leben Stillers, erzählt von verschiedensten Gefängnisbesuchenden und von Stiller/White «protokolliert», werden unterbrochen

---

11   Diesen Begriff setzt Frisch selber in den *Gesprächen im Alter* dafür ein. Vgl. Frisch in Pilliod (2011, Minute 1:45:40).

12   Wie erwähnt, versteht sich Stiller im Gefängnis nicht als Stiller, sondern als White. Mit der Schreibweise Stiller/White wird dieses Selbstverständnis der Romanfigur ausgedrückt. Dies auch dann, wenn Stiller/White über Stiller oder über White schreibt.

durch Beschreibungen des Gefängnisalltags und kleiner Hafturlaube; diese sind wiederum durch Erzählungen angereichert, die der Gefangene seinem Gefängniswärter Knobel über White zum Besten gibt sowie mit Träumen und Märchen. So bringen die Aufzeichnungen weder eine stringente Erzählung noch ein stringentes «Ich» hervor. Durch diese Multiperspektivität, die aber gleichwohl metafiktional vom Verfasser Stiller/White kontrolliert wird, verschwindet eine Erzählinstanz, die verlässlich wäre: Das «Ich» ist ein sogenannt unzuverlässiger Erzähler.

Für den Erzählverlauf ist von Bedeutung, dass Stillers Umgebung eine Neugeburt als White in keiner Weise akzeptiert – weder die juristischen Instanzen noch die Ehefrau Julika Stiller-Tschudy, noch seine frühere Geliebte Sibylle, noch die Familie, noch Stillers Freunde. Für sie alle «ist» er der verschollene und nun zurückgekehrte Stiller. Schlussendlich wird er gerichtlich dazu verurteilt, Stiller zu «sein» – ohne dass er diese Identität vor Gericht bejaht. Seine Aufzeichnungen brechen ab. Das Leben, das folgt, wird denn auch nicht mehr vom «Ich», sondern vom Staatsanwalt über Stiller berichtet. Inhaltlich besteht der letzte Teil des Buches in der traurigen Schilderung der weiterhin schwierigen Ehe, die mit Julikas Tod endet.

6 Sexuelle Scripts in *Stiller*

Vordergründig steht Stillers Ehe mit Julika im Hinblick auf Sexualität und Geschlechterkonfiguration im Zentrum des Romans. Die Identitätskonstruktion in *Stiller* – oder genauer, der Nachweis ihrer Unmöglichkeit – ist, wie bereits erwähnt, mit einem Liebesversagen gegenüber Julika verstrickt, das in der Sexualität wurzelt. Die bisherige Forschung hat Männlichkeit in *Stiller* lange lediglich unter dem Gesichtspunkt der bürgerlich heterosexuellen Ehe analysiert (Rohner 2015, 107; Schößler und Schwab 2004, 50 f.; Haupt 1996, 42 f.). Doch die Repräsentation von Sexualität und Geschlecht weist im Roman mehr Facetten auf. Neben der Ehefrau Julika sind weitere Romanfiguren von Bedeutung, um der Verknüpfung von Männlichkeit, Sexualität und Krise in *Stiller* nachzugehen. Im Folgenden diskutiere ich auch Sibylle, Stillers zeitweilige Geliebte, und seinen homosexuellen Jugendfreund Alex.

Die im Roman zum Ausdruck kommenden affektiven Dynamiken exponieren zwar Stillers schamvolles Scheitern, sie weisen aber auch ein Potential für eine Veränderung des Geschlechterrollenverständnisses auf, gerade weil der Protagonist untypisch ist und gewisse Männlichkeitsnormen seiner Zeit nicht erfüllt.

6.1   Scheiternde sexuelle Scripts in der Ehe

Wie erwähnt, ist die Ehe von Julika und Stiller unkonventionell: Nicht nur sorgt Julika für ein geregeltes Einkommen, da Stillers Einkünfte sehr unregelmässig eingehen, auch widersetzt sie sich vehement der Erwartung, Mutter werden zu wollen. Stiller möchte Julika durch eine besondere Theorie zu Mutterschaft überzeugen, diesen Widerstand aufzugeben: Frauen sollten «den Mann als notwendigen Erzeuger ertragen und dann überspringen, glücklich mit ihren Kindern» (Frisch 1998, 450). Das Kind sollte also die Schwierigkeiten mit dem Mann ausgleichen – und sexuelle Interaktionen zum Zweck seiner Zeugung legitimieren. Danach würde dann das Kind anstelle des Mannes die Mutter glücklich machen. Diese Theorie und Stillers damit verbundenes Ansinnen weist Julika jedoch dezidiert zurück. Sie unterscheidet sich auch wesentlich von Stiller in ihrer beruflichen Erfüllung: sie will ihre Kunst keinesfalls für Mutterschaft aufgeben. Eine Konstellation, die Stiller/White provoziert:

Neulich war sie doch ziemlich verdutzt bei meiner beiläufigen Erwähnung der wissenschaftlichen These, daß in der ganzen Natur kein einziges Weibchen, ausgenommen die menschliche Frau, den sogenannten Orgasmus erfährt. […] Vermutlich hat die schöne Julika unter dieser Tatsache, daß die männliche Sinnlichkeit sie immer etwas ekelte, auf die einsamste Art und Weise gelitten, wirklich gelitten, obschon es natürlich kein Grund ist, sich deswegen als ein halbes Geschöpf, ein mißratenes Weib oder gar als Künstlerin vorzukommen. […] Möglicherweise sind es sogar nur wenige Frauen, die ohne Schauspielerei jenen hinreißenden Sinnenrausch erleben, den sie von der Begegnung mit dem Mann erwarten, glauben erwarten zu müssen auf Grund der Romane, die, von Männern geschrieben, immer davon munkeln; […] und vielleicht war die schöne Julika nur etwas ehrlicher, […] so daß sie […] sich in ein Dickicht einsamer Nöte verkroch, wohin ihr kein Mann zu folgen vermochte. (Frisch 1998, 449 f.)

Die dichte Textur von intrapsychischen, interpersonellen und kulturellen sexuellen Scripts wird an dieser Stelle im Roman durch die unzuverlässige Erzählinstanz zusätzlich kompliziert. Einerseits werden kulturelle Scripts wie die Orgasmusfähigkeit der Frau bestätigt und als wissenschaftlich belegte Norm präsentiert. Eine Norm, die Julika nicht zu erfüllen vermag. Andererseits wird dieses Script dekonstruiert als von Männern verfasstes kulturelles sexuelles Script, das möglicherweise lediglich in männlicher, in Romanen formulierter Fantasie wurzelt. In dieser Männerfantasie, in der Verschiebung der Lebendigkeit von Sexualität in einen Text, werden kulturelle Normen der Orgasmusfähigkeit als Fiktion entlarvt. Die Identität des sexuellen Selbst wird hier in ihrem Konstruktcharakter und ihrer Abhängigkeit von kulturellen Normen vorgeführt und gleichzeitig wird deren hohe Relevanz für gelebte Männlichkeit und Weiblichkeit ausgestellt. Auch die Problematik der Unerfüllbarkeit kultureller sexueller Scripts wird deutlich gemacht. Denn Julika soll, so jedenfalls in der Perspektive Stiller/Whites, unter der eigenen Orgasmusunfähigkeit als «Dickicht einsamer Nöte» gelitten haben. Nicht nur erlebt Julika im Roman keinen Orgasmus, Sexualität ist ihr zuwider und sie weist Stillers immer wieder neu auflebendes Begehren immer wieder zurück. Stiller, obschon rechtlich über das Gewaltmonopol in der Ehe verfügend, das damals auch ein Recht auf Beischlaf enthielt, macht davon keinen Gebrauch. Er respektierte diese Zurückweisung immer wieder. Da eine sexuelle Begegnung mit Julika nicht möglich ist, wird das Begehren auf Seiten Stillers immer wieder in die Kunst verschoben.

Ein weiteres Beziehungselement von Stiller zu Julika kommt an der eben zitierten Textstelle zum Ausdruck: die Gleichsetzung von missratenem Weib und Künstlerin. Kunst, Schöpfertum und Weiblichkeit sind in *Stiller* in sehr ambivalenter Weise miteinander verwoben. Stiller rückt Julika nicht nur in Form eines Kunstobjekts als «schöne, seltsame, tote Vase» (Frisch 1998, 608) in die Nähe des Todes. Auch ihre Leblosigkeit ausserhalb der Bühne und ihre Krankheit tragen zur Todesnähe dieser Figur bei. Mit Bronfen (1994) besteht ein Charakteristikum patriarchaler Kultur darin, dass «der weibliche Körper als Inbegriff des Andersseins» dazu benutzt wird, «den Tod der schönen Frau zu *träumen*. Sie kann damit, *(nur) über ihre Leiche,* das Wissen um den Tod verdrängen» (Bronfen 1994, 10, Hervorhebungen im Original). Obschon Stiller selbst dieser patriarchalen Kultur gegenüber skeptisch eingestellt ist, dem Kunstbetrieb grundsätzlich misstraut und in einer Szene gegen Ende seiner Haftzeit sein eigenes Atelier und die noch erhaltenen Figuren darin völlig zerstört, «delegiert Stiller das Beunruhigende des Todes» gerade auch in der Kunst an Julika (Schößler und Schwab 2004, 75). Und: Stiller bleibt, zumindest solange die Haft andauert, als Schreibender ein Kreator, ein Künstler (Schößler und Schwab 2004, 66). Er verlagert die Produktion von Kunst ins Schreiben.

Die Frau als Künstlerin oder als Schauspielerin ist Stiller, wie oben zitiert, verdächtig, obgleich es gerade ihre inszenierte Schönheit ist, die sein Verlangen nach ihr immer wieder aufs Neue speist. Dieses Verlangen fungiert denn auch als Motor im Text, der Julika immer wieder zum Bildnis Stillers werden lässt und ihr eine von ihm definierte Identität zuweist – ein Vorgehen, dass er in Bezug auf die eigene Person vehement ablehnt, vor dem er selber aber nicht gefeit ist. Zum Ende des Romans bleibt Julika deshalb folgerichtig als schöne Leiche zurück. Gleichwohl finden sich im Text immer wieder Momente, die das männliche künstlerische Selbstverständnis der patriarchalen Mortifizierung des Weiblichen kritisch reflektieren. So beispielsweise wenn Stiller/White in seiner Zelle darüber sinniert, dass der Prozess der Verschriftlichung das Lebendige als tote Materie zurücklässt:

> *Zuweilen habe ich das Gefühl, man gehe aus dem Geschriebenen hervor wie eine Schlange aus ihrer Haut. Das ist es; man kann sich nicht niederschreiben, man kann sich nur häuten. Aber wen soll diese tote Haut noch interessieren!* (Frisch 1998, 677)

Der Prozess des Schreibens übersetzt Leben in tote Materie, wobei er dem schreibenden Ich in diesem Akt der Ent-Lebendigung eine symbolische Tötung des Weiblichen ermöglicht, aus dem das Ich «gehäutet», als neues und lebendiges Ich hervorgeht. Das angesprochene weibliche Gegenüber bleibt bei diesem Schöpfungsakt als tote Materie zurück.

6.2 Interpersonelles Script: Schamvolles männliches sexuelles Scheitern

Ungefähr in der Mitte des Romans hält Stiller/White einmal über Stiller fest «er ist wohl sehr feminin» (Frisch 1998, 600), um dann als ein weiteres Charakteristikum anzuführen: «Manchmal stellt er sich in unnötige Gefahren oder mitten in eine Todesgefahr, um sich zu zeigen, daß er ein Kämpfer sei» (Frisch 1998, 600). Das Spannungsverhältnis zwischen Effeminiertheit – zwischen Sanftheit, die an Weiblichkeit gemahnt – und Kämpfertum ist ein Charakteristikum Stillers, das in Bezug auf seine Sexualität von hoher Relevanz ist.

Kurz darauf erzählt der Roman in einer Rückblende in die Jugend der Hauptfigur (Frisch 1998, 612 f.): Nach ersten Erfolgen als junger Bildhauer in der Schweiz brach Stiller, von diesem Erfolg verunsichert, in den Spanischen Bürgerkrieg auf. Schon als junger Künstler war er gegenüber der Schweizer Kunstkritik sehr skeptisch eingestellt und seine erste positive Aufnahme in der Kunstszene war von grosser Angst begleitet, von dieser wieder fallengelassen zu werden. So entschied er sich damals, einem ganz anderen Männlichkeits-Script als dem des Künstlers und Bohemiens zu folgen: Er verschrieb sich einem rebellischen, militarisierten Männlichkeitsideal. Dieses Männlichkeitsideal lehnte sich gegen den heimatlichen Militarismus der Zeit vor dem 2. Weltkrieg auf und wurde von der Schweizer Bourgeoisie als Banditentum bezeichnet (Frisch 1998, 613). Und dann geschah, was Stillers Liebesleben fortan schamvoll behindert: Am Tajo hätte er eine Fähre bewachen und verteidigen sollen. Als aber feindliche Soldaten auf der Brücke erschienen, war er unfähig, auf sie zu schiessen. Er wurde von ihnen übermannt und gefesselt zurückgelassen. Zehn Jahre später äussert Stiller: «Ich bin kein Mann. Jahrelang habe ich noch davon geträumt: ich möchte schießen, aber es schießt nicht – […] es ist der typische Traum der Impotenz» (Frisch 1998, 617). Stiller hatte also die Erwartung, als «echter Mann schiessen zu können», nicht erfüllt, er hatte gegenüber dem Script militärisch rebellischer Männlichkeit versagt – dies die Begründung seiner Aussage, er sei kein Mann. Die Fähigkeit zu schiessen und zu töten figuriert hier als Metapher für männliche sexuelle Potenz per se. Scham und Versagensangst prägten fortan Stillers sexuelle Identität. Als Sibylle – eine bislang flüchtige Bekannte – in der Romanszene nachfragt, ob er dieses Erlebnis jemals seiner Ehefrau Julika erzählt habe und anfügt «Du schämst dich vor ihr?», erhält sie zur Antwort: «Wahrscheinlich kann eine Frau nicht verstehen, was das heißt. Ich war ein Feigling!» (Frisch 1998, 616). Heldentum, so kommt hier zum Ausdruck, ist an Männlichkeit gebunden und Feigheit in der Anwendung von Waffengewalt ein durch und durch männliches Versagen, das Frauen nicht verständlich ist. Die sexuell konnotierte Scham, die Stiller fortan empfindet, ist spezifisch männlich. An dieser Stelle nimmt er gegenüber Sibylle eine deutlich männliche Identität an und ist in keiner Weise effeminiert. Gewalt auszuüben – den Feind zu töten – und heterosexuell potent zu sein, werden auf symbolischer Ebene in eins gesetzt, was bei Stiller zur Selbstwahrnehmung der Impotenz führt. Gewalt ist dem aufgeklärten, männlichen Subjekt der bürgerlichen Moderne nicht nur als Selbstverhältnis – der Begegnung von Odysseus mit den Sirenen vergleichbar – sondern auch als Verhältnis zu anderen Männern konstitutiv eingeschrieben. Bourdieu macht geltend: «So trägt alles dazu bei, aus dem unmöglichen Ideal der Männlichkeit das Prinzip einer außerordentlichen Verletzlichkeit zu machen. Paradoxerweise führt gerade sie zur bisweilen verbissenen Investition in männliche Gewaltspiele, die sich am besten dazu eignen, die sichtbaren Merkmale der Männlichkeit hervorzubringen und die sogenannten männlichen Eigenschaften unter Beweis und auch auf die Probe zu stellen» (Bourdieu 2005, 93 f.). Stiller erweist sich in seiner ausserordentlichen Verletzlichkeit nicht in der Lage, seine Männlichkeit im «Gewaltspiel» des Spanienkriegs unter Beweis zu stellen. Sein Männlichkeitsverständnis geht beschädigt aus dieser Erfahrung hervor und ist fortan schambesetzt. In seiner Ehe mit Julika, die er kurz nach der Rückkehr aus dem Spanienkrieg kennen lernt, ist Stiller im theoretischen Modell von Sedgwick und Frank tatsächlich «impotent». In diesem Modell wird eine digitale Argumentationslogik einer gelingenden sexuellen Begegnung von "off/

on" durch ein komplexeres Modell von «potent/impotent» ersetzt (Sedgwick und Frank 2003, 101 f.). Affekten kommt dabei als *necessary amplifiers* eine grundlegende Bedeutung in sexuellen Begegnungen zu, sie sind in diesem Verständnis sexuellen Handlungen und Fantasien konstitutiv eingeschrieben. Sedgwick und Frank sprechen von einer Formierungsgleichzeitigkeit *(co-assembly)* von Begehren und Affekt. Dabei sind Affekte in unterschiedlicher Weise männlich oder weiblich kodiert. Die sexuelle Interaktion zwischen Stiller und Julika ist immer wieder zum Scheitern verurteilt, wobei Affekte eine entscheidende Rolle spielen. Bei Stiller dominiert der Affekt der Scham und bei Julika der Affekt des Ekels. Sowohl Scham *(shame)* als auch Ekel *(disgust)* sind komplexer als die sogenannten einfachen Affekte, sie zeichnen sich beide durch ein Moment des Interesses und der Freude wie auch durch ein Moment der Verhinderung dieser Affekte aus. Stiller verkörpert in seiner sexuellen Impotenz den Affekt der Scham und Julika in ihrer sexuellen Impotenz oder Asexualität den Affekt des Ekels. Julika empfindet als Tänzerin auf der Bühne zwar grosse Wollust im männlichen Blick. Doch diese Wollust schlägt in Ekel um, sobald es zu einer sexuellen Interaktion kommen sollte. Wie bereits erwähnt, weist sie Stiller immer wieder zurück. Auch Ekel involviert ein Interesse am auslösenden Objekt oder Gegenüber involviert, doch unterscheiden Sedgwick und Frank den Ekel von der Scham. Ekel errichtet eine undurchdringbare Körpergrenze als Barriere gegenüber dem Objekt des eigenen Interesses (Sedgwick und Frank 2003, 116). Julika bleibt im Roman körperlich und emotional unnahbar. Dies bleibt sie auch dann, wenn Stillers Verzweiflung an ihrer Unnahbarkeit in seltenen Momenten hervorbricht. Heftige Gefühlsausbrüche von Stiller befremden sie, sie sind ihr peinlich.

Auf Stillers Seite bleibt die Hoffnung ungebrochen, Julika eines Tages zum Erblühen bringen zu können – dies seine Metapher, sie eines Tages sexuell zu erwecken. Die Intensität dieses Wunsches überdeckt seine Selbstaussage, impotent zu sein, immer wieder. Affektiv, so zeigt sich auch in der Haft, ist Stiller respektive Stiller/White Julika in hohem Masse zugetan.

Umgekehrt gilt dies jedoch nicht. Julika zeichnet sich vielmehr durch einen Mangel an Gefühlen für Stiller aus. Dieser Mangel lässt sich als ein Effekt verstehen, der auf Stillers Wahrnehmung von ihr zurückverweist. Die Verschiebung Julikas in eine fiktionale Kunstfigur – in den Tanz, oder auch in eine Skulptur, die Stiller als Bildhauer von ihr verfertigt – bewirkt, wie bereits erwähnt, eine Mortifizierung des Weiblichen als Objekt des begehrenden männlichen Blicks.

6.3 Interpersonelles Script: Gelingendes aussereheliches heterosexuelles Script

In der Sekundärliteratur bislang wenig beachtet wird meines Erachtens, dass Stiller in seiner Affäre mit der Romanfigur Sibylle keinesfalls sexuell impotent ist.

In der bereits erwähnten Rückblende wird geschildert, dass Stiller Sibylle sein Erlebnis am Tajo und seinen Traum der Impotenz erzählte. Nachdem sie durch die Erzählung erst einmal verstimmt ist, fordert sie ihn kurz darauf auf, gemeinsam in die Nacht aufzubrechen. Die erste Liebesnacht der beiden in einem ländlichen Gasthof bleibt zwar eine Leerstelle im Text. Die Glückseligkeit Sibylles am nächsten Tag (Frisch 1998, 618 f.) wie auch ihre spätere Schwangerschaft lassen jedoch darauf schliessen, dass Stiller mit Sibylle seine von ihm so gefürchtete Impotenz überwand. Aus Sibylles Sicht erfahren wir Jahre später, dass Stiller und sie «einander wirklich [liebten]» (Frisch 1998, 625) und dass sich Sibylle aufgrund der Schwangerschaft ernsthafte Gedanken machte, ihren Mann Rolf zu verlassen. Die beiden Männer vergleichend wird im Heft 6 ausserdem festgehalten:

> *Stiller war ihr vertrauter, er war nicht ein Mann, der unterwirft. Rolf unterwirft. Das konnte fürchterlich sein, in mancher Hinsicht war es auch einfacher. Rolf verschwistert sich nicht mit der Frau [...] Stiller kam ihr wie ein Bruder vor, fast wie eine Schwester...* (Frisch 1998, 631 f.).

Die Metaphern des Bruders und der Schwester werden in Sekundärtexten oft in einem Zug damit genannt, dass Stiller – wie bereits zitiert – «kein Mann» (Frisch 1998, 617) sei. «Kein Mann» zu sein ist eine Selbstbeschreibung, die Stiller selbst zwar als sexuelle Impotenz rahmt. Sibylles Äusserungen aber legen nahe, dass die sexuelle Interaktion zwischen ihr und Stiller gelang. So deute ich vielmehr die Art und Weise der sexuellen Begegnung mit Sibylle als geschwisterlich von gleich zu gleich, als dialogisch im Sinne Bachtins, ohne Hierarchie und monologisch autoritäre Unterwerfung. Die Effeminierung Stillers «fast wie eine Schwester» zu sein, lese ich also nicht als Versagen, sondern als Bestandteil eines dialogischen sexuellen Scripts, in dem eine Transformation im Sinne einer gemeinsamen, dialogischen Sinnstiftung möglich wird. Im zeitgeschichtlichen Kontext kommt dies einer Dekonstruktion von Erwartungen an Geschlechterrollen in der Sexualität gleich. Auch wird hier eine Gegenüberstellung von Männlichkeiten exponiert, wie sie Rolf und Stiller repräsentieren. Der Präsens in den Sätzen «Rolf unterwirft» und «Rolf verschwistert sich nicht mit der Frau» weist darauf hin, dass die Beziehung von Rolf und Sibylle, die in der Jetztzeit des Textes wieder ein Paar sind, von monologischer Dominanz auf Seite des Mannes gekennzeichnet ist, wie sie seit der bürgerlichen Moderne figuriert ist. Die Ambivalenz gegenüber einer «geschwisterlich» gerahmten Liebe und einem Verhältnis, in dem der Mann «unterwirft», wird von Sibylle explizit artikuliert. Im Roman entscheidet sie sich für die monologisch-dominierende «einfachere» Beziehung, die ihr materielle Sicherheit gewährt. Sie kehrt zu ihrem Mann zurück. In der Liebesepisode von Sibylle und Stiller scheint im Roman eine Transformationsmöglichkeit auf, welche in der heterosexuellen Begegnung ermöglichen könnte, Sexualität dialogisch – oder geschwisterlich – zu leben. Die Wende zu erfüllter Sexualität, die sich in der Episode mit Sibylle in Stillers Leben zeigte, scheitert jedoch daran, dass er sich nicht von Julika trennen kann. Als er dann mit Julika bricht, hat Sibylle sich schon von ihm abgewandt und das gemeinsame Kind, das sie von ihm erwartet hat und von dem er nichts weiss, bereits abgetrieben.

6.4   Kulturelles Script: schamvolle Homosexualität

Die Figur Alex Haefeli in *Stiller* wurde bislang in der Sekundärliteratur mit Ausnahme von Revesz (2015) und Bamert (2016) wenig diskutiert. Diese Figur bringt homoerotisches Begehren als kulturelles Script ein, das ich als wesentliche Dimension männlicher sexueller Scripts im Roman beleuchten möchte. Die Leerstelle dazu, was sich zwischen Stiller und seinem Jugendfreund Alex vor Stillers Aufbruch nach Amerika ereignet hatte, eröffnet im Text einen grossen Deutungsspielraum.

In der Romanszene, in der Alex' Eltern Stiller/White im Gefängnis besuchen, erwähnt der Vater, dass sein Sohn kurz vor seinem Selbstmord Stiller «als den nächsten Menschen, den er auf Erden habe» (Frisch 1998, 585) bezeichnete. Diese Erinnerung eröffnet einen homoerotischen Raum um Stiller, ohne ihn in irgendeiner Weise explizit zu machen: ein Interpretationspotential, das in einer Leerstelle besteht, wie Bamert geltend macht. Stiller wird «narrativ wortwörtlich in die Nähe von Homosexualität gerückt» (Bamert 2016, 107). In der Zurückweisung identitärer Zuschreibungen unterläuft der Roman jedoch eine Antwort auf die Frage nach einem potenziell sexuellen Verhältnis zwischen Stiller und Alex. Hier kann Sedgwicks (1985) Theoretisierung eines Kontinuums von Homosozialität zu Homosexualität genutzt werden. Dieses Kontinuum bietet für den gesamten Roman einen produktiven Analyserahmen, da einerseits duale Geschlechterkonzepte immer wieder verunsichert werden, etwa durch die Feststellung von Stillers Effeminiertheit oder Julikas Androgynität. Und andrerseits werden in der Szene mit Alex' Eltern die Grenzen von Homo- und Heterosexualität durchlässig (Bamert 2016, 111).

Stiller/White ist in der Szene mit den Eltern von Alex sehr bemüht, die Grenzen seiner Heterosexualität immer wieder zu errichten und so antwortet er auf die Frage nach seiner Nähe zu Alex ausweichend. Alex' Vater betont, dass seine Erziehung darin bestand, «ihn von seiner Schwäche zu trennen» und dass sich der Bub auch noch schämte «ehrgeizig zu sein» (Frisch 1998, 589). Die Szene bringt zum Ausdruck, wie schambesetzt männliche Homosexualität für die Eltern wie auch für den Sohn war. Sie galt als Schwäche, die der Sohn hätte überwinden sollen und die durch seinen künstlerischen Ehrgeiz nicht wettgemacht werden konnte. So blieb seine ganze Existenz schambesetzt, bis er sich das Leben nahm. In seiner Distanzierung von Alex wird Stillers männliche Identität durch Stiller/White an dieser Romanstelle so klar wie möglich heterosexuell gerahmt (vgl. auch Bamert 2016, 111) und damit die damalige Stigmatisierung männlicher Homosexualität deutlich gemacht.

Die Szene stellt aber gleichzeitig Parallelen zwischen Stiller und Alex her. Auch Alex' sexuelle Identität als Mann ist vom Affekt der Scham bestimmt, der es ihm schwer macht, sich selber anzunehmen. Und auch Stiller unternahm während seinem Aufenthalt in den USA einen Selbstmordversuch, den er allerdings überlebte.

Insgesamt werden in dieser Szene die Grenzen zwischen Homosozialität und Homosexualität im Sinne von Sedgwick (1985, 1) fliessend und eine festgefügte, identitär verwurzelte Heterosexualität verliert ihre klaren Konturen.

7   Konklusion: Männlichkeitskrise als *queering* und Ethik der Scham in Max Frischs *Stiller*

Wie lassen sich nun Männlichkeit, der Affekt der Scham und sexuelle Scripts in *Stiller* in einer palimpsestischen Lektüre verbinden?

Stillers «Impotenz» besteht nicht zuletzt in einer Zurückweisung hegemonialer sexueller Scripts zeitgenössischer Männlichkeit. Sowohl seine Identität als Künstler und Bohemien wie auch sein Scheitern am heroischen Ideal des revolutionären Spanienkämpfers verorten ihn ausserhalb der gutbürgerlichen heteronormativen Sexualität. Wie das Beispiel der Ehe von Sibylle und Rolf zeigt, sollte der Mann in diesem kulturellen sexuellen Script die Frau unterwerfen. Stillers Versuch, durch die Annahme der Identität Whites bei seiner Rückkehr in die Schweiz eine sexuelle Begegnung mit Julika möglich zu machen, scheitert. Seine sechsjährige Abwesenheit führt weder dazu, die bisherige, leidvolle Geschichte ihrer Ehe in Vergessenheit geraten zu lassen, noch zu einer veränderten Wahrnehmung von Julika. Affektiv ist Stiller/White nicht in der Lage, Stiller und dessen schambesetzte Sexualität hinter sich zu lassen. Der American Dream des Selfmademan erweist sich gegenüber Julika im Hinblick auf das interpersonelle männliche sexuelle Script noch weniger einlösbar, als es Stillers Bohemienmännlichkeit in der Zeit vor seinem Verschwinden war.

Die Unmöglichkeit affektiver Involviertheit – und auch Empathie – von Julika gegenüber Stiller lese ich als eine Problematisierung von Stillers eingeschränkter Wahrnehmung von ihr. Wenn er auch das zeitgenössische bürgerliche männliche sexuelle Script zurückweist, so bleibt er in einer Idealisierung von Weiblichkeit gefangen, wie sie das Hollywoodkino präsentiert. Dabei bleibt das affektive Innere von Julika undurchdringlich und die Figur auf affektiver Ebene «impotent». Im Vergleich mit Julika hat die Figur Stillers viel mehr Tiefe. Stillers schambesetzte Männlichkeitskonstruktion zeigt sich als vielschichtig und hyperreflexiv. "[S]hame, as precarious hyperreflexivity of the surface of the body, can turn one inside out – or outside in" (Sedgwick und Frank 2003, 116). Im Moment, wo Stiller sein Inneres schamvoll nach aussen wendet – in der Szene mit Sibylle, wo er ihr seinen Traum der Impotenz erzählt – wird im Roman eine dialogische Begegnung möglich. Gerade der Affekt der Scham bietet mit Probyn (2005) eine Möglichkeit, eine Ethik der Scham abzuleiten. In *Stiller* sind die Momente der Anerkennung männlicher Scham in der Sexualität diejenigen, die Veränderung ermöglichen. In der Figur Stillers sind Facetten einer Männlichkeit angelegt, die sich aus normativen Grenzen einer rigiden bürgerlichen Geschlechterordnung zu befreien sucht: seine von Sibylle benannten Qualitäten «als Bruder, ja fast als Schwester»; seine Fürsorglichkeit gegenüber Julika in den ersten Ehejahren; seine Nähe zu Alex die ein *homosocial desire* (Sedgwick 1985) zum Ausdruck bringt. Facetten, die am Romanende in keiner Weise mehr anklingen, als er, juristisch zur Rückkehr in die bürgerliche Existenz verurteilt, mit Julika in einem Chalet am Genfersee lebt und seinen Lebensunterhalt mit dem Töpfern von Keramik verdient. Die Möglichkeitsräume einer Ethik der Scham scheitern einerseits an der Zerrissenheit Stillers zwischen Julika und Sibylle. Sie werden aber andererseits durch die gerichtlich verordnete Identität Stiller sein zu müssen, verschlossen. Bamert folgert: «In gewisser Weise nimmt der Roman «Stiller» damit etwas voraus, was die Queer Theory später theoretisierte: die grundsätzliche Kritik an Fremdbestimmungen in Fragen der Identität» (2016, 114). Mit Revesz lässt sich ergänzen: "Frisch works with a non-essentialist notion of sexuality in which gender becomes [...] a performance" (2015, 4). Die Destabilisierung von Sex und Gender lässt *Stiller* tatsächlich

als einen Roman erscheinen, der einiges vorwegnimmt – oder bereits thematisiert –, was Connell (2000) als die Krise der Männlichkeit am Übergang
vom 20. ins 21. Jahrhundert beschreibt und was Queer Theory kritisch einfordert. Im Text kommt die Destabilisierung einer klar konturierten männlichen Identität durch die immer wieder genannten effeminierten, zu wenig
erfolgreichen oder zu wenig heroischen Eigenschaften Stillers zum Ausdruck.
Und diese Destabilisierung verhält sich konflikthaft zu den Ehevorstellungen
der damaligen Zeit. Die Eheprobleme von Stiller und Julika liegen darüber
hinaus in einem gegenseitigen Unvermögen, sprachlich in einen Dialog zu
treten. Doch indem Frisch im Roman, dem Odysseus-Mythos vergleichbar,
die Verführungsmacht ganz ins Weibliche verschiebt, bleibt er in Bezug auf
die Weiblichkeit Julikas einem wirkmächtigen geschlechterdichotomen kulturellen Script der 1950er Jahre verhaftet.

Scham kann, mit Probyn, zwei unterschiedliche Wirkungen zeigen.
Sie kann einerseits – gerade durch das Moment der Verhinderung – eine
produktive, reintegrierende Reflexion auslösen, "Shame is positive […] It is
productive in how it makes us think again about bodies, societies, and human interaction" (2005, xviii). Doch sie kann auch stigmatisierend wirken:
"[S]hame can be either reintegrating or stigmatizing" (Probyn 2005, 88).

Im Roman zeigt sich die Ambivalenz der Scham in ihren positiven
wie auch negativen Auswirkungen. In Stillers Beziehung mit Julika entfaltet
sie ihre stigmatisierende Wirkung.

In den im Roman von Frisch aufscheinenden Momenten einer Überwindung von Geschlechterdualismen mit Sibylle zeigt die männliche sexuelle
Scham ihre reintegrierende Wirkung. Die daraus entstehende dialogische
Begegnung lässt sich als ein queering von Geschlechterpositionen verstehen.
Gender wie auch damit zusammenhängende sexuelle Scripts werden entes-
sentialisiert und neue Geschlechterverhältnisse erhalten einen Möglichkeitsraum, sind in der Roman-Konstellation der 1950er Jahren bei Frisch jedoch
(noch) nicht dauerhaft lebbar. Dennoch zeigt *Stiller* in der Sibylle-Episode
auf, dass geschlechterstereotype Identitätserwartungen in der Sexualität
durchquert werden können. Dieses queering macht den Text aus meiner Sicht
auch heute noch aktuell.

8   Literatur

Ahmed, Sara. 2004. *The Cultural Politics of Emotion*. Edinburgh: Edinburgh University Press.

Babka, Anna und Susanne Hochreiter. 2008. Einleitung. S. 11–19 in dies. (Hrsg.) *Queer Reading in den Philologien: Modelle und Anwendungen*. Wien: Vienna University Press.

Bachtin, Michael M. 1986. The Problem of Speech Genres. S. 60–102 in ders. *Speech Genres and Other Late Essays* (Caryl Emerson/Michael Holquist, Hrsg.; Vern W. McGee, Übersetz.). Austin: University of Texas Press.

Bamert, Manuel. 2016. Homo *Stiller:* Männliche Identitäten und Sexualitäten in Max Frischs *Stiller. Germanistik in der Schweiz,* 13: 93–117.

Binswanger, Christa. 2020. *Sexualität – Geschlecht – Affekt. Sexuelle Scripts als Palimpsest in literarischen Erzähltexten und zeitgenössischen theoretischen Debatten.* Bielefeld: Transcript.

Binswanger, Christa. 2013. (Re-)Figurierungen von Angst in sexuellen Begegnungen. S. 217–227 in Grisard, Dominique, Ulle Jäger, Tomke König (Hrsg.). *Verschieden Sein: Nachdenken über Geschlecht und Differenz. Festschrift für Andrea Maihofer*. Sulzbach/Taunus: Ulrike Helmer.

Bourdieu, Pierre. 2005 [1998]. *Die männliche Herrschaft* (Jürgen Bolder, Übersetz.). Frankfurt a. M.: Suhrkamp.

Bovenschen, Silvia. 1979. *Die imaginierte Weiblichkeit: Exemplarische Untersuchungen zu kulturgeschichtlichen und literarischen Präsentationsformen des Weiblichen.* Frankfurt a. M.: Suhrkamp.

Bronfen, Elisabeth. 1994. *Nur über ihre Leiche: Tod, Weiblichkeit und Ästhetik* (Thomas Lindquist, Übersetz.). München: Kunstmann.

Connell, Raewyn (ehemals Robert W.) 2000. *Der gemachte Mann: Konstruktion und Krise von Männlichkeiten* (Ursula Müller, Hrsg./Geleitw.; Christian Stahl, Übersetz.). Opladen: Leske und Budrich.

Dillon, Sarah. 2007. *The Palimpsest: Literature, Criticism, Theory.* London: Continuum.

Frisch, Max. 1998 [1954]. Stiller. S. 359–780 in ders., *Gesammelte Werke in zeitlicher Folge: Band 3* (Hans Mayer, Hrsg.). Frankfurt a. M.: Suhrkamp.

Gagnon, John H./Simon, William. 1973. *Sexual Conduct: The Social Sources of Human Sexuality.* Chicago: Aldine.

Haupt, Ursula. 1996. *Weiblichkeit in Romanen Max Frischs.* Frankfurt a. M./Bern: Peter Lang.

Hausen, Karin. 2007 [1976]. Die Polarisierung der «Geschlechtscharaktere»: Eine Spiegelung der Dissoziation von Erwerbs- und Familienleben. S. 173–196 in Hark, Sabine (Hrsg.). *Dis/Kontinuitäten: Feministische Theorie* (2., akt. und erw. Aufl.). Wiesbaden: VS Verlag für Sozialwissenschaften.

Herzog, Dagmar. 2005. *Die Politisierung der Lust: Sexualität in der deutschen Geschichte des zwanzigsten Jahrhunderts* (Schäfer, Ursel, Anne Emmert, Übersetz.). München: Siedler.

Honegger, Claudia. 1991. *Die Ordnung der Geschlechter: Die Wissenschaften vom Menschen und das Weib; 1750–1850,* Frankfurt/M.: Campus-Verlag.

Horkheimer, Max und Theodor W. Adorno. 1973. *Dialektik der Aufklärung in Max Horkheimer.* Gesammelte Schriften. Bd. 5. Frankfurt a. M.: Suhrkamp.

Irvine, Janice. 2003. Introduction to "Sexual Scripts. Origins, Influences and Changes". *Qualitative Sociology,* 26(4): 489–490.

Joris, Elisabeth, Heidi Witzig (Hrsg.). 1991. *Frauengeschichte(n). Dokumente aus zwei Jahrhunderten zur Situation der Frauen in der Schweiz.* Zürich: Limmat Verlag.

Knapp, Mona. 1982. «Eine Frau, aber mehr als das, eine Persönlichkeit, aber mehr als das: eine Frau»: The Structural Function of the Female Characters in the Novels of Max Frisch. S. 261–289 in Susan L. Cocalis/Kay Goodman (Hrsg.), *Beyond the Eternal Feminine: Critical Essays on Women and German Literature,* Stuttgart: Heintz.

Probyn, Elspeth. 2005. *Blush: Faces of Shame,* Minneapolis/London: University of Minnesota Press.

Maihofer, Andrea. 2014. Familiale Lebensformen zwischen Wandel und Persistenz: Eine zeitdiagnostische Zwischenbetrachtung. S. 313–334 in Behnke, Cornelia, Diana Lengersdorf, Sylka Scholz (Hrsg.). *Wissen – Methode – Geschlecht: Erfassen des fraglos Gegebenen,* Wiesbaden: Springer.

Maihofer, Andrea. 1995. *Geschlecht als Existenzweise,* Frankfurt/M.: Ulrike Helmer.

Pilliod, Philippe. 2011 [1986]. Gespräche im Alter. in Dindo, Richard, Philippe Pilliod (Hrsg.). *Max Frisch: Journal I–III; Gespräche im Alter* (2 DVDs), Berlin: Absolut Medien/Filmedition Suhrkamp.

Revesz, Eva. 2015. The Legend of Greta Garbo, or Woman as Thing: Hollywood Creations in Max Frisch's "Stiller". *The German Quarterly,* 88(1): 1–21.

Rohner, Melanie. 2015. *Farbbekenntnisse: Postkoloniale Perspektiven auf Max Frischs «Stiller» und «Homo Faber»,* Bielefeld: Aisthesis Verlag.

Schlichter, Annette. 2006. Queer at Last? Heterosexuelle Intellektuelle und der Wunsch nach Transgression. S. 214–242 in Dietze, Gabriele, Sabine Hark (Hrsg.). *Gender kontrovers: Genealogien und Grenzen einer Kategorie,* Königstein/Taunus: Ulrike Helmer.

Schößler, Franziska und Eva Schwab. 2004. *Max Frisch: «Stiller». Ein Roman.* München/Düsseldorf/Stuttgart: Oldenbourg.

Sedgwick, Eve Kosofsky. 1985. *Between Men: English Literature and Male Homosocial Desire.* New York: Columbia University Press.

Sedgwick, Eve Kosofsky, Adam Frank. 2003 [1995]. Shame in the Cybernetic Fold: Reading Silvan Tomkins. S. 93–121 in Sedgwick, Eve Kosofsky (Hrsg.). *Touching Feeling: Affect, Pedagogy, Performativity.* Durham/London: Duke University Press.

Simon, William. 1996. *Postmodern Sexualities.* London/New York: Routledge.

Sutter, Gaby. 2005. *Berufstätige Mütter: Subtiler Wandel der Geschlechterordnung in der Schweiz (1945–1970).* Zürich: Chronos.

Weidermann, Volker. 2010. *Max Frisch: Sein Leben, seine Bücher.* Köln: Kiepenheuer & Witsch.

6 «Zur Krise des Mannes». «Männlichkeit» in rechtsorientierten Gruppierungen

Margot Vogel Campanello

1 Einleitung

Im gegenwärtigen medialen Diskurs[1] haben Beiträge zur «Krise der Männlichkeit», zur Gefahr der «Entmannung» (Jordan Peterson im Magazin des Tagesanzeigers vom 20.10.2018), zum Begriff der «toxischen Männlichkeit» (vgl. dazu bspw. SRF Club 29.01.2019) auch in der Schweiz Konjunktur. Der Kritik an einem «traditionellen Männerbild», welches gemäss American Psychological Association (APA) krank mache und als «toxisch» verhandelt wird, werden männliche Stereotype entgegengehalten. So schreibt bspw. Michael Bahnerth in der Weltwoche, dass das «Wesen des Mannes» bzw. seine «Männlichkeit» bedroht sei und das weinerliche Jammern[2] des selbstmitleidigen Mannes eine Bankrotterklärung an alles Männliche sei: «Nicht alle Männer jammern. Die Jammerer sind meist Männer aus dem akademischen oder semiakademischen Dunstkreis, die eine starke Frau zu Hause haben und mittags Cola zero trinken, obwohl sie vielleicht Lust auf ein Bier hätten. Handwerker, Secondos, Landwirte und so weiter jammern kaum. Jene, die jammern, beklagen im Geiste eines Schwächlings, dass sie nicht mehr genug sind, dass sie nicht sein dürfen, wie sie glauben zu sein, dass sie sich unverstanden fühlen, dass ihre Instinkte unpassend geworden seien» (Weltwoche, 13.02.2019, Michael Bahnerth).

In diesem exemplarischen Zitat treffen mehrere Themen aufeinander, welche im aktuellen Diskurs stetig auftauchen. Sozialer Wandel wird als «Krise des Mannes» gedeutet und die Ursache der Problematik in der Frauenemanzipation verortet: Es ist die «starke Frau», die unterdrückt, welche die «ursprüngliche» oder «natürliche» Ordnung durcheinanderbringt bzw. zu

---

1   Mediale Diskurse sind nicht als Widerspiegelung sozialer Wirklichkeit zu begreifen. Dennoch gestalten sie Wirklichkeit mit, sie stehen in einer dialektischen Beziehung zur Sozialstruktur und sind insofern nur in historischem und sozialen Zusammenhang zu verstehen (Keller 2011, 29 f.).

2   In demselben Artikel zitiert der Autor zustimmend einen Kolumnisten, der schreibt, dass Männer, die jammern, eigentlich Mädchen sein wollen. Hierin wird mehr denn offensichtlich, wie versucht wird mittels Sexismus die sogenannte «Krise des Mannes» zu überwinden.

beherrschen versucht[3]. Variationen, mit welchen diese «Krise des Mannes» überwunden werden soll, reichen von subtilen Entwertungen des Weiblichen bis hin zu frauenfeindlicher Aggressivität (Pohl 2019, VI). Die soziale Ordnung scheint bedroht und es besteht eine Sehnsucht nach Statik, nach Sicherung und Wiederherstellung der «natürlichen» Ordnung (Pohl 2019, VI). Im «Wesen des Mannes», dessen genetischer, instinktiver und biologisch begründeter Selbstverständlichkeit wird die Hoffnung verankert, diese Sehnsucht zu stillen. Es werden stereotype Männerbilder skizziert, wie bspw. im Zitat das des Bier trinkenden, körperlich starken, seinen Instinkten folgenden und wortkargen Arbeiters, während der Intellektuelle[4] als unterdrückter und jammernder Schwächling (und als Mädchen) entwertet wird. Offenkundig sind dabei die Dichotomien, mit welchen argumentiert wird, wie Mann – Frau, stark – schwach, Natur – Kultur, Geist – Körper, geistige Arbeit – körperliche Arbeit, Vernunft – Trieb/ Instinkt. Geschlecht, spezifisch «Männlichkeit», wird dabei als ein askriptives Merkmal betont, mit welchem die Position in einer vermeintlich naturalisierten sozialen Ordnung gesichert werden soll. Es ist in diesem Sinne nicht zufällig, dass Handwerker, Landwirte und Secondos gemeinsam genannt werden. Allen drei gemeinsam sind erschwerte Mobilitätschancen über erwerbbare Merkmale[5]. Es sind nicht finanzkräftige Manager, die den körperlich Tätigen gegenübergestellt werden, sondern (vergeistigte) Männer aus dem «akademischen und semiakademischen Dunstkreis». Nebulös erscheint hier das Männerbild der «Intellektuellen», affiziert vom Weiblichen. Die «starke» Frau wird demgegenüber personifiziert.

Drei Aspekte lassen sich aus dieser einführenden Auseinandersetzung bündeln, erstens dass diese genannten Erscheinungen augenscheinlich und zugespitzt in reaktionären und rechtspopulistischen Beiträgen zu finden sind. Vermutlich reichen sie jedoch bis weit in die Mitte der Gesellschaft (Pohl 2019, II). Zweitens werden Analogien und Überschneidungen von Sexismus und Rassismus sichtbar. Beiden ist gemeinsam, dass sie sich Dichotomien bedienen und einen «Fremdkörper» im Visier haben, «(…)der einerseits gehasst, anderseits aber auch zur Vergewisserung der eigenen Normen gebraucht wird» (Braun 2018, 13). Analog zu Geschlecht dient nämlich

---

3 Beispielhaft lässt sich dies auch im massiven Angriff gegenüber den "Gender Studies" ablesen. In demselben Heft der Weltwoche (13.02.2019) wird unter dem Titel «Generation Schlaffi» anhand medizinischer Studien auf die Gefahr der Feminisierung des westlichen Mannes hingewiesen (vgl. Peter Keller in der Weltwoche).

4 Es sind die Intellektuellen, die mit Eigenschaften wie bspw. mangelndem Realismus, Weltfremdheit, Unverantwortlichkeit ausgestattet werden, Eigenschaften, die auf Seiten des Weiblichen verortet werden (Bourdieu 2005, 182).

5 In der Strukturtheorie unterscheidet man zwischen zugeschriebenen (askriptiven) und erwerbbaren Merkmalen. Zugeschriebene Merkmale sind bspw. Geschlecht oder ethnische Zugehörigkeit, während Schicht oder Status als erworbene Merkmale gelten.

auch Nationalität im Sinne nationaler Zugehörigkeit zur Markierung eigener hierarchischer Differenz gegenüber anderen. Dies wird insbesondere dort relevant, wo zentrale Statuslinien wie Beruf, Bildung und Einkommen nicht über Leistungen erreicht werden können (vgl. dazu 2.1. und Vogel Campanello 2015). Schliesslich wird deutlich, dass Männlichkeit nur in Verbindung mit Weiblichkeit (bzw. der Geschlechterverhältnisse) und nicht unabhängig von sozialstruktureller Verortung, analysiert werden kann.

Im Folgenden möchte ich zunächst einführend und exemplarisch drei Themenschwerpunkte, welche im medialen Diskurs manifest werden, aufgreifen, nämlich die dichotome Einteilung der sozialen Ordnung, den Begriff der Krise und die Angst des Verlustes der Hegemonie. Diese inhaltliche Auseinandersetzung dient als thematische Sensibilisierung für die anschliessende Darstellung von Erkenntnissen, welche ich im Rahmen meiner Forschung zu rechtsorientierten jungen Erwachsenen gemacht habe. Neben einer kurzen sozialstrukturellen Verortung der Befragten, greife ich anschliessend illustrativ zwei Arten von Inszenierungen dieser jungen Erwachsenen auf, nämlich deren spezifische Art und Weise mit den homologen Gegensätzen Frauen – Männer und Lebende – Tote umzugehen. Denn diese «Grundkonflikte»[6] (Schwarz 1985) werden von den Befragten in ähnlicher Weise gewichtet und mehrheitlich wird die Konfliktform der Unterordnung und der Delegation gewählt. Die Interviewten versuchen dadurch, gegenwärtige Geschlechterverhältnisse und somit auch die soziale Ordnung als «heilige Ordnung» zu bewahren. Ich gehe davon aus, dass Transformationen der Geschlechterverhältnisse auf Widerstände stossen, die sich besonders akzentuiert in reaktionären und rechtspopulistischen Bewegungen zeigen, dort entsprechend gut analysiert werden können, jedoch bis weit in die Mitte reichen. Ziel dieses Beitrages ist, vereinzelte kritische Schlaglichter auf gegenwärtige Diskurse zu werfen.

2   Dichotomien – Krise – Hegemonie

In der Vorrede zu seiner Untersuchung «Die männliche Herrschaft» fragt Pierre Bourdieu (2005), wie es dazu komme, dass die «doxa», die bestehende Ordnung (und insofern auch die männliche Herrschaft) mit ihren Privilegien und Ungerechtigkeiten, abgesehen von einigen historischen

---

6   Gerhard Schwarz (1985) bezeichnet in seinem Buch «Die ‹heilige Ordnung› der Männer. Patriarchalische Hierarchie und Gruppendynamik» die vier Gegensätze Kind – Erwachsener, Gruppe – Einzelner, Lebende – Tote und Frauen – Männer als vier Grundthemen oder Grundkonflikte des menschlichen Lebens. Um diese vier Themen drehen sich die ersten Differenzierungen von Sprache und Kommunikation (Schwarz 1985, 151).

Zufällen, sich letztes Endes mit Mühelosigkeit erhalte, die unerträglichsten Lebensbedingungen unverändert blieben und sogar natürlich erscheinen (2005, 7). Im Folgenden nehme ich seine Ausführungen als Bezugspunkt, um das beharrliche Festhalten an einer Zweigeschlechtlichkeit verstehen und die Aussagen der von mir interviewten jungen Erwachsenen auf dieser Folie einordnen zu können. Anschliessend frage ich, inwiefern man überhaupt von einer «Krise der Männlichkeit» sprechen kann bzw. nicht vielmehr von einer nach wie vor bestehenden männlichen Hegemonie.

Die soziale Ordnung, primär eine «männliche Ordnung», haben wir in ihren historischen Strukturen verinnerlicht. Dadurch laufen wir Gefahr, zur Erklärung der männlichen Herrschaft auf Denkweisen zurückzugreifen, die selbst Produkt dieser Herrschaft sind (Bourdieu 2005, 14). Diesen Zirkelschluss zu durchbrechen, gelingt durch eine ethnographische Untersuchung der Klassifikationsformen, wie sie Pierre Bourdieu (1993) in seinem Studium der Bergbauern in der Kabylei[7] vorgenommen hat, indem er die unbewussten Wahrnehmungs- und Bewertungsschemata der sozialen Ordnung herausgearbeitet hat: Die soziale Ordnung basiert dabei auf einer für sich genommen willkürlichen Einteilung der Dinge und (geschlechtlichen, sowie anderen) Aktivitäten nach dem Gegensatz von männlich und weiblich und erlangt ihre Notwendigkeit durch die Eingliederung in ein System homologer Gegensätze wie bspw. hoch/tief, oben/unten, hart/weich, hell/dunkel, draussen/drinnen (Bourdieu 2005, 18; Bourdieu 1993, 352 ff.). Diese universell angewandten Denkschemata registrieren Unterschiede als Naturunterschiede und tragen zugleich dazu bei, dass diese erzeugten Erwartungen erfüllt werden, d. h. dass die soziale Welt den Körper als geschlechtliche Tatsache konstruiert und biologische Unterschiede zwischen den Geschlechtern als natürliche Rechtfertigung des geschlechtlich konstruierten Unterschieds zwischen den Geschlechtern erscheinen lässt. Es kommt zu einer Verkehrung von Ursache und Wirkung, sowie einer zirkelhaften Kausalbeziehung. Die herrschaftliche Einteilung der Geschlechter erscheint als in der Natur eingeschrieben (Bourdieu 2005, 19, 23). Dadurch wird die soziale Ordnung jeglicher Kritik entzogen. Dies zeigt sich am Umstand, dass die Macht der männlichen Herrschaft grosso modo anerkannt wird (Bourdieu 2005, 7, 21). Die Einteilung ist in den Dingen, in der sozialen Welt und in den Körpern, im Habitus der Akteure präsent. Bourdieu spricht von einem inkorporierten Zustand, einem in den Körper eingeschriebenen «vergeschlechtlichten Habitus» (Bourdieu 2005, 11). Dort wo die Grenze zwischen den Gegensätzen übertreten wird, was bspw. zur Gewährleistung der Reproduktion notwendig

---

7   Zur Begründung, warum sich die Bergbauern der Kabylei exemplarisch besonders eignen, die sozialen Strukturen zu erforschen (Bourdieu 2005, 15 f.).

ist, werden Rituale eingeführt. Offenbar ist es gefährlich, diese Grenze zu übertreten, Übertretungen bedrohen die soziale Ordnung und Rituale können als «verneinte Übertretungen» gelesen werden (Bourdieu 1993, 372 f.). Die inkorporierten vergeschlechtlichten Gegensätze fungieren als Stütze der kognitiven und praktischen Strukturen, die die Produktion von Urteilen erlauben (Bourdieu 2005, 180 f.): «Diese spezifischen Gegensätze schnüren den Geist auf mehr oder weniger unmerkliche Weise ein, ohne sich jemals ihrer Einheit und Wahrheit, d. h. als ebenso viele Facetten ein und derselben Struktur geschlechtlicher Herrschaftsbeziehungen, erfassen zu lassen» (Bourdieu 2005, 183). Erkenntnis wird dadurch verhindert und Veränderungen werden erschwert. Der «vergeschlechtlichte Habitus» ist in diesem Sinne dem Bewusstsein nicht zugänglich und die Dualismen können nicht durch einen «Akt performativer Magie» aufgehoben werden (Bourdieu 2005, 178). Die Prinzipien verstärken und bestätigen sich zudem gegenseitig, da sie objektiv aufeinander abgestimmt sind (Bourdieu 2005, 165). Sie lassen sich nur erfassen, wenn man das Ganze von Orten und Formen ihrer Ausübung zusammenhält, d. h. den Fokus nicht auf einzelne Bereiche gesondert richtet, sondern in der Gesamtschau zu verstehen versucht.

Während Männlichkeit in der Geschlechterforschung in den vergangenen Jahren auch im deutschsprachigen Raum einen festen Platz erhalten hat, scheint die Auseinandersetzung mit Männlichkeit in den Medien hin-und hergerissen, zwischen der Forderung mit der Zeit zu gehen und der nostalgischen Sehnsucht nach einem Zeitalter, «als Männer ‹noch Männer› sein durften» (Horlacher et al. 2016, 1). Angesichts des medial beinahe inflationären Gebrauchs des Begriffs «Krise» zur Beschreibung der (männlichen) Veränderungen, ist danach zu fragen, ob der Krisenbegriff taugt, bzw. ob überhaupt von «Krise» gesprochen werden kann. Durch den Krisenbegriff wird die Idee einer nicht-krisenhaften, d. h. «normalen» Männlichkeit impliziert, was zu einer Verfestigung hegemonialer Strukturen beitragen kann (Horlacher et al. 2016, 2). Der Diskurs der «Krise des Mannes / der Männlichkeit» verweise – so Meuser – auf einen Wandel der geschlechtlichen Wahrnehmung und der medialen Darstellung der Geschlechterverhältnisse. Darin werde der Mann seiner vormals privilegierten Position enthoben und gerate dabei in eine diskursive Defensive (Meuser 2016, 230 f.). In seiner Untersuchung über die seit Mitte der 1990er Jahre auftauchenden Männerzeitschriften konstatiert Meuser, dass der Fokus auf die Bearbeitung des männlichen Körpers (analog zur bis anhin geforderten Perfektion des weiblichen Körpers) einerseits auf einen gleichzeitigen Bedeutungsverlust und -aufwertung des Körpers und anderseits auf eine Veränderung des Status des Mannes, bzw. auf eine «Krise» hinweise: Während der Körper in der Arbeitswelt durch Veränderung der Produktion an Bedeutung verliere, stehe der Körper in der Fitnesskultur im Zentrum. Auch der Mann hat sich nun um einen perfekten Körper zu bemühen und erfährt weibliche Bewertung (Meuser 2001, 227 f, Meuser 2000, 211 ff.). Allerdings ist an dieser Stelle einzuwenden, dass die Intensität der Bemühung um einen perfekten Körper nicht unabhängig vom sozialen Ort[8] und einer ökonomischen Verwertungslogik zu denken ist. Kracauer vermutet bereits 1929, dass je mehr die Rationalisierung fortschreitet, die körperliche Aufmachung überhand nimmt (1929, 23 f.).

Die sichtbaren Veränderungen der Geschlechterverhältnisse verdecken das Unveränderte, wie bspw. die Ungleichheit in der Verteilung auf die verschiedenen Schulzweige und die damit verbundenen Laufbahnen, aber auch die unterschiedlichen Besetzungen von Fachgebieten und die Hierarchisierung derselben, bzw. die Abwertung von Positionen und Fachgebieten, die zunehmend von Frauen besetzt werden (Bourdieu 2005, 157 f.). Diese «Permanenz im und durch den Wandel» (Bourdieu 2005, 159) kumuliert in der Statusunsicherheit der Frauen auf dem Arbeitsmarkt, nämlich der ungleichen Entlöhnung für dieselbe Arbeit, der niedrigeren beruflichen Positionen trotz gleicher Diplome und der proportional stärkeren Betroffenheit von Arbeitslosigkeit und prekären Arbeitsverhältnissen (Bourdieu 2005, 160). «Es gibt keine aktuelle ‹Krise der Männlichkeit› (…)», proklamiert Rolf Pohl (2019). Der Diskurs der «Krise» verweigere die Grundannahme der nach wie vor geltenden Vorherrschaft des männlichen Geschlechts als soziales Strukturmoment und der damit einhergehenden Abwehr des konstruierten Weiblichen. Der Wandel in den Erscheinungsformen von Männlichkeit habe an den Grundstrukturen nicht grundlegend etwas verändert und wir würden nach wie vor in einer Gesellschaft mit männlicher Hegemonie und einer normativen Dominanz des Männlichen leben (2019, III–IV).

Resümierend ist festzuhalten, dass das Denken und Handeln in Dichotomien tief in den Strukturen und Körpern eingeschrieben ist. Die androzentrische Geschlechterordnung ist insofern inkorporiert und unbewusst, dadurch nicht unmittelbar zugänglich. Offensichtlich wird dies dort, wo Veränderungen initiiert oder alternative Praxen erprobt werden. Widerstände bis hin zu aggressiven Ausrufungen werden (medial) sichtbar. In sozialen Situationen «drückt» der vergeschlechtlichte Habitus unbewusst durch. Die medial breit verkündete «Krise des Mannes» ist angesichts bestehender Persistenz in der Geschlechterordnung kritisch zu betrachten. Selbst wenn vormals bestehende männliche Privilegien geschwächt und Frauen mehr Rechte zugestan-

---

8   Koppetsch et al. fordern diesbezüglich ein Einbeziehen sozialstruktureller Differenzierungen in der Geschlechterforschung (2001, 31). Insignien einer sozialen Position ersetzen in diesem Sinne Kleidung und Kosmetik (Bourdieu 2005, 172).

den werden, selbst wenn sich Geschlechtergrenzen auflösen, kann dies nicht darüber hinwegtäuschen, dass «männliche Herrschaft» vorherrschend bleibt. «Die sichtbaren Veränderungen der Situation der Frauen verdecken das Fortbestehen der unsichtbaren Strukturen» (Bourdieu 2005, 184). Im Folgenden möchte ich aufzeigen, wie sich diese Widerstände gegen Formen von geschlechtlichen Veränderungen in Inszenierungen von «rechten» Gruppen im Besonderen zeigen und eine Deutung hierfür anbieten. Dabei wird deutlich, dass Fragen der Geschlechterordnung nicht reduziert auf Männlichkeit und nicht unabhängig von der Sozialstruktur analysiert werden können.

3   «Männlichkeit» in «rechten» Gruppierungen

Die Analyse von Inszenierung von «Männlichkeit» in «rechten» Gruppierungen eignen sich gut zur Illustration, da die drei genannten Themen, Dichotomie, Krise und Hegemonie – wenn auch ideologisch aufgeladen und klischiert – ästhetisch und politisch zugespitzt ausgedrückt und alltäglich gelebt werden. Wenn ich im Folgenden von «rechten» oder «rechtsorientierten» Gruppen spreche, so meine ich damit Subkulturen von Jugendlichen und jungen Erwachsenen, die sich als rechtsextrem verorten (lassen). In der Schweiz sind dies bspw. die Hammerskins, Blood and Honour, Combat 18, die PNOS, aber auch regionale Kameradschaften wie der Waldstätterbund, die Helvetische Jugend, résistance helvétique u. a. Ich rekurriere dabei auf die Begriffe «rechts», «rechtsorientiert» und «rechtsextrem» mangels alternativ treffenderer Begriffe und unter Berücksichtigung der an den Begriffen geäusserten Kritik: Der Begriff des «Rechtsextremismus» ist ungenau. Er suggeriert eine Randständigkeit des Phänomens und der Trägerschaft, ist jedoch vielmehr ein Sammelbegriff, der ein vielfältiges politisches Spektrum abdeckt und heterogene Denk- und Handlungsweisen bezeichnet. Diese Kritik ist angesichts der Begriffsverwendung mitzudenken. In den folgenden Ausführungen beziehe ich mich auf meine Forschung im Rahmen meiner Dissertation (Vogel Campanello 2015). «Männlichkeit» habe ich dabei nicht isoliert von Geschlechterverhältnissen und zugrundeliegenden sozialstrukturellen Verhältnissen gedeutet. Insofern werden neben Aspekten der Inszenierungen, sozialstrukturelle Bedingungen der Lebenssituation der Befragten in die Analyse miteinbezogen. Um die Inszenierungen verorten zu können, werden zunächst Forschungsanlage, sowie theoretische Prämissen erläutert.

3.1 Theoretische Prämissen

Das Dissertationsprojekt war ethnographisch angelegt, d. h. es wurden Beobachtungen festgehalten, an helvetischen Feierlichkeiten als Forscherin teilgenommen, dabei Rituale in den Blick genommen und protokolliert, Bilder, Darstellungen, Filme im Internet illustrierend beigezogen, Inszenierungen beschrieben und Gespräche geführt, welche jeweils protokolliert wurden. Kern des Datenmaterials waren neun narrative Interviews mit jungen Erwachsenen aus «rechtsextremen» Gruppierungen, welche detailliert transkribiert wurden. Weitere Gespräche mit den Befragten, welche vor Ort oder per Telefon geführt wurden, wurden protokolliert, ebenso zwei je vierstündige Interviews mit einem jungen Mann, welcher nicht zu einer Tonbandaufnahme dieser einwilligte. Den Feldzugang erschloss ich mir über unterschiedliche Kanäle: Einerseits wurden Befragte vor Ort an helvetischen Feierlichkeiten, an bekannten Treffpunkten oder über Internetplattformen angesprochen, anderseits ermöglichten Jugend- und Sozialarbeiter*innen eine Kontaktaufnahme. Schliesslich wurden weitere Interviewpartner*innen auch über das «Schneeballprinzip» erreicht. Das Datenmaterial wurde anhand der tiefenhermeneutischen Kulturanalyse (König 2003) ausgewertet, insbesondere um den latenten Gehalt der Texte und Daten, konkret die (latenten) Bedeutungen der Inszenierungen und Selbststilisierungen der rechten Jugendlichen und jungen Erwachsenen zu erfassen. Ich ging von der These aus, dass die rechten Ideologien und Rituale nicht zufällig, sondern eng mit der ökonomischen und soziokulturellen Situation der Befragten verwoben sind und sich in den Symbolen, Ideologien und Ausdrucksweisen ihre Erfahrungen spiegeln, konkret Vorgefundenes zu Eigenem und Neuem transformiert wird (Willis 1991). Diese Inszenierungen habe ich in meinem Forschungsprojekt zum Ausgangspunkt genommen, um mittels Analyse Rückschlüsse auf die Lebensbedingungen der Beforschten zu erlangen. Gestützt auf Alfred Lorenzer (1995) erlauben nämlich die Inszenierungen im Gegenzug «unbewusste Repräsentanzen von Symbolen» bzw. Klischees[9] zu analysieren und in diesen das aus Sprache und Handeln ausgeschlossene zu eruieren. Eine Analyse der Inszenierungen, d. h. der Klischees, der Symbole und Ideologien muss insofern als Teil eines sozialen Prozesses begriffen werden und bedarf daher zugleich einer Analyse der sozialstrukturellen Bedingungen, unter welchen sie geschaffen werden. Eine Reduktion auf die einzelnen Symbole läuft Gefahr diese zu hypostasieren und zu anthropologisieren (Turner 2009, 31). Die Szenen sind insofern jeweils strukturell zu verorten. Für die Analyse der

---

9   Klischees sind zwar aufgrund der «Exkommunikation» desymbolisiert, haben jedoch ihre dynamisch-energetische Relevanz nicht verloren, d. h. sie sind nach wie vor in Sprache und Handeln wirksam (Lorenzer 1995, 113).

Situation der Befragten diente die Strukturtheorie von Peter Heintz (1962) als theoretische Grundlage. «Männlichkeit», aber auch «Nationalität» sind im Rahmen der Strukturtheorie als zwei zugeschriebene Merkmale zu verstehen, anhand welcher eine hierarchische Differenz gegenüber anderen geschaffen werden kann. Dies ist insbesondere an jenen sozialen Orten relevant, wo Statuspositionen nicht über Leistungen erreicht werden können. Die Betonung des Geschlechts und der nationalen Zugehörigkeit ermöglichen insofern niedere Statuspositionen auf den zentralen Statuslinien Beruf, Bildung und Einkommen, auszugleichen. Insbesondere Personen, die aufgrund ihrer vergleichsweise statustiefen beruflichen Situation und den damit verbundenen niedrigen beruflichen Abschlüssen mit erschwerten Mobilitätschancen konfrontiert sind, greifen auf askriptive Merkmale zurück, da ihnen die Mobilitätschancen über erwerbbare Merkmale verschlossen sind.

Diese strukturtheoretische Perspektive einnehmend, wies die Analyse der sozioökonomischen Situation der Interviewten empirisch Folgendes auf: Die Interviewten waren aufgrund ihrer beruflichen Situation anomischen Spannungen[10] (mehrheitlich Berufe mit wenig Entwicklungsperspektiven und Mobilitätschancen) ausgesetzt. Die erlebte Ungleichgewichtsspannung wurde durch die Betonung der Teilhabe an der autochtonen Bevölkerung zu reduzieren versucht. Zugleich wehrten sie die latente Bedrohung durch ausländische Arbeiter*innen ab, indem sie diese aufgrund des askriptiven Status' vom möglichen Aufstieg ausschlossen. Einzig eine Interviewte verfügte über einen höheren Schulabschluss (Matura), während sie ihr Herkunftsmilieu jedoch nicht als bildungsorientiert beschrieb. Die Eltern der Befragten sind nach Angaben derselben mehrheitlich auf wenig macht- und prestigegeladenen Statuslinien positioniert, wenn auch stark aufstiegsorientiert. Die ökonomische Lage der Familien schien zwar gesichert (insbesondere in zwei Familien), wenn auch aufgrund der nicht legitimen Statuspositionen bedroht. Gemäss der Erzählung der Interviewten verfügte niemand der Eltern über einen höheren oder akademischen Schulabschluss. Die Mehrheit der Befragten war stark aufstiegsorientiert, wenn die berufliche Situation dies auch unterschiedlich ermöglichte. Die soziale Mobilität innerhalb des eigenen Berufsstandes wie auch zwischen den Generationen war in diesem Sinne aufgrund des Bildungs- und Berufsabschlusses beschränkt. Ebenso zeigte sich in der Analyse der Daten, dass die strukturelle Situation des Ortes für den politischen Umgang mit dem «Fremden» mitbestimmend ist. Es ist nicht zufällig, wo rechte Subkulturen entstehen. Insofern deckten sich die Ergebnisse der

---

10   Durkheim bestimmte den Begriff der Anomie als eine gesellschaftlichen Regellosigkeit, welche die gesellschaftliche Integration gefährde (Durkheim 1983). Merton sprach da von Anomie, wo es zu einer Diskrepanz zwischen gesellschaftlichen definierten Zielen und vorhandenen legitimen Mitteln kommt (Merton 1995).

strukturellen Situation der Regionen sowie der sozioökonomischen Situation der Befragten mit den Untersuchungen von Hoffmann-Nowotny (1973) und Hoffmann-Nowotny et al. (1997).

3.2 Grundkonflikte: Frauen – Männer und Lebende – Tote

Neben einer sozialstrukturellen Verortung der Befragten wurde in der Analyse des Datenmaterials der Fokus auf deren Inszenierungen gelegt. Im Folgenden werden exemplarisch zwei homologe Gegensätze, nämlich der zwischen Frauen – Männern und der zwischen Lebenden – Toten näher erläutert. Die Art und Weise der Lösung dieser beiden «Grundkonflikte» (Schwarz 1985) ist bei allen Befragten ähnlich gelagert. Zudem zeigt sich in der Bearbeitung dieser beiden «Grundkonflikte» deutlich, wie versucht wird, die soziale Ordnung einerseits als «natürliche» und anderseits als durch die Ahnen abgesicherte wiederherzustellen bzw. zu bewahren. Diese Differenzierung schafft Subgruppen, ohne die Gesamtgruppe zu zerstören (Schwarz 1985, 150). Menschen reagieren nun in ähnlichen Situationen mit unterschiedlichen Verhaltensweisen. Diese seien möglicherweise auf unterschiedliche Stellungnahmen eines Menschen zu den «Grundkonflikten» der kindlichen Entwicklung zurückzuführen[11] (Schwarz 1985, 219). Interessant ist im Folgenden, dass die Interviewten neben einer ähnlichen Gewichtung der Gegensätze in den Erzählungen mehrheitlich die Konfliktlösungsformen der Unterordnung[12] und der Delegation wählten. In der Konfliktform der Unterordnung ist der Verlust von Selbstbestimmung gross, substituiert durch einen Gewinn von Sicherheit (Schwarz 1985, 237 f.) während die Lösung anhand der Delegation erst auf der Grundlage einer differenzierteren Hierarchie möglich ist. Bei der Delegation wird die Verantwortung der Konfliktlösung einem Dritten (dies können auch anonyme Strukturen wie Gesetze und Prinzipien sein) übertragen. Konflikte werden hierbei nicht bearbeitet, sondern an eine «heiligen Ordnung» (Hierarchie) delegiert[13].

---

11   Schwarz bezeichnet diese Grundkonflikte als «Konfliktringe». Es sind Konflikte, welche der Mensch in den Entwicklungsphasen durchläuft und später immer wieder als persönliche Konflikte erlebt. Er stützt sich dabei auf die Auffassung, «daß wir im Leben immer wieder zu diesen Grundkonflikten zurückkehren und nur neue ‹Jahresringe› anlegen, dabei aber im Zuge der Reifeentwicklung immer größere Bereiche unserer Umwelt miteinbeziehen» (Schwarz 1985, 220).

12   Schwarz (1985, 234) unterscheidet zwischen folgenden sechs Lösungsformen: Flucht, Vernichtung des Gegners, Unterordnung des einen unter den anderen, Delegation an eine dritte Instanz, Kompromiss und Konsens.

13   So werden exemplarisch die vier Grundkonflikte in eine fixe Ordnung eingereiht: Kinder werden zu Untertanen der Erwachsenen, das Individuum wird dem Gemeinwohl un-

3.3   Grundkonflikt Frauen – Männer

Der bei Schwarz als vierter Konfliktring beschriebene Gegensatz
Frauen – Männer, dreht sich um das Thema Sexualität und damit verbunden den Unterschied von Mann und Frau. Es stellen sich Fragen nach der
eigenen Verortung als Mann/Frau, nach den eigenen weiblichen und männlichen Anteilen und deren Integration, nach dem Bezug zur Realität oder dem
Hang zur Illusion. Es sind die Widersprüche zwischen Realität und Wunsch,
Teil und Ganzem, Neuem/Fremdem und Bekanntem, die in diesem Konfliktring zum Tragen kommen (Schwarz 1985, 222 f.). Der Konflikt kann
unterschiedlich gelöst werden: In der Hinwendung zu Männergemeinschaf-
ten und Hierarchien zeigt sich bspw. die Flucht vor dem Verhältnis Mann/
Frau. Die Unterordnung des Weiblichen unter das Männliche und zugleich
die Entwertung des Weiblichen durch die Überhöhung des Männlichen ist
eine Lösungsform, die sich im Patriarchat findet. Eine andere Konfliktlö-
sungsmöglichkeit ist die Delegation: Das Rollenverhalten wird bspw. über
die Institution der Ehe festgelegt, so dass man weiss, wie man sich als Mann/
Frau zu verhalten hat. Konflikte können so vermieden werden (Schwarz 1985,
253 f.). Im Folgenden beschreibe ich die Art und Weise, wie die Interviewten
diese Unterschiede und ihre geschlechtliche Verortung thematisieren.

In den Interviews werden Veränderungen der Geschlechterverhältnisse thematisiert und auf diese verbal mit einer Betonung von klaren (dichotomen) Geschlechterdifferenzen reagiert. Die von ihnen propagierte «natürliche Ordnung» wird als Legitimation einer sozialen Ordnung gewertet.
Die befragten jungen Frauen akzeptieren eine hierarchische Geschlechterordnung, trotz Ausbildung und eigenem emanzipativem Selbstverständnis.
Naturalisiert und dadurch hingenommen werden weibliche Zuschreibungen
wie Emotionalität, politische Sachlichkeit und Klarheit werden demgegenüber Männern überantwortet. Die Spaltung von Männlichkeit/ Weiblichkeit
erlaubt eine Abwehr der Affekte, sowie ein Hinnehmen gesellschaftlicher
Verhältnisse. Diese sind naturhaft, nicht historisch gewachsen und insofern
legitim. Eine Befragte schildert ausführlich die Enttäuschung der Grosseltern über den weiblichen «Nachwuchs». Auf dem Bauernhof «zahlen» sich
Mädchen nicht «aus». Die geschlechtliche Entwertung wird nicht kritisiert,
sondern als legitim akzeptiert. Bourdieu spricht davon, dass die Erfahrungen
einer «geschlechtlich» geregelten sozialen Ordnung in Form von Wahrneh-

---

terstellt, Traditionen sichern bestehende Gesetze und Regeln, das Männliche ist in der Hierarchie dominant. Diese Konfliktform erleichtert die Lösungsfindung, da es erstens jeweils eine
richtige und falsche Lösung gibt und zweitens die höhere Instanz jeweils die richtige Lösung
findet. Nur unter diesen beiden Bedingungen sind Konflikte durch Delegation lösbar (Schwarz
1985, 238 ff.).

mungs- und Bewertungsschemata inkorporiert werden und dadurch für das Bewusstsein nur noch schwer zugänglich sind (Bourdieu 2005, 165). Die Befragte erzählt, wie sie sich einer rechtsextremen Subkultur anschliesst und von ihren Grosseltern aufgrund ihrer «Wertvorstellungen» explizit Anerkennung erhält. Sie sind stolz auf sie. Die Rolle der Frau wird dabei überhöht und idealisiert dargestellt: «Als Frau wird man da, also im nationalen Bereich wird man als Frau, was mich am Anfang sehr gewundert hat, sehr emporgehoben. Die Frau ist das wichtigste Gesellschaft/ die Frau muss/ die Frau bekommt immer einen Sitzplatz, wenns nur ähm/ wenns nur geht (…)». Und weiter: «(…) also man wird hier also die Frau ist das absolut Höchste und das wird hier auch zelebriert. Ähm das hat mich sehr gewundert am Anfang (…)». Dass die Frau als «absolut Höchstes» bewertet wird, wird von der Befragten als Gegenbeweis für deren Unterordnung unter das Männliche gesehen. Die Frau wird zu einem Ideal stilisiert, in die Höhe erhoben, wo sie unerreichbar ist. Sie wird zum Wunschterritorium der männlichen Phantasien und dadurch zugleich entsubjektiviert und entsexualisiert. Theweleit (2005a, 293 ff.) spricht in diesem Zusammenhang von einer unterschätzten Form der Unterdrückung, einer Unterdrückung durch Überhöhung. Die Entsexualisierung drückt sich auch darin aus, dass in rechten Gruppen Frauen in zwei Gruppen gespalten werden, die Frau als Mutter/Schwester/Heilige und die Frau als Hure. In der Form der Heiligen ist sie unantastbar, sie ist Mutter und Gebärende, aber in diesem Sinne auch asexuell (Theweleit 2005b, 188). Eine der Befragten erzählt: «dann äh, hab ich's provokant gemacht, ich hab in seinem Bett geschlafen. Der hätte niemals, niemals mich nur einmal angegriffen oder sonst was probiert, niemals». Sie betont, wie ehrenhaft Männer in rechten Gruppen sind, während andere Männer («nicht rechte Männer») Frauen zum Sexualobjekt degradieren. Auch seitens der Frau wird zwischen dem ehrenhaften Mann und dem Gigolo gespalten. Der ehrenhafte Mann wird zum Familienvater, der Nachwuchs zeugt. Die Beziehung zwischen den Geschlechtern erscheint hier asexuell und mechanisch.

Ähnlich schildert eine andere Interviewte die Enttäuschung ihres Vaters, der «hätte gern einen Sohn gehabt»:

Aber er hat uns nie irgendwie jetzt zu verstehen/ also zu spüren gegeben. Auch, ich hab das Gefühl eher, dass wir vielleicht Sachen dann gemacht haben, die er auch mit Buben gemacht hätte. Wir haben rum «klüttert» (schweizerdeutsch für werken), haben Autos gehabt, wir sind Traktor gefahren, einfach, also nicht bei uns, bei meinen Verwandten. Und einfach so Sachen, die er auch mit einem Sohn gemacht hätte, die wir/ wir haben dafür nicht mit Barbie und Puppen gespielt, einfach. Aber ich glaube, es war

einfach hart am Anfang. Sagen wir ja, wenn ein Kind auf die
Welt kommt und er gemerkt hat, ah jetzt ist es ein Mädchen, ist
es wieder ein Mädchen, aber nicht, dass er irgendwie uns nicht
annehmen konnte oder. Ich denke, es ist einfach früher halt noch
eher so gewesen, dass du gern einen Stammhalter gehabt hast.

Die Interviewte erfährt deutlich, dass ihr Vater einen Sohn bevorzugt hätte, indem er die Mädchen im Spiel wie Jungs behandelt. Hierin sieht
sie jedoch keine Diskriminierung. Vielmehr legitimiert sie das väterliche Verhalten und begegnet ihm mit Verständnis, indem sie es als «normal» für seine
Generation bewertet. Dadurch übernimmt sie das Bild eines hierarchischen
Geschlechterverhältnisses. Sie akzeptiert, dass Mädchen weniger wert sind
und lehnt sich nicht dagegen auf, dass ihr Vater sie als Junge behandelt. Die
Befragte bemängelt nicht, dass sie nicht mit geschlechtsstereotypen Spielsa-
chen gespielt hat, sondern beurteilt dies vielmehr positiv. Sie wird durch die
Angleichung an das Männliche höher bewertet. Sie erzählt, wie sie sich in den
familiären Diskussionen in die väterliche Front einreiht und stellt sich gegen
das Weibliche, hier verkörpert durch die «soziale» Mutter (ähnlich wird die
Mutter auch bei anderen interviewten Männern als «sozial», «liberal», «links»,
«offen» oder «tolerant» entwertet).

Die befragten Männer entwerfen formalisierte Lebensverläufe (bspw.
Institution Ehe, heterosexuelle Normalität), welche ihr Rollenverhalten bestimmen, und leben zugleich das Männerbündische. Sie wünschen sich eine
«Familie und Kinder zu haben», ein Befragter äussert, dass er «so eine richtige
Bilderbuch Familie» wolle im Bewusstsein, dass es dazu eine Frau brauche,
die man noch «finden» müsse. Ein Befragter spezifiziert, dass eine Frau «gut
tun» muss. Er hat eine «flotte Freundin», die ihn «auch ein bisschen, blöd
gesagt, ‹handsamer› (schweizerdeutsch für zahmer) gemacht» hat: «Wegen ihr
hab ich das Rauchen aufgegeben und mach jetzt auch wieder/ mache wieder
regelmässig Sport, gehe Joggen, gehe ins Fitness und so. Eben auch viel ge-
sünder mehr und so. Einfach solche Sachen, die gut tun». Die Frau wird hier
in der Rolle der Fürsorglichen und Pflegenden (im Sinne seiner Gesundheit)
beschrieben. Sie ist «flott», die sexuelle/erotische Weiblichkeit wird hier vermieden, es ist eher die Assoziation des Bildes der Kranken*schwester*, welches
durch seine Erzählung geweckt wird (Theweleit 2005b, 131 ff.). So erstaunt es
nicht, wenn derselbe Interviewte erzählt, dass er für eine Frau, nicht aus der
Szene aussteigen würde: «Das sind meine Kollegen und dann wüsste ich/ ich
bin jetzt da drin gewachsen und es ist so». Er bricht seine Erzählung ab. Die
Erklärung bleibt aus, an ihre Stelle tritt ein Prinzip («es ist so»). Die Verortung
in der Männergemeinschaft ist unveränderbar, sie ist einverleibt («gewachsen»). Bourdieu weist auf die grössere Bedeutung der homosozialen Felder für

die Konstruktion von Männlichkeit hin, sowie auf die marginale Rolle der Frauen in diesen. Die ernsten Spiele des Wettbewerbs werden unter Männern ausgetragen und es handelt sich dabei um eine auf soziale Schliessung angelegte Struktur (Bourdieu 2005, 93 ff., 133 f.). Die Kameradschaft ist heilig und steht über der Beziehung zu einer Frau, ja vielmehr dient sie dazu alle Formen weiblicher Kategorien auszuschliessen. Theweleit schreibt hierzu, dass in Gesellschaften, in welchen das Produktionsverhältnis der Geschlechter von Männern dominiert sei, vom Mann aus gesehen die Disposition zur Männerliebe das allgemeinste kollektive Triebschicksal sei, während es bei Frauen zur Bereitschaft werde, sich einem Mann oder Männern zu unterwerfen. Die Gesellschaftsordnung ist so gestaltet, dass die Attraktion des Männlichen durch die Entwertung des Weiblichen gefasst wird und alle Bedrohungen für das männliche Ich mit dem Weiblichen codiert sind (Theweleit 2005a, 330). Der Männerbund ist in unserer Gesellschaft in diesem Sinne in der Tendenz bereits angelegt. Ein anderer Interviewter erzählt, dass er «die einzig schlechten Erfahrungen» in seinem Leben in seinen Beziehungen zu Frauen gemacht habe: «Gerade ausgerechnet die Frauen». Er bricht eine längere Beziehung ab, da es keinen Sinn macht, sein Leben «hundertachtzig Grad» zu verändern. Dann sei es nicht der «richtige Partner». Die Beziehung zu einer Frau wird nicht dynamisch begriffen, sondern in ein richtig und falsch eingeteilt. Er erzählt, dass seine Freundin Mühe mit seinen rechten Aktivitäten gehabt habe und schreibt ihre Abwehr denjenigen zu, welche die Szene in Verruf bringen, den «Idioten», jenen, die «negativ auffallen». Die Beziehung zu seiner Freundin brachte ihn in die Lage, zwischen ihr und seiner Kameradschaft wählen zu müssen. Der Interviewte bringt in seiner Erzählung die Ambivalenz seiner Gefühle zur Sprache und hat sich schliesslich für seine Kameraden entschieden. Sich auf der Kreuzung dieses Antagonismus (Mann – Frau) zu bewegen, ist gefährlich (Bourdieu 1993, 372). Der Interviewte muss sich für eine der beiden Seiten entscheiden, die erlebte Symbiose ist mit Risiken behaftet. Er erzählt, wie es ihm bei der ersten Trennung «hundselend» gegangen ist und er einen «Herzschmerz» gefühlt habe, wie bis anhin noch nie, während er bei der zweiten Trennung ein «Erlösungsgefühl» gespürt habe. Während er in seinem Leben «ein paar Mal den Joker gezogen» hat und «immer nur gute Erfahrungen» gemacht hat, so erscheint seine Beziehung zu Frauen latent aggressiv: Er hat sich das Titelbild vom Film clockwork orange von Stanley Kubrick tätowiert. Das Bild zeigt den Protagonisten mit einer scharfen Klinge in der Hand und unterhalb seines Gesichts ist eine halb nackte Frau zu sehen, welche in ein Dreieck eingepfercht – in einer unterworfenen Haltung – verstümmelt ist. Ihre Extremitäten sind abgebrochen. Das Weibliche ist das Unberechenbare, das sich nicht wie ein Puzzleteil einfügt. Das Bedrohliche wird verstümmelt.

Die Wortwahl eines anderen Befragten, der das Zusammenziehen mit seiner Freundin und die Zeugung des ersten Kindes beschreibt, ist irritierend: «nachher ist dann die Freundin zu mir gezogen und nachher hat man dann mal geheiratet und dann ist sie mal schwanger geworden und dann haben wir dann die grosse Wohnung unten beansprucht». Man heiratet aus einer Pflicht heraus, die Wortwahl lässt keine Beziehung erahnen, sie erscheint affektfrei, ebenso das Schwanger werden. Das Kind scheint nicht aus einem Wunsch zu entspringen, sondern es passiert, der Akt der Vereinigung wird aus der Sprache ausgeschlossen, man ist dem Laufe der Natur ausgesetzt, die grössere Wohnung wird hierbei notwendig. Die Ehe wird zur Institution, die das Rollenverhalten festlegt. Man weiss, wie man sich zu verhalten hat (Schwarz 1985, 253 f.). Kontrastierend zur Darstellung seiner Frau, welche er während des Gesprächs mit seiner Mutter vergleicht und als «geduldig und tolerant» beschreibt, ist die Darstellung der Männergruppe, schwärmend und affektiv und die Stärke des Zusammenhalts dieser Gruppe wird betont: «(…) wir haben auch immer zusammen/zusammen gehalten, egal was war». Sie seien ein «Sauhaufen» gewesen und hätten «Blödsinn getrieben». Gegenüber der nüchternen Sprache der Familiengründung, sticht die sexualisierte Sprache, mit welcher der Männerbund beschrieben wird, ins Auge. In der beschriebenen Freizeit nimmt die Kameradschaft der Befragten einen grossen Stellenwert ein. Sie ermöglicht, aus der (heterosexuellen) Normalität auszubrechen und vor dem mit Weiblichkeit kodierten Bereich zu fliehen. Es handelt sich hierbei jedoch nicht um eine Homosexualität im Sinne einer Sexualität, sondern: «sie ist ebenso streng codiert wie ihr Gegenstück, das sie flieht: als Ausbruch, Übertretung, Tat böser Buben, perverses Spiel, schließlich selbst als terroristischer Akt, der in diesem System wahrscheinlicher ist, als eine Liebesbeziehung zwischen Männern» (Theweleit 2005a, 319). Das Männliche und Weibliche muss getrennt werden, ansonsten wirkt es bedrohend. Auf Veränderungen in der Gestaltung der Geschlechterverhältnisse reagieren die Befragten vordergründig abwehrend, indem auf Tradition und Brauchtum rekurriert wird.

3.4   Grundkonflikt Lebende – Tote

Neben dem Festhalten an einer vergeschlechtlichten Ordnung ist analog die Inszenierung der Generativität auffallend. Die Dichotomie zwischen Lebenden und Toten verdeutlicht auf ähnliche Weise, wie versucht wird, an einer bestehenden sozialen Ordnung im Sinne einer vermeintlich natürlichen Ordnung festzuhalten und Veränderungen abzuwehren. Zugleich zeigt sich in dieser Dichotomie (Innen – Aussen) die Analogie zwischen Sexismus und

Rassismus: Die «natürliche» Ordnung sichert die eigenen Privilegien. Man gehört qua Abstammung dazu. Die «Blutlinie» entscheidet über Ein- und Ausschluss. Die Interviewten leben einen «Ahnenkult», welcher sich in den gemeinschaftlichen Ritualen, aber auch in den Erzählungen und im Rückgriff auf die Vergangenheit manifestiert. Die Zukunft soll durch die Vergangenheit vereinnahmt werden. Man bemächtigt sich dadurch der unbestimmten Zukunft. Die generative Verwurzelung schafft einen einzigartigen Status und sichert die eigene Geschichte. Die jungen Erwachsenen nehmen in ihrer Freizeit an Totenfeiern teil (bspw. an der Schlachtfeier in Sempach) und gedenken ihrer Vorfahren. Durch die generative Verwurzlung wird der eigene Status erhöht und man kann am Glanze der Ahnen teilhaben. Man lebt in der Traditionslinie der Ahnen. Ihr Tod ist nicht standardverletzend im Sinne eines Abbruchs der Kommunikation, sondern standardverändernd: Die Toten leben weiter und sichern durch ihre Autorität die soziale Ordnung. Sie wirken in diesem Sinne standardstabilisierend (Schwarz 1985). Diese Traditionslinie, welche die soziale Ordnung sichert, reicht bis in die Biologie des Einzelnen hinein. Eine befragte Frau äussert bspw. als Abgrenzung gegenüber Menschen, die eingebürgert werden:

> *Weil dem seine Gene werden nie die gleichen sein, wie von jemandem, der seit Jahrhunderten, äh in Uri, blöd gesagt, aufgewachsen ist, und Vorfahren alle von dort kommen, das ist unvergleichbar, das ist unverwechselbar, das ist der genetische Fingerabdruck, den das schon hinterlegt, oder.*

Die Ahnen wirken nicht nur normativ auf das Leben der Lebenden, sondern schreiben sich auch in ihren Körper ein (Blut, Gene). Verwiesen wird auf die «eidgenössische» Abstammung[14]. Man ist verwurzelt und gehört zu der autochthonen Bevölkerung. Es ist die Integration qua Geburt. Das eigene Blut bezeichnet ein Interviewter als das «grösste Gut». Es ist das, was übrig bleibt, wenn man nichts mehr hat:

> *(…) äh, unser Blut, da muss man Sorge dazu tragen und auch äh, woher dass wir kommen, unsere Identität, das Land hat man mal aufgebaut, dass es uns heute so gut geht, das kommt nicht von ungefähr und vor dem sollte man Respekt haben, auch vor dem, dass wir noch Vorfahren hatten, die sich dafür eingesetzt haben, dass es ihren Nach/ ja, Nachleuten mal äh besser geht (…).*

---

14   Dies wird bspw. im Spruch «Schweizer kann man werden, Eidgenosse ist man», welcher rechte Jugendliche und junge Erwachsene auf T-Shirts tragen oder in Foren kommunizieren, deutlich.

Den Lebenden werden durch die Vorfahren Pflichten auferlegt. Man ist den Ahnen zu Dank verpflichtet. Zugleich muss das Weiterleben durch die Existenz von eigenen Kindern gesichert werden. Alle von mir befragten Männer wünschten sich in mittelbarer oder unmittelbarer Zukunft Kinder. Sie sprechen von «Kinder haben», «Familie haben», eine Familie «gründen». Geäussert wird, dass man durch die Familie, das Fortbestehen der Schweiz, den «eigenen Weg» sichere, dass es schön sei, etwas von sich zu lassen, das allenfalls wieder etwas zurücklässt. Das eigene Weiterleben wird durch die Existenz von Kindern gesichert. Die Zukunft soll nicht abbrechen und über die Kinder wird eine Verlängerung in die Zukunft geschaffen. Sie bezeugen, dass man gelebt hat.

In der Gesamtschau zeigt sich, dass beide homologe Gegensätze (Frauen – Männer, Lebende – Tote) von den Befragten mehrheitlich durch Unterordnung und/ oder Delegation aufgelöst werden. Festgehalten wird an einer (hierarchischen) Geschlechterordnung, welche durch Naturalisierung legitimiert wird. Die «heilige Ordnung» sichert bestehende Unsicherheiten, aber auch Tradition und Brauchtum wirken standardstabilisierend. Das Lebendige (Chaos) wird dem Toten (Ordnung) untergeordnet. Hierin zeigt sich die Analoge zwischen Sexismus und Rassismus. In einem Prozess der Spaltung, werden Differenzen betont, naturalisiert und festgeschrieben. Eigene (weibliche/männliche oder fremde) Anteile und Affekte werden abgespalten und auf das Andere/ Fremde projiziert. Bevorzugt wird das Getrennte – Franke spricht beim Kleinbürgertum von einer «Präferenz des Statischen» (1988) – Vermischung ist bedrohend und Veränderungen lösen Angst aus: «Einfach, dass das Fremde zu uns kommt, das macht mir irgendwo doch ein wenig Angst», formuliert eine befragte junge Frau. Das «Fremde» zu integrieren fällt schwer, das «Eigene» wird dadurch in Frage gestellt. Es soll so bleiben, «wie wir's mal früher hatten», äussert sie weiter. «Der Kleinbürger mag nicht viel besitzen, aber das, was er hat, bedarf der Ordnung und der Sicherheit» (Rothschild 1998, 220).

4   Schluss

Das Aufgreifen und Betonen dichotomer Schemata und deren Naturalisierung ermöglicht bestehende Strukturen festzuschreiben und zu legitimieren. Eine soziale Ordnung wird dadurch als «natürliche» fixiert und vor (bedrohlichen) Veränderungen geschützt. Bestehendes wird konserviert. Wahrgenommene Transformationen versuchen rechte Gruppen durch politisch geäusserte Ideologien, formulierte (Partei-)Programme[15], ästhetische Inszenierungen und Festhalten an traditionellen Feierlichkeiten zu begegnen. «Männliche Herrschaft» muss dabei nicht gerechtfertigt werden und wird unhinterfragt hingenommen. Anstelle einer Erklärung tritt ein Prinzip: «Es ist und war so». Zugleich ermöglicht der Rekurs auf eine vermeintlich «natürliche» Ordnung Stabilität und Sicherung der eigenen individuellen Situation. In meiner Untersuchung wurde deutlich, dass es sich nicht um die «Ausgegrenzten» und «Abgehängten» (Castel et al. 2009) handelte, welche sich rechten Gruppen anschlossen, sondern es waren vielmehr Angehörige kleinbürgerlicher Milieus. Ausgehend von meiner These, dass «Männlichkeit» nicht unabhängig von sozialstruktureller Verortung analysiert werden kann, wird im Datenmaterial deutlich, dass der Rückgriff auf «Männlichkeit» insbesondere an jenen sozialen Orten zu konstatieren ist, wo soziale Mobilität (subjektiv) unsicher scheint. Bei der Mehrheit der Befragten ist die soziale Mobilität aufgrund ihres Bildungs- und Berufsabschlusses beschränkt. Sie arbeiten mehrheitlich in Berufen mit wenig Entwicklungsperspektiven und Mobilitätschancen. Ihre Positionen auf den erwerbbaren Statuslinien sind wenig macht- und prestigegeladen. Ute Scheub (2010) spricht von «Statuspanik» des weissen Mannes, der sich in seinen Privilegien bedroht sieht, sich vor Marginalisierung ängstigt und dem sozialen Wandel eine starre hierarchische Ordnung entgegensetze. Es handelt sich jedoch hierbei vielmehr um den Versuch, diese zu retten. Allen Begriffen, mit welchen in diesem Diskurs operiert wird, nämlich Natur, Blut, Gene ist gemeinsam, dass sie dazu dienen, die Unveränderbarkeit sozialer Kategorien zu sichern. Es geht um die Gewissheit, dass die eigene Position nicht gefährdet wird (vgl. Braun 2018, 12). Mehrere Interviewte forderten im Interview explizit, dass sie so akzeptiert werden, wie sie sind. Die «natürliche» Geschlechterordnung, die Zugehörigkeit zu einem grossen Ganzen, nämlich der rechten Gruppe, der Schweiz und deren Vergangenheit scheinen dieses Bedürfnis zu stillen. Insofern begegnet die rechte Ideologie den eigenen Ängsten, indem Angst in Aggression transformiert wird und der Rekurs auf Natur, Tradition, Ordnung und Statik vordergründig Stabilität und Sicherheit schafft.

Eine «Zeitdiagnose von Männlichkeit» ist abschliessend nicht unabhängig von «Weiblichkeit» und einer sozialstrukturellen Analyse zu leisten. Die dichotome vergeschlechtlichte Einteilung der sozialen Ordnung – worauf die Befragten rekurrieren – intendiert den status quo zu erhalten und «Männlichkeit» dient im Sinne eines askriptiven Merkmals als Möglichkeit, eine Statusdifferenz zu markieren und einen höheren Rang in der gesell-

15   Vgl. dazu exemplarisch Parteiprogramm der PNOS (https://www.pnos.ch/docs/ parteiprogramm_de.pdf. (Zugriff 14.04.2020)

schaftlichen Hierarchie einzunehmen. Insofern ist es nicht zufällig, wo Persistenz gewünscht wird. Es sind soziale Orte, wo Aufstiegschancen erschwert, Rationalisierungsprozesse die Zukunftschancen der Berufe minimieren, Berufsabschlüsse Entwertung erfahren. Körperliche Arbeit lässt sich bspw. kaum noch männlich überhöhen (Willis 1979) und die «Feminisierung»[16] der Arbeit wird wahrgenommen (Hardt et al. 2010, 147). Dahingehend äussern die Befragten, dass sie sich Berufe «im Büro oder so» wünschen. Der Zugang zu diesen ist ihnen jedoch aufgrund niedriger Bildungsabschlüsse häufig erschwert. Ästhetisch sticht dabei in den vergangenen Jahren ins Auge, dass die jugendlichen maskulinen Attribute wie Bomberjacke, Springerstiefel und Glatze weitgehend verschwunden sind und durch einen "smarten look"[17] ersetzt wurden. Veränderungen werden in diesem Sinne von den jungen Erwachsenen wahrgenommen, Anpassungen teilweise geleistet, aufgrund des eigenen Status besteht jedoch die Sehnsucht nach Sicherung der «natürlichen» Ordnung. Der Bier trinkende Handwerker wird's richten.

5 Literaturverzeichnis

Bourdieu, Pierre. 2005. *Die männliche Herrschaft*. Frankfurt a. M.: Suhrkamp.

Bourdieu, Pierre. 1993. *Sozialer Sinn. Kritik der theoretischen Vernunft*. Frankfurt a. M. Main: Suhrkamp.

Braun, Christina von. 2018. *Blutsbande. Verwandtschaft als Kulturgeschichte*. Berlin: Aufbau Verlag.

Castel, Robert und Klaus Dörre, (Hrsg.). 2009. *Prekarität, Abstieg, Ausgrenzung. Die soziale Frage am Beginn des 21. Jahrhunderts*. Frankfurt; New York: Campus.

Durkheim, Emile. 1983. *Der Selbstmord*. Frankfurt a. M.: Suhrkamp.

Franke, Berthold. 1988. *Die Kleinbürger. Begriffe, Ideologie, Politik*. Frankfurt a. M.: Campus.

Hardt, Michael und Antonio Negri. 2010. *Common Wealth. Das Ende des Eigentums*. Frankfurt a. M./New York: Campus.

Heintz, Peter. 1962. *Einführung in die soziologische Theorie*. Stuttgart: Ferdinand Enke Verlag.

---

16   Hardt/ Negri verstehen unter Feminisierung nicht die Verbesserung der Situation von Frauen, sondern die zunehmende Bedeutung «femininer» Qualitäten im Arbeitsprozess, die Flexibilisierung, sowie der Anstieg des Frauenanteils an der Erwerbsarbeit. Sie schlagen vor, von einem Biopolitisch-Werden der Arbeit zu sprechen, um die zunehmende Verwischung der Grenzen von Arbeit und Leben, Produktion und Reproduktion hervorzuheben (2010, 147f.).

17   Vgl. hierzu bspw. Präsentation des Parteivorstandes der PNOS (bspw.: https://www.pnos.ch/?pid=500.ch/ [Zugriff 14.04.2020])

Hoffmann-Nowotny, Hans-Joachim. 1973. *Soziologie des Fremdarbeiterproblems. Eine theoretische und empirische Analyse am Beispiel der Schweiz.* Stuttgart: Ferdinand Enke Verlag.

Hoffmann-Nowotny, Hans-Joachim, Andi Bösch, Gaetano Romano und Jörg Stolz. 1997. *Das «Fremde» in der Schweiz – 1969 und 1995: eine Replikationsstudie.* Zürich: Soziologisches Institut der Universität Zürich.

Horlacher, Stefan, Bettina Jansen und Wieland Schwanebeck, (Hrsg.). 2016. *Männlichkeit: ein interdisziplinäres Handbuch.* Stuttgart: Metzler Verlag.

Keller, Reiner. 2011. *Diskursforschung. Eine Einführung für SozialwissenschaftlerInnen.* 4. Aufl., Wiesbaden: VS Verlag.

König, Hans-Dieter. 2003. Tiefenhermeneutik. In Uwe Flick, Ernst von Kardorff und Ines Steinke (Hrsg.), *Qualitative Forschung. Ein Handbuch* (S. 556–569). Reinbek bei Hamburg: Rowohlt.

Koppetsch, Cornelia und Maja S. Maier. 2001. Vom Patriarchalismus zur Partnerschaft? Männlichkeiten im Milieuvergleich. In Peter Döge und Michael Meuser (Hrsg.), *Männlichkeit und soziale Ordnung. Neuere Beiträge zur Geschlechterforschung* (S. 27–48). Opladen: Leske + Budrich.

Kracauer, Siegfried. 1971. *Die Angestellten.* Frankfurt a. M.: Suhrkamp.

Lorenzer, Alfred. 1995. *Sprachzerstörung und Rekonstruktion. Vorarbeiten zu einer Metatheorie der Psychoanalyse.* 4. Aufl., Frankfurt a. M.: Suhrkamp.

Merton, Robert K. 1995. *Soziologische Theorie und soziale Struktur.* Berlin: de Gruyter.

Meuser, Michael. 2016. Soziologie. Entstehung und Entwicklung soziologischer Männlichkeitsforschung. In Stefan Horlacher, Bettina Jansen and Wieland Schwanebeck (Hrsg.), *Männlichkeit. Ein interdisziplinäres Handbuch* (S. 218–236). Stuttgart: Metzler.

Meuser, Michael. 2001. «Ganze Kerle», «Anti-Helden» und andere Typen. Zum Männlichkeitsdiskurs in neuen Männerzeitschriften. In Peter Döge und Michael Meuser (Hrsg.), *Männlichkeit und soziale Ordnung. Neuere Beiträge zur Geschlechterforschung* (S. 219–236). Opladen: Leske + Budrich.

Meuser, Michael. 2000. Dekonstruierte Männlichkeit und die körperliche (Wieder-) Aneignung des Geschlechts. In Cornelia Koppetsch (Hrsg.), *Körper und Status. Zur Soziologie der Attraktivität* (S. 211–236). Konstanz: UVK.

Pohl, Rolf. 2019. *Feindbild Frau. Männliche Sexualität, Gewalt und die Abwehr des Weiblichen.* 2. Aufl., Hannover: Offizin.

Rothschild, Berthold. 1998. Zur Psychologie des kannibalischen Wohlbefindens. In Emilio Modena (Hrsg.), *Das Faschismus-Syndrom. Zur Psychoanalyse der Neuen Rechten in Europa* (S. 205–227). Gießen: Psychosozial-Verlag.

Scheub, Ute. 2010. *Heldendämmerung. Die Krise der Männer und warum sie auch für Frauen gefährlich ist.* München: Pantheon.

Schwarz, Gerhard. 1985. *Die «Heilige Ordnung» der Männer. Patriarchalische Hierarchie und Gruppendynamik.* Opladen: Westdeutscher Verlag.

Theweleit, Klaus. 2005a. *Männerphantasien 1 + 2*, Vol. 2: Männerkörper – zur Psychoanalyse des weißen Terrors. 3. Aufl., München; Zürich: Piper.

Theweleit, Klaus. 2005b. *Männerphantasien 1 + 2*, Vol. 1: Frauen, Fluten, Körper, Geschichte. 3. Aufl., München; Zürich: Piper.

Turner, Victor. 2009. *Vom Ritual zum Theater. Der Ernst des menschlichen Spiels.* Frankfurt a. M./New York: Campus.

Vogel Campanello, Margot. 2015. *Männlichkeit und Nationalismus. Deutungen der Selbstdarstellung rechtsorientierter junger Erwachsener.* Zürich: Chronos.

Willis, Paul. 1991. *Jugend-Stile. Zur Ästhetik der gemeinsamen Kultur.* Berlin: Argument.

Willis, Paul. 1979. *Spass am Widerstand: Gegenkultur in der Arbeiterschule.* Frankfurt a. M.: Syndicat.

7 «Mit dem Kopf anstatt mit Muskeln» – Orientierung an Deeskalation als weiche Kritik an gewaltaffinen Männlichkeiten in der Polizei

Nathalie Pasche

1 Einleitung

Bereits historisch gesehen ist der Bereich der inneren und äusseren Sicherheit eine Männerdomäne: Bei der «Herausbildung des Gewaltmonopols» (Behr 2008a, 123) wurde der «Schutz des Gemeinwesens» (Kersten 2002, 78) an Männer übertragen. Mit Blick auf die Polizei als «Gender-Produzenten» (Scholz 2005) erscheint ein "doing gender while doing work" (Leidner 1991; Gottschall 1998; Wetterer 2002; 2008) bzw. ein "doing masculinity" in klischierter Form. In vielen aktuellen empirischen Studien widerspiegelt sich oftmals ein männlicher Berufshabitus, der mittels autoritärer und gewaltvoller Handlungen inszeniert wird. So erhoffen sich junge Revierpolizisten in einer Pariser Polizei durch die «Jagd» (d. h. der Ausschau nach Straftaten) ihre Aufstiegschancen zu erhöhen und zugleich Autorität im Territorium zu markieren (vgl. Lukas/Gauthier 2011). Hüttermann (2000) beschreibt eine «Street Corner Polizei» in Duisburg – eine in zivil operierende polizei-subkulturelle Einheit – welche die gleichen Männlichkeitscodes wie die ansässigen migrantischen Jugendlichen anwendet und sich so den Respekt als «mächtigste Gang der Stadt» (2000, 534) verschafft. In Einvernahmen greifen ermittelnde Polizisten eines städtischen Schweizer Korps auf Männlichkeitskonstruktionen zurück, vorwiegend um den ambivalenten Beziehungsaufbau aufrecht zu erhalten (vgl. Piñeiro et al. 2021, 100 ff.). Angesichts der genannten ethnografischen Untersuchungen erscheint die Polizei als Ort, an dem Männlichkeiten in ihren reinsten Formen untersucht werden können (vgl. Silvestri 2012, 236). Es stellt sich die Frage, ob der Blick auf Männlichkeiten in der Polizei auch wirklich neue Erkenntnisse generiert. In den letzten Jahrzehnten sind aber grundlegende Veränderungen in Polizeiorganisationen zu beobachten, die eine Zeitdiagnose erfordern. Die daraus resultierenden Konsequenzen auf Geschlecht – und damit verbundene Berufskonstruktionen – sind aufgrund der Komplexität des Feldes nur punktuell erforscht. Manche Forschende beklagen zudem, dass genau im Polizeiforschungskontext Männlichkeit hochstilisiert und unterkomplex behandelt wird. Also nicht nur die Polizei erlebt einen Wandel, sondern auch in der Männlichkeitsforschung selber sind Veränderungen bemerkbar.

Der vorliegende Beitrag geht konkret der Frage nach, ob es Indizien für eine Erosion des genuin männlichen Gewaltmonopols und insbesondere eine polizei-interne kritische Haltung gegenüber aggressiven, gewaltzelebrierenden Männlichkeiten gibt. Zur Beantwortung der Fragestellung greife ich auf zwei Forschungen zurück, die zwei verschiedene Polizeiorganisationen in der Schweiz im Fokus hatten: Ein vom Schweizerischen Nationalfonds (SNF) gefördertes Forschungsprojekt[1] zu doing ethnicity while doing work sowie mein Dissertationsprojekt zum Thema «Narrationen zu Vielfalt in der Polizei». Durch beide Projekte konnte ich unterschiedliches Datenmaterial sammeln, generieren und analysieren. Dazu gehören Beobachtungsprotokolle durch teilnehmende Beobachtungen zum Polizeialltag, ethnografische und narrative Interviews sowie interne Dokumente. Das Datenmaterial wurde mittels interpretativer Methoden (vgl. Rosenthal 2011; Bohnsack 2014) – konkret nach Grounded Theory (vgl. Strauss 1998) – kodiert. Daraus rekonstruiere ich das spezifische berufsideologische Orientierungsmuster der Deeskalation und darin eingebettete Geschlechterkonstruktionen. Diese lassen sich besonders über Erzählungen und Anekdoten aus Interviews mit Polizist_innen illustrieren[2]. Darin entwickeln die deeskalierenden Polizist_innen ihren Berufsethos anhand einer prototypischen Gegenfigur, den gewaltaffinen Polizisten. Zuerst wird jedoch auf den Polizeiwandel und die Männlichkeitsforschung in der Polizei eingegangen. Der Beitrag endet mit einem Fazit.

2 Aktuelle Polizeireformen und Trends

Mit Blick auf die historischen Entwicklungen der Polizei zeigt sich, dass Veränderungen von Polizeiorganisationen keineswegs neue Phänomene sind (vgl. Ebnöther 2000 zur Schweiz). Ich beziehe mich jedoch auf aktuellere Reformen und Trends, die höchstens wenige Jahrzehnte zurückliegen und die Ergebnisse besser einordnen lassen. Konkret sind folgende Reformen und Trends in der Schweiz aus meiner Sicht erwähnenswert: 1. Reformen der Or-

---

1   Titel des Projektes: «‹Interkulturelle Öffnung der Institutionen›. Herkunftsbezogene Differenz in der Schweizer Street-Level Bureaucracy» (SNF-Projektnummer 146029). In verschiedenen Artikel sind (Teil-)Ergebnisse festgehalten. Vergleiche Piñeiro et al. 2019 und Piñeiro et al. 2021 für alle Ergebnisse im Überblick; Koch et al. 2019 mit Fokus Jugendamt; Pasche et al. 2018 mit Fokus Polizei.

2   Das ethnografische Datenmaterial bildet sich in den Handlungsbeschreibungen zur Deeskalation ab (siehe einführender Teil im Kap. 5).

ganisationsstruktur, 2. Vereinheitlichung der Polizeiausbildung, 3. Vermittlung eines «softeren» Berufsbilds und 4. zunehmende Vielfalt in der Personalzusammenstellung. Die erwähnten Entwicklungen sind teilweise empirisch kaum auseinanderzuhalten, da sie sich gegenseitig bedingen, beeinflussen usw., werden zur besseren Übersicht aber dennoch separat beschrieben.

1. Reformen der Organisationsstruktur: Die Schweizer Polizei ist föderalistisch organisiert, d. h. die Kantone haben die Polizeihoheit inne. Die Kantonspolizeien teilen ihre Aufgaben mit den Stadt- und Gemeindepolizeien, wobei die Befugnisse und Kompetenzen sowie Polizeimodelle je nach Ort variieren können. In der Deutschschweiz sorgen manche Stadt- und Gemeindepolizeien für Sicherheit, öffentliche Ruhe und Ordnung, während die Kantonspolizeien verkehrs- und kriminalpolizeiliche Aufgaben übernehmen (vgl. Lehmann 2007, 69 ff.). In anderen Kantonen, die geografisch zergliedert sind oder traditionell über eine hohe Gemeindeautonomie verfügen, übernehmen Stadtpolizeien auch kriminalpolizeiliche Aufgaben. Manche Kantone haben gar keine Gemeindepolizeien (vgl. Bundesamt für Polizei o. J.). Entsprechend lässt sich die Schweizer Polizei mit über hundert Kantons-, Stadt und Gemeindepolizeien[3] (vgl. Gamma 2004, 19) als «wahren Flickenteppich von Formen von Polizeiorganisationen» (Scheffler 2012, 88) beschreiben. Viele Stadt- und Kantonspolizeien befassen sich in den letzten Jahren mit einer «Reorganisation» (Blaulicht 2017, 37) auch bezüglich der Aufgabenteilung zwischen Kantons-, Stadt- und Gemeindepolizeien. Wenn auch die Ausgestaltung von Reformen lokale Eigenheiten aufweisen, so wird doch gleichzeitig der «Trend zur Regionalisierung und Zentralisierung» (Gamma 2004, 19) deutlich. Dieser macht sich u. a. durch die Fusionierung der Gemeinde- oder Stadtpolizeien mit Kantonspolizeien und durch die Reduktion von Gemeindepolizeien «zugunsten zentral koordinierter Polizeieinsätze mit mobilen, regional organisierten Patrouillen» (Ebnöther 2010, 6; vgl. Gamma 2004; Scheffler 2012) bemerkbar. Reformen sollen «klare Kompetenzordnung, die Ausnützung von Synergiepotenzialen, die Vermeidung von Doppelspurigkeiten sowie finanzielle Entlastung» (Scheffler 2012, 88) ermöglichen. Die damit verbundenen Ansprüche zu effizienterer und effektiverer Polizeiarbeit widerspiegeln eine «Verbetriebswirtschaftlichung des Gewaltmonopols» (Briken 2014, 228). Dieses sogenannte New Public Management (NPM) bzw.

---

3   Die genaue Anzahl variiert je nach Quellen und deren Aktualität und ist, angesichts der erwähnten Unübersichtlichkeit und des Regionalisierungstrends, wohl schwierig zu eruieren. Beispielsweise zählt die Konferenz der Kantonalen Polizeikommandanten Schweiz (KKPKS) auf ihrer Webseite «26 kantonale und ca. 300 kommunale Polizeikorps» (KKPKS o. J.). Gamma (2004) schätzt die Anzahl Kantons-, Stadt- und Gemeindepolizeien auf 121 (2004, 19).

«New Police Management» (Briken 2014) prägt die Polizeiorganisationen im europäischen Kontext in Richtung "much more 'business like' in orientation" (Silvestri 2012, 249 für England; vgl. Briken 2014 für Übersicht über Europa; Lange/Schenk 2012 für Deutschland). Für den vorliegenden Artikel sind nicht die direkten Auswirkungen auf die Polizeiorganisation und -arbeit im Allgemeinen von Interesse, sondern die Frage, ob eine solche Dienstleistungsorientierung Öffnungspotenziale gegenüber «Minderheiten» entfalten kann oder Neuverhandlungen in Bezug auf Geschlecht initiieren können (vgl. Wilz 2005; Riefgraf 2007 für öffentliche Verwaltungen; Silvestri 2012 im Polizeikontext).

2. *Vereinheitlichung der Polizeiausbildung:* Die erwähnten Zentralisierungstendenzen sind bei den dramatischen Umwälzungen in der Polizeiausbildungslandschaft besonders deutlich. Bis vor zwei Jahrzehnten war die Polizeiausbildung in der Schweiz ebenso unübersichtlich wie die Polizeilandschaft selber, denn die meisten Polizeikorps verfügten über ihre eigene Polizeischule (vgl. Lehmann 2007, 37; Schweizerisches Polizei-Institut o. J. a). Mit der Einführung des bildungspolitischen Gesamtkonzepts (BGK) wurde die Ausbildung modernisiert, vereinheitlicht und die Anzahl Polizeischulen auf «sechs regionale Ausbildungszentren» reduziert (Schweizerisches Polizei-Institut o. J. a; vgl. Pichonnaz 2017, 61 ff.; Weissleder 2015; Lehmann 2007). Polizeiabsolvent_innen erhalten seither den Titel «Polizist/Polizistin mit eidgenössischem Fachausweis». Seit Herbst 2019 ist das nachfolgende BGK 2020 im Gange, u. a. wurde damit auch schweizweit eine zweijährige Grundausbildung festgelegt (vgl. Schweizerisches Polizei-Institut o. J. b). Die Ausbildung ist also nach wie vor im Umbruch. Insgesamt tragen wohl die genannten Veränderungen zur Professionalisierung des Berufs bei, was auch in anderen Ländern festgestellt wird: Die Ausbildung wird ausgebaut, systematisiert und damit auch professionalisiert (vgl. Briken 2014, 221).

3. *Vermittlung eines «softeren» Berufsbilds:* In den letzten drei Jahrzehnten haben polizeiliche Tätigkeiten in Richtung «soft policing» (Innes 2005) an Bedeutung gewonnen. Diese weicheren Interventionsformen lassen sich wie folgt beschreiben: "non-coercive aspects of police-led social control encompassing the provision of a visible presence of authority, persuasion, negotation and community interaction" (Innes 2005, 157). Neue Funktionen und Tätigkeiten werden wahrgenommen, die über klassische Polizeiaufgaben rund um Sicherheit und Strafverfolgung hinaus gehen (insbesondere im Präventionsbereich) und ein sozialeres Profil erfordern. Die wohl bekannteste Bewegung dieser Art ist das sogenannte community policing (in der Schweiz bürgernahe Polizeiarbeit; in Deutschland kommunale Kriminalprävention,

vgl. dazu Scheffer et al. 2017). Dieses soll die Beziehung zu den Bürger*innen durch Vertrauensarbeit und kommunikative Polizeipräsenz verbessern, das subjektive Sicherheitsgefühl erhöhen sowie die Ursprünge der Kriminalität beseitigen (vgl. Behr 2014; Feltes et al. 2013). Im Präventionsideal verschwindet Gewalt und lässt polizeiliche Zwangshandlungen obsolet wirken (vgl. Lehne 2002, 169; Behr 2014, 208). In einer ähnlichen Logik fügt sich die sogenannte «3D-Strategie» (Dialog, Deeskalation und Durchgreifen) ein, welche dafür plädiert, den gewaltvollen Eingriff erst als letztes Mittel anzuwenden. Lehmann (2007) stellt als «Zustandsbild» fest, dass Schweizer Polizeien mit den neuen Ansprüchen konfrontiert werden, «erzieherische, soziale oder kommunikative Rollen [zu] übernehmen. Alles Aufgaben, für die sie ursprünglich nicht gedacht waren» (2007, 14). Auch beim Anwerben von Polizeianwärter*innen lässt sich eine Zuwendung zum Sozialen und eine Distanzierung von Gewalthandlungen feststellen. So halten Webseiten von Polizeikorps z. B. explizit fest, dass «keine Rambos» und «keine Superhelden» erwünscht seien, und betonen stattdessen den «Einsatz für das Gemeinwesen» oder suchen «hellwache Köpfe». Kommunikative Kompetenzen sind zudem mittlerweile als Anforderungen in den Rekrutierungskriterien nicht mehr wegzudenken. Aus den genannten Beispielen wird deutlich, dass polizeiliche Leitbilder und Handlungsorientierungen sich zusammen mit den gesellschaftlichen Anforderungen und neuen Aufgabenbereichen verändern (vgl. Behr 2014; Lukas/Hunold 2010, 339). Weichere Aufgaben, Kompetenzen und Orientierungen stehen im Widerspruch zum sogenannten "hard policing" (Innes 2005, 157), das zwangsvolle, härtere und hierarchiegeprägte Interventionen beinhaltet und vorwiegend auf Kriminalitätskontrolle und Strafverfolgung abzielt (vgl. Innes 2005, 157). Trotz etlicher Reformbemühungen von polizeilichen Berufsbildern gelten diese für viele Polizist*innen nach wie vor als Kern «richtiger» Polizeiarbeit (vgl. Innes 2005; Pichonnaz 2011 für ein Ausbildungszentrum in der Westschweiz). Entsprechend können weichere Interventionsformen polizei-intern als abweichend von der klassischen Polizeiarbeit klassifiziert werden. Manche Forschende vermuten hier eine Konnotation mit Weiblichkeit und damit einhergehende Entwertung (vgl. Bevan/MacKenzie 2012) oder einen Zusammenhang zwischen der Öffnung gegenüber Frauen und der Vermarktung eines sozial-kommunikativen Berufsbildes (vgl. Wilz 2005, Behr 2008a, 145; Schöne 2011, 266).

4. Zunehmende Vielfalt in der Personalzusammenstellung: Wenngleich die Polizei nach wie vor als Männerdomäne bezeichnet werden kann, so hat der Frauenanteil in den letzten Jahrzehnten stetig zugenommen. In Neuenburg waren die Polizeiaspirant*innen 2015 bei einer geringen Fallzahl in der Mehrheit. Die NZZ betitelte entsprechend ihren Beitrag mit «Die Polizei, deine Freundin und Helferin» (Kucera 2016) und stellte die Frage, ob eine «Feminisierung der Polizei» stattfinde. Davon sind wir jedoch noch weit entfernt, wie manche Zahlen zu den Frauenanteilen verschiedener Korps zeigen: Diese bewegen sich von 13 Prozent bis knapp 30 Prozent[4], wobei die Anteile in der Ausbildung tendenziell höher sind als im Korps selber. Dennoch zeigen Rekrutierungsbilder auf Webseiten der Schweizer Polizeien häufig gemischtgeschlechtliche Patrouillen, dies obwohl das nicht der beruflichen Alltagsrealität entspricht. Der so bildlich vermittelte Eindruck, dass Geschlecht im ausgewogenen Verhältnis stehe und damit Gleichstellung in der Polizei Normalität sei, weist auf eine Rekrutierungsstrategie hin, den Polizeiberuf für Frauen attraktiv zu machen und sich zugleich als moderne Organisation zu behaupten. Manche Autor*innen vermuten mit den Veränderungen des Berufsbildes einen Zusammenhang mit der Öffnung gegenüber Frauen (vgl. Wilz 2005; Schöne 2011, 266; Behr 2008a, 145) sowie auch gegenüber anderen Minderheiten (vgl. Sklansky 2006). Es ist anzunehmen, dass ein vielfältigeres Polizeipersonal auch Auswirkungen auf das polizeiliche Selbstverständnis hat.

Die vier genannten Entwicklungen verdeutlichen, dass im Polizeifeld in den letzten Jahrzehnten bedeutsame Veränderungen beobachtbar waren und teilweise sogar noch im Gange sind. Strukturelle Reformen wie Öffnungsbewegungen, Dienstleistungsorientierung, Professionalisierung der Ausbildung usw. bieten potenziell neue Berufsprofile und berufliche und geschlechtliche Identitäten. Auch im Kontext der Männlichkeitsforschung in der Polizei kündigen sich Umbrüche an, darauf wird im nächsten Unterkapitel ausführlicher eingegangen.

3   Vom Krieger an der Front zu anderen Männlichkeiten

Lange Zeit konzentrierte sich die Männlichkeitsforschung in der Polizei auf die gewaltaffinen Männlichkeiten, insbesondere von patrouillierenden Uniformpolizisten. Zweifellos sind die uniformierten und bewaffneten Polizisten draussen im Revier interessant, sind nämlich dort Geschlechterkonstruktionen und Gewalthandlungen im Kontext der staatlich vergebenen «Gewaltlizenz» (Herrnkind/Scheerer 2003) besonders virulent. Entsprechend arbeiten viele mit dem Konzept der «hegemonialen Männlichkeit» (Connell 2015), da sich staatlich legitimierte Gewaltausübung und männlich-aggressives Handeln argumentativ zusammenknüpfen lassen (vgl.

---

4   Beispiele für Frauenanteile im Jahr 2018: Kantonspolizei Wallis: 13 Prozent im Korps und 42 Prozent in der Ausbildung (vgl. SRF 2018). Kantonspolizei Zürich 20 Prozent im Korps und 30 Prozent in der Ausbildung (vgl. Kantonspolizei Zürich 2019, 63).

Bevan/McKanzie 2012; Behr 2008b). Verschiedene Forschungen weisen auch auf diese Persistenz hin, indem sie zeigen, dass Gewaltbereitschaft und der männliche Körper nach wie vor als Voraussetzungen von richtiger Polizeiarbeit gesehen werden (vgl. Prokos/Padavic 2002; Pichonnaz 2011 für die Polizeiausbildung). Wenig überraschend ist in diesem Zusammenhang, dass einige Forschende ambivalente Bewegungen innerhalb von Polizeiorganisationen feststellen, die einerseits einen Wandel und Modernisierungsprozesse – auch in Bezug auf Geschlecht – jedoch zugleich Persistenzen wahrnehmen (vgl. Wilz 2005 und Müller 2010 im selben Forschungsprojekt; Pichonnaz 2011). Nichtsdestotrotz häufen sich vermehrt Kritiken, dass Männlichkeit und Männerbünde in der Polizei hochstilisiert und stark homogenisiert werden (vgl. Silvestri 2012; Bevan/McKanzie 2012; Myrttinen et al. 2016). Die häufig beschriebene Männlichkeit sei eine "hyper masculinity" (Myrttinen et al. 2016), die an Gewalt, Kontrolle, territoriales Denken usw. geknüpft sei. Unter den Begriffen «esprit de corps», "cop culture" und «Korpsgeist» werde eine «durchweg männlich geprägt[e]» (Wilz 2005, 163) und ihrer Umwelt gegenüber geschlossene Organisation beschrieben, was der heutigen Polizei nicht mehr ganz entspreche (vgl. Mastrofski/Willis 2010; Sklansky 2006). Gesellschaftliche und polizei-interne Bewegungen sowie andere nicht-rambohafte Männlichkeiten würden zu wenig beachtet, so die häufige Kritik. Auch damit werde die interne Heterogenität bezüglich Funktionen, Tätigkeiten, Status und damit verbundenen konkurrierenden Männlichkeiten zu wenig berücksichtigt, ist ja die Polizei «kein Monolith» (Schöne 2011, 14).

Als ein Versuch, die organisationale Vielfalt an Funktionen sowie andere Männlichkeitskonstruktionen zu berücksichtigen, kann die Fokussierung auf weitere idealtypische Männlichkeiten neben des gewaltaffinen Polizisten erwähnt werden. Verschiedene Forschende befassen sich beispielsweise auch mit Männlichkeiten im Polizeimanagement. Den Grundstein hierfür hat Reuss-Ianni (1983) mit ihrer Rekonstruktion der sogenannten "street cops" und den "management cops" gelegt. Behr (2008b) übernimmt die Unterscheidung zwischen den Begriffen «Polizistenkultur» bzw. "cop culture" (street cops) und «Polizeikultur» (management cops) und identifiziert damit auch verschiedene Männlichkeitsideale: Zum einen die «Krieger», vorwiegend junge Männer, die eine hohe Gewaltaffinität aufweisen. Im Kontrast hierzu stehen die «Schutzmänner», vorwiegend erfahrene und ältere Männer in Management-Positionen, welche kommunikativ – insbesondere im Umgang mit der Öffentlichkeit – versiert sind. Erstere gelten intern als richtige Polizisten und stellen damit auch das «hegemoniale Männlichkeitsmodell der Polizei» (Behr 2008a, 118) dar. Silvestri (2012) identifiziert ebenfalls einen maskulinen Manager-Typus: Den "smart macho leader" (2012, 244), welcher – unter Einfluss von NPM-Reformen – sehr leistungsorientiert und kompetitiv handelt und ein "workaholic macho ethos" (2012, 247) verfolgt. Young (2003) beklagt, dass oftmals in Sicherheitsdiskursen von einer hegemonialen Männlichkeit ausgegangen wird, die mit Aggressivität, Dominanz (insbesondere gegenüber Frauen), Eroberungshandlungen und Egoismus einhergeht. Sie skizziert stattdessen "the logic of masculinist protection" (Young 2003, 1), welches für staatliche Sicherheitsorganisationen wie die Polizei und das Militär prägend ist. Die "protectors" (Young 2003, 3) orientieren sich an einer aufopfernden, selbstlosen und galanten Männlichkeit (insbesondere gegenüber Frauen). Die Umwelt wird als gefährlich und unvorhersehbar dargestellt. Aufgabe des Beschützers ist es entsprechend, sich für die Gemeinschaft aufzuopfern und zu kämpfen. Damit verbunden ist auch eine Unterordnung von denen, welche beschützt werden (vgl. Young 2003, 2 ff.). Im nun folgenden Ergebnisteil wird ebenfalls anhand von eigenem empirischen Material auf alternative Männlichkeits- und Geschlechterkonstruktionen in Berufsorientierungen eingegangen, die als Gegenentwurf des hegemonialen Männlichkeitsmodells gesehen werden können.

4 Orientierung an Deeskalation als Gegenentwurf zum gewaltaffinen Polizisten

Im Rahmen der erwähnten ethnografischen Forschung zu doing ethnicity while doing work (vgl. Piñeiro et al. 2019; Piñeiro et al. 2021) sowie in meinem Dissertationsprojekt zum Thema Vielfalt in der Polizei, ist mir immer wieder der oder die deeskalierende Polizistin begegnet. Zunächst war ich erstaunt, dass es sich dabei nicht nur um eine rhetorische Heraufbeschwörung von softeren Berufsbildern handelte, sondern dies für viele Polizist*innen, die ich interviewte oder begleitete, auch für ihren Berufsalltag einen realen Orientierungspunkt darstellt und sie intern deswegen auch nicht in ihrem Status abgewertet werden. Sie konnten sich also auch mit Rückgriff auf softere Kompetenzen als richtige Polizist*innen behaupten. Auffällig war dabei, dass sie sich in Interviews häufig im Kontrast zum «gewaltaffinen Polizisten» positionierten, so dass sich die Frage stellte, ob es sich um eine Kritik am hegemonialen Männlichkeitsmodell handelt. Anhand von Interviewausschnitten und Ergebnissen aus teilnehmenden Beobachtungen wird nun exemplarisch aufgezeigt, was die deeskalierende Polizistin oder den deeskalierenden Polizisten auszeichnet und was für Geschlechterkonstruktionen damit einhergehen.

Die Orientierung am Prinzip der Deeskalation, d. h. der Schlichtung und Verhinderung von (Gewalt-)Konflikten, signalisieren die Polizist*innen verbal, nonverbal (Gestik, Mimik, Körpersprache) als auch über ihre Handlungen[5]. Entsprechend verfügen sie über ein grosses Repertoire an "soft power practices" (Hunold 2011, 253) und kommunizieren versiert, können sich auf verschiedene «Milieus» einlassen, wechseln strategisch die Rollen und führen Smalltalks mit dem Gegenüber, seien es beschuldigte Personen, Zeug*innen, Passant*innen, Rechstanwält*innen, Forschende usw. (vgl. Piñeiro et al. 2019; Piñeiro et al. 2021). Sie versuchen polizeiliche Gewaltsymbole und -androhungen punktuell aufzuweichen und bauen Vertrauen und Kooperationsbereitschaft auf: Die Pistole wird nicht immer am Hosengürtel getragen. Unterwegs mit Beschuldigten verzichten sie auf die Uniform, um Beschuldigte von möglichen Stigmatisierungen zu schützen. Ebenso in Einvernahmen, um beim Gegenüber persönlicher zu erscheinen. Häufig wird auch ein grundsätzliches Wohlwollen signalisiert, indem verhafteten Personen eine Zigarettenpause gewährt wird, oder Beschuldigte mit Fluchtrisiko werden manchmal von den Handschellen befreit.

Der oder die deeskaliende Polizist*in legitimiert das Handeln über pragmatisch-polizeiliche Argumente. Es handelt sich also nicht um eine grundsätzliche Kritik gegenüber einer männlich-gewaltaffinen Polizeikultur, sondern um Strategien der weicheren Kontrolle. So werden beispielsweise von deeskalierenden Polizist*innen im Umgang mit der «Drogenszene» oder «Randgruppen» an öffentlichen Orten Wegweisungen oder Verhaftungen mit dem Argument vermieden, dass das gleiche «Klientel» nach einer Festnahme am nächsten Tag sowieso wieder da sei (vgl. soft policing des ansässigen Polizeipublikums in Piñeiro et al. 2019; Piñeiro et al. 2021). Bei Festnahmen und anschliessenden Einvernahmen betonen sie die Erkenntnis, mit den Beschuldigten noch arbeiten zu müssen. Die oben genannten Beispiele lassen also erahnen, dass es sich um ein "soft policing" handelt – eine bestimmte Form, Kontrolle auszuüben. Diese lässt sich ebenso mit den polizeilichen Kernaufgaben der Sicherheit und Kontrolle vereinen, was dieser Orientierung wiederum polizeilich-interne Legitimität verleiht.

Den Berufsethos der Deeskalation entfalten die interviewten Polizist*innen häufig anekdotisch in Abgrenzung zu einer Kontrastfolie, wie folgender Ausschnitt exemplarisch aufzeigt:

> *Wenn ich mal wieder mit jemandem rausgehe, da erstaunt es mich manchmal nicht, warum manche Leute Polizisten hassen, weil manche – ich sag jetzt mal – nicht so gut kommunizieren. Wenn du am Samstag am Abend in einer Ausgehmeile [anonymisiert]*

---

5 Diese stark zusammengefassten Beispiele zum Alltagshandeln von deeskalierenden Polizisit*innen stammen aus Beobachtungen aus der ethnografischen Feldforschung (SNF-Projekt).

gehst; volle Strasse; viele Besoffene, die vielleicht die Polizei nicht gern haben, dann wirst du gerufen wegen einer Schlägerei. Dann stellt sich die Frage, was machst du? Kommst dahin: «Hey gottverdammt, was ist hier los, wer hat da was gemacht?» [Anm. NP: in einem aggressiv-konfrontativen Ton gesprochen] Da hast du schon verloren. Aber wenn du dahin kommst und schaust, wer da jetzt beteiligt sein könnte, dann sagst du deinem Kollegen, ich geh zu dem, geh du zu dem, dann nimmst du den Beschuldigten an der Schulter, dann sagst du – schon mal wie du es sagst – «Sie, was ist hier eigentlich los? Um was geht's?» «Ja, der hat sasasasas», Also warten Sie einmal, ich stehe neben Euch und ich verstehe Sie, Sie müssen mich nicht anschreien. Ja, öhhöhh, ja. Ich verstehe Sie, ist gut. Also kommen Sie noch ein bisschen auf die Seite, erzählen Sie mir mal die Geschichte'. Das funktioniert fast immer. Andere sind in einer Schlägerei, verstehe ich nicht, weil es geht anders. Du kannst ja selber lieb sein, aber wenn du eine Schlägerei willst, oder ob du es auf die andere Art versuchen willst. (bearbeiteter Auszug aus Interview mit einem Polizisten aus einer Kleinfahndung)

Der interviewte Polizist berichtet von einem erst kürzlich vorgefallenen Ereignis, als er wieder einmal auf Patrouille war («mit jemanden rausging»). Als Kleinfahnder ist er nämlich nur selten in der Öffentlichkeit tätig und führt stattdessen Ermittlungen und Einvernahmen zu kleineren Delikten durch. Er räumt ein, dass nicht alle Polizist*innen über kommunikative Kompetenzen verfügen. Zur Verdeutlichung bringt er als Beispiel einen Einsatz wegen einer Schlägerei in einer Ausgehmeile, einen für die Polizei üblichen Nachteinsatz am Wochenende. Er beschreibt lebendig die Stimmung in der Ausgehmeile. Anspannung und hohes Eskalationspotenzial lassen sich schon erahnen, es handelt sich also um einen heiklen Einsatz, der potenziell ein polizeiliches Grossaufgebot auslösen könnte. Entscheidend ist aus Sicht des Polizisten, wie die Interaktion mit den «Besoffenen» eröffnet wird. Eine Möglichkeit ist, aggressiv-konfrontativ aufzutreten, d. h. ohne Umschweife vorwurfsvoll und in salopper Sprache («gottverdammt») nach den beschuldigten Personen («wer hat das gemacht?») zu suchen. Der Polizist gibt an, sich im Gegensatz hierzu zunächst die Zeit genommen zu haben, um die Situation aus Distanz einzuschätzen (hinsichtlich «wer beteiligt» sein könnte) und nicht voreilig zu handeln. Danach sind die Übeltäter von den zwei Polizisten getrennt und in Gespräche verwickelt worden. Der Polizist stellt sich als einfühlsamer und nicht wertender Zuhörer dar, der sich nicht vom hitzigen Gemüt des wohl alkoholisierten Gegenübers provozieren lässt («Sie müssen mich nicht anschreien») und die ursprünglich angespannte Situation auflösen kann.

Die Deeskalation zeichnet sich hier durch ein taktisch geschicktes Vorgehen aus: Dazu gehören eine distanzierte Situationsanalyse, verbale sowie nonverbale Kommunikationskniffe («den Beschuldigten an der Schulter nehmen») und erzählgenerierende Fragen («erzählen Sie mir mal die Geschichte»). Das Gegenbeispiel des aggressiv-konfrontativen Polizisten erscheint als beinahe lächerlich, durch die lebendige Beschreibung ist es nämlich nicht überraschend, dass sich eine «Schlägerei» zwischen dem Polizisten und dem Beschuldigten anbahnt. Gegenüber einer solchen Vorgehensweise distanziert sich der Polizist («verstehe ich nicht, weil es anders geht»). Seine Variante beschreibt der Polizist beinahe als Anleitung («nimmst den Beschuldigten an der Schulter»). Damit unterstreicht er, dass er diese Methode bereits vielfach erprobt hat («funktioniert fast immer»).

Auch die nächste Erzählung von einer anderen Polizistin lebt durch eine Distanzierung gegenüber einem impulsiv-emotionalen gewaltaffinen Polizisten:

> *Wenn man schnell «hyperet»[Anm. NP: schweizerdeutsch für schnell nervös werden] und sich schnell in etwas hineinsteigert, dann wird es sehr schwierig nachher, weil dann weiss man plötzlich nichts mehr, man kann nicht mehr funken und sagen am welchen Ort man ist. Auch wieder ist es wichtig, oder finde ich einfach wichtig, dass man sich selber kennt und wie kann man in diesen Situationen – nützt einem regelmässig probieren zu atmen etwas, damit man wieder oben hinunter kommt. Ja man hört es jeweils schon gerade in den Funk – ein paar, wirklich die reden so im Funk hinein – da hat man das Gefühl «ii» jetzt ist eine Schussabgabe gewesen' oder weiss ich was und dabei ist einfach irgendwie einer vielleicht im Kreisel gerade aus.* (bearbeiteter Auszug aus Interview mit Polizistin mit einer Leitungsfunktion)

Die Polizistin zeichnet hier am Beispiel von polizeilichen Funkmeldungen ein Bild eines schnell reizbaren Gemüts («schnell hyperet»), das zu voreiligen oder übertriebenen Meldungen führen kann (z. B. bei einem Verkehrsdelikt). Im Extremfall kann aus Sicht der Polizistin ein solches Verhalten sogar die Polizeiarbeit torpedieren, z. B. wenn bei einem Notfall der oder die «hypernde» Polizistin nicht mehr in der Lage ist, den Unfall- oder Deliktort mitzuteilen. Die Polizistin plädiert stattdessen für Selbstreflexion und fragt sich, welche Strategien zur Beruhigung helfen. Sie erwähnt als mögliche Strategie Atemübungen («regelmässig atmen»). Ähnlich wie beim vorherigen Ausschnitt ist eine ruhige Herangehensweise zentral für die Orientierung an Deeskalation. Impulsive, voreilige Handlungen sind im Gegensatz hierzu schädlich, können die Situationen eskalieren lassen.

Auch im Umgang mit «Randgruppen» werden die Vorteile von de-eskalierenden Vorgehensweisen in Abgrenzung zum gewaltaffinen Polizisten gerne ausgeführt, wie das Beispiel eines dritten Polizisten aufzeigt:

> *Schon rein nur eben vom Auftreten, wie gehe ich ans Zeug und so ran, wie spreche ich mit ihm, kann man schon sehr viel erreichen. Mit gewissen Klienten wo ich weiss, dass es bei anderen in der Regel dann praktisch immer eskaliert, und handkehrum, ich habe mit diesen auch sehr viel zu tun und habe nie Probleme gehabt mit denen. Vielleicht habe ich auf einen gewissen Weg hin halt mich ihnen angepasst. Aber dafür hat es sich dann gelöst und ein anderer sagt: Ja gut, viele Wege füh-ren nach Rom.* (bearbeiteter Auszug aus Interview mit einem Revierpolizisten)

Wie bereits einführend erwähnt wurde, verfügt der oder die deeska-lierende Polizistin über ein grosses Repertoire an «soft policing»-Kompeten-zen. Ein zentraler Bestanteil sind dabei kommunikative Kompetenzen, wel-che im «Schlägerei»-Beispiel sowie auch hier besonders zur Geltung kommen. Diese Polizist*innen können sich ins verschiedene «Klientel» hineinversetzen und milieuspezifisch kommunizieren. Sie können sich auf «Besoffene», die vielleicht auch beleidigend und laut sein können, einlassen und sie in ein Gespräch verwickeln. Auch hier stellt der interviewte Revierpolizist fest, dass er sich an «gewissen Klienten angepasst» und einen guten Umgang gefunden hat («es hat sich gelöst»). Er berichtet von anderen Kollegen, die allerdings mit dem selben «Klienten» andere Erfahrungen machen («bei anderen […] prak-tisch immer eskaliert»). Wenn sein Verhalten an diesem Beispiel als sinnvoller erscheint, so verfolgen aus seiner Perspektive die eskalationsfördernden Poli-zisten einen anderen Zugang, der jedoch ebenso legitim erscheint, nämlich «viele Wege führen nach Rom».

Aus den ausgewählten Beispielen wird deutlich, dass die berufliche Identität des deeskalierenden Typus durch die Kontrastierung gegenüber dem eingreifenden, gewaltfördernden Polizisten genährt wird. Zentrale Prinzipien der Deeskalation sind zusammenfassend ein sicheres und ruhiges Auftreten, eine analytisch-rationale Herangehensweise und adressatengerechte Kommu-nikation (verbal sowie auch non-verbal). Ebenfalls erfahren wir ebenso viel über das Gegenbeispiel des oder der deeskalierenden Polizistin. Es handelt sich um eine Person, die reaktiv, impulsiv und nicht überlegt handelt, «nicht so gut kommunizieren kann» und damit auch unnötige Gewalteskalationen auslöst. An der Kontrastfolie des gewaltaffinen Polizisten werden die positi-ven Eigenschaften der Deeskalation betont und hervorgehoben. Das konstruierte Gegenbeispiel wird zur Karikatur: Seine Vorgehensweise ist ineffizient und wird anekdotisch-humorvoll erzählt. Entsprechend kursieren auch beinahe kanonisierte Geschichten zum gewaltaffinen Polizisten. Beispielsweise erscheint der aggressive Polizist, der eine Schlägerei provoziert, immer wieder in unterschiedlichen und zugleich ähnlichen Erzählmustern. Wenn diese Figur auch in allen Erzählungen als lächerlich und ineffizient erscheint, so handelt es sich in der Einschätzung der Polizist*innen dennoch um eine legitime polizeiliche Vorgehensweise. Die verschiedenen Handlungsorientierungen innerhalb der Polizeiorganisationen werden von Erzählenden als individuelle Arbeitsstile skizziert: Die deeskalierenden Polizist*innen haben ihren Zugang gefunden, andere gewaltvollere sind jedoch auch legitim. Insofern handelt es sich um eine weiche Kritik, werden diese Polizist*innen nämlich ebenso als Teil der Organisationen – trotz Belustigung durch Anekdoten – gesehen. Geschlechterkonstruktionen wurden bisher absichtlich nicht thematisiert, um sie in einem zweiten Analyseschritt genauer aufzuzeigen. Am Prinzip der Deeskalation können sich, wie die Interviewausschnitte gezeigt haben, Männer als auch Frauen orientieren. Dies bedeutet allerdings nicht, dass es sich um eine geschlechtsneutrale Berufsorientierung handelt. Wie im nächsten Unterkapitel verdeutlicht wird, bietet das Berufsbild einen dynamischen Raum für verschiedene Genderkonstruktionen.

5 «Mit dem Kopf, anstatt mit Muskeln» – Deeskalation als freier Raum für Geschlechterkonstruktionen?

Die Orientierung an Deeskalation als Berufsethos hat nicht nur ein «Geschlechts-Label» (Teubner 2008, 495), sondern lässt sich sowohl mit Männlichkeits- als auch Weiblichkeitskonstruktionen vereinbaren. So verzichten deeskalierende Polizisten keineswegs auf Männlichkeiten als Referenzmoment. Das Spektrum an kommunikativen Kompetenzen lässt sich mit dem Mann-Sein bestens kombinieren. Beispielsweise kann Männlichkeit eine Ressource sein, um eine freundschaftlich-kollegiale Beziehung zu ermöglichen (vgl. Piñeiro et al. 2019; Piñeiro et al. 2021). Erinnern wir uns wieder an den obigen Interviewausschnitt zur «Schlägerei», so lassen sich dort Männlichkeiten auf verschiedenen Ebenen erahnen: «Schlägereien» am Wochenende werden von Polizist*innen oftmals als aggressiv, unvorhersehbar und männlich kodiert. Der aggressive Polizist fällt in dieser Erzählung sogar in die gleiche Kategorie, wodurch ihm seine Professionalität abgesprochen wird. Mit diesem erzählerischen Kunstgriff, d.h. die Gleichsetzung vom Kollegen und den Besoffenen als dieselben Streitbolde, erscheint der deeskalierende Polizist dagegen durch sein verständnisvolles männlich-kollegiales

Verhalten («den Beschuldigten an die Schulter nehmen», Person siezen, zuhören) als professionell. Damit kann er also eine bestimmte Männlichkeit
kritisieren, ohne die eigene zu gefährden.

Weichere Kontrolltechniken werden innerhalb der Polizei sowie
in Fachdebatten häufig mit Frauen in Verbindung gebracht. Insofern ist es
wenig erstaunlich, dass diese auch für Polizist*innen einen Referenzpunkt
bilden. Manche Polizist*innen verbinden mit Deeskalation eine vorwiegend
weibliche Kompetenz. Dazu gehört folgende Anekdote einer Polizistin, die
aus ihrer Zeit als Revierpolizistin erzählt. Anlass war ein aggressiver Mann,
der mitten in einer Stadt bei kalten Temperaturen in einem Brunnen badete
und einen Passanten bedrohte. Die Polizistin erinnert sich, wie sie mit einer
Kollegin als reine Frauenpatrouille als erstes auf den muskulös-männlichen
Körper trifft:

> *Der ist wirklich ein rechter, also man sah schon – der geht im
> Fitnessstudio ein und aus, und dann ist der so vor uns dagestan-
> den, und hat dann immer gesagt: «Nicht anfassen, nicht anfas-
> sen» [Anm. NP: in einem tiefen, genervten Ton]. Ich so: «Nein,
> nein, nein nein wir fassen dich nicht an, ist schon gut. Aber, jetzt
> wartest du, wir gehen trockene Kleider anziehen», weil der ist
> wirklich ‹pflotschnass› gewesen. Und dann sind wir mit ihm ge-
> standen, und haben auf jemanden gewartet, dass jemand kommt
> mit dem Kastenwagen, um den abzuholen. Und dann einmal,
> hat er so ein wenig ein paar Schritte gemacht, wollte so ein we-
> nig weglaufen, und dann dachten wir, ja was machen wir jetzt?
> Anfassen dürfen wir ihn ja nicht, und dann hat die Kollegin ein-
> fach so mit dem Finger in die Gurtschlaufe von der Hose, ist sie
> hineingefahren und hat ihn dann so zurückgezogen, und dann
> ist er wieder zurück gekommen, Tip top, alles gut gewesen. Und
> dann, fahrt der Kollege heran mit dem Kastenwagen, steigt aus
> und wird bleich, und er: «Was, der? Den hatten wir schon vor
> fünf Wochen» [Anm. NP: in einem niedergeschlagenen, über-
> raschten Ton] Und dann ist mir in den Sinn gekommen, ah,
> vor fünf Wochen ist ein Riesen-Debakel gewesen, weil sie einen
> in einer psychiatrischen Klinik holen mussten, weil er dort «blöd
> het ta», und sie sind irgendwie zu fünft auf ihm oben gewesen,
> plus noch ein Hundeführer mit dem Hund, ein Riesen-Theater.
> Und dann sagte ich: «Ja, poah, wir haben den im Griff». (bearbei-
> teter Auszug aus Interview mit Polizistin aus Personalabteilung)

Die von der Polizistin wahrgenommene körperliche Überlegenheit des Mannes, sowie seine Drohung ihn «nicht anzufassen» zwingen die Frauenpatrouille nach einer anderen Interventionsart zu suchen. Diese deckt sich mit den bereits beschriebenen Methoden der deeskalierenden Polizist*innen: Auf aggressive Verhaltensweisen vom Gegenüber folgen ruhige, kommunikative und überlegte Handlungen, die auf das Gegenüber angepasst sind. Die Polizistin respektiert die aggressive Forderung bzw. Drohung, ihn nicht anzufassen und garantiert ihm sogar, dem Folge zu leisten («wir fassen dich nicht an»). Dies obwohl sie beispielsweise bei einer Gefahrensituation oder bei Fluchtgefahr berechtigt wäre, ihn gegen seinen Willen anzufassen und festzuhalten. Zudem könnte auch die Drohung als fehlender Respekt vor polizeilicher Autorität verstanden werden. Stattdessen beruhigt sie ihn und bringt ihn dazu, gemeinsam auf Verstärkung zu warten. Das Angebot an trockener Kleidung ist womöglich ein Lockmittel, hat dies nämlich in diesem Moment aus polizeilicher Sicht nicht oberste Priorität. Die Kein-Körperkontakt-Strategie kommt kurz an ihre Grenzen, als der Mann versucht «ein wenig wegzulaufen». Ähnlich wie bei den anderen Interviewausschnitten geht es auch hier wieder darum, einen kühlen Kopf zu bewahren und nicht voreilig zu handeln («was machen wir jetzt?»). Die Kollegin findet eine elegante Lösung, indem sie den Mann an der Gürtelschlaufe zurückzieht, ohne ihn anzufassen. Inzwischen ist der Kollege mit dem Kastenwagen gekommen und wirkt schockiert («bleich»), die Polizistin imitiert ihn mit verängstigter Stimme. Hier wird ihr bewusst, dass die Kollegen bereits früher mit ihm zu tun hatten, was sie als «Riesen-Debakel» beschreibt. Fünf Polizisten sind «auf ihm oben gewesen» sowie «Hundeführer mit Hund» im Einsatz, entsprechend viel Körperkraft war für die Sicherung der Situation bzw. des Mannes notwendig. Just ca. fünf Wochen später steht die Frauenpatrouille mit derselben Person mitten in der Stadt und sie kooperiert ohne Handschellen und ohne den Einsatz von Körperkraft. Die Polizistin kostet in der Erzählung die Verblüffung des Kollegen aus, indem sie beinahe locker und mit mitschwingendem Stolz mitteilt, «den im Griff» gehabt zu haben. Sie zeigt damit, dass die Frauenpatrouille ohne «ein Riesen-Theater» zu verursachen, den Mann zu einem kooperativen Verhalten bewegen konnte.

Zunächst unterscheidet sich das Orientierungsmuster der Deeskalation der Polizist*innen wenig von jenen der Polizisten. Kommunikative Werte wie Verständnis und Empathie, das Hinauszögern von Eingriffshandlungen und intellektuelle Coolness sind alles typische Eigenschaften der Deeskalation, die vorher auch zur Genüge beschrieben wurden. Diese Vorzüge lassen sich auch hier wieder an einem Gegenentwurf erzählerisch besser entfalten: Die gewaltaffinen Männer fühlen sich von der Körperkraft des Mannes herausgefordert, dabei kommen sie in ihrer Schilderung nahe an ihre Grenze. Es werden alle Kräfte mobilisiert und die Intervention wird zu einem Grosseinsatz. Interessant ist in diesem Beispiel, dass die Polizistin deeskalierendes Verhalten an das Frausein knüpft, wie es sich im weiteren Verlauf der Geschichte herausstellt:

Als Frau wusste ich genau: Ich kriege eins aufs Dach und wenn der mir sagt, ‹nicht anfassen› und er ist friedlich, dann lasse ich ihn einfach oder, aber das musst du irgendwie haben. Es gibt vielleicht Männer, die das so können, aber ich denke einer Frau fällt das sicher einfacher, mit dem Kopf halt anstatt mit den Muskeln, die man eben nicht hat. (bearbeiteter Auszug aus Interview mit Polizistin aus Personalabteilung)

Die Polizistin argumentiert, dass durch die fehlende Körperkraft («anstatt mit den Muskeln, die man eben nicht hat») Frauen zu anderen Interventionsformen gezwungen sind. Durch ihre körperliche Unterlegenheit sind Frauen im Nachteil und können deshalb mit Drohungen und Provokationen besser umgehen, so ihre Argumentation. In anderen Worten stellt die Polizistin die Deeskalation als weibliche, abweichende Variante dar, polizeiliche Aufgaben zu bewältigen. Obschon im letzten Beispiel als weiblich beschrieben, bietet sich aber Deeskalation im Sinne von «mit dem Kopf […] anstatt mit den Muskeln» ebenso als eine legitime Alternative für Polizisten an.

6   Schlussfolgerung

Polizist*innen, die vor allem "soft power" einsetzen und über ausgeprägte kommunikative Kompetenzen verfügen, sind nicht nur in öffentlichen (Polizei-)Fachdebatten existent, sondern auch empirisch rekonstruierbar. Das Konzept der Deeskalation kann polizei-intern eine Orientierung für Polizist*innen sowie Polizisten bieten. Dabei sind es Polizist*innen unterschiedlichen Alters und in unterschiedlichen Funktionen, die sich an dieses Konzept halten. Es handelt sich dabei nicht zwingend um eine entwertete Berufsrolle, so die These, da diese Polizist*innen ihre deeskalierenden Tätigkeiten mit polizeilichen Kontroll- und Sicherheitsaufgaben kombinieren können. Insofern scheinen sie einen festen Platz im Polizeibetrieb zu haben. Allerdings schliesst dieser Typus andere, gegensätzliche Orientierungen nicht aus. Der gewaltaffine Polizist ist in Form einer karikaturartigen Gegenfolie zur Deeskalation omnipräsent. Durch die Kontrastierung können die deeskalierenden Polizist*innen die Vorteile ihrer Vorgehensweise erzählerisch besonders gut entfalten. Gewaltaffinität als prototypisches Gegenmoment erhält zugleich erzählerisch einen legitimen Platz, handelt es sich doch aus Sicht der Polizist*innen letztlich nur um einen anderen Zugang. Insofern hat die Orientierung an Deeskalation ein beschränktes Kritikpotenzial.

Die Orientierung an Deeskalation bietet allerdings Raum für verschiedene Geschlechterkonstruktionen – d. h. für Männer als auch für Frauen in der Polizei – ohne dass sich das Berufsbild ändern muss. Die Beispiele haben jedoch auch Herausforderungen und Gefahren aufgezeigt: Bei der Ausübung von Kritik an der gewaltaffinen Männlichkeit muss auch die eigene Positionierung über das Geschlecht gelingen. Dies kann besonders für Männer in der Polizei ein heikles Unterfangen sein, da alternative Männlichkeiten argumentativ der Gewaltaffinität standhalten müssen. Auch wenn es den Polizisten in ihren Erzählungen gelingt, so lassen sich jedoch Prekarisierungspotenziale im Berufsalltag erahnen. Zudem stellen sich mit Blick auf die Gewaltlizenz von Polizist*innen folgende Fragen: Was geschieht, wenn die deeskalierende Intervention nicht greift? In den Erzählungen der Polizist*innen sind sie durch ihr Handeln stets erfolgreich. Wohl üben auch deeskalierende Polizist*innen Zwangshandlungen aus – werden diese tabuisiert und vom deeskalativen Selbstbild abgekoppelt? Gerade die Zuspitzung des gewaltaffinen Polizisten könnte hier eine Strategie sein, ein ausschliesslich positives und auf Gewalt verzichtendes Selbstbild zu vermitteln.

Wird Deeskalation auf Weiblichkeit reduziert, so besteht hier die Gefahr einer beruflichen Sackgasse, die sehr an die Anfänge der sogenannten «Frauenberufe» erinnert (z. B. im Kontext des weiblichen Arbeitsvermögens in der Sozialen Arbeit; vgl. Matter 2006). Das Berufsbild der Deeskalation bietet also in Bezug auf Geschlechterkonstruktionen viel Potenzial. Eine voreilige Verknüpfung von Deeskalation, kommunikativer und «soft policing»-Kompetenz mit Weiblichkeit ist im Polizei- sowie Forschungskontext kontraproduktiv und birgt die Gefahr, Potenziale und neue Orientierungen zu übersehen. Dies wird insbesondere auch im Hinblick auf aktuelle Zeitdiagnosen in der Männlichkeitsforschung deutlich: Die unkritische Übernahme von Männlichkeits- und Weiblichkeitskonstruktionen birgt die Gefahr, klischierte Geschlechterbilder von beruflichen Organisationen zu übernehmen und zu reproduzieren. Entsprechend gilt es, ein besonderes Augenmerk auf Bewegungen und Veränderungen von Männlichkeiten in Berufskontexten zu legen – freilich ohne diese überzubewerten: Trotz des festgestellten Wandels ist schliesslich nicht davon auszugehen, dass sich hegemoniale Männlichkeitsmodelle wie die der gewaltaffinen Männlichkeit von heute auf morgen auflösen werden.

7 Literatur

Behr, Raphael. 2014. «Gewalt» und «Zwang» – Überlegungen zum Diskurs über Polizei. In Henning Schmidt-Semisch und Henner Hess (Hrsg.), *Die Sinnprovinz der Kriminalität. Zur Dynamik eines sozialen Feldes* (S. 203–218). Wiesbaden: Springer Fachmedien Wiesbaden.

Behr, Rafael. 2008a. Polizeiarbeit — immer noch Männersache? Tradition, Hegemonie und die Folgen der Geschlechterdebatte in der Polizei. In Peter Lessmann-Faust (Hrsg.), *Polizei und Politische Bildung* (S. 117–47). Wiesbaden: VS Verlag für Sozialwissenschaften.

Behr, Rafael. 2008b. *Cop Culture – Der Alltag des Gewaltmonopols – Männlichkeit, Handlungsmuster und Kultur in der Polizei.* 2. Auflage. Wiesbaden: VS Verlag für Sozialwissenschaften.

Bevan, Marianne und Megan H. MacKenzie. 2012. "Cowboy" Policing versus "the Softer Stuff". *International Feminist Journal of Politics* 14(4): 508–28.

Blaulicht. 2017. Die koordinierte Polizei. 2(6): 37–38.

Bohnsack, Ralf. 2014. *Rekonstruktive Sozialforschung: Einführung in qualitative Methoden.* Opladen und Toronto: Barbara Budrich.

Briken, Kendra. 2014. Ein vertriebswirtschaftliches Gewaltmonopol? New Police Management im europäischen Vergleich. *Kriminologisches Journal* 4: 213–31.

Bundesamt für Polizei (fedpol). o. J. Kommunale Polizeikorps. Gemeinde- und Stadtpolizei, https://www.fedpol.admin.ch/fedpol/de/home/polizei-zusammenarbeit/national/kommunale_polizeikorps.html (Zugriff 04.11.2019).

Connell, Raewyn. 2015. *Der gemachte Mann. Konstruktion und Krise von Männlichkeiten.* 4. Auflage. Wiesbaden: Springer VS.

Ebnöther, Christoph. 2010. Polizei, in *Historisches Lexikon der Schweiz (HLS)*, https://hls-dhs-dss.ch/de/articles/009638/2010-09-28 (Zugriff 24.09.2019).

Feltes, Thomas, Uwe Marquardt und Stefan Schwarz. 2013. Policing in Germany: Developments in the Last 20 Years. In Zoltán G. Meško, Charles B. Fields, Branko Lobnikar und Andrej Sotlar (Hrsg.), *Handbook on Policing in Central and Eastern Europe* (S. 93–113). New York: Springer Verlag.

Gamma, Marco. 2004. Die Aufgabenverteilung zwischen verschiedenen Polizeidiensten in der Schweiz – Reform des Föderalismus? *Schweizerische Zeitschrift für Kriminologie* 2: 19–24.

Gottschall, Karin. 1998. Doing Gender While Doing Work? Erkenntnispotenziale konstruktivistischer Perspektiven für eine Analyse des Zusammenhangs von Arbeitsmarkt, Beruf und Geschlecht. In Birgit Geissler, Friederike Maier und Birgit Pfau-Effinger (Hrsg.), *FrauenArbeitsMarkt. Der Beitrag der Frauenforschung zur sozio-ökonomischen Theorieentwicklung* (S. 63–94). Berlin: Edition Sigma.

Herrnkind, Martin und Sebastian Scheerer. 2003. *Die Polizei als Organisation mit Gewaltlizenz. Möglichkeiten und Grenzen der Kontrolle.* Münster: LIT Verlag.

Hunold, Daniela. 2011. Das Verhältnis von Polizisten und Jugendlichen vor dem Hintergrund des sozial-räumlichen Kontextes. *Soziale Probleme* 23(2): 231–262.

Hüttermann, Jörg. 2000. Polizeiliche Alltagspraxis im Spannungsfeld von Etablierten und Aussenseitern. In Wilhelm Heitmeyer und Reimund Anhut (Hrsg.), *Bedrohte Stadtgesellschaft: Soziale Desintegrationsprozesse und ethnisch-kulturelle Konfliktkonstellationen* (S. 497–548). Weinheim/München: Juventa.

Innes, Martin. 2005. Why "Soft" Policing is Hard: On the Curious Development of Reassurance Policing, How it Became Neighbourhood Policing and What This Signifies About the Politics of Police Reform. *Journal of Community & Applied Social Psychology* 15(3): 156–169.

Kantonspolizei Zürich. 2019. *Geschäftsbericht 2018.* Zürich: KAPO Zürich.

Kersten, Joachim. 2002. «Richtig männlich». Zum Kontext Geschlecht, Gemeinwesen und Kriminalität. In Roland Anhorn und Frank Bettinger (Hrsg.), *Kritische Kriminologie und Soziale Arbeit. Impulse für professionelles Selbstverständnis und kritisch-reflexive Handlungskompetenz* (S. 75–87). Weinheim: Juventa.

Koch, Martina, Esteban Piñeiro und Nathalie Pasche. 2019. «Wir sind ein Dienst, keine Behörde.» – Multiple institutionelle Logiken in einem Schweizer Jugendamt – ein ethnografisches Fallbeispiel aus der Street-Level Bureaucracy. *Forum Qualitative Sozialforschung* 20(2), http://www.qualitative-research.net/index.php/fqs/article/view/3045 (Zugriff 28.06.2019).

Konferenz der Kantonalen Polizeikommandanten Schweiz (KKPS). o.J. KKPKS – Konferenz der Kantonalen Polizeikommandanten der Schweiz – Startseite. https://www.kkpks.ch/de/startseite (Zugriff 04.11.2019).

Kucera, Andrea 29.01.2016. Tatort La Chaux-de-Fonds. *Neue Zürcher Zeitung*, https://www.nzz.ch/schweiz/aktuelle-themen/feminisierung-der-polizei-tatort-la-chaux-de-fonds-ld.4621 (Zugriff 24.11.2019).

Lange, Hans-Jürgen und Jean-Claude Schenk. 2012. *Polizei im kooperativen Staat Verwaltungsreform und Neue Steuerung in der Sicherheitsverwaltung.* Wiesbaden: Springer VS.

Lehmann, Fritz. 2007. *Der Polizeikompass. Eine kleine Orientierungshilfe in der föderalistischen Polizeilandschaft Schweiz.* Neuchâtel: Schweizerisches Polizei-Institut.

Lehne, Werner. 2002. Aktuelle Präventionskonzepte im Spiegel der kriminologischen Debatte. In Roland Anhorn und Frank Bettinger (Hrsg.), *Kritische Kriminologie und Soziale Arbeit. Impulse für professionelles Selbstverständnis und kritisch-reflexive Handlungskompetenz* (S. 169–187). Weinheim: Juventa.

Leidner, Robin. 1991. Serving Hamburgers and Selling Insurances: Gender, Work and Identity in Interactive Service Jobs. *Gender & Society* 52: 154–177.

Lukas, Tim und Jérémie Gauthier. 2011. Warum kontrolliert die Polizei (nicht)? Unterschiede im Handlungsrepertoire deutscher und französischer Polizisten. *Soziale Probleme* 23(2): 175–205.

Lukas, Tim und Daniela Hunold. 2010. Polizei und Soziale Arbeit – Der Bezirksbeamte in Analogie zum Streetworker? *Recht der Jugend und des Bildungswesens* 3(58): 339–352.

Mastrofski, Stephen D. und James J. Willis. 2010. Police Organization Continuity and Change: Into the Twenty-first Century. *Crime and Justice* 39(1): 55–144.

Matter, Sonja (2006). Wissenstransfer und Geschlecht. Die Rezeption «amerikanischer» Methoden in der Schweizer Sozialarbeit der 1950er Jahre. *Ariadne. Forum für Frauen- und Geschlechtergeschichte* 49: 49–57.

Müller, Ursula. 2010. Organisation und Geschlecht aus neoinstitutionalistischer Sicht. Betrachtungen am Beispiel von Entwicklungen in der Polizei. *Feministische Studien* (1): 40–55.

Myrttinen, Henri, Lana Khattab und Jana Naujoks. 2017. Re-thinking hegemonic masculinities in conflict-affected contexts. *Critical Military Studies* 3(2): 103–19.

Pasche, Nathalie, Esteban Piñeiro und Martina Koch. 2018. «Wir sind die Polizei. Das Schlusswort haben wir.» (Un)doing authority in einem Schweizer Polizeidienst. In Anja Mensching und Astrid Jacobsen (Hrsg.), *Polizei im Spannungsfeld von Autorität, Legitimität und Kompetenz* (S. 41–57). Frankfurt a. M.: Verlag für Polizeiwissenschaften.

Pichonnaz, David. 2011. Réformer les pratiques policières par la formation? Les obstacles à la transformation des relations entre les policiers et leurs publics. *Déviance et Société* 35(3): 335–59.

Piñeiro, Esteban, Martina Koch und Nathalie Pasche. 2021. *Un/doing Ethnicity im öffentlichen Dienst. Ethnografien zum ethnischen Differenzieren am Beispiel von Jugendamt und Polizei.* Zürich: Seismo.

Piñeiro, Esteban, Martina Koch und Nathalie Pasche. 2019. Un/Doing Ethnicity in der eingreifenden Schweizer Street-Level Bureaucracy. Ein Polizeidienst und ein Jugendamt ethnographisch im Blick. *Schweizerische Zeitschrift für Soziologie* 45(1): 35–55.

Prokos, Anastasia und Irene Padavic. 2002. "There Oughtta Be a Law Against Bitches": Masculinity Lessons in Police Academy Training. *Gender, Work & Organization* 9(4): 439–59.

Reuss-Ianni, Elisabeth. 1982. *Two Cultures of Policing: Street Cops and Management Cops.* New Brunswick: Transaction Books.

149

Riefgraf, Birgit. 2007. Der Staat auf dem Weg zum kundenorientierten Dienstleistungsunternehmen? New Public Management geschlechtsspezifisch analysiert. In Brigitte Aulenbacher, Maria Funder, und Susanne Völker (Hrsg.), *Arbeit und Geschlecht im Umbruch der modernen Gesellschaft. Forschung im Dialog* (S. 78–94). Wiesbaden: VS Verlag für Sozialwissenschaften.

Rosenthal, Garbiele. 2011. *Interpretative Sozialforschung: Eine Einführung.* 3., aktualisierte und ergänzte Auflage. Weinheim und München: Juventa.

Scheffer, Thomas, Christiane Howe, Eva Kiefer, Dörte Negnal und Yannik Porsché. 2018. *Polizeilicher Kommunitarismus. Eine Praxisforschung urbaner Kriminalprävention.* Frankfurt a. M.: Campus.

Scheffler, Jan. 2012. Einheitspolizei: Wegweisendes Modell oder falscher Reformeifer? *Sicherheit & Recht* 5(2): 87–100.

Scholz, Sylka. 2005. Wehrdienst und die Konstruktion männlicher Identität. In Jens-Rainer Ahrens, Maja Apelt und Christiane Bender (Hrsg.), *Frauen im Militär. Empirische Befunde und Perspektiven zur Integration von Frauen in die Streitkräfte* (S. 173–191). Wiesbaden: VS Verlag für Sozialwissenschaften.

Schöne, Marcel. 2011. *Pierre Bourdieu und das Feld Polizei. Ein besonderer Fall des Möglichen.* Frankfurt: Verlag für Polizeiwissenschaft.

Schweizer Radio und Fernsehen (SRF). 2018. Zahl der Polizistinnen wächst, https://www.srf.ch/news/regional/bern-freiburg-wallis/zahl-der-polizistinnen-waechst-die-polizei-deine-freundin-und-helferin (Zugriff 24.11.2019).

Schweizerisches Polizei-Institut o. J. a. Polizeiausbildung in der Schweiz, https://www.edupolice.ch/de/polizeiausbildung/polizeiausbildung (24.11.2019).

Schweizerisches Polizei-Institut o. J. b Bildungspolitisches Gesamtkonzept (BGK) 2020, https://www.edupolice.ch/de/polizeiausbildung/BILDUNGSPOLITISCHES-GESAMTKONZEPT-(BGK)-2020 (24.11.2019).

Silvestri, Marisa. 2012. Managerial masculinity: an insight into the twenty-first century police leader. In David G. Barrie und Susan Broomhall (Hrsg.), *A History of Police and Masculinities, 1700–2010* (S. 235–54). Abingdon, U. K.: Routledge.

Sklansky, David Allan. 2006. Not Your Father's Police Department: Making Sense of the New Demographics of Law Enforcement. *Journal of Criminal Law and Criminology* 96(3): 1209–43.

Strauss, Anselm. 1998. *Grundlagen qualitativer Sozialforschung: Datenanalyse und Theoriebildung in der empirischen soziologischen Forschung.* 2. Auflage. Stuttgart: UTB.

Teubner, Ulrike. 2008. Beruf: Vom Frauenberuf zur Geschlechterkonstruktion im Berufssystem. In Ruth Becker und Beate Kortendiek (Hrsg.), *Handbuch Frauen- und Geschlechterforschung. Theorie, Methoden, Empirie*, (S. 491–98). Wiesbaden: VS Verlag für Sozialwissenschaften.

Weissleder, Martin. 2015. Monopolausbildung «Polizei» – ein Zukunftsmodell? *Format Magazine. Zeitschrift für Polizeiausbildung und Polizeiforschung* (5): 4–7.

Wetterer, Angelika. 2008. Konstruktion von Geschlecht: Reproduktionsweisen der Zweigeschlechtlichkeit. In Ruth Becker und Beate Kortendiek (Hrsg.), *Handbuch Frauen- und Geschlechterforschung. Theorie, Methoden, Empirie* (S. 126–36). Wiesbaden: VS Verlag für Sozialwissenschaften.

Wetterer, Angelika. 2002. Arbeitsteilung und Geschlechterkonstruktion. "Gender at Work" in theoretischer und historischer Perspektive. Konstanz: UVK.

Wilz, Sylvia Marlene. 2005. «Nicht genügend kann davor gewarnt werden» – Männer und Frauen bei der Polizei: Fakten und Diskurse. In Jens-Rainer Ahrens, Maja Apelt, und Christiane Bender (Hrsg.), *Frauen im Militär. Empirische Befunde und Perspektiven zur Integration von Frauen in die Streitkräfte* (S. 156–72). Wiesbaden: VS Verlag für Sozialwissenschaften.

Young, Iris Marion. 2003. The Logic of Masculinist Protection: Reflections on the Current Security State. *Signs* 29(1): 1–25.

8 Gender Norms, Migration Regimes and *Deserving Masculinity.* The Case of Peruvian Men in Switzerland

Romina Seminario

1 Introduction

Drawing on the concept of gendered frames of citizenship deservingness (Seminario 2018), this chapter shows that the male breadwinner model represents an advantage or handicap throughout the legal struggles of low- and high-skilled groups of male migrants. In doing this, I analyse the Swiss migration regime and Peruvian men's legal trajectories from gender- and time-sensitive approaches. As part of the state's apparatus, migration regimes englobe the rules, practices, contradictions and grey zones that are created to handle cross-border movements. There is a multiplicity of legal statuses organised in a continuum from citizenship to non-citizenship. Migrants might be classified in different categories throughout their lives, which represent multidirectional processes towards precarity or security. Forms of non-/citizenship are linked to working conditions at all levels of the socio-professional hierarchy, the so-called work-citizenship matrix (Goldring & Landolt 2011). Comparing the legal trajectories of migrants at contrasting professional situations (e.g. high- and low-skilled workers) contributes to disentangle the discourses and practices about who acquires citizenship at destination. The outcomes are influenced by the mobilisation of ideas about "deserving migrants" (Chauvin et al. 2013a).

Deservingness is a concept that addresses forms of intersectional stereotyping and paradoxes of the work-citizenship matrix in migration regimes. For instance, the employability criteria to grant residence rights sheds lights on the role of gender models of citizenship. The employment standard of full-time, stable and well-paid jobs while delegating family caregiving evokes an ideal form of masculinity: the male breadwinner. Migrant men are measured against the male breadwinner ideal, which is increasingly elusive for migrant and non-migrant men at all levels of the global labour market.

In studying migration regimes, the concept of *deserving masculinity* illustrates the ways in which gendered frames of citizenship deservingness influence the regularisation and naturalisation outcomes. Depending on their locations in unequal power relationships, migrants use information, contacts and resources to fight for their settlement and citizenship demands to state and non-state actors. The Swiss migration regime has been labelled as highly restrictive (Huddleston et al. 2011) where non-EU foreigners struggled to earn legal settlement and other rights. In addition, Switzerland's gender regime is inspired on the male breadwinner/female caregiver ideals (Giraud and Lucas 2009; Valarino 2016).

In this sense, the analysis of the legal struggles of Peruvian men in Switzerland at both extremes of the work-citizenship matrix shows the ways in which the deserving masculinity concept operates at nationality, gender and social class intersections. I argue that the male migrants' distance to the male breadwinner ideal is key to understand their settlement and citizenship outcomes. Peruvian men who performed part-time, poorly remunerated and unstable jobs (e. g. cleaners in small agencies) while spending time at home with their children are recognised as less "deserving" of legal residence by state authorities. In contrast, Peruvian men with prestigious, well-remunerated and full-time jobs (e. g. engineers in multinational companies) who delegated family caregiving to Swiss spouses frequently enjoyed fast track naturalisation.

I have structured this chapter into six sections. After presenting the theoretical debates about non-/citizenship, deservingness and gender norms in migration regimes (section one), I review international students' and unauthorised migrants' legal struggles in Switzerland (section two), before presenting my research context and methods (section three) and going to discuss four stories of Peruvian men's in search of regularisation and naturalisation (section five). Finally, I briefly present some concluding thoughts (section six).

2 Navigating the Non-/Citizenship Continuum

The non-/citizenship lens provides an approach that considers migration regimes beyond dichotomies of un/authorised migrants to understand the non-linear dynamics of regularisation and irregularisation processes in legal trajectories (Landolt and Goldring 2015). The extent of migrants' agency to provide "appropriate" proofs and the discretionary powers of other actors are part of the analysis. In this sense, the absence of legal status is only one way in which the migration regimes produces certain types of precarity of residence and limited access to services (Anderson 2010). Although precarity of residential authorisations is predominantly associated with low-skilled migrants, many scholars have already pointed out the ways in which different forms of non-citizenship fashion employment conditions for highly-skilled migrants (Axelsson 2016; Hawthorne 2014; Riaño and Baghdadi 2007). As Anderson states, immigration controls reinforce "temporariness" in the migratory processes by preventing migrants from anticipating the future (2010, 306). The long periods of insecure residence and the constant risk of downgrading represent temporal boundaries (Axelsson 2016) that reinforce precarity in living and working abroad.

2.1   The Work-citizenship Matrix: the Employability Criteria

There are increasing numbers of "temporary" legal statuses for high- and low-skilled foreigners (Goldring and Landolt 2013). Several scholars have pointed out the intersections of the global labour markets' stratification and of the rights for residence and access to social services abroad (Anderson 2010; Chauvin et al. 2013a; Goldring and Landolt 2011). The most precarious jobs would be filled by foreign workers with insecure residential authorisations (Durand et al. 2016; McKay et al. 2011; Reyneri 1998; Vasey 2016). Beside the well-documented wage penalty for unauthorised workers (Connor and Massey 2010), research has demonstrated that migrant workers spend a lot of time navigating through various forms of insecure legal statuses, making them particularly vulnerable to employer exploitation and abuse (Ahmad 2008; Ambrosini 2015). Attention to the work-citizenship matrix is thus pertinent in contemporary migration. The shifts between non-/citizenship statuses might impact differently on employment conditions, and occupational transitions might influence access to residential permissions abroad.

In this sense, the growing importance of the employability criteria is related to regularisation and naturalisation programmes in which "deserving" migrants are partially included while "undeserving ones" are targeted for removal. The state definitions of un/deserving migrants are marked by broader stratification processes of gender, ethno-national and social class divides. In this sense, forms of stereotyping inform the recognition (or lack thereof) of requests for legal residence.

2.2   Frames of Deservingness in Migration Regimes: Gendered Models of Citizenship

The role of employment as a condition for migrant regularisation and naturalisation in line with gender and social class divides has been under-researched. In this chapter, the idea is to understand how the struggles for residential rights mobilises different categories and levels of civic membership based on work: as a condition for integration, a way to enhance selective migration policies or a guarantee of economic deservingness.

There are two criteria to answer the question of who deserves residential authorisations in regularisation processes or not: civic performance or humanitarian reasons. The first one refers to the idea of earned citizenship that privileges "chosen" migration (e. g. economically desired migrants) and the second one refers to the vulnerability of migrants refused from official procedures who cannot be removed due to restrictions imposed by international law (Chauvin et al. 2013b). Both have increasingly given importance to employability, where employment is seen as an individual virtue, proof of integration or a condition for settlement. Yet, a paradox emerges: employment becomes both a civic obligation and a privilege (Chauvin et al. 2013b). Migration regimes restrict the right to work for migrants in favour of citizens, while the evaluation of migrants' requests for residential authorisations is based on employability.

The employability criteria refer to standards based on one type of employment: full-time continuous formal employment. However, the employability criteria are not applied homogeneously amongst migrants. They represent the evolving ideas about citizenship along gender and social class lines, for instance: the post-war figure of the breadwinner citizen (Chauvin et al. 2013b). While the male citizen was assigned to employment and social benefits, the female citizen was the spouse in charge of caregiving who depends on the husband for social rights (van Walsum 2013). The gender models of citizenship have an impact on regularisation and naturalisation outcomes for migrants.

The construction of masculinity (Pearse and Connell 2015), like the construction of femininity, influences the recognition of citizenship claims in relation to employability. While understanding the role of hegemonic masculinities (Pearse and Connell 2015) and femininities in legal trajectories, the analysis of migrants' claim-making and results sheds light on alternative (and transnational) gendered discourses and practices (Pribilsky 2012). The employability criteria are not only mobilised to favour work-driven migrants over others, nor do they always favour migrant men over migrant women. In asylum procedures, male asylum seekers, suspected as work-driven migrants, are more frequently rejected than their female counterparts based on these gender stereotypes (Mascini and Bochove 2009). Female *sans papiers* seem more successful than their male counterparts to earn legal residence based on the positive recognition of their caregiving roles (Seminario 2018). Migrants are not passive recipients of the law and display legal consciousness to build up their claiming tactics with institutional actors.

In this sense, the ideas about the breadwinner male citizen and the homemaker female citizen have become increasingly ambiguous. The re/productive gender division in citizenship has been questioned in Western European countries by gender-equality discourses in combination with EU legislations (Fernandez and Jensen 2013; Morris 2014; Paciulan and Preibisch 2013; Ruffer 2011; Schrover and Moloney 2013). However, Switzerland stands out with a maternalistic gender regime alongside a highly restrictive migration one (Huddleston et al. 2011; Valarino 2016).

This chapter argues that the mobilisation of these gender stereotypes about employability has an impact on the ways in which the claims of Peruvian men are recognised in the fulfilment of conditions for residential authorisations in Switzerland. To clarify the argument, I present the legal settlement pathways and dead ends for two contrasting situations: international students and *sans papiers* in the Swiss migration regime.

3   Non-EU Student Migration and *Sans Papiers* in Swiss Migration Regime

Precarity and security of residential authorisations and employment conditions show different degrees in a continuum. Precarious legal statuses include fixed-term permits for students and workers, and long waiting periods to access legal settlement. The process of irregularisation might happen after periods of legal authorisation and include ladders and slides in the work-citizenship matrix.

3.1   Regularisation and Irregularisation of *Sans Papier* in Switzerland

In Switzerland, there is a formal definition of unauthorised migration, the so-called *sans papiers* as non-EU foreigners living for more than a month without authorisation and unpredictable length of stay (Morlok et al. 2015). The approximate number of undocumented foreigners in Switzerland in 2015 was between 76,000 and 105,000, and 43 percent of them came from Central and South America (CSA) (Morlok et al. 2015, 40).

The pathway from unauthorised to authorised residence is limited to *cas de rigueur* (hardship cases[1]) which evaluate integration, family relations, financial autonomy, length of stay (five years minimum) and reintegration in the home country (Morlok et al. 2015, 55). Created in 1986 and slightly modified in 2005, this is a humanitarian-based and case-by-case regulari-

---

1   Although *cas de rigueur* also figure in the Asylum Law, I only consider the Federal Act for Foreign Nationals (FNA) here.

sation mechanism that assesses "personal cases of extreme gravity" (Della Torre 2017) However, the interpretation of personal circumstances is highly flexible and the discretionary power of local authorities is quite important (Della Torre 2017). The role of employment is also key: common reasons for refusal involve the lack of exceptional socio-occupational integration and of possession of specific qualifications only valuable in Switzerland (Della Torre 2017). Outcomes are rather disappointing: regularisations via cas de rigueur accounted for only 1 percent of the estimated total number of *sans papiers* in 2010 (Della Torre 2017, 21). Interestingly, the rate of successful cases show a gender divide: 60 percent of the foreign population who earned *cas de rigueur* authorisations were women (SFSO 2017a). It seems that unauthorised migrant women gain residence permits by means of *cas de rigueur* more frequently than their male counterparts.

3.2 Access to Settlement for non-EU Graduates from Swiss Universities

In 2015–2016, the SFSO showed that 24.9 percent of Swiss higher education (HE) students were foreigners, in the sense that they had obtained their secondary school-leaving diploma outside of Switzerland, as compared with just 13.1 percent of students in 1990–1991 (SFSO 2017c). The proportion of foreign students increases according to level of study: In 2010–2011, foreigners represent 22 percent of students at Bachelor level as compared with 52.1 percent of PhD students (Kunz 2011, 7). Unsurprisingly, most foreign students at Bachelor and Master levels (74 percent) come from neighbouring countries and other EU member states, while 4 percent come from Central and South America (Fischer and Gerhard Ortega 2015, 11).

Non-EU foreigners who specifically move to Switzerland in order to study follow a long and often complex route into the country, via selective admission procedures to a HE institution, which are generally made from the home countries (Guissé and Bolzman 2015). Once they have obtained a place at a HE institution, non-EU citizens also apply for a student visa which is a costly and time-consuming process.[2] Up until 2011, non-EU foreign graduates were required to leave the country immediately after graduation. Since that date, partly in response to the recurrent labour shortages identified in particular sectors of the Swiss labour market, a six-month job search extension to student permits has been introduced (the fixed-term permit L) (State Secretariat for Migration 2011). However, in order to recruit a non-EU for-

---

2   Some of my interviewees mentioned having to overcome passive or active resistance to their visa application procedures on the part of Embassy administrative staff.

eign graduate, employers are required to attest that the person in question is better qualified than any available Swiss or EU citizen (The Federal Council 2005), under a so-called "essential employment" clause. Several authors have noted that this type of procedure tends to create a "gendered global hierarchy of occupations", which considers male-dominated sectors such as finance and technology to be of "greater national interest for global competitiveness" than female-dominated sectors such as health, social work and teaching (Kofman 2013; Kofman and Raghuram 2006; Mezzadra and Neilson 2013). The criteria of employability thus are central to the claims of non-EU foreign graduates to remain. The fact of having a Swiss educational credential is not enough to gain residence rights and access to the labour market after graduation.

About naturalisation, there is a fast-track path – that reduces the requirement of residence years from ten to five years, including at least three years of marriage – available for foreign spouses of Swiss citizens.

In the following, I explain my specific research context of Peruvian migration to Switzerland, and my gender- and time-sensitive methods to better understand the ways in which Peruvian men who overstayed their tourist visa or finished university studies navigate throughout the legal settlement pathways of the Swiss migration regime.

4 Research Context and Methods

Between 1990 and 2015, almost three million Peruvians (9.5 percent of the population) left the country (INEI 2016, 18). In 2015, women represented over half of the total migrant population (INEI 2016, 28), which was predominantly composed of people born in Lima, the capital city, (INEI 2016, 35) and of Peruvians with higher education credentials (Takenaka and Pren 2010). Despite the imposition of entry visas in the early 1990s (until 2017), the Peruvian population in Switzerland grew from 492 in 1980 to 10,075 in 2016 (SFSO 2017c), with recent increases fuelled by onward migration by Peruvians previously settled in Spain. In 2016, the Swiss Federal Office of Statistics (SFSO) counted more than 10,000 Peruvian-born permanent residents in Switzerland, of whom 65 percent were women (SFSO 2017b). Almost 80 percent of Peruvians living in Switzerland have post-compulsory education, including 36 percent with a university degree (SFSO 2015b). In 2015, 62 percent of Peruvian nationals obtained Swiss nationality (the total number was 15,372), of whom 44 percent were women, and 56 percent of them benefited from the fast-track naturalisation mechanism (SFSO 2015a). This suggests the importance of bi-national marriages between Peruvians and Swiss citizens for the naturalisation processes.

The analysis presented here is based on original empirical data collected between 2013–2018, as part of a doctoral thesis. These include fifty-five biographical interviews carried out (in Spanish) with twenty-seven female and twenty-eight male Peruvians who were living in the French and German speaking regions of Switzerland at the time. Contact with interviewees was established through personal networks and migrant associations using a snowball technique in order to cover a population that was as diverse as possible, in terms of gender, age, education, employment status, migration history and family-formation patterns. Peruvian nationality was the main selection criterion, and those with dual nationality were included in the study. The biographical interviews were carried out using an adapted version of the LIVES life-calendar grid (Morselli et al. 2013) in order to collect important events of participant's legal, professional and family trajectories, as well as, their own explanation of transitions. The interviews were fully transcribed before coding and content analysis using NVivo.

In this chapter, I focused on the following situations: Peruvians who overstayed their tourist permits or who entered Switzerland without a visa (twelve women and twelve men); and those who entered Switzerland legally, with student visas (nine women and ten men). The main question is about the role of the breadwinner ideal on discourses and practices of *deserving masculinity* (and underserving ones) during the quest for secure residence in the Swiss migration regime. For answering this question, I discuss the results by presenting four stories that englobe the main features of participants' experiences.

5 The Role of the Breadwinner Ideal on Regularisation and Naturalisation

The two first stories (5.1) represent the legal struggles and employment conditions of Peruvian men who experienced unauthorised migration. All of them worked in the following sectors: cleaning, construction, restauration, and sales, under precarious conditions (informal, unstable, part-time and poorly-paid jobs). They attempted to earn legal authorisations by marrying a Swiss citizen (six of twelve), activating rights with an EU passport (three of twelve), and filing a *cas de rigueur* claim (three of twelve). Those who married a Swiss citizen are more succesful to earn legal settlement than those who filed a *cas de rigueur* claim regardless of the same length of stay in Switzerland. The former group is illustrated by the story of Nestor, a naturalised cleaner who married a Swiss woman, whereas the latter group is exemplified by Francisco's story, a cleaner who have filed for *cas de rigueur* several times unsucessfully. In section 5.2, the two last stories represent the legal paths of Peruvian graduates of Swiss universities seeking for legal settlement at destination. Eight of them graduated from engineering schools, one from law school and the other one from economic school. After graduation, all of them tried to earn a work permit by an employer sponsorship. At the end, those who succesfully earned legal settlement and, subsequently, citizenship used the family-reunification path -they married a Swiss citizen- (eight of ten), while one of them did it by the "essential employment" measure. The story of Coco represents the first attempt by the means of employer sponsorship, and the final (and succesful) claim based on bi-national marriage. Samuel's story sheds light on the fast-track naturalisation process for those who achieved the breadwinner role.

5.1 Low-Skilled Workers in Precarious Employment: in Search of Regularisation

I chose the stories of Nestor and Francisco who overstayed their tourist visa and worked as part-time cleaners to portray the influence of gender model of citizenships in the quest for regularisation in Switzerland.

5.1.1 *From black to grey: stuck in the half-way to regularisation*

Excerpt from Nestor's interview in 2016 (cleaner, bachelor's degree in Management, aged fifty-one)
Nestor obtained a university degree in management in 1991 and arrived in Switzerland in 1996 from Germany, a country that did not ask Peruvians for visas at that time. Aged thirty, he moved in with his sister who was married to a Swiss citizen of Chilean origin and was living in a big French-speaking city. Thanks to contacts with other migrants, he found hourly-paid jobs in the cleaning sector. He was working a few hours until he found a full-time but night shift cleaning job for an enterprise. The employers provided him with the social insurance card in 1999. Although he only lasted a few months in the job, he stated that he no longer works «al negro» (black) bu «al gris» (grey). He said that while some of their friends didn't want declared jobs to avoid wage deductions, he was persuaded of its future value in accessing social services. "I have been paying my social insurances for sixteen years now and I can rightfully ask for family allowances and retirement pension." However, he has been unsuccessful in obtaining a residence permit. Although he

always obtained certificates in each job, he found out that employers were misinformed about the work permit procedure for non-EU foreigners. In 2002, he joined a national movement in favour of sans papiers regularisation. He explained that some permits were granted to those living in Switzerland for at least five years, who were employed and had never had social assistance or legal problems. But his regularisation request and many others were rejected without specific arguments. After his two children were born, he filed for hardship case regularisation for him, his partner – another undocumented CSA citizen – and their children in 2009, unsuccessfully. Although he provided several job certificates, he thinks that gendered norms about family penalised him. That is, the fact that he still works in hourly-paid jobs less than full-time and his wife works more hours than him does not conform to the male breadwinner ideal.

The story of Nestor shows the half-way path to counteract precarity in Switzerland. To do so, he mobilised legal consciousness made up of political participation as well as activating access to social services. As some migrants, Nestor performed acts of citizenship in line with the idea of earned citizenship based on work ethic. For instance, unauthorised migrants might display extraordinary work ethic and civic participation while collecting the "appropriate" proofs to earn the recognition of their claims from institutional actors (e. g. payment of taxes, social insurances registration, collection of job contracts, etc.). Nestor learned about the legal-administrative procedures to compile and file his own regularisation request. The social learning helped him to understand the formal and informal employment criteria for granting hardship cases. However, Nestor lingers between non-citizen forms. Nestor's employment history hampered full regularisation. The exercise of part-time and poorly paid jobs hindered his requests for residential authorisations based on gender norms about citizenship. He perceived a gender frame of deservingness that measures employability criteria for unauthorised migrant men against an unattainable breadwinner role. He finally gave up filing for regularisation since he was aware of not corresponding to this deserving masculinity ideal. Yet, he is happy about sharing childcare with his partner while knowing that he could not pay all family expenses with his income nor pay for childcare services. The image of the male breadwinner disfavoured the recognition of this group of migrant men as "deserving" citizens. Their precarious labour market positions did not allow them to conform to this male ideal of citizenship.

5.1.2   Struggling to activate rights

Excerpt from Francisco's interviews in 2016 and 2017 (cleaner, Vocational Education and Training (VET) concierge, aged sixty-one)
After working as an appliance technician, Francisco arrived in Switzerland from Spain where a visa was not required in 1990. Aged thirty-four, he moved in with his sister who was married to a Swiss citizen of Spanish origin and living in a big French-speaking city. Separated from his wife, he had left his three small children with his parents and sent remittances to Peru every month. He struggled with discontinuous and low-paid jobs in the cleaning and construction sectors. He also met his future wife: a Swiss citizen of Argentinian origin. They moved in together and she got pregnant. They decided to marry and started all the legal-administrative procedure. So, Francisco obtained a residence permit by means of family reunification and filed a request to bring his children to Switzerland. Since the oldest son was aged over eighteen, Francisco knew he wouldn't be able to ask for family reunification for him. He could only ask for the two younger ones. The oldest one enrolled in a private school and got a student permit until he married a Swiss woman. However, the family reunification request for the two children forced Francisco and his wife to work under precarious conditions (long hours, weekends, without job contracts) until they obtained the "right" proofs for immigration officers. In fact, the requirements of "financial autonomy" (full-time and stable jobs) and "adequate housing" (a big apartment) were hard to attain. He said: "I fought a lot for family reunification until they (the immigration officials) gave it to me." He obtained a full-time job as a concierge for an association in 1998 and achieved a concierge VET credential in 2007. Aside from family allowances, he has been living in a subsidised apartment and recently obtained the Swiss passport. He also reduced his occupation rate due to health issues. After working many years as a concierge, he is now worried about a small retirement pension.

Considering the employability criteria along gender lines, the role of cleaning jobs to gather "appropriate" proofs to successfully reunited with children shows social class divides. Francisco's path towards regularisation did not guarantee a better position in the labour market. Although regularisation shows the shift from informal to formal jobs, Francisco remained in the same poorly paid and low-skilled employment sector: cleaning. The cleaning jobs performed by Francisco did not provide enough resources to collect "appropriate proofs" for family reunification. Francisco's income alone could not comply with "adequate housing" and "financial autonomy" to bring his children to Switzerland. For instance, the calculations for "adequate housing" demand several square metres that the average wage of a worker in the cleaning sector could not afford. Similarly, the requisites of financial autonomy in terms of full-time, long-term, stable job contracts are hard to find in the cleaning sector. Francisco's struggles to reunite with his children show how a "deserving masculinity" operate in family reunification requests. The adequate proofs seemed to be inspired on the male breadwinner citizen model.

The gendered discourses about migrants show similar outcomes for Francisco and Nestor. The employability criteria of the male breadwinner citizen did not favour the claims for residential rights and family reunification of migrant men in cleaning jobs. These legal struggles show the social class dimension of "deserving masculinity". In this sense, the employment history of Nestor and Francisco did not conform to social class-based constructions of "deserving" migrant men. In comparison with Peruvian male graduates in engineering, Peruvian migrant men in cleaning jobs had a harder time to gain recognition of requests for residential authorisations for them and left-behind children.

5.2   High Skilled Workers: in quest of security

After graduation from a Swiss HE institution, Peruvian men struggle with the transition from a student to a work permit. The gender effect of the global hierarchy of occupations (Kofman and Raghuram 2015) influence the appreciation of employability amongst Peruvian graduates. Although Peruvian graduates in male-dominated occupations benefit from a favourable employability assessment, the outcomes about residential rights impose temporal boundaries by means of fixed-term permits (e. g. permit L) or one-year conditional permits (e. g. permit B) for non-EU graduates. Access to long-term residence authorisations is possible after ten years of residence (e. g. permit C and Swiss citizenship), except for the marriage-based fast-track naturalisation. In this sense, gender privileges might be neutralised by ethno-national markers. While the work-related pathways to legal settlement seemed elusive, the marriage-based one confirmed gender and social class privileges for a group of Peruvian men based on the male breadwinner model. I explain both processes by portraying the Coco's and Samuel's study-to-work transitions: two engineering graduates who worked in international entities, but the former lingered between fixed-term permits and the latter quickly earned citizenship.

5.2.1 Struggling with uncertainty

Excerpt from Coco's interviews in 2015 and 2016 (researcher, PhD in geophysics, aged thirty-six)

Coco is a Peruvian physicist who came to Switzerland in 2010. After finishing a master's degree in geophysics in France, he arrived with a scholarship to do a PhD at a renowned engineering university. He automatically got a student permit thanks to the scholarship. He completed his PhD degree in 2014 and received a job offer right away. Coco developed a software program for his PhD dissertation and one of his supervisors in the USA asked him to develop it more. The former supervisor wanted him to start working as soon as possible. For the employer, obtaining a work permit for the USA seemed more difficult than for Switzerland, and he asked Coco to stay and work in Switzerland. He said that he already had a residence permit and they agreed to renew it. Coco would be able to work in Switzerland because his new position was funded by an enterprise that has headquarters there. However, there was a misunderstanding about the residence permit: Coco had the fixed-term permit B for students that cannot be renewed. His employer hired a lawyer for the work permit application. The lawyer told him that his chances were good because Coco was a high-skilled engineer and the author of the software program. After several months, he got a non-renewable fixed-term permit to work (L) because he had signed a one-year job contract. He was supposed to go to the USA afterwards. Right now, he is wondering about his career and where to settle down. He says: "the Swiss system doesn't want you to stay here (…) you came to study (…) and you are a foreigner from Peru. (…) Before, I felt protected by the university, but now I have this L permit which is extremely annoying (…) if they fired you, you must go. (…) But I have a lot of Latino friends that got married and got the B permit." When I interviewed him again one year later, he decided not to go to the USA. He got a post-doc offer in Italy that would enable him to still visit his girlfriend in Switzerland. However, the salary was lower than the one in Switzerland. For him, this would be a regression. In the meantime, the fixed-term work permit would soon expire. So, he decided to propose to his Swiss girlfriend. Recently married, he is still looking for better employment conditions in Switzerland.

The story of Coco's training to employment transition shows the benefits of being a engineering graduate. Right after graduation, the assessment of employability was positive by the employer, lawyer and state authorities. The type of employer – a multinational enterprise – helped him to obtain the authorisation to remain and work in Switzerland. However, the fixed-term nature of the work permits created uncertainty about occupational aspirations. In other words, uncertainty of legal status intersects with uncertainty in employment conditions (e. g. fixed-term job contracts). The educational credentials issued in Switzerland enabled him to remain after graduation only with fixed-term permits. In this sense, the gender-based privileged on the global hierarchy of professions did not automatically translate in citizenship privileges at destination. The struggles to fulfil formal conditions to legal settlement for particular national groups (e. g. non-EU) show the institutionalisation of uncertainty in the work-citizenship matrix despite gender-based advantages in the socio-professional ladder.

Unsurprisingly, Coco planned to circumvent this uncertainty and access to long-term residence by the means of bi-national marriage. In the following section, I discuss the features of the family reunification pathway to settlement and citizenship for Peruvian male graduates.

5.2.2   Capitalizing on the breadwinner masculinity

Peruvian male graduates who embark on family reunification after graduation show a positive assessment of employability that facilitates access to long-term residence authorisation and labour market participation. Those who earned residence authorisation via family reunification face legal-administrative dependency on a Swiss spouse, and are confronted with a gendered family model that fosters male employability: men are expected to be full-time breadwinners, whilst women are seen as full-time caregivers/part-time employees (Baghdadi 2010; Giraud and Lucas 2009). Instead of temporal boundaries, the discourse about "deserving migrants" favours the naturalisation process of the Peruvian graduates who fulfilled the breadwinner role. An example is Samuel.

Excerpt from Samuel's interviews in 2015 and 2018 (architect, PhD in engineering, aged fifty-two)
Samuel is a Peruvian architect who came to Switzerland in 1992 and 2001. After finishing a German language course in the Swiss-German border, he returned to Peru followed by his Swiss girlfriend and got married in 1997 and had their first child there in 2000. They decided to return to a big French-speaking city in Switzerland when he won a scholarship to pursue engineering studies. Aged thirty-nine years old, he obtained a student permit at arrival. His wife found a job as a part-time child educator and both paid for childcare services. While

delegating most of family caregiving to her, he successfully completed the program in 2002 and was offered a paid PhD position in the same university. He had already obtained the Swiss citizenship. In his own words: "I made all the applications through the HE institution and I got the passport. When I saw that I had to pay 800 Swiss francs, I felt welcomed to the club." In the meantime, he had another child in 2005 and his wife stopped working. Aged forty-four years old, he finished his PhD in 2007 and immediately found a part-time job in an architecture office. The same year the couple separated and eventually divorced. She returned to the German-speaking region with the children and started to work again. After having fixed-term jobs, he finally had a stable job as an architect since 2015.

The case of Samuel shows the positive mutual influence of the citizenship-work matrix along gender lines. Besides not having any problem to bring his child to Switzerland, Samuel was granted Swiss citizenship after three years of residence, through a facilitated naturalisation process. Indeed, Samuel's occupation, type of Swiss degree and employment prospects can be considered as facilitating the breadwinner role that men are expected to play in order to fulfil the citizenship requirements. The conditions to access naturalisation seem to reward the male breadwinner role along social class lines: full-time employment in prestigious occupations. Certain occupations provide more opportunities for stable, full-time and well-paid positions and grant more prestige than others. Drawing on the gender-based global hierarchy of occupations, Peruvian male graduates in engineering occupations thus access fast-track naturalisation mediated by the family reunification path more easily than Peruvian migrant men in manual occupations (e. g. Francisco's story).

The Swiss migration regime seem to favour highly qualified foreign men who conform to the dominant Swiss gender regime. It is not only about being a globally valuable worker but also a breadwinner spouse at home.

Discourses and practices about "deserving migrants" showed gender and social class dimensions that also favours the breadwinner role in naturalisation pathways. This group of Peruvian male graduates can translate their gender-based privileges on the labour market to the citizenship sphere at destination: access to fast-track naturalisation is enhanced by the exercise of prestigious professions. Yet both processes seem to depend on the accomplishment of a "deserving masculinity" amongst migrants, which encourages the male breadwinner role in bi-national marriage.

6   Conclusions

Drawing on the concept of gendered frames of citizenship deserv-ingness, this chapter shows the ways in which Peruvian men are evaluated against a breadwinner role in their quest to legal settlement in Switzerland. This *deserving masculinity* evokes not only the family gender norms but also the social class positions in the socio-professional hierarchy. Those who ex-ercised part-time, poorly paid and less prestigious jobs are considered as less deserving of citizenship than other groups of Peruvian men. They seem to be penalized for not conforming to gender and social class-based norms in the family and labour market spheres. Interestingly, Peruvian men who– poten-tially – enjoyed privileges on the labour market might still struggle to earn se-curity in the non-/citizenship continuum of the Swiss migration regime. The privileges linked to male-dominated employment sectors – stable, well-paid, full-time and prestigious positions – are not enough due to a nationality hi-erarchy in migration regimes. Young and unmarried non-EU engineers deal with uncertainty abroad (Axelsson 2016). Despite their similar social class standing, the outcomes of legal struggles are different for Peruvian engineers who are part of a bi-national couple and those who are not. The fast-track nat-uralisation shows the ways in which the Swiss family regime thus influences the Swiss migration regime. Citizenship is quickly granted to those Peruvi-an men exercising well-paid, full-time and prestigious jobs while delegating most of family caregiving to their Swiss spouses.

Migrants are not passive recipients of the law and display legal con-sciousness to build up their claiming tactics with institutional actors. The stories of these Peruvian men showed the accumulation of knowledge and mobilisation of multiple resources in the quest for regularisation and natural-isation. They developed various tactics to achieve the "appropriate" proofs and cope with "probationary" periods. For them, it was clear that citizenship is to be deserved, and they struggled to embody the "deserving male migrant".

Notwithstanding tensions in evolving gender norms and practices, one type of masculinity seems to be the most rewarded amongst migrants: the male breadwinner role. In this sense, the intersectional analysis of the Swiss migration regime sheds light on the transformations and continuities in masculinity(ies) and gender relations. It is thus important to compare the experiences of male citizens and non-citizens in the institutional framework.

These results about *deserving masculinity* also suggest paying attention to the intersections of gender, social class and nationality in migration stud-ies. Not all migrant men are privileged over their female counterparts, nor one type of masculinity prevails. Tensions in legal discourses and practices about migrant's citizenship requests show ambiguities. Family reunification requests mobilise gendered family roles: the male sponsor is asked to provide proofs of a steady job, a more-than-minimum wage, and a high level of education (Fernandez and Jensen 2013; Morris 2014; Ruffer 2011; Schweitzer 2015). Groups of migrants thus struggle to meet the employment standards for family reunification requests (Bertolani et al. 2013; Bonizzoni 2015; Fresnoza-Flot 2014, 2017; Paciulan and Preibisch 2013). Although the public/private work gender division is weakening in international law, a new hierarchy based on employment is emerging where gendered family roles still seem to influence the conditions to claim residential rights along social class divides. In addition, the gender-equality discourses are also used to distinguish good Western citizens from underserving non-Western migrants (Kofman 2015; Schrover and Moloney 2013; van Walsum 2013). It follows forms of stereotyping migrant men and women along ethno-national markers: non-Western migrant women, who are victims of patriarchy and family-dependent, in contrast with economic-driven non-Western migrant men, who are always suspicious (Fischer and Dahinden 2016; Kraler et al. 2011; Morokvasic 1984, 2011). The female caregiving ideal might reward migrant women; for instance Peruvian care workers seem to fare better in regularisation based on hardship cases (Seminario 2018) than their male counterparts in the cleaning sector. In this sense, there are nuances of gender privileges, social class-based inequalities and ethno-national hierarchies.

7   References

Ahmad, Ali Nobil. 2008. Dead Men Working: Time and Space in London's ("illegal") Migrant Economy. *Work, Employment & Society,* 22(2): 301–318. https://doi.org/10.1177/0950017008089106.

Ambrosini, Maurizio 2015. Irregular but Tolerated: Unauthorized Immigration, Elderly Care Recipients, and Invisible Welfare. *Migration Studies,* 3(2): 199–216. https://doi.org/10.1093/migration/mnu042.

Anderson, Bridget 2010. Migration, Immigration Controls and the Fashioning of Precarious Workers. *Work, Employment & Society,* 24(2), 300–317. https://doi.org/10.1177/0950017010362141.

Axelsson, Linn 2016. Living within Temporally Thick Borders: IT Professionals' Experiences of Swedish Immigration Policy and Practice. *Journal of Ethnic and Migration Studies, 9451*(June), 1–17. https://doi.org/10.1080/136918 3X.2016.1200966.

Baghdadi, Nadia (2010). *Care-Work Arrangements of Parents in the Context of Family Policies and Extra-Familial Childcare Provision in Switzerland.* Research reports No. 3 & 4. Geneva.

Bertolani, Barbara, Rinaldini Matteo, and Mara Tognetti Bordogna (2013). "Combining Civic Stratification and Transnational Approaches for Reunited Families: The Case of Moroccans, Indians and Pakistanis in Reggio Emilia." *Journal of Ethnic and Migration Studies,* (40)9, 1–18, doi:10.1080/136918 3X.2013.868302.

Bonizzoni, Paola (2015). "Uneven Paths: Latin American Women Facing Italian Family Reunification Policies." *Journal of Ethnic and Migration Studies,* 1–20, doi:10.1080/1369183X.2015.1037257.

Chauvin, Sébastien, Garcés-Mascareñas, Blanca & Albert Kraler (2013a). "Employment and Migrant Deservingness." *International Migration,* 51(6), 80–85, doi:10.1111/imig.12123.

Chauvin, Sébastien, Garcés-Mascareñas, Blanca & Albert Kraler (2013b). "Working for Legality: Employment and Migrant Regularization in Europe." *International Migration,* 51(6), 118–31, doi:10.1111/imig.12109.

Connor, Phillip & Douglas Massey (2010), "Economic Outcomes among Latino Migrants to Spain and the United States: Differences by Source Region and Legal Status." *The International Migration Review,* 44(4), 802–29, doi:10.1111/j.1747-7379.2010.00826.x.

Della Torre, Lucia (2017), *State's Discretion and the Challenge of Irregular Migration – the Example of Permanent Regularization Practices in Spain and Switzerland.* 12, 2017.

Durand, Jorge, Massey, Douglas S. & Karen A. Pren (2016), "Double Disadvantage: Unauthorized Mexicans in the U.S. Labor Market." *The ANNALS of the American Academy of Political and Social Science,* 666(1), 8–90, doi:10.1177/0002716216643507.

Fernandez, Nadine T. & Tina Gudrun Jensen (2013). Intimate Contradictions: Comparing the Impact of Danish Family Unification Laws on Pakistani and Cuban Marriage Migrants. *Journal of Ethnic and Migration Studies,* (August 2015), 1–18. https://doi.org/10.1080/1369183X.2013.854692

Fischer, Carolin & Janine Dahinden (2016). Changing Gender Representations in Politics of Belonging : *A Critical Analysis of Developments in Switzerland.* (Working Papers No. 6). Neuchâtel.

Fischer, Philipp & Sarah Gerhard Ortega (2015). *Les Étudiant-e-s Internationaux Dans Les Hautes Écoles Suisses.* (FSO, Ed.). Neuchâtel.

Fresnoza-Flot, Asuncion (2017). "Gender-and Social Class-Based Transnationalism of Migrant Filipinas in Binational Unions." *Journal of Ethnic and Migration Studies,* 43(6), 885–901. Taylor & Francis, doi:10.1080/136918 3X.2016.1274562

Fresnoza-Flot, Asuncion (2014). "The Bumpy Landscape of Family Reunification: Experiences of First- and 1.5-Generation Filipinos in France." *Journal of Ethnic and Migration Studies,* no. August, pp. 1–20, doi:10.1080/136918 3X.2014.956711.

Giraud, Olivier & Barbara Lucas (2009). «Le Renouveau Des Régimes de Genre En Allemagne et En Suisse : Bonjour ‹Néo Maternalisme›?» *Cahiers Du Genre,* vol. 46(1), 17–46, doi:10.3917/cdge.046.0017.

Goldring, Luin & Patricia Landolt (2013). "The Conditionality of Legal Status and Rights: Conceptualizing Precarious Non-Citizenship in Canada." *Producing and Negotiating Non-Citizenship. Precarious Legal Status in Canada,* University of Toronto Press, 15–33.

Goldring, Luin & Patricia Landolt (2011). "Caught in the Work–Citizenship Matrix: The Lasting Effects of Precarious Legal Status on Work for Toronto Immigrants." *Globalizations,* 8(3), 325–41, doi:10.1080/14747731.2011.57685

Guissé, Ibrahima & Claudio Bolzman (2015). *Etudiants Du Sud et Internationalisation Des Hates Écoles: Entre Illusions et Espoirs.* Genève: IES.

Hawthorne, Lesleyanne (2014). "Indian Students and the Evolution of the Study-Migration Pathway in Australia." *International Migration,* vol. 52 (2), 3–19, doi:10.1111/imig.12110

Huddleston, Thomas, Jan Niessen with Eadaoin Ni Chaoimh and Emilie White (2011). "Migrant Integration Policy INDEX III. Suisse." *Migrant Integration Policy INDEX III.*

INEI (2016). *Perú: Estadísticas de la Emigración Internacional de Peruanos e Inmigración de Extranjeros, 1990–2015.* Lima: INEI, MIGRACIONES, OIM.

Kofman, Eleonore (2015). "Gendered Perspectives on Integration Discourses and Measures." *International Migration,* 53 (4), 77–89, doi:10.1111/imig.12102.

Kofman, Eleonore (2013). "Gendered Labour Migrations in Europe and Emblematic Migratory Figures." *Journal of Ethnic and Migration Studies* 39(4), 579–600. https://doi.org/10.1080/1369183X.2013.745234

Kofman, Eleonore & Parvati Raghuram (2015). *Gendered Migrations and Global Social Reproduction.* London: Palgrave Macmillan.

Kofman, Eleonore & Parvati Raghuram (2006). "Gender and Global Labour Migrations: Incorporating Skilled Workers." *Antipode,* 38(2), 282–303. https://doi.org/10.1111/j.1467-8330.2006.00580.x

Kofman, Eleonore, Sawitri Saharso & Elena Vacchelli (2015). Gendered perspectives on integration discourses and measures. *International Migration,* 53(4), 77–89. https://doi.org/10.1111/imig.12102

Kraler, Albert, Kofman, Eleonore, Kohli, Martin & Camille Schmoll, C. (2011). Issues and debates on family-related migration and the migrant family: A European perspective. In: A. Kraler, E. Kofman, M. Kohli, & C. Schmoll (Eds.), *Gender, generations and the family in international migration* (Imiscoe Re, pp. 11–54). Amsterdam: IMISCOE / Amsterdam University Press.

Kunz, Barbara (2011). *Etudiants Des Hautes Écoles Universitaires 2010/2011.* Neuchâtel.

Landolt, Patricia & Luin Goldring (2015). "Assembling Noncitizenship through the Work of Conditionality." *Citizenship Studies,* 19(8), 853–869. https://doi.org/10.1080/13621025.2015.1110280

Mascini, Peter & Marjolein Van Bochove (2009). Gender Stereotyping in the Dutch Asylum Procedure: "Independent" Men versus "Dependent" women. *International Migration Review,* 43(1), 112–133. https://doi.org/10.1111/j.1747-7379.2008.01149.x

McKay, Sonia, Markova, Eugenia & Anna Paraskevopoulou, A (2011). *Undocumented Workers' Transitions. Legal Status, Migration & Work in Europe.* New York: Routledge.

Mezzadra, Sandro & Brett Neilson (2013). *Border as a method, or, the multiplication of labor.* Durham: Duke University Press.

Morlok, Michael, Oswald, Andrea, Meier, Harald, Efionayi-Mäder, Denise, Ruedin, Didier, Bader, Dina & Philippe Wanner (2015). *Les Sans-Papiers En Suisse En 2015.* Bâle.

Morokvasic, Mirjana (2011). «L'(in)Visibilité Continue.» L'(in)visibilité continue. *Cahiers Du Genre,* 51(2), 25. https://doi.org/10.3917/cdge.051.0025

Morokvasic, Mirjana (1984). Birds of Passage Are also Women … *International Migration Review,* 18(4), 886–907. https://doi.org/10.1007/s13398-014-0173-7.2

Morris, Eleanor (2014). "Family Reunification and Integration Policy in the EU: Where Are the Women?" *Journal of International Migration and Integration* 16, 639–660. https://doi.org/10.1007/s12134-014-0363-3

Morselli, Davide, Spini, Dario, Le Goff, Jean Marie, Gauthier, Jacques-Antoine, Brändle Karen, Mugnari, Estelle et al. (2013). *Assessing the performance of the Swiss Panel LIVES calendar: Evidence from a pilot study.* LIVES working papers (Vol. 28, 1–56).

Paciulan, Melissa & Kerry Preibisch (2013). "Navigating the Productive/Reproductive Split: Latin American Transnational Mothers and Fathers in Canada's Temporary Migration Programs." *Transnational Social Review,* 3(2), 173–192. https://doi.org/10.1080/21931674.2013.10820763

Pearse, Rebecca & Raewyn Connell (2015). "Gender Norms and the Economy: Insights from Social Research." *Feminist Economics,* 1–24. https://doi.org/10.1080/13545701.2015.1078485

Pribilsky, Jason (2012). "Consumption Dilemmas: Tracking Masculinity, Money and Transnational Fatherhood Between the Ecuadorian Andes and New York City". *Journal of Ethnic and Migration Studies,* 38(2), 323–343. https://doi.org/10.1080/1369183X.2012.646429

Reyneri, E. (1998). The role of the underground economy in irregular migration to Italy: Cause or effect? *Journal of Ethnic and Migration Studies,* 24(2), 313–331. https://doi.org/10.1080/1369183X.1998.9976635

Riaño, Y., & Baghdadi, N. (2007). Understanding the Labour Market Participation of Skilled Immigrant Women in Switzerland: The Interplay of Class, Ethnicity, and Gender. *Journal of International Migration and Integration / Revue de l'integration et de La Migration Internationale,* 8(2), 163–183. https://doi.org/10.1007/s12134-007-0012-1

Ruffer, Galya Benarieh (2011). "Pushed Beyon Recognition? The Liberality of Family Reunification Policies in the EU." *Journal of Ethnic and Migration Studies* 37(6), 935–951. https://doi.org/10.1080/1369183X.2011.576196

Schrover, Marlou & Deirdre M. Moloney (2013). *Gender, Migration and Categorisation.* Making Distinctions between Migrants in Western Countries, 1945–2010. Edited by Marlou Schrover and Deirdre M. Moloney, Amsterdam: Amsterdam University Press.

Schweitzer, Reinhard (2015). "A Stratified Right to Family Life? On the Logic(s) and Legitimacy of Granting Differential Access to Family Reunification for Third-Country Nationals Living within the EU." *Journal of Ethnic and Migration Studies,* (August), 1–19. https://doi.org/10.1080/136918 3X.2015.1037256

Seminario, Romina (2018). *Migratory Life-courses and Social Networks: Peruvian men and women in Switzerland.* Lausanne University.

SFSO. (2017a). Einwanderung ständige ausländische Wohnbevölkerung mit Zulassungscodes «Härtefälle» vom 01.01.2016 bis am 31.12.2016. Neuchâtel.

SFSO. (2017b). Permanent and non permanent resident population by Year, Canton, Population type, Country of birth and Sex. Retrieved April 6, 2018, from https://www.pxweb.bfs.admin.ch/pxweb/fr/px-x-0103010000_215/ -/px-x-0103010000_215.px/table/tableViewLayout2/?rx-id=7d175511-c3fb-4027-9957-201d7b224cab

SFSO. (2017c). Students. *Tertiary Education – Higher Education Institutions.*

SFSO. (2015a). *Acquisition de la nationalité suisse par nationalité du 1.1.2015 au 30.06.2015.* Neuchâtel.

SFSO. (2015b). Formation achevée la plus haute des personnes avec nationalité péruvienne, 2013. Neuchâtel.

State Secretariat for Migration (2011). *Foreign Graduates Holding a Swiss University-Level Diploma to Be Granted Easier Access to the Labor Market.* https://www. sem.admin.ch/sem/en/home/themen/arbeit/nicht-eu_efta-angehoerige/ hochschulabgaenger.html.

Takenaka, Ayumi & Karen A. Pren (2010), "Determinants of Emigration: Comparing Migrants' Selectivity from Peru and Mexico." *The ANNALS of the American Academy of Political and Social Science,* 630(July), 178–193. https:// doi.org/10.1177/0002716210368109

The Federal Council. (2005). 142.20 Federal Act on Foreign Nationals. Retrieved January 3, 2017, from https://www.admin.ch/opc/en/classified-compilation/20020232/index.html

Valarino, Isabel (2016). « Les Congés Parentaux En Suisse : Révelateurs de Politiques et de Représentations Genrées. » *Devenir parents, devenir inégaux. Transition à la parentalité et inégalités de genre* (pp. 235–261). Zurich/Genève : Seismo.

van Walsum, Sarah (2013). "Labour, Legality and Shifts in the Public/Private Divide." *International Migration,* 51(6), 86–100. https://doi.org/10.1111/imig.12112

Vasey, Huw (2016). "Trajectories of Migration, Social Networks and Emergent Landscapes of Migrant Work." *Migration Studies,* 4(1), 76–96. https://doi.org/10.1093/migration/mnv017

Teil III

**Männlichkeit im
Kontext von Care- und
Erwerbsarbeit**

9 «Du bist ein Mann, du hast schon bessere Chancen.» Wie junge Männer Privilegierung in geschlechtsuntypischen Berufen verhandeln

Marisol Keller

1 Einleitung

Ein junger Mann, der in der Arztpraxis Termine vereinbart, Blutdruck misst oder neben einer Zahnärztin die Instrumente vorbereitet; junge Männer, die Kinder oder Pflegebedürftige betreuen: das sind Situationen, die in der Schweizer Arbeitswelt momentan eher selten vorkommen. Auf dem Schweizer Arbeitsmarkt herrscht eine besonders hohe Geschlechtersegregation. Das heisst, dass besonders viele Berufe vornehmlich von nur einem Geschlecht ausgeführt werden (Schwiter et al., 2014, 407). Diese Geschlechtersegregation basiert auf normativen Vorstellungen, wonach bestimmte Fähigkeiten und Kompetenzen an ein Geschlecht gebunden sind (Schwiter, 2015, 61). Kulturelle oder historische Unterschiede weisen darauf hin, dass diese geschlechtlichen Zuschreibungen veränderbar sind (Maihofer, Schwiter und Wehner, 2012, 22).

Die Geschlechtersegregation beginnt dabei bereits bei der Berufswahl. Diese ist selten eine «freie Wahl» unabhängig normativer Vorstellungen und verläuft in der Schweiz in ausserordentlich hohem Masse entlang von Geschlechterstereotypen (Buchmann und Kriesi, 2012, 259; Schwiter, 2015, 61; Schwiter, Wehner, Maihofer und Huber, 2011, 29). Gründe dafür werden zum einen in den institutionellen Mechanismen des Ausbildungs- und Berufswahlsystems vermutet (Schwiter et al. 2011, 22). Dieses gibt Berufswege vor, die besonders stark an Geschlechternormen gekoppelt sind und reproduziert somit geschlechtsspezifische Unterschiede. Mitwirkend sind dabei das Einstellungsverhalten und das Auswahlverfahren der Arbeitgebenden. Gleichzeitig müssen sich Jugendliche in der Schweiz ausserordentlich früh mit der Berufswahl auseinandersetzen. Dieser Zeitpunkt fällt mit der jugendlichen Identitätsfindung zusammen. Buchmann und Kriesi (2012) sehen dies als weiteren Grund dafür, dass sich Jugendliche dabei besonders oft für einen geschlechtstypischen Beruf entscheiden.

Geschlechtsspezifische Zuschreibungs- und Zuweisungsmechanismen beeinflussen nicht nur die Arbeitsverteilung auf dem Arbeitsmarkt, die Geschlechtersegregation hat auch gesamtgesellschaftliche Auswirkungen: Sie beeinflusst die Positionierung und Hierarchisierung von Individuen innerhalb der Gesellschaft. Soziale und ökonomische Ungleichheiten entstehen aufgrund der Differenzierung entlang der Geschlechter (Wastl-Walter, 2010, 89–90). Gleichzeitig werden durch die Zuschreibungs- und Zuweisungsmechanismen in der Arbeitswelt Geschlechterstereotype reproduziert (Gildemeister, 2008, 142).

Dies zeigt sich auch im Arbeitsalltag. Forschungsergebnisse machen deutlich, dass zum Beispiel bei Frauen im Berufsalltag öfters berufliche Kompetenzen in Frage gestellt werden. Auch für Männer führt eine geschlechtsuntypische Berufswahl zu Nachteilen, sie müssen ihre Berufswahl vor allem im Privaten rechtfertigen (Schwiter 2015). Auffallend ist, dass beim Analysieren von Ungleichheiten in Bezug auf Geschlecht vor allem Erfahrungen unterrepräsentierter Gruppen und deren Benachteiligung untersucht werden. Dies ist eine eher einseitige Perspektive, die Kehrseite wäre die Analyse von Momenten der Privilegierung. In Bezug auf Geschlecht, haben z. B. Schwiter et al. (2014, 422) solche Momente angedeutet. Sie halten fest, dass junge Männer in frauentypischen Berufen beispielsweise schneller eine Führungsposition als in geschlechtstypischen Berufen erreichen. Männer, als unterrepräsentierte Gruppe, profitieren in diesen Momenten von herrschenden Geschlechterhierarchien und erfahren eine gewisse Privilegierung.

Um ein ganzheitliches Bild der Prozesse zu gewinnen und auch Handlungsmöglichkeiten für bevorteilte Gruppen abzuleiten, wäre es bereichernd, den Fokus verstärkt auf die Privilegierten zu legen. Wie nehmen sie diese Ungleichheiten wahr und wie gehen sie mit diesen um (Mooney, Ryan und Harris 2017, 361)? Der Idee der Fokussierung auf Privilegien folgend analysiere ich, wie junge Männer, die in geschlechtsuntypischen Berufen tätig sind, Privilegierung verhandeln.

Die hier diskutierten Ergebnisse basieren auf Interviews mit jungen Männern in geschlechtsuntypischen Berufen und zeigen, dass Männer ihre Position in ihrem Arbeitsumfeld aktiv als Privilegierung wahrnehmen. Gleichzeitig ist erkennbar, dass sie diese Privilegierung nicht einfach als durch das Geschlecht gegeben hinnehmen, sondern legitimieren. Im Dialog mit bestehenden Erkenntnissen der Privilegierungsforschung zeige ich im Folgenden, wie Männer in geschlechtsuntypischen Berufen ihre Privilegierung verhandeln, legitimieren und welche Potentiale sich für eine Transformation von Männlichkeit ergeben. In Anlehnung an Raewyn Connell (2005) beleuchte ich das Bedürfnis der jungen Männer, die patriarchale Dividende zu legitimieren, welche das Profitieren verschiedener Männlichkeiten von der Vorherrschaft und Deutungsmächtigkeit der hegemonialen Männlichkeit beschreibt.

2 Geschlechtsuntypische Berufswahl

Obwohl gewisse Berufe sehr stark einem Geschlecht zugeschrieben werden, gibt es immer wieder junge Leute, die sich für einen für ihr Geschlecht untypischen Beruf entscheiden. Die Bezeichnung «geschlechtstypisch» oder «geschlechtsuntypisch» in Bezug auf Berufe definiere ich aufgrund des statistischen Werts. Als statistischen Richtwert betrachte ich den Mindestanteil von 70 Prozent Frauen, das heisst 30 Prozent oder weniger Männeranteil im Beruf. Dieser Mindestanteil wurde in anderen Studien bereits so verwendet und basiert auf der Annahme, dass sich ab 30 Prozent die Geschlechterbeziehung verändert und das Geschlecht mit weniger als 30 Prozent Repräsentation sich selbst als Minderheit wahrnimmt (Abraham und Arpagaus, 2008, 214).

2.1 Männer in geschlechtsuntypischen Berufen

Diverse Forschungsprojekte haben sich mit Männern in feminisierten Berufen beschäftigt. Diese konnten immer wieder aufzeigen, dass Männer, die in solchen Berufen tätig sind, sich an ihrem Arbeitsplatz aufgrund des Geschlechts in einer speziellen Situation befinden (vgl. Nentwich et al., 2013, 327; Schwiter, 2015, 70; Tennhoff, Nentwich und Vogt, 2015, 342). Tennhoff, Nentwich und Vogt (2015, 344) zeigen, dass sich Männer in geschlechtsuntypischen Berufen öfters erklären müssen, weil sie nicht den gesellschaftlichen Normen entsprechen. Während solchen Auseinandersetzungen werden sie laut den Forschungsergebnissen mit unterschiedlichen Vorstellungen von Männlichkeit konfrontiert. Die Vorstellungen entsprechen meistens hegemonialen Bildern von Männlichkeit, was dann dazu führt, dass sich Männer in geschlechtsuntypischen Berufen mit ihrer untypischen Berufswahl und ihren eigenen Vorstellungen von Männlichkeiten auseinandersetzen müssen. Die Autorinnen machen deutlich, dass die Männer selbst unterschiedliche Vorstellungen von Männlichkeit haben, was sich wiederum auf ihr Agieren als untervertretenes Geschlecht im Berufsalltag auswirkt.

2.2   Rechtfertigungsbedarf der geschlechtsuntypischen Berufswahl

Weitere Forschung hat sich darauf fokussiert, wie Männer während ihrer Arbeitszeit in einem geschlechtsuntypischen Beruf ihre Andersartigkeit aufgrund des Geschlechts wahrnehmen. So schliessen Nentwich et al. (2013, 341) aus ihrer Studie mit Männern, die in der Kinderbetreuung arbeiten, dass sie im Arbeitsalltag täglich mit ihrem Geschlecht aufgrund des Nicht-entsprechens der Norm konfrontiert sind und anders behandelt werden als Frauen. Dies könnte dazu führen, dass sich Männer, die in geschlechtsuntypischen Berufen tätig sind, als zusammengehörige Gruppe verstehen könnten, um so ihre Position zu stärken. Schwiter (2015, 65; 68) hat jedoch aufgezeigt, dass dies interessanterweise nicht immer der Fall ist. Laut ihren Ergebnissen sind die meisten, angesprochen auf ihre Berufswahl, davon überzeugt, dass sie einen Beruf finden müssen, der zu ihrer Persönlichkeit passt. In den Augen von Schwiters (2015, 65, 68) Interviewpartnern spielt dabei der Faktor des individuellen Bedürfnisses die wichtigste Rolle, soziale oder strukturelle Gegebenheiten sehen sie nicht als Einflussfaktoren.

Dennoch verweisen Forschungsergebnisse darauf, dass sie als Männer in geschlechtsuntypischen Berufen im Berufsalltag ähnliche Erfahrungen machen. Vergleicht man diese mit den Erfahrungen von Frauen im gleichen Beruf, werden Unterschiede deutlich (Schwiter, 2015). Cross und Bagilhole (2002), die sich mit Männern in geschlechtsuntypischen Berufen in Grossbritannien beschäftigt haben, konnten sichtbar machen, dass Männern und Frauen im selben Berufsbild andere berufsspezifische Fähigkeiten zugeschrieben werden (Cross und Bagilhole 2002, 206). Auf ähnliche Ergebnisse kam ich in meiner eigenen Studie (Keller 2017). Meine Interviewpartner, die als Fachmann Betreuung arbeiten, erwähnen explizit, dass sie als Männer dafür zuständig sind, Dinge zu reparieren oder schwere Gegenstände umzuräumen, während Frauen diese Aufgaben nicht zugeteilt werden (Keller, 2017, 55). Schwiter et al. (2014) haben zudem gezeigt, dass Männern nicht nur andere Fähigkeiten zugeschrieben werden, sondern, dass eine geschlechtsuntypische Berufswahl mehr Ressourcen wie z. B. Lese-/Mathematikkompetenzen oder eine höhere Selbstwirksamkeit erfordern. In ihrer Studie, in der sie die Auswirkungen der Geschlechtersegregation in der Arbeitswelt für junge Erwachsene untersuchten, stellen sie unter anderem fest, dass Jugendliche in untypischen Berufen durchschnittlich über ein Mehr an Ressourcen verfügen als Gleichaltrige in geschlechtstypischen Berufen und diese Ressourcen weniger geschlechtsstereotyp sind (Schwiter, 2014, 413–415). Dieser «Mehraufwand», das heisst die Investition von zusätzlichen Ressourcen in den Beruf, lohnt sich für Männer vor allem in Bezug auf die berufliche Karriere. Sie erreichen in frauentypischen Berufen schneller eine Führungsposition als in männertypischen Berufen, erfahren also innerhalb des Berufsalltags eine Privilegierung. Im Hinblick auf Einkommen und sozialen Status zahlt sich ein frauentypischer Beruf für keines der Geschlechter aus. Der Lohn und Berufsstatus bleiben tief, unabhängig davon, welches Geschlecht den Beruf ausführt (Schwiter, 2014, 422). Laut Pullen und Simpson (2009, 564) wirkt sich die geschlechtsuntypische Berufswahl für Männer eher bezüglich ihrer beruflichen Karriere positiv aus, weil sie am Arbeitsplatz oftmals eine positive Rückmeldung erfahren. Ein ähnliches Phänomen beschreibt Schwiter (2015, 69). Ihre Interviewpartner berichten davon, dass sie im Team besonders beliebt sind oder in der Berufsschule von Lehrpersonen und Schulkolleginnen besonders geschätzt werden.

Wie bereits erwähnt, werden sie durch eine Abweichung von der Norm immer wieder mit Vorstellungen von Männlichkeit konfrontiert (Nentwich et al., 2013, 327). Für Männer, die in einem geschlechtsuntypischen Beruf tätig sind, heisst das, dass sie sich mit gesellschaftlichen, aber auch mit den eigenen Vorstellungen von Männlichkeit auseinandersetzen und Männlichkeit immer wieder verhandeln müssen (Maihofer u. a. 2012, 22). McDonald (2013, 562) argumentiert in seiner Studie über junge Männer in Ausbildung zum Pflegefachmann, dass maskuline Identitäten immer wieder neu konstruiert werden müssen. Er merkt an, dass sich die Konstruktion dieser Identität am Arbeitsplatz stark von derjenigen im privaten Bereich unterscheide (McDonald, 2013, 564). Dies kann zum Beispiel über die Zuschreibung von Fähigkeiten geschehen. Während sie am Arbeitsplatz eher ihre Fähigkeiten hervorheben, die weiblich konnotiert sind, erwähnen sie im Privaten vor allem die Aspekte des Berufsalltags, die gesellschaftlich eher Männern zugeschrieben werden (McDonald, 2013).

Es findet also eine permanente Aushandlung mit der eigenen Vorstellung von Männlichkeit und mit gesellschaftlichen Vorstellungen statt. Männer in geschlechtsuntypischen Berufen sehen sich gezwungen, darzulegen, warum sie als Männer durchaus in einem Beruf erfolgreich sein können, der von der Gesellschaft Frauen zugeschrieben wird. Sie müssen zeigen und legitimieren, dass sie auch über weiblich konnotierte Fähigkeiten verfügen. Nebst dem Bedürfnis, ihre Anwesenheit als Mann in einem frauentypischen Umfeld zu legitimieren, sehen sie sich immer wieder dazu verpflichtet, die Abweichung von der Norm zu erklären.

2.3 Rechtfertigungsstrategien für die geschlechtsuntypische Berufswahl

Forschungsresultate (vgl. Cross und Bagilhole 2002; McDonald 2013; Nentwich u. a. 2013) haben deutlich gemacht, dass es für Männer verschiedene Wege und Strategien gibt, mit den kontextspezifischen Verständnissen von Männlichkeit in einem feminisierten Arbeitsumfeld umzugehen und somit ihre Anwesenheit als Mann zu rechtfertigen. Es wird deutlich, dass es für Männer in geschlechtsuntypischen Berufen grundsätzlich zwei Wege gibt, ihre Anwesenheit im Beruf zu rechtfertigen. Eine Möglichkeit ist, maskuline Merkmale oder Verhaltensweisen hervorzuheben. Nentwich et al. (2013, 331–341) zeigen das zum Beispiel an der Strategie der Männernischen. Männernischen werden dadurch geschaffen, dass in weiblich konnotierten Berufen Männer Arbeitsweisen oder Aktivitäten beibehalten, die gesellschaftlich als männlich konnotiert werden. Bei der Kinderbetreuung können das zum Beispiel besonders körperbetonte Spiele sein. Diese Strategie hat zum Ziel, eine «männlichen Identität» aufrecht zu erhalten und funktioniert innerhalb der geschlechtsstereotypen Zuschreibungen. Dafür wird die fortbestehende Aufgabenaufteilung im Berufsalltag nach Geschlecht akzeptiert und das Bild des «maskulinen Mannes», der eine andere Arbeitsweise als Frauen aufweist und somit etwas Innovatives ins Team bringt, kultiviert. Auch McDonald (2013) formuliert eine ähnliche Strategie. Er beschreibt, dass Männlichkeit über die Distanzierung zu Frauen geschehen kann, um Grenzen zu konstruieren. Er geht noch einen Schritt weiter als die Distanzierung über Verhaltensweisen und beschreibt, dass eine solche Distanzierung nicht selten über körperliche Merkmale konstruiert wird. Ziel dieser Strategie ist es ebenfalls, stereotype männliche Werte und Attribute so gut wie möglich aufrecht zu erhalten.

Eine andere Möglichkeit zur Aufrechterhaltung von maskulinen Merkmalen sieht McDonald (2013) in einer anderen von ihm formulierten Strategie. Dabei werden nicht dem Verhalten oder dem Körper, sondern der Arbeit typisch männliche Werte zugeschrieben. Vorstellungen von Männlichkeit werden so mit Tätigkeiten und erforderlichen Eigenschaften der weiblich konnotierten Berufe in Verbindung gebracht. Im Pflegeberuf bedeutet das zum Beispiel, dass das Pflegen und Sorgen als männlich konstruiert wird. Dadurch entstehen alternative Konstruktionen von Männlichkeiten (McDonald, 2013, 563–565).

Einen anderen Weg der Rechtfertigung der Berufswahl geschieht durch die eigene Zuschreibung. Männer heben hervor, dass sie sich sehr wohl die den Frauen zugeschriebenen Fähigkeiten und Verhaltensweisen aneignen können. Die Möglichkeit zu betonen, dass Männer ebenso für den Beruf geeignet sind, steht bei diesem Weg im Zentrum. Nentwich et al. (2013, 331–340) berichten zum Beispiel von einer Strategie, die das Ausführen des Berufes und die Professionalität in den Vordergrund rückt. Eine weitere Möglichkeit, die Daseinsberechtigung von Männern als Fachperson Betreuung zu rechtfertigen, ist die ebenfalls von Nentwich et al. (2013) formulierte Strategie, bei der sich Männer auf die Vaterrolle beziehen. Sie machen dadurch deutlich, dass die Betreuungsarbeit und somit ihr Beruf durchaus auch Aufgaben von Männern sind. Zugrunde liegt die heteronormative Vorstellung der Kleinfamilie (und nicht auf andere Modelle, wie z. B. Familien mit nur einem Elternteil), in welcher es für die Betreuung von Kindern sowohl eine Mutter als auch einen Vater braucht. Die alleinige Tatsache, sich als Mann zu verstehen, legitimiert innerhalb dieser Strategie die Anwesenheit im weiblich konnotierten Beruf der Kinderbetreuung und wird daher nicht weiter erklärt.

Weiter reicht die Daseinsberechtigung im Beruf aufgrund der Vorstellung des Mannes in der Rolle des Ernährers. Da das Ansehen und die Bezahlung von Fachkräften in frauentypischen Berufen in der Gesellschaft im Vergleich zu männlich konnotierten Berufen eher tief ist, sehen sie den Beruf als besondere Herausforderung für Männlichkeiten, der sie sich stellen wollen, um trotz allen Widrigkeiten ihrer Rolle gerecht werden zu können. Das machen sie unter anderem durch die Rekonstruktion der hegemonialen Männlichkeit. Laut Cross und Bagilhole (2002, 220–221) geschieht das, indem sich Männer von ihren weiblichen Berufskolleginnen distanzieren.

Die erwähnten Beispiele zeigen, dass es, wie Connell (1995) in ihrem Grundlagenwerk *Masculinites* argumentiert, nicht nur eine, sondern vielfältige Vorstellungen von Männlichkeiten gibt und diese auf verschiedene Art und Weise definiert werden und sich verändern können. Während sich diese Forschungsergebnisse auf Vorstellungen und Verhandlungen von Männlichkeiten fokussieren, fehlen Forschungsergebnisse zum Umgang mit erfahrener Bevorzugung oder Privilegierung in den Berufen. Dass eine solche Privilegierung stattfindet, haben verschiedene Forschungsprojekte gezeigt (Keller, 2017, 66; Pullen und Simpson, 2009, 564; Schwiter et al., 2014, 442). Es besteht jedoch eine Forschungslücke, wenn es darum geht, wie Männer in geschlechtsuntypischen Berufen diese Privilegierung wahrnehmen und wie sie damit umgehen.

3 Privilegierung und die patriarchale Dividende

Die erläuterten Prozesse in Bezug auf Geschlecht im Arbeitskontext haben zur Folge, dass Menschen aufgrund ihres Geschlechts diskriminiert werden, was dann wiederum für diese Menschen zu Nachteilen führt. Stereotype Vorstellungen der Gesellschaft werden im Arbeitskontext reproduziert, gleichzeitig beeinflussen Erfahrungen im Arbeitsalltag ebendiese Vorstellungen (Wastl-Walter, 2010, 16). Während sich viele Forschungsprojekte um die diskriminierte Gruppe kümmern, möchte ich meinen Fokus auf die privilegierte, sozusagen die Kehrseite der Medaille, legen. Dieser Ansatz bereichert die Betrachtung von Ungleichheit aus einer weiteren Perspektive und trägt so zu einem umfassenderen Verständnis dieser bei. Erst das zusätzliche Sichtbarmachen von Privilegierung zeigt das vollumfängliche Ausmass von Ungleichheit, gleichzeitig steigert sich dadurch auch die Komplexität (Mooney et al., 2017, 361). Doch was wird genau unter dem Konzept Privilegierung verstanden? Michael Flood und Bob Pease (2005, 1) definieren Privilegierung in einem ersten Schritt als die Kehrseite von Diskriminierung. Etwas differenzierter beschreiben Case, Iuzzini, und Hopkins (2012, 3) Privilegien als unverdiente Vorteile, die machtvollen soziale Gruppen in einem hierarchischen System zugeschrieben werden. Ein wichtiger Aspekt des Konzepts der Privilegierung ist, dass die Privilegien von jenen, die sie geniessen, oftmals nicht erkannt und anerkannt werden. Dies macht es umso wichtiger, diese anzusprechen und zu diskutieren. Erst wenn Privilegien erkannt werden, können Ungleichheiten abgebaut werden (Flood und Pease, 2005, 4). Zudem hat Privilegierung verschiedene Formen und verläuft entlang verschiedener Achsen von Macht (Coston und Kimmel, 2012, 97).

Formen von Privilegierung, also zugeschriebene Vorteile aufgrund der Zugehörigkeit zu einer bestimmten Gruppe entstehen auch auf Basis von Geschlecht. Männer werden dabei tendenziell privilegiertere Positionen zugeschrieben als Frauen. Gleichzeitig reproduziert das Verhalten von Männern Machtverhältnisse, dadurch werden die Privilegien, die diese Gruppe bereits aufgrund der Machtverhältnisse geniesst, weiterhin dieser Gruppe zugesprochen (Mooney et al., 2017, 370). Das Konzept der Privilegierung aufgrund des Geschlechts hat viele Überschneidungspunkte mit Raewyn Connells Konzept von Männlichkeiten und der patriarchalen Dividende (2005).

Connell's Konzeption von Männlichkeit fokussiert weniger auf spezifische Ausprägungen dieser, sondern rückt die Beziehung verschiedener Formen von Männlichkeiten ins Zentrum der Untersuchungen. Innerhalb dieser Beziehungen gibt es meist eine Form, die als hegemonial und somit als dominant gegenüber den anderen Formen gilt (Connell, 2000, 97). Zum Beispiel stehen immer noch heterosexuelle Männer hierarchisch höher als Männer mit anderen sexuellen Orientierungen. Connell (2000, 98) definiert die hegemoniale Position demzufolge als «jene Konfiguration geschlechtsbezogener Praxis, welche die momentan akzeptierte Antwort auf das Legitimationsproblem des Patriarchats verkörpert und die Dominanz der Männer, sowie die Unterordnung der Frauen gewährleistet». An dieser Definition ist zu erkennen, dass das Patriarchat nicht per se gegeben ist, sondern ebenfalls als Konstruktion innerhalb eines sozialen Systems begriffen wird und durch immer wiederkehrende Verhandlungen einen dynamischen Charakter innehat (Connell, 2000, 92–94). Hegemoniale Männlichkeit ist keine starre Ausprägung, sondern zeichnet sich durch das Prozesshafte und eine daraus entstehende historische Komponente aus (Connell und Messerschmidt, 2005, 852). Es ist die Form von Männlichkeit, die die bestimmende Position in Bezug auf die stereotype Form von Männlichkeit innehat. Sie steht zu jedem Zeitpunkt in Relation zu anderen Formen von Männlichkeit innerhalb eines sozialen Kontexts, da hegemoniale Männlichkeit selber kein selbstreproduzierender Prozess ist (Connell und Messerschmidt 2005, 844).

Das Verhalten der Mehrzahl der Männer wiederspiegelt nicht direkt das Konzept der hegemonialen Männlichkeit. Hegemoniale Männlichkeit ist eher als Idealbild, denn als regelmässig gelebte Praxis zu verstehen. Dennoch profitiert eine grosse Anzahl der Männer von der Vorherrschaft und Deutungsmächtigkeit hegemonialer Männlichkeit. Diesen Vorteil nennt Connell (2000, 100) «patriarchale Dividende». Diese wirkt sich zum einen in materiellem Profit (z. B. höheres Lohnniveau) aus, bedeutet aber auch Zugewinn von Achtung, Prestige und Befehlsgewalt für Männer, im weiteren Sinne also ein Zugewinn von Privilegien.

In Bezug auf Männer, die in geschlechtsuntypischen Berufen arbeiten, zeigen verschiedene Forschungsprojekte, dass sie Privilegien am Arbeitsplatz erfahren, also von der patriarchalen Dividende profitieren (vg. Coston und Kimmel, 2012; Flood und Pease, 2005; Mooney et al., 2017). Interessant ist nun zu untersuchen, wie genau Männer in geschlechtsuntypischen Berufen von Geschlechterhierarchien profitieren. Wie zeigt sich Privilegierung und von wem und in welchen Momenten wird sie wahrgenommen und in welchen nicht?

Diese Fragen für den beruflichen Kontext zu beantworten, ist komplex. Sowohl Diskriminierungs- wie auch Privilegierungsmerkmale wirken innerhalb eines Systems und sind nicht immer klar erkennbar. Es ist durchaus möglich, in einem Bereich privilegiert zu sein und in einem anderen Bereich marginalisiert (Coston und Kimmel, 2012, 109). Bestimmte Differenzmerkmale wirken in gewissen Kontexten privilegierend, während sie an anderen Orten Nachteile mit sich ziehen (Valentine, 2007, 10). Um auf diverse Kontexte und verschieden Differenzmerkmale eingehen zu können und diese in die Analyse miteinbeziehen zu können, wäre eine intersektionale Perspektive hilfreich (Pease, 2010, 23). Das vorhandene Interviewmaterial konzentriert sich jedoch stark um Diskussionen rund um die Kategorie Geschlecht. Aus diesem Grund kommen andere Kategorien wenig zur Sprache und können im Rahmen dieser Forschung nicht miteinbezogen werden.

Um Privilegien sichtbar zu machen und somit Handlungsmöglichkeiten aufzuzeigen, die Ungleichheiten entgegenwirken könnten, ist es spannend, nicht nur das Konstrukt «hegemoniale Männlichkeit» zu definieren, sondern auch zu analysieren, wie es dazu kommt, dass gewisse Gruppen von Männern Machtpositionen innehaben. Dazu könnte es gewinnbringend sein, die Prozesse, die Machtpositionen in sozialen Interaktionen legitimieren und reproduzieren, besser verstehen zu können. Solchen Prozessen sind junge Männer in geschlechtsuntypischen Berufen immer wieder ausgesetzt. Durch die Analyse von Interviewtranskripten habe ich untersucht, wie Männer wahrgenommene Momente der Privilegierung in ihrem Berufsalltag legitimieren.

4   Methodisches Vorgehen

Die hier präsentierten Ergebnisse basieren auf einer Diskursanalyse von 26 qualitativen Leitfadeninterviews mit Männern in geschlechtsuntypischen Berufen. Die Interviewpartner lebten zum Zeitpunkt des Interviews (2012–2017) alle in der deutschsprachigen Schweiz, waren unter 30 Jahre alt und arbeiteten als ausgebildete Fachpersonen im Gesundheits- und im Betreuungsbereich. Sie formen in diesen Aspekten eine eher homogene Gruppe. Bezüglich ihrer Herkunft und ihrem familiären Hintergrund waren sie jedoch sehr heterogen.

Die Interviewtranskripte entstanden in drei Forschungsprojekten, die sich alle mit Männern in geschlechtsuntypischen Berufen beschäftigten (siehe Tabelle 1). Vier Interviews mit Fachmännern Gesundheit stammen aus dem Forschungsprojekt «Geschlechterungleichheiten in Ausbildungs- und Berufsverläufen» (vgl. Schwiter u. a. 2014). Weitere zehn Interviews mit Fachmännern Betreuung wurden im Rahmen des Projekts «Puppenstuben, Bauecken und Waldtage, «(Un)doing» gender in Kinderkrippen» geführt (vgl. Nentwich u. a. 2013). Zwölf weitere Interviews (Fachmänner Gesundheit und Fachmänner Betreuung) habe ich im Rahmen meiner Masterarbeit durchgeführt (vgl. Keller 2017).

Die vorhandenen Interviewtranskripte analysierte ich in einem ersten Schritt im Rahmen meiner Masterarbeit. Dabei fokussierte ich darauf, wie junge Männer in geschlechtsuntypischen Berufen Männlichkeit verhandeln (siehe Keller 2017). Bei der Auswertung der Ergebnisse beobachtete ich, dass die jungen Männer sich als privilegiert wahrnehmen (Keller, 2017, 61–69). Zudem fiel mir auf, dass auf die Beschreibungen der Privilegierung oftmals ein Erklärungs- oder Legitimierungsbedarf beobachtbar war. An diesem Punkt wollte ich ansetzen und nochmals genauer untersuchen, wie Männer in geschlechtsuntypischen Berufen über Privilegierung sprechen.

Tabelle 1: Übersicht Forschungssample (eigene Darstellung)

	Interviews der Autorin	Interviews Projekt «Berufsverläufe»	Interviews Projekt «Kinderkrippen»
Fachmann Betreuung	7	–	10
Fachmann Gesundheit	5	4	–
Total	12	4	10

In Zusammenarbeit mit Julia Nentwich und Karin Schwiter konnte ich dieses Forschungsvorhaben weiterentwickeln. Im Rahmen einer Sekundäranalyse analysierte ich die Transkripte noch einmal explizit auf das Thema Privilegierung, um die Legitimierung dieser zu untersuchen (Witzel, Medjedovic, und Kretzer 2008). Als Forschungsteam arbeiteten wir, anknüpfend an die Diskurstheorie nach Foucault (Waitt 2010, 217–18), gemeinsam heraus, wie die interviewten Männer ihre Privilegierung legitimieren und verhandeln. Besonderes Augenmerk legten wir dabei auf Ausführungen, die zum einen von mehreren Interviewpartnern ähnlich erwähnt wurden und zum anderen Widersprüche oder Brüche aufwiesen (vgl. Schwiter, Nentwich und Keller, eingereicht). Für den vorliegenden Text habe ich diese Ergebnisse nochmals aufgearbeitet und in den Kontext meiner Ergebnisse der Masterarbeit gesetzt. Mit Blick auf das übergeordnete Anliegen dieses Sammelbands will ich sichtbar machen, wie Männer mit Privilegierung aufgrund des Geschlechts umgehen und darauf aufbauend mögliche Potentiale für Transformationen von Männlichkeit identifizieren.

5 Legitimierung von Privilegierung

Etwas mehr als die Hälfte der interviewten Männer in geschlechtsuntypischen Berufen berichten davon, dass sie bemerken, dass sie in vielen Situationen eine Privilegierung erfahren. Aus dem Textmaterial kristallisiert sich allerdings heraus, dass sich die Männer nicht vorstellen können, eine Privilegierung allein aufgrund des Geschlechts zu erfahren. In sämtlichen Interviews wird die wahrgenommene Privilegierung jeweils mit weiteren Gründen erklärt. Als solche dienten der Verweis auf die Eigenleistung, herausragende Persönlichkeitsmerkmale oder besondere körperliche Merkmale.

5.1   Legitimierung durch Eigenleistung

Eine Art, die erfahrene Privilegierung zu rechtfertigen, ist der Verweis auf die eigene Leistung. Erste Erfahrungen damit machten die jungen Männer bereits bei der Suche nach einer Lehrstelle. Auf die Frage, welche Rückmeldung ihm Betriebe nach einem Probearbeitstag gegeben hätten, sagt zum Beispiel Markus, ein Pflegefachmann:

> *Sehr gut, sehr gute Akzeptanz! Also… es war auch so, dass, dass es die Personen ja auch gemerkt haben. Also ich, ich, ich, ich habe gut gearbeitet, ich war wirklich ein, ein, ein guter Lehrling.*
> (Markus, 00:17:03–12)

Die Pause nach dem ersten Satz weist darauf hin, dass Markus nach einer Erklärung für die positiven Reaktionen sucht und sein nachgeschobener Satz macht sehr deutlich, dass er diese in seiner eigenen Leistung findet. Henry, ein Fachmann Betreuung, argumentiert ähnlich. Auf die Frage, was der Grund dafür sein könnte, dass die Teamleiterin ihm die Stelle angeboten hat, antwortet er:

> *Ehm… das wurde – als – nie auf Grund von von – vom Geschlecht [lacht] also ich denke es war auch ein Mitgrund – also das wurde auch gesagt dass es – nebenbei auch sei – auch immer gut sei Mann im Team zu haben, – aber – grundsätzlich glaube ich wegen den Leistungen.* (Henry, 00:03:37–58)

An der Tatsache, dass er in Betracht zieht, die Auswahl sei nur aufgrund des Geschlechts auf ihn gefallen, zeigt sich, dass er sich durchaus Gedanken darüber macht. Dennoch hält er sich selber daran fest (das zeigt die Formulierung «glaube ich»), dass er aufgrund seiner Leistungen ausgewählt wurde.

Auch in Bezug auf Privilegierung während des Arbeitsalltags selber, legitimieren diverse Männer Privilegierungsmomente mit ihrer besonderen Leistung oder mit besonderem Können. Dimitri, der als Fachmann Pflege in einem Spital arbeitet, bemerkt zum Beispiel, dass ihm besonders oft Blutentnahmen zugewiesen werden: «[E]s kann sein, dass mir mehr Blutentnahmen zugestellt werden als Anderen» (Dimitri, 00:23:50–59). Blutentnahmen sind laut ihm eher angenehme Aufgaben und, vor allem bei positiver «Treffquote», mit Ansehen verbunden. Gleichzeitig erfordert eine erfolgreiche Blutentnahme viel Übung, die Dimitri, wie er berichtet, öfters zugesprochen wird als seinen Kolleginnen. Im zweiten Teil seiner Antwort liefert er genau mit seinem Können in diesem Gebiet die Legitimierung seiner beschriebenen Privilegierung: «…, das hat damit zu tun, dass ich eine ziemliche Treffsicherheit habe» (Dimitri, 00:23:59–00:24:08). Auch Christoph, der als Pflegefachmann in der Psychiatrie arbeitet, erwähnt, dass er besonders oft in Konfliktsituationen hinzugezogen wird. Die Lösung solcher Situationen ist mit besonderem Ansehen verbunden:

> *Und ich kann eigentlich, ich würde behaupten, ich kann noch gut in den Konflikt reingehen, ohne dass ich, dass ich anfange irgendwann emotional zu werden. Dass ich ihm, so dieses, diese Wand bieten kann.* (Christoph, 00:26:40–51)

Als Grund sieht er seine ruhige Art, Konflikte zu lösen. Christoph bezeichnet nicht nur sich mit besonderen Fähigkeiten, er schreibt auch Frauen eine höhere Emotionalität zu, welche er in Konfliktsituationen als nicht angemessen betrachtet. Nebst dem Hervorheben der eigenen Leistung findet gleichzeitig eine Abwertung der als weiblich konnotierten Leistungen statt. Dadurch reproduziert er das Geschlechterverhältnis und stärkt seine hegemoniale Position.

In Bezug auf das soeben erwähnte Geschlechterverhältnis fällt auf, dass die interviewten Männer ausgiebig über vorhandene Verhältnisse nachdenken und sich mit zugeschriebenen Geschlechterrollen auseinandersetzen. Sie suchen intensiv nach möglichen Ursachen und Erklärungen für die in Bezug auf ihr Geschlecht erfahrenen Situationen. Das bestärkt meine Annahme, dass sie sich eine Privilegierung nur aufgrund des Geschlechts nicht vorstellen können.

Das Erklären der Privilegierung aufgrund der Eigenleistung ist eine mögliche Form, die Position von Männern innerhalb der Geschlechterhierarchie nicht auf eine strukturelle Ebene zu heben, sondern eine Individualitätslogik beizubehalten. So werden typischerweise männliche Arbeitsweisen als Bereicherung und positive Erweiterung angesehen (Pullen und Simpson, 2009, 571), was Männer legitimiert, einen geschlechtsuntypischen Beruf auszuführen. Die von den Interviewpartnern beschriebenen Arbeitsweisen werden dabei als Leistung des Individuums und nicht als Folge sozialer Prozesse im Rahmen der Geschlechterhierarchien betrachtet.

5.2 Legitimierung durch Persönlichkeitsmerkmale

Während bei der vorherigen Legitimierungsstrategie die Leistung und somit der aktive Verdienst der jungen Männer im Zentrum stand, legitimieren andere Interviewpartner ihre Privilegierung mit Persönlichkeitsmerkmalen und der Persönlichkeit allgemein. Zum Beispiel Julian, ein Fachmann Gesundheit, der seine Ausbildung in einem Spital vor kurzer Zeit abgeschlossen hat, berichtet von seinen Erfahrungen im Berufsalltag in Zusammenhang mit Zuschreibungen:

Aha, mm – ich denke, dass so der Mann eher, eben als also Ruhe-
pol angesehen wird, es ähm, also ich kann das jetzt wirklich nicht
mal sa – also ich bin, ich weiss, dass ich so bin, ich weiss dass ich
eine sehr ruhige Person bin, vor allem auf dem Arbeitsplatz und
eher derjenige, der so den Überblick hat und dann einfach nicht
gestresst und eines nach dem anderen. (Julian, 00:12:15–28)

Dabei bemerkt er, dass die von ihm beschriebene Art bei seinen Mitarbeitenden sehr gut ankommt:

Einfach ein die Aussagen von den Mitarbeitern, «ja das ist sehr
gut» weil dass, dass Männer, dass es, ja so, dass es gut ist, dass Män-
ner eigentlich im Team auch mitarbeiten, kann natürlich jetzt
männerbezogen sein aber es kann auch speziell auf meine Pe- also
Persönlichkeit, meine Person bezogen sein. (Julian: 00:12:28–45)

In diesem Zitat zeigt sich, wie Julian zuerst von einer grundsätzlich
positiven Zuschreibung aufgrund des männlichen Geschlechts spricht, direkt
im Anschluss daran einen Grund für diese sucht und sich dann auf seine
Persönlichkeit beruft. Daran, dass er es in Erwägung zieht, dass die positive
Rückmeldung aufgrund seines Geschlechts sein könnte, wird nochmals er-
sichtlich, dass er durchaus über diese Möglichkeit nachdenkt, diese dann aber
wieder verwirft und eine andere Legitimierung dafür sucht. Er schliesst den
gedanklichen Kreis im fortlaufenden Interview, indem er erklärt, dass er das
Gefühl hat, dass seine Persönlichkeit das Männlichkeitsbild seiner Mitarbei-
terinnen prägt:

Und bezüglich jetzt zu meiner Persönlichk-, ich denke, dass es
halt wirklich mehr mit meiner Person zu tun, dass, dass Mit-
arbeiter so dann halt allgemein über Männer denken. (Julian:
00:13:36–46)

Auch Christoph ist der festen Überzeugung, dass eine funktionie-
rende Zusammenarbeit weniger mit dem Geschlecht, als vielmehr mit der
Persönlichkeit der Person zusammenhängt:

wobei ich jetzt nie das Gefühl hatte, dass du irgendwie als Mann
nicht integriert bist oder du nicht, ich glaube das hängt dann
wieder viel mehr an der Persönlichkeit, von jedem einzelnen, wie
kommunikativ ist jemand, wie viele soziale Kompetenzen hat je-
mand. (Christoph: 00:14:09–23)

Während Julian und Christoph sich sehr explizit auf die Persönlichkeit berufen, erwähnen andere Interviewpartner eher Persönlichkeitsmerk-

male oder Charaktereigenschaften, anhand derer sie eine Privilegierung le-gitimieren. Bernd, ein Fachmann Betreuung, erwähnt zum Beispiel: «Wenn man genug Charme hat, kommt man auch weit» (Bernd: 00:15:45–52) oder Dimitri findet, dass es ganz allgemein «ein bisschen auf den Typ darauf an-kommt» (Dimitri: 00:07:20–22).

Die Resultate zeigen, dass junge Männer in geschlechtsuntypischen Berufen zur Erklärung für die erfahrene Privilegierung ihre Persönlichkeit heranziehen. Weder die bestehende Literatur noch die Interviewpartner ge-hen dabei genauer auf den Begriff Persönlichkeit ein, er bleibt vage definiert. Es ist nicht ganz klar, was dieser alles beinhaltet und die diversen Zitate zei-gen, dass als Definitionsgrundlage sowohl Charakterzüge als auch Verhal-tensweisen denkbar sind.

Es fällt auf, dass die Interviewpartner nicht darüber sprechen, wie sie von der Gesellschaft allgemein beeinflusst werden und wie ihr Umfeld in einem frauentypischen Beruf im Speziellen ihr Verhalten verändert. Struktu-relle Umstände werden von keinem Interviewpartner erwähnt, obwohl davon auszugehen ist, dass ihr soziales Umfeld einen Einfluss auf die Persönlichkeit und das Verhalten hat und soziale Prozesse die Vorstellungen von Geschlecht beeinflussen (Gildemeister, 2008, 137). Die Interviewpartner scheinen sich, ähnlich wie bei der Legitimierung durch Eigenleistung, auf die Individu-alitätslogik zu beziehen. Diese wird somit nicht nur für die Legitimierung der Berufswahl herangezogen, was Schwiter (2015, 69–70) festgestellt hat, sondern auch für die Legitimierung von Privilegien.

5.3 Legitimierung durch körperliche Merkmale

Nebst der Legitimierung aufgrund von Charaktereigenschaften oder gewissem Verhalten, kommen einige Interviewpartner auch auf sichtbare kör-perliche Merkmale zu sprechen, aufgrund derer sie im Berufsalltag Vorteile erfahren. Ivan, ein Fachmann Betreuung berichtet davon, dass er seinen Kör-per mit den männlich konnotierten Merkmalen in seinem Arbeitsalltag in einer Kinderkrippe als wertvoll betrachtet:

Was ich sicher noch oft festgestellt habe, ist auch, jetzt bei den Kin-dern, dass ihnen durch das Verhalten, eben du bist ein Mann, also oder äh oft auch viel wert- gew-, wert- also wertvoll gewesen ist glaube ich, ist äh auch der, einfach der Körper. Also wenn sie «Aah, ah ein Bart» und die Stimme ist anders […] (Ivan, 00:28:29–58)

Folgend zeigt er mit seiner Aussage, dass er nebst den anderen Legitimationsstrategien, die vor allem das Verhalten ins Zentrum rücken, noch weitere Gründe sieht. Er konkretisiert im Folgenden seine Aussage:

> *Nicht einmal unbedingt, wie ich mich verhalte, ob ich mich wie ein Mann verhalte oder wie eine Frau, sondern nur schon, einfach auss– töne[…]. Und äh ja, das ist schon, ich glaube, dass man oft viel auf das Verhalten zurückgeht bei den Männern oder sie arbeiten anders, eben wie das viele sagen, denken anders, aber ich würde sagen, es l–, manchmal ist es nur schon gut, einfach, dass sie auch den anderen Körper hören über die Stimme und ja.* (Ivan, 00:28:58–00:29:46)

Auch Christoph bemerkt, dass seine körperlichen Merkmale als Mann, im Vergleich zu körperlichen Merkmalen von Frauen, eine andere Wirkung auf die Patientinnen und Patienten haben, was er als Vorteil wahrnimmt. Beim Berichten über konfliktreiche Situationen sagt er:

> *[E]infach, sag ich jetzt, Männer sehr geschätzt sind, schon allein wegen der Körperstatur, wegen der Kraft und wegen, also es ist immer so fies, wenn man das so sagt aber die Präsenz eines Mannes, äh, würde ich behaupten, schüchtert unsere Klienten stärker ein und hat, schafft ähm eine grössere Hemmschwelle, als bei einer Frau. Oder eine Frau muss viel mehr darum kämpfen äh, äh eine starke Rolle zu bekommen, als die Männer.* (Christoph, 00:02:28–00:03:12)

Beide Zitate sind Beispiele, die zeigen, dass in ihrem Verständnis bezüglich möglicher Geschlechterverhältnisse die körperlichen und somit äusserlich sichtbaren Merkmale eine grosse Rolle spielen. Der männliche Körper wird als zusätzlicher Gewinn in Berufen mit tiefem Männeranteil angesehen. Körperliche Merkmale gelten für eine Legitimierung von Privilegierung als valid. Gleichzeitig sind sie schwierig veränderbar und hängen eher von der Wahrnehmung der Mitmenschen ab als von den Männern selber. Die Legitimierung anhand der «gegebenen» körperlichen Merkmale entlastet wiederum die privilegierten Männer, da sie die Handlungsmacht somit nicht bei sich selber, sondern bei den Mitarbeitenden oder der Kundschaft sehen. Das wiederum nimmt sie aus der Verantwortung, etwas an der herrschenden Geschlechterhierarchie zu verändern.

6   Schlussfolgerung

Privilegierung im Arbeitsalltag ist für Männer, die in geschlechtsuntypischen Berufen tätig sind ein Thema, mit dem sie sich befassen und auseinandersetzen. Sie nehmen Reaktionen von Mitarbeitenden oder der Kundschaft wahr und setzen sich mit diesen auseinander. Ihnen wird deutlich, dass gewisse Reaktionen und Verhaltensweisen ihnen gegenüber mit ihrem Geschlecht zu tun haben. Sprechen sie von Situationen, in denen sie sich privilegiert fühlen, wird schnell klar, dass sie eine Privilegierung aufgrund ihres Geschlechts nicht akzeptieren wollen. Sie suchen nach alternativen Erklärungen. Als Alternative formulieren sie drei verschiedene Ansätze: die Privilegierung aufgrund erbrachter Leistung, aufgrund von Persönlichkeitsmerkmalen oder sie argumentieren mit körperlichen Merkmalen. Zurückkommend auf Connell's (2005) Konzept der patriarchalen Dividende schlussfolgere ich aus den diskutierten Ergebnissen, dass Männer in geschlechtsuntypischen Berufen die patriarchale Dividende als solche nicht wahrnehmen wollen und darum nach anderen Erklärungen suchen. In ihrem Verständnis ist die Privilegierung nur aufgrund des Geschlechts nicht vorhanden. Dies deckt sich mit Flood und Pease' (2005:4) Erkenntnissen aus der Privilegierungsforschung. Sie halten fest, dass Privilegierte ihre Privilegierung oftmals nicht als solche erkennen.

Dennoch ist in den Interviews erkennbar, dass sich Männer in geschlechtsuntypischen Berufen sehr fundiert sowohl mit ihrem eigenen Geschlechterverständnis als auch mit einem gesellschaftlichen Geschlechterverhältnis auseinandersetzen. Gerade dadurch, dass sie ihre Privilegien nicht einfach kommentarlos akzeptieren, sondern nach Erklärungen und Legitimierung dafür suchen, ist sichtbar, dass ein Prozess stattfindet. Wichtig wäre es, diese Überlegungen und Erkenntnisse auf die Praxis zu übertragen und die Privilegierung am Arbeitsplatz zu hinterfragen, um somit Möglichkeiten zur Veränderung des Verhaltens denkbar zu machen. Ungleichheiten zu überwinden, muss auch Aufgabe der privilegierten Gruppe sein. Mit dem Ansprechen oder dem Diskutieren der Privilegierung von Männern am Arbeitsplatz ist ein erster Schritt gemacht.

Trotz des Ansprechens und der daraus folgenden Auseinandersetzung und einer Veränderung des Rollenverständnisses besteht eine patriarchale Dividende fort. Die Argumentation mit individuellen Aspekten anstatt mit strukturellen Argumenten verunmöglicht eine Veränderung und hält somit Privilegien für Männer aufrecht. Männlichkeiten (hegemoniale und marginalisierte) sind in der momentanen Geschlechterhierarchie nach wie vor in der höheren Position als Weiblichkeiten und profitieren vor allem in einem weiblich dominierten Umfeld davon. Die Auseinandersetzung mit Privilegierung ist wichtig und muss auch von Männern gemacht werden. In der hier präsentierten Forschung habe ich mich stark auf die Kategorie Geschlecht konzentriert. Im vorhandenen Interviewmaterial sind zu wenige Diskussionen um Fragen, die andere Diskriminierungskategorien betreffen, geführt worden. Somit lassen sich aus dem vorhandenen Material keine zuverlässigen Aussagen ableiten. Nichts desto trotz gehe ich davon aus, dass Privilegierung und die Verhandlung dieser auch mit anderen Kategorien zusammenhängt (Valentine 2007). Für weitere Forschungsprojekte wäre es wichtig, eine intersektionale Perspektive ins Zentrum zu rücken und so weitere Ungleichheiten und den Umgang damit aufzudecken.

7 Dank

Als erstes bedanke ich mich bei allen Interviewpartnern dafür, dass sie uns einen Einblick in ihren (Arbeits)alltag ermöglicht haben und mit uns ihre Gedanken geteilt haben. Weiteren Dank gilt Julia Nentwich und Karin Schwiter, die mit mir gemeinsam die Ergebnisse meiner Masterarbeit weiterentwickelt haben und somit weitere Erkenntnisse möglich gemacht haben. Dies gelang dank der vorgängigen Arbeit in ihren, vom Schweizer Nationalfonds unterstützen Projekten, in Zusammenarbeit mit Max Bergman, Evéline Huber, Sandra Hupka, Shireen Kanji, Andrea Maihofer, Robin Samuel, Stefanie Schälin, Wiebke Tennhoff, Franziska Vogt und Nina Wehner. Auch bei ihnen bedanke ich mich ganz herzlich für die zur Verfügung gestellten Interviewtranskripte. Letztlich gilt mein Dank meinen Kolleginnen und Kollegen der Wirtschaftsgeographie an der Universität Zürich, deren Feedback meine Arbeit stetig weiterentwickelt hat.

8 Literatur

Abraham, Martin und Jürg Arpagaus. 2008. Wettbewerb, soziales Umfeld oder gezielte Lebensplanung? Determinanten der horizontalen Geschlechtersegregation auf dem Lehrstellenmarkt. *Soziale Welt* 59(3): 205–225.

Buchmann, Marlis und Irene Kriesi. 2012. Geschlechtstypische Berufswahl: Begabungszuschreibungen, Aspirationen und Institutionen. In Rolf Becker und Heike Solga (Hrsg.), *Kölner Zeitschrift für Soziologie und Sozialpsychologie Sonderheft 52* (S. 256–280). Wiesbaden: VS Verlag für Sozialwissenschaften.

Case, Kim A., Jonathan Iuzzini und Morgan Hopkins. 2012. Systems of Privilege: Intersections, Awareness, and Applications. *Journal of Social Issues* 68(1): 1–10.

Connell, Raewyn. 2005. *Masculinities*. Cambridge: Polity Press.

Connell, Raewyn. 2000. *Der gemachte Mann: Konstruktion und Krise der Männlichkeit*. Opladen: Leske & Budrich.

Connell, Raewyn und James W. Messerschmidt. 2005. Hegemonic Masculinity: Rethinking the Concept. *Gender & Society* 19(6): 829–859.

Coston, Bethany M. und Michael Kimmel. 2012. Seeing Privilege Where It Isn't: Marginalized Masculinities and the Intersectionality of Privilege. *Journal of Social Issues* 68(1): 97–111.

Cross, Simon und Barbara Bagilhole. 2002. Girls' Jobs for the Boys? Men, Masculinity and Non-Traditional Occupations. *Gender, Work and Organization* 9(2): 204–226.

Flood, Michael und Bob Pease. 2005. Undoing Men's Privilege and Advancing Gender Equality in Public Sector Institutions. *Policy and Society* 24(4): 119–138.

Gildemeister, Regine. 2008. Doing Gender: Soziale Praktiken der Geschlechterunterscheidung. In Ruth Becker und Beate Kortendiek (Hrsg.), *Handbuch Frauen- und Geschlechterforschung* (S. 137–145). Wiesbaden: VS Verlag für Sozialwissenschaften.

Keller, Marisol. 2017. Diskussionen um Männlichkeit: Junge Männer in Berufen mit statistisch tiefem Männeranteil. Masterarbeit, Geographisches Institut, Universität Zürich.

Maihofer, Andrea, Karin Schwiter und Nina Wehner. 2012. Subtile Mechanismen beeinflussen die Berufswahl. *Panorama* 5: 22–23.

McDonald, James. 2013. Conforming to and Resisting Dominant Gender Norms: How Male and Female Nursing Students Do and Undo Gender. *Gender, Work and Organization* 20(5): 561–579.

Mooney, Shelagh, Irene Ryan und Candice Harris. 2017. The Intersections of Gender with Age and Ethnicity in Hotel Careers: Still the Same Old Privileges?. *Gender, Work & Organization* 24(4): 360–375.

Nentwich, Julia C., Wiebke Poppen, Stefanie Schalin und Franziska Vogt. 2013. The Same and the Other: Male Childcare Workers Managing Identity Dissonance. *International Review of Sociology/Revue Internationale de Sociologie* 23(2): 326–345.

Pease, Bob. 2010. *Undoing Privilege. Unearned Advantage in a Divided World*. London: Zed Books Ltd.

Pullen, Alison und Ruth Simpson. 2009. Managing Difference in Feminized Work: Men, Otherness and Social Practice. *Human Relations* 62(4): 561–587.

Schwiter, Karin. 2015. Auf dem Weg in den Arbeitsmarkt. Junge Erwachsene im Spannungsfeld zwischen Individualität und Geschlechternormen. In Christiane Micus-Loos und Melanie Plösser (Hrsg.), *Des eigenen Glückes Schmied_in!?* (S. 61–75). Wiesbaden: VS Verlag für Sozialwissenschaften.

Schwiter, Karin, Sandra Hupka-Brunner, Nina Wehner, Evéline Huber, Shireen Kanji, Andrea Maihofer und Manfred Max Bergman. 2014. Warum sind Pflegefachmänner und Elektrikerinnen nach wie vor selten? Geschlechtersegregation in Ausbildungs- und Berufsverläufen junger Erwachsener in der Schweiz. *Swiss Journal of Sociology* 40(3): 401–428.

Schwiter, Karin, Nina Wehner, Andrea Maihofer und Evéline Huber. 2011. Zur Hartnäckigkeit geschlechtssegregierter Ausbildungs- und Berufsverläufe. *Femina Politica* 2: 20–32.

Tennhoff, Wiebke, Julia C. Nentwich und Franziska Vogt. 2015. Doing Gender and Professionalism: Exploring the Intersectionalities of Gender and Professionalization in Early Childhood *Education*. *European Early Childhood Education Research Journal* 23(3): 340–350.

Valentine, Gill. 2007. Theorizing and Researching Intersectionality: A Challenge for Feminist Geography. *The Professional Geographer* 59(1): 10–21.

Waitt, Gordon. 2010. Doing Foucauldian Discourse Analysis – Revealing Social Realities. In Ian Hay (Hrgs.), *Qualitative Research Methods in Human Geography* (S. 218–240). Oxford: OUP.

Wastl-Walter, Doris. 2010. *Gender Geographien. Geschlecht und Raum als soziale Konstruktionen.* Stuttgart: Franz Steiner Verlag.

Witzel, Andreas, Irena Medjedovic und Susanne Kretzer. 2008. Sekundäranalyse qualitativer Daten: zum gegenwärtigen Stand einer neuen Forschungsstrategie. *Historical Social Research* 33(3): 10–32.

10 Anrecht auf Vereinbarung? Vereinbarkeitsansprüche von Vätern in Schweizer Arbeitsorganisationen

Martina Peitz und Brigitte Liebig

1 Einleitung

Heute wollen Väter in vermehrtem Masse betreuende Aufgaben in der Beziehung zu ihren Kindern wahrnehmen (vgl. Behnke und Meuser 2012). Ihr Anteil an der Betreuung ist gestiegen (Brandth und Kvande 2019), wobei die aktive Teilhabe am Familienalltag nachweislich in eine verbesserte Beziehungsqualität zu den Kindern und eine grössere Lebenszufriedenheit mündet (European Commission 2013). Gleichwohl besitzen Väter oft die Hauptverantwortung für die materielle Sicherheit der Familie (Treas und Drobnič 2010). Bei ungeschmälerten beruflichen Verpflichtungen führt dies auch bei ihnen zu Vereinbarkeitsproblemen (Possinger 2013; Aumann et al. 2011).

Als Zielgruppe vereinbarkeitsfördernder Massnahmen blieben Väter lange Zeit marginalisiert (Özbilgin et al 2011). Vereinbarkeitsfördernde Massnahmen wie Arbeitszeitreduktion, Betreuungstage bei Krankheit des Kindes, Elternzeitregelungen sowie zeitlich und/oder räumlich flexible Arbeitsmodelle wurden in vielen industrialisierten Ländern in den letzten zwei Jahrzehnten zur Norm (Gregory und Milner 2009; Hobson 2014), sie werden jedoch mit Blick auf Väter erst selten diskutiert. Dazu trägt die u. a. gesellschaftlich und in der Arbeitswelt (re)produzierte Auffassung bei, dass primär Mütter Betreuungsverantwortung übernehmen, während Väter als «Ernährer» eine von Betreuungsaufgaben befreite, berufszentrierte Lebensführung priorisieren (Williams 2000; Burnett et al 2013).

Die wenigsten Männer gehen familienbedingt einer Teilzeitbeschäftigung nach (OECD Stat. fortlaufend). Allerdings werden auf dem «Ernährermodell» (vgl. Lewis und Ostner 1994) beruhende Familien- und Erwerbsvorstellungen durch Transformationen in den Geschlechterbeziehungen, in den Familienstrukturen sowie durch veränderte Normen einer jungen Generation von Vätern (und Müttern) herausgefordert (Munn und Greer 2015). Erste Studien zeigen, dass eine wachsende Gruppe von Vätern ihren Ausschluss von vereinbarkeitsfördernden Massnahmen zu hinterfragen beginnt und ähnlich wie Frauen Unterstützung bei familienbezogener Arbeit einfordert (Gatrell und Cooper 2016).

Die *Schweiz* erscheint als spezieller Fall für gegenwärtige Transformationsprozesse im Geschlechterverhältnis, wenn es um neue Väterlichkeit und Väterpolitiken geht (Liebig und Peitz 2017). Sie gilt *einerseits* im europäischen Vergleich als vereinbarkeits- und väterpolitische Nachzüglerin (Häusermann und Zollinger 2014). Väter geniessen erst ab dem 1. Januar 2021 einen gesetzlichen Anspruch auf einen zweiwöchigen bezahlten Vaterschaftsurlaub bzw. Elternzeit. Als Land ohne gesetzlichen Anspruch auf Vaterschaftsurlaub oder Elternzeit für Väter bildete die Schweiz unter westlichen Industriestaaten eine Ausnahme (Valarino und Gauthier 2015). *Andererseits* boten und bieten viele Arbeitsorganisationen – private Unternehmen wie auch Verwaltungen – freiwillig Vaterschaftsurlaube an. Zivilgesellschaftlicher Druck und der Beginn einer Volksinitiative für einen vierwöchigen Vaterschaftsurlaub im Jahre 2016 machten die väterliche Betreuungsverantwortung in den letzten Jahren zu einem wichtigen Bestandteil des öffentlichen Diskurses (Valarino/Nedi 2019). Dieser Diskurs dürfte zur Einführung eines – lange Zeit umkämpften (Liebig und Peitz 2014) – gesetzlichen Vaterschaftsurlaubs beigetragen haben[1], einem politischen Novum in der Schweiz.

Vor dem Hintergrund dieser sich wandelnden Situation geht dieser Beitrag der Frage nach, mit welchen Ansprüchen Väter heute an Arbeitgeber in der Schweiz herantreten, wenn es um Vereinbarkeit von Familie und Beruf geht. An welche gesellschaftlichen, organisationalen und persönlichen Voraussetzungen sind ihre Erwartungen bzw. Ansprüche auf Vereinbarkeit jeweils geknüpft und welche Männlichkeitsbilder stehen dahinter? Sehen sich die Befragten *als Vater* berechtigt, vereinbarkeitsfördernde Massnahmen in Anspruch zu nehmen? Im folgenden Kapitel werden diese Fragen zunächst theoriebezogen und empirisch in der Forschungsliteratur verortet. Sodann werden die methodischen Grundlagen der Betrachtung, 32 leitfadengestützte Interviews mit Vätern in Arbeitsorganisationen der Schweiz aus dem Jahre 2014 sowie deren Interpretation dargelegt. Die Resultate schliesslich werden in Form einer Typologie beschrieben, welche idealtypisch drei Orientierungsmuster von Vätern im Umgang mit Vereinbarkeitswünschen und -forderungen aufzeigt. Die abschliessende Diskussion bettet die Befunde nochmals in den gesamtgesellschaftlichen Kontext in der Schweiz ein.

---

1   Gegen einen parlamentarischen Beschluss im September 2019, einen zweiwöchigen gesetzlichen Vaterschaftsurlaub einzuführen, wurde ein Referendum ergriffen. So kam es im September 2020 zu einer Volksabstimmung darüber. Die Stimmbevölkerung stimmte dabei mit über 60 % der Stimmen einem gesetzlichen zweiwöchigen Vaterschaftsurlaub schliesslich zu (BSV 2020).

1.1 Anspruch auf Vereinbarkeit: "Sense of entitlement"

Die Vereinbarkeit von Familie und Beruf ist in komplexe Bedingungen eingewoben – dies gilt auch für Väter: Um Vereinbarkeitsansprüche geltend zu machen, erscheint – so die zentrale These von Hobson und Fahlén (2009) – ein darauf bezogenes Anspruchsbewusstsein ("sense of entitlement") als wichtige Voraussetzung. Dabei spielen nicht nur soziale Vergleichsprozesse und gesellschaftliche Normierungen eine wichtige Rolle (Lewis/Smithson 2001), sondern auch die Wahrnehmung von Handlungsalternativen (Hobson et al. 2014). Vergeschlechtlichte und heteronormative Auffassungen von Elternschaft, traditionelle Aufteilungen von Familien- und Erwerbsarbeit führten bis anhin zu geschlechterspezifischen Ausprägungen des "sense of entitlement" hinsichtlich Karriere einerseits und Vereinbarkeit andererseits (Gatrell und Cooper 2016). Als Hauptverantwortliche für die Kinderbetreuung entwickelten Mütter ein starkes Empfinden für ein Anrecht auf Familienunterstützung, jedoch einen schwachen "sense of entitlement" in Bezug auf Entlohnung und Karriere (Gatrell und Cooper, Blair-Loy 2003; Herman und Lewis 2012). Männer hingegen verspüren einen starken "sense of entitlement" mit Blick auf ihre beruflichen Entwicklungsmöglichkeiten. An Männlichkeitsvorstellungen geknüpfte Investitionen in Leistung und Karriere lassen einen Anspruch auf hohe materielle und symbolische Belohnungen in Form von Status und Reputation angemessen erscheinen (Flood/Pease 2005, s.a. Keller in diesem Band). Dabei profitieren Väter hinsichtlich ihrer Karriereaussichten davon, dass sie auf organisationaler Ebene im Unterschied zu Müttern als Personen mit limitierten Betreuungsverpflichtungen bzw. als «sorgeloser Arbeiter» (Klenner und Pfahl 2008; s.u. Teil 1.3) wahrgenommen werden. Gleichzeitig trägt die allseitige Orientierung am «Ernährermodell» dazu bei, dass Väter in Arbeitsorganisationen nicht in vereinbarkeitsfördernde Massnahmen eingeschlossen werden und dass ihre Ansprüche bzw. ihr "sense of entitlement" für Vereinbarkeitslösungen gemindert ist (Gatrell und Cooper 2016). Neue Studien zeigen, dass dieser schwach herausgebildete "sense of entitlement" durch veränderte Vaterschaftsnormen zunehmend herausgefordert wird (Gatrell und Cooper 2016). Die Entstehung eines "sense of entitlement" für Vereinbarkeit durch Väter bedeutet eine Abkehr von vergeschlechtlichten Normen, welche ihnen nur eine begrenzte Betreuungsverantwortung zugestehen (Hobson 2014). Im Folgenden wird aufgezeigt, wie dieser Prozess einerseits durch institutionelle und betriebliche Kontexte mitgeformt wird und andererseits auf der individuellen Ebene im Kontext widersprüchlicher alter und neuer Männlichkeitsnormen austariert werden muss.

1.2 Institutionelle Ebene

Im letzten Jahrhundert waren steuerliche und wohlfahrtstaatliche Regeln in den meisten westlichen Staaten auf das männliche «Ernährermodell» zugeschnitten: Es erkannte Mütter als primäre Betreuungsverantwortliche, die Ansprüche auf vereinbarkeitsfördernde Massnahmen geltend machen konnten (Pfau-Effinger 2010). Transformationen in Geschlechterbeziehungen und Familienstrukturen sowie veränderte Normen einer jungen Generation von Vätern (und Müttern) stellen diese Ordnung zunehmend infrage (Munn/Greer 2015). Fachkräftemangel sowie demographische Entwicklungen führen dazu, dass seit einigen Jahren steigende Erwerbsquoten von Müttern als erwünscht gelten und die Vereinbarkeit von Beruf und Familie zu einem der zentralen Eckpfeiler der Familienpolitik in vielen OECD-Staaten wurde (Thévenon 2011). Zu ihren Instrumenten gehören (bezahlte) Mutterschafts- und Vaterschaftsurlaube bzw. Elternzeitregelungen, der Ausbau der ausserfamiliären Kinderbetreuung oder das Recht auf Teilzeitarbeit. Die jeweilige Ausgestaltung dieser Regelungen ist in einzelnen Staaten unterschiedlich und eingebettet in allgemeine wohlfahrtstaatliche Arrangements (Thévenon 2011).

Als vorbildlich – sowohl hinsichtlich der Förderung von Geschlechtergleichheit als auch mit Blick auf die Herausbildung eines *väterlichen* "sense of entitlement" für Vereinbarkeitsmassnahmen – gilt ein gesetzlich verankerter, nicht übertragbarer Anspruch des Vaters auf Vaterschaftsurlaub oder Elternzeit mit hohen Kompensationsleistungen nach dem Vorbild der nordeuropäischen Staaten (Ferrarini und Duvander 2010). Ziel dieser Massnahme ist die Gleichverteilung der familiären Sorgearbeit und Erwerbsarbeit zwischen Vätern und Müttern (vgl. Gornick und Meyers 2005). Diese Politiken und damit verknüpfte Diskurse können selbst verändernd auf Normen wirken; soziale Rechte können ihrerseits zur Genese neuer Normen und zu einem neuen Selbstverständnis von Frauen und Männern beitragen (Gregory und Milner 2011; Hobson 2014). Staatliches Handeln hat also einen grossen Einfluss darauf, inwieweit Mütter und Väter Erwerbs- und Sorgearbeit aufteilen und Väter einen "sense of entitlement" für die Beanspruchung vereinbarkeitsfördernder Massnahmen entwickeln.

1.3 Voraussetzungen am Arbeitsplatz: Die arbeitskulturelle Norm des «sorgelosen Arbeiters»

Darüber hinaus spielen Arbeitsorganisationen bzw. die hier herrschenden arbeitskulturellen Normen eine zentrale Rolle (Lewis 1996), wenn es um Vereinbarkeitsansprüche durch Väter geht. Diese Normen knüpfen an die historisch vergeschlechtlichte Zuweisung von Erwerbsarbeit an Männer sowie damit verkoppelte Auffassungen von vollständiger beruflicher Verfügbarkeit an (Acker 1990). Das Bild des Vaters als «sorgeloser Arbeiter» (Klenner und Pfahl 2008), der vor allem ein «guter Ernährer» ist, kollidiert mit neuen Vaterschaftsnormen, die den «guten Vater» mit seiner Präsenz in der Familie gleichsetzen (Damaske et al 2014; Liebig und Peitz 2017). Zugleich bleiben familiäre Bedürfnisse von Vätern unsichtbar (Burnett et al 2013). Insbesondere in männlich dominierten Branchen und Arbeitsfeldern herrscht oft eine Kultur gesteigerter Verfügbarkeitsansprüche (Gregory und Milner 2009). In Situationen flexibler Arbeitszeitarrangements (z. B. Vertrauensarbeitszeit) zeigen sich vor allem Männer vulnerabel gegenüber informellen Verfügbarkeitsansprüchen und neigen dazu, Arbeitsflexibilität und Zeitautonomie für Überzeit und Arbeitsintensivierung zu nutzen (Lott 2014; Liebig und Peitz 2018). Die empfundene Solidarität mit dem Team und das Gefühl, Arbeitserfordernissen Priorität einräumen zu müssen, können zu einer Rückstellung der gewünschten Zeit mit den Kindern führen (Kvande 2012). Zudem erweisen sich direkte Vorgesetzte oft als wenig aufgeschlossen gegenüber Forderungen von Vätern (Liebig und Kron 2017; Peper et al. 2014). Im Unterschied dazu wird der normative Anspruch auf Teilzeitarbeit von *Müttern* kaum in Frage gestellt (Liebig und Peitz 2017; Kortendiek 2010).

1.4   Individuelle Voraussetzungen: Was heisst Vatersein für Männer?

Auf der *individuellen Ebene* konkurriert das neue Verständnis von einer präsenten Vaterschaft bzw. "caring masculinity" (Meuser/Scholz 2012) mit einem weiterhin wirkungsmächtigen Leitbild hegemonialer Männlichkeit, das an die klassische Ernährerrolle anknüpft (Meuser und Behnke 2012). Das Fehlen eines zu dieser Rolle «kohärenten alternativen Modells» (vgl. Gregory und Milner 2011: 602) illustriert den unvollendeten Wandlungsprozess von Männlichkeit und endet in widersprüchlichen Botschaften für Väter, etwa im Sinne eines «anwesenden emotional involvierten Ernährer-Vater(s)» (Baumgarten et al. 2017). Nicht nur Mütter, sondern auch viele Männer leiden mit Blick auf Erwerbs- und Familienarbeit unter "competing devotions" (Blair-Loy 2003, s. a. Damaske et al 2014). Gerade Väter, welche traditionelle Geschlechternormen ablehnen, scheinen von Vereinbarkeitsproblemen betroffen, da der Wunsch nach mehr Einbindung in Betreuungsverantwortung mit betrieblichen Verfügbarkeitsansprüchen kollidiert (Possinger 2013).

Darüber hinaus besitzt Vaterschaft als Fürsorgeaufgabe kulturell nicht die gleiche Bedeutung wie Mutterschaft. Von Müttern wird eine engere und innigere Bindung zu Kindern erwartet (Kortendiek 2010). Im Binnenraum der Familie übernehmen sie oft den gestaltenden Part bei der Betreuungsverantwortung und äussern Zweifel an der Fürsorgekompetenz ihrer Partner (Meuser und Scholz 2012). Ein neues Verständnis von Vaterschaft muss gegenüber tradierten Normen im familialen Binnenraum bzw. auf Paarebene durchgesetzt werden. Dabei sind Einkommen, Bildung, die Ressourcen der Partnerin sowie das familiäre und weitere soziale Netzwerk wichtige Faktoren für die Herausbildung eines väterlichen "sense of entitlement" bzw. eines normativen Anspruchs, als Vater Betreuungsverantwortung zu übernehmen und vereinbarkeitsfördernde Massnahmen einzufordern. Die individuellen Voraussetzungen sind jeweils nicht unabhängig von den weiteren gesellschaftlichen und institutionellen Normen zu denken (Hobson 2014).

2 Vaterschaft in der Schweiz

Geschlechter- und Väterpolitik befindet sich in der Schweiz gegenwärtig in einem Spannungsfeld. Als Wohlfahrtsstaat liberal-konservativen Zuschnitts (Esping-Anderson 1990; Armingeon 2001) gilt Familie als Privatsache und sie war lange Zeit an das Bild des Alleinernährers geknüpft (Stutz und Knupfer 2012). Es gibt wenige weitreichende gesetzliche Vorschriften zur Vereinbarkeit von Beruf und Familie. Im Unterschied zu anderen europäischen Ländern fehlen Rechtsansprüche auf Teilzeitarbeit für Eltern oder auf Betreuungsplätze für Vorschulkinder (Häusermann und Zollinger 2014; Bender et al. 2004). Die erwähnte späte Einführung eines gesetzlich verpflichtenden – sowie relativ kurzen –Vaterschaftsurlaubs ist ebenfalls Zeugnis dieser staatlichen Zurückhaltung. Damit existiert ein institutioneller Rahmen, der Vätern staatlicherseits kaum eine legitime Rolle als Betreuungsverantwortliche zugesteht (Valerino 2014; Valarino und Gauthier 2015).

Inzwischen ist die Berufstätigkeit von Frauen und von Müttern allerdings in der Schweiz die Norm. Das «modernisierte bürgerliche Familienmodell» (er arbeitet Vollzeit, sie Teilzeit, s. a. Pfau-Effinger 2005, 2010) ist weit verbreitet. 59,0 Prozent der erwerbstätigen Frauen arbeiteten 2017 Teilzeit, bei den Männern lag der Anteil bei 17,6 Prozent. Bei einer Elternschaft vergrössert sich die Kluft: Ist das jüngste Kind unter vier Jahre alt, arbeiten 82,3 Prozent der Mütter gegenüber 13,4 Prozent der Väter Teilzeit (BFS 2019). Andererseits hat die Teilzeitquote von Männern insgesamt zwischen 1997 und 2017 um 9 Prozent zugenommen (gegenüber 5,4 % bei den Frauen). Wenn die Kinder klein sind, scheint sich ein Teil der Väter bewusst für ein Teilzeitpensum zu entscheiden (BFS 2019). Darüber hinaus beteiligen sich Väter – dem internationalen Trend folgend – mehr an der Familienarbeit: Ihr Beitrag stieg von 21.7 Stunden im Jahr 1997 auf 27.6 Stunden im Jahr

2013 (Baumgarten und Borter 2017), wobei sie ihre Aktivitäten allerdings vor allem auf das Wochenende konzentrieren (Stamm 2016).

Statt auf verbindliche Rechtsansprüche für Väter (und Mütter) setzen Wirtschaft und Politik auf freiwillige Massnahmen von Arbeitsorganisationen bzw. auf sozialpartnerschaftliche Lösungen, um Eltern eine verbesserte Vereinbarkeit von Beruf und Familie zu ermöglichen (Valarino 2014). Wie in vielen anderen OECD-Staaten (vgl. Thévenon 2011) bieten auch in der Schweiz Arbeitsorganisationen familienfreundliche Massnahmen an. In Anbetracht von Fachkräftemangel und veränderten Erwerbseinstellungen in der jüngeren Generation sollen diese Massnahmen die Attraktivität als Arbeitgeber steigern (Peitz und Liebig 2017). Dadurch werden auch in einem Kontext mit an sich nur limitierten gesetzlich-verbindlichen Vorschriften Angebote für Väter geschaffen (vgl. den Dulk et al. 2014). Zum Teil bieten grosse (multinationale) Unternehmen Urlaube von mehreren Monaten an (Travail Suisse 2019). So bezogen viele Väter in der Schweiz auch vor der Einführung eines gesetzlichen Vaterschaftsurlaubes einen solchen; dies in Form von eines bezahlten Urlaub über das gesetzliche Minimum von einem Tag hinaus oder auch unbezahlten Urlaub von wenigen Tagen bis hin zu mehreren Wochen.

Andererseits führt die Betonung des *Nutzens* von Vereinbarkeitsmassnahmen in der Schweizer Gleichstellungspolitik für Väter nicht zwingend dazu, dass diese in den Betrieben in ihrer Rolle als Betreuungsverantwortliche adressiert werden. Überlegungen zu Väterfreundlichkeit als Wert an sich spielen in den Betrieben oft eine geringe Rolle (Lanfranconi 2014). Zugleich trägt der freiwillige, informelle Charakter väterfreundlicher Angebote dazu bei, dass die Vereinbarkeit von Familie und Beruf nicht als ein «Recht» erscheint, sondern als Gunst des Arbeitgebers ("fringe benefit"), um welche individuell verhandelt werden muss (hierzu Lewis und Smithson 2001; Liebig und Peitz 2018; Liebig und Kron 2017; Kvande und Brandth 2017). Die angebotenen Vaterschaftsurlaube beispielsweise bleiben optional und verhandelbar (Valarino 2014). Zudem ist im betrieblichen Personalmanagement «familienfreundlicher» Betriebe ein Fokus auf hochqualifizierte Väter als Zielgruppe erkennbar (Liebig et al. 2017). Im Kontext einer «freiwilligen Selbstverpflichtung», wie sie charakteristisch für Betriebe in der Schweiz ist, lässt sich daher eine grosse Variabilität im Umgang mit Vaterschaft und Vereinbarkeitsbedürfnissen von Vätern beobachten.

Die insgesamt nur zögerliche Anerkennung väterlicher Betreuungsverantwortung durch Staat und Arbeitsorganisationen ist zunehmend Gegenstand von Debatten und die Schweiz befindet sich väterpolitisch in einem *Aufholprozess*. Wie eingangs erwähnt, initiierten in den letzten Jahren familien-, frauen- und männerpolitische Organisationen öffentliche Diskussionen zum Sorgerecht, der stärkeren Beteiligung von Vätern an der Kindererziehung sowie zum Vaterschaftsurlaub bzw. Elternzeit (Durrer 2012, Theunert 2012) oder zur Teilzeitarbeit von Männern (Wiler 2016).

Bereits vor der Volksabstimmung zeigten Umfragen, dass ein obligatorischer Vaterschaftsurlaub bzw. Elternzeit inzwischen in der Bevölkerung mehrheitsfähig ist (Baumgarten und Borter 2017). Die Hälfte der Väter zwischen 35 und 54 Jahren wünscht sich mehr Zeit für die Familie (Hermann et al. 2016). Bei 42 Prozent aller Frauen und 36 Prozent der Männer im Alter von 25 bis 54 Jahren ist das Modell «beide Eltern Teilzeit erwerbstätig» am beliebtesten (BFS 2017). Viele junge Männer, die Vollzeit arbeiten, denken kritisch über ihr Erwerbspensum nach und ziehen Teilzeitarbeit für ihre Erwerbsbiographie in Betracht (Baumgarten et al. 2017; s. a. Pro Familia 2011).

Vor dem Hintergrund bisheriger Erkenntnisse sowie der spezifischen Voraussetzungen für eine aktive Vaterschaft geht dieser Beitrag von der These aus, dass Väter in der Schweiz heute kaum einen "sense of entitlement" für Vereinbarkeitslösungen besitzen. Vaterschaft, so wird angenommen, ist in der Schweiz noch stark von Widersprüchen zwischen traditionellen kulturellen Leitbildern von Männlichkeit und einer höchst ambivalenten Anerkennung väterlicher Betreuungsverantwortung im staatlichen wie im betrieblichen Kontext geprägt. Entsprechend werden bei Vätern widersprüchliche Orientierungen im Umgang mit Vereinbarkeitsansprüchen zu beobachten sein.

3 Methoden

Ein exploratives Forschungsverfahren erscheint angemessen, um erstmals Zugang zur Frage zu gewinnen, mit welchen Erwartungen Väter in Vereinbarkeitsfragen an ihre Arbeitgeber in der Schweiz herantreten. Im Jahr 2014 wurden 32 leitfadengestützte Interviews mit Vätern betreuungspflichtiger Kinder im Alter von drei Monaten bis zu 14 Jahren aus neun Unternehmen und Verwaltungen der Schweiz durchgeführt. Das Alter der Väter lag zwischen 23 und 54 Jahren. 30 Väter lebten in heterosexuellen Partnerschaften mit der Mutter ihrer betreuungspflichten Kinder. 2 lebten getrennt, teilten sich jedoch die Obhut mit der Expartnerin. Die Mehrheit (23) verfügte über ein tertiäres Bildungsniveau und 19 hatten eine Vorgesetztenposition inne.[2] 11 der Väter hatten ihr Arbeitspensum um 10 Prozent oder 20 Prozent reduziert, arbeiteten also 90 Prozent oder 80 Prozent.

---

2   Geringqualifizierte Väter waren als Studienteilnehmer mit wenigen Ausnahmen nicht zu erreichen.

Die Arbeitgeber der Väter konnten entweder Auszeichnungen als «familienfreundliche Organisation» vorweisen, sie beteiligten sich an regionalen Kooperationen zwischen Wirtschaft und Verwaltung zur Förderung der Familienfreundlichkeit und/oder sie profitierten als Teil der Bundesverwaltung von gesetzlich vorgeschriebenen, fortschrittlichen Arbeitsbedingungen.[3] Insgesamt handelte es sich um vier auf der Ebene von Bund oder Kantonen tätige Verwaltungen, eine Bank, eine Versicherung, eine Möbeldesignfirma, ein Unternehmen aus dem Bereich der Softwareentwicklung sowie ein Industrieunternehmen.

Zur Erhebung der Daten wurde die Methode des problemzentrierten Interviews (Witzel 2000) herangezogen, das eine Kombination erzählgenerierender und gezielter, problemorientierter Fragen erlaubt. Befragt wurden die Väter zu Anforderungen in Beruf und Karriere, zur Partnerschafts- und Familiensituation, zu Bedürfnissen hinsichtlich der Vereinbarkeit von Arbeits- und Privatleben sowie damit verknüpften Erwartungen an ihre Arbeitgeber.

Die Auswertung der vollständig transkribierten Interviews orientiert sich am Vorgehen der «dokumentarischen Methode der Interpretation» (Bohnsack 2008). Das in Anlehnung an die Wissenssoziologie Karl Mannheims entwickelte Verfahren zielt mit Hilfe einer systematisch fallvergleichenden Analyse auf die Offenlegung der für spezifische Erfahrungszusammenhänge typischen Anschauungen bzw. handlungsleitenden Orientierungen. An dieser Stelle steht die Rekonstruktion spezifischer subjektiver Wirklichkeiten von Vätern hinsichtlich der Vereinbarkeit von Familie und Beruf in ihrer lebensweltlichen Verankerung im Vordergrund. Dazu wurden handlungsleitende Orientierungen von Vätern zur Vereinbarkeitsfrage rekonstruiert, und es wurde zu verstehen versucht, inwiefern diese Haltungen im Kontext spezifischer gesellschaftlicher, betrieblich-kultureller und individueller bzw. partnerschaftsbezogener Voraussetzungen zu verorten sind.

4   Resultate

Alle befragten Väter wollten sich aktiv in die Erziehung ihrer Kinder einbringen, wobei das tatsächliche Engagement von Betreuungsaktivitäten an den Randzeiten und am Wochenende bis hin zur tageweisen Betreuung werktags reicht. Die Interviewten berichten zudem von den hohen Anforderungen, welche die Vereinbarung von Beruf und Familie mit sich bringe. Dabei konnten allerdings unterschiedliche Orientierungen ausgemacht werden,

---

3   Dazu gehören das Recht auf Arbeitszeitreduktion und Sabbaticals, ein über das gesetzliche Obligatorium hinausgehender 16-wöchiger Mutterschaftsurlaub, ein zehntägiger Vaterschaftsurlaub, zeitlich und örtlich flexible Arbeitsmodelle sowie eine grosszügige Übernahme von Betreuungskosten (vgl. Eidg.Personalamt 2010).

was die Erwartungen an Vereinbarkeitsmassnahmen der Arbeitgeber betrifft. Diese Erwartungen werden, so zeigt die Analyse, stark von Vorstellungen von Männlichkeit/Weiblichkeit sowie von Partnerschaft geformt und lassen sich zudem in jeweils spezifischen arbeitskulturellen Kontexten verorten. Es liessen sich drei wesentliche Orientierungen bzw. «Anspruchshaltungen» unterscheiden, denen – bei wenigen Ausnahmen – alle erhobenen Daten zugeordnet werden konnten. Diese Typen wurden als «anspruchslose» (5 Väter), «widersprüchliche» (16 Väter) und «überzeugte» (11 Väter) Orientierungen bezeichnet.

4.1   Die «Anspruchslosen»: Väterfreundlichkeit als Privileg

Zentrales Kennzeichen dieser Orientierung ist, dass die betriebliche Rücksichtnahme auf väterliche Betreuungsverantwortung sowie die Inanspruchnahme von familienfreundlichen Massnahmen nicht als selbstverständlich erlebt wird oder als etwas, was einem Mitarbeitenden *als Vater* fraglos zusteht. Vielmehr erscheint sie im Sinne einer Gunst bzw. eines «Privilegs» (hierzu Lewis/Smithson 2001). Diese defensive Anspruchshaltung bzw. ein noch wenig entwickelter "sense of entitlement" ergibt sich aus einer Denkweise, die stark von der hauptsächlichen Zuständigkeit der Väter für die Erwerbsarbeit und der Mütter für die Familienarbeit geprägt ist.

Das heisst nicht, dass die vereinbarkeitsfördernden Angebote nicht geschätzt würden. Es besteht auch bei Vätern dieses Typs ein starkes Bedürfnis, die Kinder zumindest an den Randzeiten abends zu betreuen, in Notfällen (z.B. bei Krankheit) die Arbeit zu unterbrechen und die Partnerin unterstützen zu können, und sie schätzen die Angebote ihres Arbeitgebers, Arbeitszeiten familiären Bedürfnissen anzupassen, positiv ein:

> *Wir haben einen sehr guten Arbeitgeber, eben nicht nur auf die Familie bezogen, eben, eine Pensionskasse, Gleitzeit (…) Also ich denke so einen Arbeitgeber wie den Bund kannst du suchen (.) Den findest du nicht und dem muss man Rechnung tragen.* (Betriebswirtschaftler Verwaltung, 30, 2 Kinder, 2 Jahre und 4 Monate)

Väter, welche diese Sichtweise erkennen lassen, fühlen sich ihrem Arbeitgeber verpflichtet und interpretieren seine familienfreundlichen Angebote als besonderes Entgegenkommen, welches durch Loyalität und ein Mehr an Leistungsbereitschaft abgegolten werden muss. Vier von ihnen sind in einem stark hierarchischen, männlich dominierten Bereich der Bundesverwaltung mit traditionell konservativen Werten beschäftigt. Teilzeit-Anstellungen bilden die Ausnahme. Die zum Zeitpunkt der Interviews neu eingeführte Personalpolitik der Bundesverwaltung mit weitgehenden Regelungen wie einem Vaterschaftsurlaub oder dem Recht auf Teilzeit (vgl. Fussnote 3) stösst in diesem Bereich auf eine Kultur, die in der Vergangenheit wenig offen für solche Veränderungen war:

> *Also (…) meistens sind es Ältere, dann sagen sie: «ja (…), ich habe einen Tag Vaterschaftsurlaub bekommen und du bekommst eine Woche», oder? Ich höre es eher so herum. Und dass plötzlich die Krippe bezahlt wird, können sie nachher auch nicht verstehen.* (Mitarbeiter Gebäudebetrieb Verwaltung, 23, 2 Kinder, 2 und 5 Jahre)

Es wird ein willkommener Wandel gespürt in dem Sinne, «dass das Private mehr Gewicht bekommt» und Rücksicht auf familiäre Bedürfnisse genommen wird. Während der Vaterschaftsurlaub, finanzielle Zulagen, Betreuungstage sowie die Möglichkeit, Gleitzeit oder im Homeoffice zu arbeiten, geschätzt und genutzt werden, steht *Teilzeitarbeit* jenseits des Horizonts des Vorstellbaren:

> *Und für mich ist Teilzeitarbeit weniger ein Thema. Eben aus den vorgenannten Gründen, ein bisschen das Finanzielle, auch die Cheffunktion, ist auch ein bisschen komisch, wenn man dann acht Personen unter sich hat. Einer arbeitet 90, die anderen arbeiten 100 Prozent und der Chef arbeitet nur noch 60 Prozent oder 80 Prozent. Das ist für mich auch nicht richtig.* (Betriebswirtschaftler Verwaltung, 30, 2 Kinder, 2 Jahre und 4 Monate)

Hier wird ein Karriereverständnis sichtbar, das für Führungspositionen eine volle zeitliche Verfügbarkeit voraussetzt und diese für inkompatibel mit einer Teilzeitanstellung hält. Die väterliche Präsenz in der Familie darf berufliche Leistungsnormen nicht in Frage stellen.

Im privaten Bereich bleibt das traditionelle Versorgermodell die Normalitätsfolie. Dass die Partnerinnen entweder ausschliesslich zu Hause oder in einem Teilzeitpensum arbeiten, wird mit den Wünschen der Partnerin begründet. Dies entbindet von einer kritischen Auseinandersetzung mit der ungleichen Aufgabenteilung innerhalb der eigenen Partnerschaft sowie in der Gesellschaft:

> *Es ist so richtig so, das Traditionelle. Sie ist auch zu Hause. Ich habe ihr nie gesagt, sie müsse zuhause bleiben. Es ist immer von ihr gekommen. Und das schätze ich natürlich auch (…) Aber, wenn sie das Bedürfnis hat, wieder zu arbeiten, sage ich auch*

nicht nein. (Betriebswirtschaftler Verwaltung, 30, 2 Kinder, 2 Jahre und 4 Monate)

4.2 Die «Widersprüchlichen»: Väterfreundlichkeit als Bonus

Ein «widersprüchliches» Anspruchsbewusstsein ist dadurch gekennzeichnet, dass die betriebliche Berücksichtigung väterlicher Betreuungsverantwortung zwar nicht im Sinne einer blossen Generosität (s. o.) verstanden wird, aber auch nicht als soziales Anrecht. Vereinbarkeitsmassnahmen werden vielmehr als individualisierter Anspruch angesehen, der sich aus der eigenen (Hoch-)Leistung ableitet:

Und ich denke primär ist schon auch, wenn jemand die Leistungen bringt im täglichen Leben, dann ist der Schritt zum sagen ist o.k. viel kleiner als jemand, der eine Schlaftablette ist und seine Leistungen nicht bringt. (Betriebsökonom Maschinenindustrie, 42, 1 Kind, 5 Jahre)

Das Anrecht auf Vereinbarkeitslösungen ergibt sich aus dieser Sicht nur potentiell und besitzt den Charakter eines möglichen Bonus, der zu verdienen ist. Hier wird eine Sichtweise deutlich, welche die Freistellung für Betreuungsverantwortung im Sinne eines «Gebens und Nehmens» (Gärtner 2012) verhandelt. Die Väter betrachten sich als mitverantwortlicher «Teil der Firma», wenn sie die *betrieblichen Kosten* von Vereinbarkeitsmassnahmen zu bedenken geben:

Man muss die Kirche auch im Dorf lassen. Wir haben irgendwie eine riesen Sozialplanung, das muss sich auch finanzieren lassen und das geht auf die Kosten von irgendwas Anderem. Auf Kosten des Staates oder von (Name der Firma)…?. (Betriebsökonom Möbelfirma, 35, 1 Kind, 8 Monate)

Zugleich wird der *wirtschaftliche Nutzen* einer familien- bzw. väterorientierten Haltung für die Firma betont (dazu Lewis und Smithson 2001) und auf die mit Vereinbarkeitsangeboten verbundene Attraktivität als Arbeitgeber und erhöhte Leistungsbereitschaft der Mitarbeitenden verwiesen:

Nur schon für die Firma wäre es auch interessant. Denn die Leistungsbereitschaft in einer solchen Situation (d. h. bei Arbeitszeitreduktion, die Autorinnen) ist meistens höher als die Leistungsbereitschaft, wenn man hundert Prozent arbeiten muss. (Betriebsökonom Maschinenindustrie, 42, 1 Kind, 5 Jahre)

Diese Orientierung lässt sich hier vor allem im privatwirtschaftlichen Sektor der Industrie, im Versicherungsbereich oder im Bereich Softwareentwicklung rekonstruieren. Neben dem Vaterschaftsurlaub gilt die Nutzung flexibler Arbeitsmodelle als Königsweg, um Betreuungspflichten mit hohen betrieblichen Arbeitserfordernissen in Einklang zu bringen. Im Gegensatz zur «anspruchslosen» Haltung erscheint eine 10 bis 20- prozentige Arbeitszeitreduktion als überlegenswerte Option. *Teilzeitarbeit* ist hier kein Tabu (s. a. Baumgarten et al. 2017):

(Teilzeit) wäre schon sehr verlockend (...) Ich habe bis jetzt nichts Handfestes in die Wege geleitet. Aber das sind so Gedankenspiele, die meine Frau und ich uns machen. (Kaufmännischer Angestellter Versicherung, 41, 2 Kinder, 2 und 7 Jahre)

Auch in Führungspositionen sei eine (leichte) Arbeitszeitreduktion organisatorisch möglich. Jedoch werden kulturelle Barrieren als Gründe angeführt, die dies verhinderten und eigene berufliche Ambitionen sind eine Ursache für die zögerliche Nutzung von Teilzeit: Es besteht die Furcht, durch Teilzeitarbeit karrierebezogen «parkiert» zu werden oder einen «Reputationsschaden» zu erleiden.

Dennoch erleben einige Väter eine Diskrepanz zwischen einer offiziellen «Familienfreundlichkeit» des Arbeitgebers und einem Arbeitsalltag, welcher Arbeitszeitreduktionen von Männern kaum zulässt. Eine stärkere betriebliche Berücksichtigung väterlicher Betreuungsverantwortung wird explizit herbeigewünscht, die Norm des «sorgelosen Arbeiters» nicht bedingungslos akzeptiert:

Also in erster Linie (arbeite ich) natürlich für die Firma, weil die Firma mir die Arbeit gibt, aber in, auch in erster Linie arbeite ich für mich, deshalb mache ich meinen Job sehr gut und deshalb brauche auch niemanden, der mich hätschelt oder tätschelt, aber ich brauche auch niemanden, der es mir unbedingt schwieriger macht, als es sein müsste. (Architekt Möbelfirma, 35, 2 Kinder, 1 und 3 Jahre)

Im Kontext einer «widersprüchlichen» Orientierung bildet das «modernisierte bürgerliche Familienmodell» (Pfau-Effinger 2005) die Normalitätsfolie, d. h. er arbeitet (nahezu) Vollzeit, sie Teilzeit. Unhinterfragt bleibt die mütterliche Hauptverantwortung bei der Erziehung, solange die Kinder klein sind: «Für uns ist es klar gewesen, dass sie sicher am Anfang zu Hause bleiben wird». Die Erwerbstätigkeit der Partnerin gilt dennoch als wichtig, um ihren Zugang zum Beruf zu erhalten: Ein «Fulltime Mami» entspricht nicht dem Wunschbild. Gleichzeitig ist es ein Anliegen, sich als Vater auch ausserhalb der Randzeiten am Abend und am Wochenende aktiv in die Erziehung einzubringen: «Also für mich ist es einfach wichtig, dass ich einen Tag bei der Familie bin». Jedoch gelingt es nicht immer, das Anliegen in gewünschtem Mass umzusetzen, die Arbeit hat im Zweifelsfall Vorrang.

Im Unterschied zur «anspruchslosen» Haltung werden die getroffenen Partnerschaftsarrangements, die nach wie vor auf der unterschiedlichen Aufteilung von Erwerbs- und Sorgearbeit von Müttern und Vätern basieren, kritisch reflektiert und die Einschränkungen der Wahlfreiheit durch gesellschaftliche und betriebliche Rahmenbedingungen wahrgenommen. Der eigene höhere Verdienst, hohe Betreuungskosten oder fehlende Teilzeitmöglichkeiten in männerdominierten Berufsfeldern bilden Barrieren für paritätischere Arrangements und eine aktive Vaterschaft:

> *Es bringt die Konstellation einfach mit, dass man halt eher hundert Prozent arbeitet. Und das Angebot nicht da ist, weniger zu arbeiten. Und (…) wenn das Angebot da gewesen wäre, hätten wir eher diskutiert kann man reduzieren.»* (Betriebsökonom Maschinenindustrie, 42, 1 Kind, 5 Jahre)

Eine «widersprüchliche» Anspruchshaltung bleibt mit Blick auf das Veränderungspotenzial von Geschlechterverhältnissen ambivalent: Sie befördert einen Modus des Umgangs mit Vaterschaft, welcher Betreuungsmitverantwortung von Männern anerkennt und betreuungshemmende Strukturen infrage stellt, gleichzeitig werden betriebliche Leistungsnormen und Verfügbarkeitsansprüche auch aufgrund eigener Karriereambitionen akzeptiert. Es bleibt ein Unbehagen.

4.3   Die «Überzeugten»: Väterfreundlichkeit als Anrecht

Einem «überzeugten» Anspruchsbewusstsein liegt die Auffassung zugrunde, dass Betriebe auf die Betreuungsverantwortung von Müttern und Vätern Rücksicht zu nehmen haben. Elternschaft gilt als anspruchsvolle Aufgabe. Das Gewährleisten von Freiräumen für die Familie wird als etwas, was sozial und moralisch richtig ist, bzw. als soziales Anrecht ("social case", hierzu Lewis und Smithson 2001) betrachtet. Der "sense of entitlement", familienfreundliche Angebote in Anspruch nehmen zu dürfen, findet sich hier stark ausgeprägt:

> *Ich nehme Urlaub, um mit dem Kind ins Krankenhaus zu gehen (…), oder ich gehe an eine Schulveranstaltung. Ich denke einfach, ob das fair ist (…), dass Eltern durchaus mehr Urlaub bekommen könnten, weil sie noch andere Aufgaben haben. Urlaub ist*

für uns keine Erholung, ausser natürlich der Jahresurlaub (…).
Die Hälfte meines Urlaubs nehme ich für solche Sachen. Das sind
keine Krankheiten, bei denen mir ein Sonderurlaubstag zustehen
würde, weil ich ein ärztliches Attest habe, sondern es sind ein-
fach Sachen an denen ich teilhaben will, am Leben meiner Kin-
der. (Softwareentwickler Webdesign, 40, 3 Kinder, 2, 7 und
10 Jahre)

Kennzeichnend für die «überzeugte» Orientierung ist eine Abkehr
von einer vergeschlechtlichten Auffassung von Elternschaft, die Mütter als
hauptsächliche Adressatinnen betrieblicher Familienunterstützung betrachtet. Gewünscht wird eine «elternfreundliche» Arbeitskultur und bessere Vertretung der Anliegen von Müttern *und* Vätern im Betrieb. Teilzeit bei männlichen Mitarbeitenden solle stärker gefördert werden und die Aufteilung von
Elternzeit zwischen Männern und Frauen nach dem Vorbild Deutschlands
und Skandinaviens gilt als erstrebenswert:

Man hat zwei Wochen Vaterschaftsurlaub. Hier muss ich sagen,
dass ich das skandinavische Modell besser finden würde, aber es ist
natürlich auch die Gesetzgebung, die dort eine grosse Rolle spielt.
Zwei Wochen sind definitiv zu wenig. Ich fände es flexibler wenn
man zwischen Mann und Frau aufteilen könnte. (Bibliothekar
Verwaltung, 31, 1 Kind, 3 Monate)

Dieser Orientierungstyp findet sich zum einen in *weiblich dominier-*
ten oder *gemischt-geschlechtlichen Verwaltungsbetrieben,* in denen Teilzeitarbeit verbreitet ist. Es gibt somit Vorbilder und Väter profitieren von einer
fortschrittlichen Personalpolitik. Zum Teil wird der Betrieb bewusst deshalb
gewählt. Eine 10–20 prozentige Reduktion der Arbeitszeit, um sich als Vater
in Familienarbeit einzubringen, gilt in einigen Milieus als «Normalität». Dies
äussert sich im Erwartungsdruck von Seiten der Kollegen und Kolleginnen,
als Vater das Arbeitspensum zu reduzieren, wie ein Jurist berichtet:

Das (Kinder) ist immer ein Thema und bezogen vielleicht auf die
Vereinbarkeit mit der Arbeit (…) also wenn jemand das nicht
will, wird er nicht schräg angeschaut, aber das ist völlig normal,
dass jemand der Kinder hat, Teilzeit arbeitet, und auch mitmacht
in der Familie. (Jurist Verwaltung, 41, 2 Kinder, 3 und 6 Jahre)

Zum anderen lässt sich der hier als «überzeugt» bezeichnete Typus
im Bereich der *Softwareentwicklung* finden, einem durch flache Hierarchien
und einem hohen Mass an Selbstverantwortung gekennzeichnetem Arbeitsumfeld (s. a. Liebig 2013). Hier herrscht einerseits ein hoher Arbeits- und

Leistungsdruck; der arbeitskulturelle Kontext eröffnet andererseits auch informelle zeitliche Handlungsspielräume:

> *Weil man sehr viele Freiheiten hat, bezüglich Arbeitszeiteneinteilung, also die Flexibilität, wann man wo was macht, das ist jedem selber überlassen. Es ist jedoch abhängig vom Team (…) man muss einfach seine Arbeit (machen) (…) wenn beispielsweise das Kind einmal krank ist oder so dann muss man das halt selber organisieren und ich musste im Prinzip niemanden gross fragen.*
> (IT Consultant Webdesign, 39, 1 Kind, 16 Monate)

Führungspositionen in Teilzeitanstellung werden für möglich gehalten und als erstrebenswert erachtet, zumindest solange ein Pensum von 80 Prozent nicht unterschritten wird. Der Wunsch nach betrieblicher Anerkennung der Rolle als Betreuungsverantwortliche bedeutet nicht den Abschied von Karriereoptionen. Die Mehrheit hat – oft trotz reduziertem Arbeitspensum – eine Führungsposition inne und zeigt eine offensive Haltung zur beruflichen Entwicklung. Im Unterschied zum «widersprüchlichen» Orientierungstyp lässt sich hier eine Hartnäckigkeit beobachten, trotz Widerständen Vereinbarkeitsansprüche geltend zu machen:

> *Also, ich bin dahin gegangen und habe gesagt, ich werde jetzt Vater und möchte reduzieren, und das ist ja, das ist bewilligt worden. Ich habe aber allerdings auch gewusst, und bin mit dieser Haltung (…) an das Gespräch gegangen, dass wenn sie nein sagen, dass ich dann kündigen muss.* (Soziokultureller Animator Verwaltung, 45, 2 Kinder, 8 und 10 Jahre)

Auffällig ist das gute Informiertsein über aktuelle Debatten zu Vaterschaftsurlaub und Elternzeit sowie über die Angebote im eigenen Betrieb, was auf eine aktive Auseinandersetzung zu Vereinbarkeitsfragen hinweist.

Auf privater Ebene gilt bei einer «überzeugten» Orientierung die partnerschaftliche Aufteilung von Familien- und Erwerbsarbeit zwischen Vater und Mutter als Maxime:

> *Also für mich war immer klar, dass ich Teilzeit arbeiten möchte. Das ist für uns beide eigentlich immer klar gewesen (…), dass wir dies soweit wie möglich versuchen zu teilen.* (Bibliothekar Verwaltung, 37, 2 Kinder, 1 und 4 Jahre)

Die Erziehungskompetenz von Müttern und Vätern gilt als ebenbürtig; Väter können eine ähnlich enge Bindung zu den Kindern aufbauen, wenn sie genügend Zeit mit ihnen verbringen. Damit wird hier die Vorstellung einer «naturgegebenen» stärkeren Bindung der Mutter zum Kind in Frage gestellt. Das durch das Stillen bedingte enge Band zur Mutter etwa wird als vorübergehende Situation gedeutet:

> *Es wird sich automatisch ändern (sobald sie nach dem Mutter-*
> *schaftsurlaub wieder arbeiten geht), weil ich zwei Tage pro Wo-*
> *che mit der Kleinen alleine bin (…) Schon rein biologisch, weil*
> *man abstillt und so gibt es eine gewisse, gibt es mehr Flexibilität*
> *in der ganzen Sache.* (Bibliothekar Verwaltung, 31, 1 Kind, 3 Monate)

Eine überzeugte Anspruchshaltung in Fragen der Vereinbarkeit von Familie und Beruf erfordert Rückendeckung im Privaten. Es müsse von beiden Seiten die starke *Überzeugung* bestehen, trotz hohem Arbeits- und Koordinationsaufwand ein partnerschaftliches Familienmodell leben zu wollen und sich über etablierte Rollenmuster aktiv hinwegzusetzen.

5   Diskussion

Die Analyse bestätigt, dass sich aktive Väter in der Schweiz die Anerkennung ihrer Betreuungsverantwortung am Arbeitsplatz wünschen. Allerdings konkurriert in den Betrieben das Verständnis einer aktiven Vaterschaft mit dem wirkungsmächtigen Leitbild einer berufszentrierten Männlichkeit. Damit unterscheidet sich das Bild in der Schweiz von dem anderer Länder, in denen bereits seit langem ein Vaterschaftsurlaub existiert: Wie Brandth und Kvande (2018) für Norwegen zeigen, bildet hier der gesetzlich verankerte Vaterschaftsurlaub den Rahmen für eine soziale Norm der aktiven Vaterschaft, welche Väter und Betriebe verinnerlicht haben. Hingegen findet sich bei der Mehrheit der hier befragten Väter der "sense of entitlement" (vgl. Hobson und Fahlen 2009) mit Blick auf familienfreundliche Massnahmen in *ambiva-lenter* Weise ausgeprägt und an Bedingungen geknüpft. Sowohl die Väter mit einer «anspruchslosen» als auch jene mit einer «widersprüchlichen» Haltung empfinden den Gebrauch von Vereinbarkeitsmassnahmen nicht als Anrecht, sondern als Ausdruck einer *reziproken Beziehung zwischen Arbeitnehmern und -gebern* (s. a. Gärtner 2012, Liebig und Kron 2017).

Väter, die sich «anspruchslos» äussern, empfinden Vereinbarkeitslösungen für Männer als Ausdruck von Grosszügigkeit und bringen dem Arbeitgeber dafür Dankbarkeit und grossen beruflichen Einsatz entgegen. Die hier einer «widersprüchlichen» Haltung zugeordneten Väter erhoffen sich die Berücksichtigung ihrer väterlichen Betreuungsverantwortung im Betrieb, gleichzeitig orientieren sie sich stark an beruflichen Leistungsnormen. Die Inanspruchnahme familienfreundlicher Massnahmen wird an die berufliche

Leistung gekoppelt und erscheint als Anspruch, der individuell mit Vorgesetzen auszuhandeln ist (Liebig und Kron 2017). Dieses Orientierungsmuster findet sich hier vor allem im männlich geprägten privatwirtschaftlichen Sektor, der oftmals durch ein höheres Mass an Arbeitsplatzunsicherheit sowie eine schwache Verankerung gleichstellungs- und vereinbarkeitsfördernder Massnahmen gekennzeichnet ist – Väter haben es hier schwerer, Vereinbarkeitsansprüche geltend zu machen (Haas und Hwang 2016; Europäische Kommission 2013).

Nur Väter, die «überzeugt» sind, gesellschaftlich wie am Arbeitsplatz ein Anrecht auf Vereinbarkeitslösungen zu besitzen, entkommen den impliziten betrieblichen Erwartungen an Reziprozität: Sie fordern eine Rücksichtnahme auf ihre Betreuungsverantwortung als unverhandelbares soziales Anrecht ein. Wenig überraschend sind diese Väter vor allem in frauendominierten Bereichen des Arbeitsmarktes oder in Verwaltungen beschäftigt, in denen Teilzeit verbreitet ist (vgl. Baumgarten et al. 2017), sowie in Bereichen, die – wie in der Softwareentwicklung – aufgrund autonomiebetonter Arbeitsmodelle zeitliche Nischen für familiäre Bedürfnisse zulassen. In einigen hochqualifizierten Milieus ist – wie das Beispiel einer juristischen Abteilung hier zeigt – eine mittels Arbeitszeitreduktion unterstützte aktive Vaterschaft «Normalität» (s. a. Damaske et al. 2014). Die «überzeugten» Väter stellen sich gegen betrieblich-strukturelle Rahmenbedingungen und gesellschaftliche Normen, welche Väter und Mütter ungleich behandeln, und leben ihre egalitäreren Auffassungen von Betreuungsverantwortung auch im partnerschaftlichen Kontext (z. B. im Rahmen von dualen Karrieren). Die betriebliche Rücksichtnahme auf aktive Vaterschaft gilt für sie ebenso wie Gleichstellung als eine Frage der sozialen Gerechtigkeit, wobei für einige skandinavische Elternzeitregelungen (dazu Kvande/Brandt 2017) ein Modell bilden können. Dabei wird sichtbar, dass internationale Entwicklungen in der Schweiz einen normierenden Einfluss auf einzelne Väter besitzen und deren "sense of entitlement" festigen können.

Die hier befragten «überzeugten» Väter dürften aufgrund der freiwilligen Teilnahme an dieser Studie allerdings eher überrepräsentiert sein. Gesellschaftlich bilden sie – darauf deuten die Statistiken zur Erwerbsarbeit hin (s. o. Teil 2) – vermutlich eine Minderheit, sodass das von ihnen ausgehende Transformationspotenzial für Geschlechterverhältnisse und Männlichkeiten begrenzt erscheint. Charakteristischer für den Schweizer Kontext erscheinen die «anspruchslosen» und «widersprüchlichen» Haltungen zu Vereinbarkeitslösungen, die auf die «freiwillige Selbstverpflichtung» von Betrieben und Nutzenargumente setzen. Damit knüpfen sie an in der Schweiz verbreitete Diskurse zu Vereinbarkeitsmassnahmen in (Gleichstellungs-)Politik und

Wirtschaft an (s. o. Teil 2). Eine aktive Vaterschaft wird hier nicht als Frage sozialer bzw. auf die Geschlechter bezogene Gerechtigkeit diskutiert, sondern betrieblichen Leistungsnormen angepasst; die primär betriebswirtschaftliche Logik der Angebote wird nicht hinterfragt (Liebig und Peitz 2018; Liebig und Kron 2017). Und während sich gerade in diesen Kontexten Väter enttäuscht zeigen, Vereinbarkeitsmassnahmen nicht in erwünschtem Ausmass nutzen zu können (hierzu Gatrell und Cooper 2016), folgen sie hier unhinterfragten beruflichen Leistungsnormen (Valarino 2014).

Wie sich zeigt, generiert überdies eine primär nutzenorientierte Vereinbarkeitspolitik potentiell neue soziale Ungleichheiten: Sie bietet einen Ausgangspunkt dafür, dass vor allem gut ausgebildete Männer mit nachgefragten Kompetenzen selbstbewusster an die Arbeitsorganisationen herantreten können, da sie bessere Verhandlungspositionen besitzen (Liebig et al. 2017). Geringer qualifizierte Väter stehen weniger im Fokus einer familienfreundlichen Personalpolitik: Arbeitszeitreduktionen kommen für sie aus finanziellen Erwägungen ebenso wenig infrage, wie etwa eine Tätigkeit im "home-office" aufgrund der Standortgebundenheit ihrer Arbeitsplätze (Liebig et al. 2017). Für die letztere Gruppe sind Vereinbarkeitsangebote, die keine finanziellen Verluste implizieren, wie ein bezahlter Vaterschaftsurlaub oder kostengünstige Betreuungsangebote von besonderer Relevanz.

Es ist zu vermuten, dass auch in der Schweiz die Debatte über den Vaterschaftsurlaub, sowie übergeordnete politische Aktivitäten im Zeichen der Gleichberechtigung, wie etwa der Schweizer Frauenstreiktag, die Relevanz und *Legitimität* der Vereinbarkeitsfrage stärker in den Mittelpunkt rücken. In Arbeitsorganisationen können die fortgesetzten öffentlichen Diskurse über den Vaterschaftsurlaub dazu führen, dass Vereinbarkeitslösungen für Väter zunehmend an Bedeutung gewinnen. Sie können aktive Väter darin stärken, ihre Betreuungsverantwortung bewusst wahrzunehmen und betriebliche Antworten zur Unterstützung der Vereinbarkeit von Beruf und Familie auch für Väter vermehrt einzufordern.

6   Literatur

Acker, Joan. 1990. Hierarchies, Jobs, Bodies: A Theory of Gendered Organizations. *Gender and Society* 4(2): 139–158.

Armingeon, Klaus. 2001. Institutionalizing the Swiss Welfare State. *West European Politics* 24(2): 145–168.

Aumann, Kerstin, Ellen Galinsky und Kenneth Matos. 2011. The New Male Mystique. Families and Work Institute, New York, http://familiesandwork.org/site/research/reports/newmalemystique.pdf (Zugriff 15.11.2019).

Baumgarten, Diana und Andreas Borter. 2017. Vaterschaftsurlaub Schweiz. MenCare Report Schweiz, Vol. 2, https://www.maenner.ch/wp-content/uploads/2017/06/vaterschaftsurlaub_neu.pdf (Zugriff 15.11.2019).

Baumgarten, Diana, Nina Wehner, Andrea Maihofer und Karin Schwiter. 2017. «Wenn Vater, dann will ich Teilzeit arbeiten». Die Verknüpfung von Berufs- und Familienvorstellungen bei 30-jährigen Männern aus der deutsch-sprachigen Schweiz. *Gender,* Sonderheft 4: 76–91.

Behnke, Cornelia und Michael Meuser. 2012. "Look here mate! I'm taking parental leave for a year" – involved fatherhood and images of masculinity. In Mechtild Oechsle, Ursula Müller und Sabine Hess (Hrsg.), *Fatherhood in Late Modernity. Cultural Images, Social Practices, Structural Frames* (S. 129–145). Opladen & Farmington Hills: Budrich.

Bender, Christiane, Hans Graßl und Markus Schaal. 2004. Nationale Arbeitsmärkte in Zeiten der Globalisierung? Die Schweiz im Zentrum und in der Peripherie Europas. In Hauke Brunkhorst, Gerd Grözinger und Wenzel Matiaske (Hrsg.), *Peripherie und Zentrum in der Weltgesellschaft* (S. 1–21). München/Mering: Rainer Hampp Verlag.

BFS (Bundesamt für Statistik). 2019. Schweizerische Arbeitskräfteerhebung (SAKE). Teilzeiterwerbstätigkeit in der Schweiz 2017. Neuchâtel. https://www.bfs.admin.ch/bfs/de/home/statistiken/kataloge-datenbanken/publikationen.assetdetail.7106889.html (Zugriff 15.11.2019).

BFS (Bundesamt für Statistik). 2017. Familien in der Schweiz. Statistischer Bericht 2017. Neuchâtel. https://www.bfs.admin.ch/bfs/de/home/statistiken/kataloge-datenbanken/publikationen.assetdetail.2347880.html (Zugriff 15.11.2019).

Blair-Loy, Mary. 2003. *Competing devotions: Career and Family among Women Executives.* Cambridge, MA: Harvard University Press.

Bohnsack, Ralf. 2008. *Rekonstruktive Sozialforschung – Einführung in qualitative Methoden.* Opladen/Farmington Hills: Budrich.

Brandth, Berit und Elin Kvande. 2018. Fathers' sense of entitlement to ear-marked and shared parental leave. *The Sociological Review.* https://www.researchgate.net/publication/328509677_Fathers%27_sense_of_entitlement_to_earmarked_and_shared_parental_leave DOI: 10.1177/0038026118809002 (Zugriff 15.11.2019).

BSV (Bundesamt für Sozialversicherungen). 2020. Vaterschaftsurlaub / Änderung des Erwerbsersatzgesetzes (EO). https://www.bsv.admin.ch/bsv/de/home/sozialversicherungen/eo-msv/reformen-und-revisionen/eo-vaterschaftsurlaub-200927.html (Zugriff 18.03.21).

Burnett, Simone B., Caroline J. Gatrell, Caroline, Cary L. Cooper und Paul Sparrow. 2013. Fathers at Work: A Ghost in the Organizational Machine. *Gender, Work & Organization*, 20: 632–646. DOI: 10.1111/gwao.12000.

Damaske, Sarah, Elaine Howard Ecklund, Anne E. Lincoln, und Virginia J. White. 2014. Male Scientists' Competing Devotions to Work and Family: Changing Norms in a Male-Dominated Profession. *Work and Occupations* 41(4): 477–507.

Den Dulk, Laura, Sandra Groenewald und Bram Peper. 2014. Workplace worklife balance support from a capabilities perspective. In Barbra Hobson (Hrsg.), *Worklife Balance. The Agency & Capabilities Gap* (S. 153–173). Oxford: Oxford University Press.

Eidgenössisches Personalamt. 2010. Personalstrategie Bundesverwaltung 2011–2015. http://www.alexandria.admin.ch/22020_personalstrategie_d.pdf (Zugriff 15.11.2019).

Esping-Andersen, Gøsta. 1990. *The three worlds of welfare capitalism.* Cambridge. Polity Press.

European Commission. 2013. *The Role of Men in Gender Equality. Study on the Role of Men in Gender Equality.* Contract ref. no. VC/2010/0592 December 2012: European Union. https://op.europa.eu/de/publication-detail/-/publication/f6f90d59-ac4f-442f-be9b-32c3bd36eaf1/language-de (Zugriff 15.11.2019).

Ferrarini, Tommy und Ann-Zofie Duvander. 2010. Earner Carer Model at the Crossroads: Reforms and Outcomes of Sweden's Family Policy in Comparative Perspective. *International Journal of Health Services* 40(3): 378–398.

Flood, Michael und Bob Pease. 2005. Undoing Men's Privilege and Advancing Gender Equality in Public Sector Institutions. Policy and Society 24(4): 119–38.

Gärtner, Marc. 2012. *Männer und Familienvereinbarkeit: Betriebliche Personalpolitik, Akteurskonstellationen und Organisationskulturen.* Opladen: Leske und Budrich Verlag.

Gatrell, Caroline und Cary L. Cooper. 2016. A sense of entitlement? Fathers, mothers and organizational support for family and career. *Community, Work & Family* 19(2): 134–147. DOI: 10.1080/13668803.2016.1134121.

Gornick, Janet C. und Marcia K. Meyers. 2005. Supporting a Dual-Earner/Dual-Carer Society: Lessons From Abroad. In Jody Heymann und Christopher Beem (Hrsg.), *A Democracy that Works: The Public Dimensions of the Work and Family Debate.* (S. 371–408). New York: The New Press.

Gregory, Abigail und Susan Milner. 2011. Construction of Fatherhood in France and the UK. *Men and Masculinities* 14(5): 588–606. DOI: 10.1177/1097184X11412940.

Gregory, Abigail und Susan Milner. 2009. Work–life Balance: A Matter of Choice? *Gender, Work and Organization* 16(1): 1–13.

Haas, Linda und C. Philip Hwang. 2016. "It's About Time!": Company Support for Fathers' Entitlement to Reduced Work Hours in Sweden. *Social Policy* 23: 142–67.

Häusermann, Silja und Christine Zollinger. 2014. Familienpolitik. In Peter Knöpfel, Yannis Papadopoulos, Pascal Sciarini, Adrian Vatter und Silja Häusermann (Hrsg.), *Handbuch der Schweizer Politik* (S. 911–934). Zürich: NZZ Libro.

Herman, Clem und Suzan Lewis. 2012. Entitled to a Sustainable Career? Motherhood in Science, Engineering, and Technology. *Journal of Social Issues* 68(4): 767–789.

Hermann, Michael, Mario Nowak und Lorenz Bosshardt. 2016. *Sie wollen beides. Lebensentwürfe zwischen Wunsch und Wirklichkeit.* Bericht zur Umfrage. Zürich: sotomo. https://sotomo.ch/wp/wp-content/uploads/2016/10/Bericht_sotomo_KPT.pdf (Zugriff 15.11.2019).

Hobson, Barbara. 2014. Introduction: Capabilities and Agency for Worklife Balance – a Multidimensional Framework. In Barbara Hobson (Hrsg.), *Worklife Balance. The Agency & Capabilities Gap* (S. 31–128). Oxford: Oxford University Press.

Hobson, Barbara und Susanne Fahlén. 2009. Competing Scenarios for European Fathers. Applying Sen's Capabilities and Agency Framework to Work Family Balance. *The Annals of the American Academy of Political and Social Science* 642(1): 214–233.

Hobson, Barbara, Susanne Fahlén und Judit Takács. 2014. A Sense of Entitlement? Agency and Capabilities in Sweden and Hungary. In Barbara Hobson (Hrsg.), *Worklife Balance. The Agency & Capabilities Gap* (S.57–91). Oxford: Oxford University Press.

Klenner, Christina und Svenja Pfahl. 2008. *Jenseits von Zeitnot und Karriereverzicht – Wege aus dem Arbeitszeitdilemma. Analyse der Arbeitszeiten von Müttern, Vätern und Pflegenden und Umrisse eines Konzeptes,* Düsseldorf: WSI Diskussionspapier Nr. 158.

Kortendiek, Beate. 2010. Familie: Mutterschaft und Vaterschaft zwischen Traditionalisierung und Moderne. In Regine Becker und Beate Kortendiek (Hrsg.), *Handbuch der Frauen- und Geschlechterforschung. Theorie, Methode, Empirie* (S.442–453). Wiesbaden: VS.

Kron, Christian. 2016. Was Väter wollen. Über den Vereinbarkeitskonflikt von Vätern und betriebliche Möglichkeiten, diesen zu reduzieren. In Brigitte Liebig, Martina Peitz und Christian Kron (Hrsg.), *Väterorientierte Massnahmen für Unternehmen und Verwaltungen. Ein Handbuch* (S.27–59). München/ Mering: Rainer Hampp Verlag.

Kvande, Elin. 2012. Control in Post-Bureaucratic Organizations – Consequences for Fathering Practices. In Mcchtild Oechsle, Ursula Müller und Sabine Hess (Hrsg.), *Fatherhood in Late Modernity, Cultural Images, Social Practices, Structural Frames* (S.233–248). Opladen & Farmington Hills: Budrich.

Kvande, Elin und Berit Brandth. 2017. Constructing Male Employees as Carers Through the Norwegian Fathers' Quota, In Brigitte Liebig und Mechtild Oechsle (Hrsg.), *Fathers in Work Organizations. Inequalities and Capabilities, Rationalities and Politics* (S.171–184). Opladen u. a.: Budrich.

Lanfranconi, Lucia. 2014. Chancen und Risiken des Wirtschaftsnutzendiskurses in der aktuellen betrieblichen Geschlechtergleichstellungspolitik der Schweiz. *Schweizerische Zeitschrift für Soziologie* 40(2), 325–348.

Lewis, Suzan. 1996. Sense of entitlement, family friendly policies and gender. In Helle Holt und Ivan Thaulow (Hrsg.), *The role of companies in reconciling work and family life* (S. 17–42). Copenhagen: Danish National Institute of Social Research.

Lewis, Jane und Ilona Ostner. 1994. Gender and the Evolution of European Social Policies. Reihe: Arbeitspapiere des Zentrums für Sozialpolitik 4. Bremen: Zentrum für Sozialpolitik. https://www.socium.uni-bremen.de/veroeffentlichungen/arbeitspapiere/?publ=1348%2526page=1%2526print=1&print=1 (Zugriff 25.11.2019).

Lewis, Suzan und Janet Smithson. 2001. Sense of entitlement to support for the reconciliation of employment and family life. *Human Relations* 54(11): 1455–1481.

Liebig, Brigitte. 2013. Organisationskultur und Geschlechtergleichstellung. Eine Typologie betrieblicher Geschlechterkulturen. In Ursula Müller, Birgit Riegraf und Silvia Wilz (Hrsg.), *Geschlecht und Organisation* (S. 292–316). Berlin u. a.: Springer VS.

Liebig, Brigitte und Christian Kron. 2017. Ambivalent Benevolence. The instrumental rationality of father-friendly policies in Swiss organizations, in: Liebig, Brigitte und Mechtild Oechsle (Hrsg.), *Fathers in Work Organizations. Inequalities and Capabilities, Rationalities and Politics* (S. 105–126). Opladen u. a.: Budrich.

Liebig, Brigitte und Martina Peitz. 2018. Zeit-Nischen oder Familienzeit? Väter und der Umgang mit den Widersprüchen flexibler Arbeitsformen. *Gender. Zeitschrift für Geschlecht, Kultur und Gesellschaft* 10(10): 151–166. https://doi.org/10.3224/gender.v10i1.10.

Liebig, Brigitte und Martina Peitz. 2017. Organisationaler Wandel durch neue Väter? Eine neoinstitutionalistische Analyse aktiver Vaterschaft in Arbeitsorganisationen. In Maria Funder (Hrsg.), Neoinstitionalism – Revisted. Bilanz und Weiterentwicklung aus Sicht der Geschlechterforschung (S. 392–414). Baden-Baden: Nomos.

Liebig, Brigitte und Martina Peitz. 2014. Vaterschafts- und Elternurlaub in der Schweiz Der lange Weg zu einer elternfreundlichen Familienpolitik. *Frauenfragen* 37, 34–39.

Liebig, Brigitte, Martina Peitz und Christian Kron. 2017. Familienfreundlichkeit für Väter? Herausforderungen der Umsetzung familienbewusster Maßnahmen für Männer. *Arbeit. Zeitschrift für Arbeitsforschung, Arbeitsgestaltung und Arbeitspolitik,* 26(2): 1–20.

Lott, Yvonne. 2014. *Working Time Flexibility and Autonomy: Facilitating time Adequacy? A European Perspective.* WSI Diskussionspapier 06/2014 https://www.econstor.eu/bitstream/10419/97704/1/788468235.pdf (Zugriff 03.06.2021).

Meuser, Michael und Sylka Scholz. 2012. Herausgeforderte Männlichkeiten. Männlichkeitskonstruktionen im Wandel von Erwerbsarbeit und Familie. In Meike Sophia Baader, Johannes Bilstein und Toni Tholen (Hrsg.), *Erziehung, Bildung und Geschlecht. Männlichkeiten im Fokus der Gender Studies* (S. 23–40). Wiesbaden: VS.

Munn, Sunny L. und Tomika W. Greer. 2015. Beyond the "Ideal" Worker: Including Men in Work–Family Discussions. In Maura J. Mills (Hrsg.), *Gender and the Work-Family Experience* (S. 21–38). Hempstead/New York: Springer.

OECD Stat. Fortlaufend. Incidence of FTPT Employment. https://stats.oecd.org/Index.aspx?DataSetCode=FTPTC_I. (Zugriff 15.11.2019).

Özbilgin, Mustafa F., T. Alexandra Beauregard, Ahu Tatli, Ahu und Myrtle P. Bell. 2011. Work–Life, Diversity and Intersectionality: A Critical Review and Research Agenda. *International Journal of Management Reviews* 13: 177–198. DOI: 10.1111/j.1468-2370.2010.00291.x.

Peitz, Martina und Liebig Brigitte. 2016. Familienfreundlichkeit in der Schweiz – auch für Väter? In Brigitte Liebig, Martina Peitz und Christian Kron (Hrsg.), *Väterorientierte Massnahmen für Unternehmen und Verwaltungen. Ein Handbuch* (S. 11–25). München/Mering: Rainer Hampp Verlag.

Peper Bram; Laura den Dulk, Nevenka Černigoj Sadar, Suzan Lewis, Janet Smithson und Anneke van Doorne-Huiskes. 2014. Capabilities for Worklife Balance: Managerial Attitudes and Employee Practices in the Dutch, British, and Slovenian Banking Sector. In Barbara Hobson (Hrsg.), *Worklife Balance. The Agency & Capabilities Gap* (S. 206–238). Oxford: Oxford University Press.

Pfau-Effinger, Birgit. 2010. Cultural and Institutional Contexts. In Judith Treas und Sonja Drobnič (Hrsg.), *Dividing the Domestic. Men, Women, and Household Work in Cross-National Perspective,* Part III (S. 125–146). Stanford: Stanford University Press.

Pfau-Effinger, Birgit. 2005. *Wandel der Geschlechterkultur und Geschlechterpolitiken in konservativen Wohlfahrtsstaaten – Deutschland, Österreich und Schweiz. Gender Politik* 1_Einleitung_final_nach_Verlag.dochttp://www.fuberlin. de/sites/gpo/tagungen/Kulturelle_Hegemonie_und_Geschlecht_als_Herausforderung/index.html (Zugriff 15.11.2019).

Possinger, Johanna. 2013. *Vaterschaft im Spannungsfeld von Erwerbs- und Familienleben.* «*Neuen Vätern*» *auf der Spur.* Wiesbaden: VS.

Pro Familia. 2011. *Was Männer wollen! Studie zur Vereinbarkeit von Beruf und Privatleben.* Im Auftrag des Departementes des Innern des Kantons St.Gallen, vertreten durch das Kompetenzzentrum für Integration, Gleichstellung und Projekte. http://www.profamilia.ch/tl_files/Dokumente/ jobundfamilie/Studie%20Was%20Maenner%20wollen%20-%20Publikation.pdf (Zugriff 15.11.2019).

Stamm Margrit. 2016. *Väter. Wer sie sind. Was sie tun. Wie sie wirken.* Dossier 16/1. http://margritstamm.ch/images/Dossier%20Vaeter%20Januar%202016. pdf (Zugriff 15.11.2019).

Stutz, Heidi und Caroline Knupfer. 2012. *Absicherung unbezahlter Care-Arbeit von Frauen und Männern. Anpassungsbedarf des Sozialstaats in Zeiten sich ändernder Arbeitsteilung,* Bern: Eidgenössisches Büro für die Gleichstellung von Frau und Mann (EBG). https://www.buerobass.ch/fileadmin/Files/2012/ EBG_2012_Absicherung_unbez_CareArbeit_d.pdf (Zugriff 15.11.2019).

Theunert, Markus. 2012. Männerpolitik in der Schweiz. In Markus Theunert (Hrsg.), *Männerpolitik. Was Jungen, Männer und Väter stark macht* (S.423–445). Wiesbaden: Springer VS.

Thévenon, Olivier. 2011. Family Policies in OECD Countries: A Comparative Analysis. *Population and Development Review* 37(1): 57–87.

Travail Suisse. 2019. Bezahlter Vaterschaftsurlaub. https://ts-paperclip.s3-eu-west-1. amazonaws.com/system/uploadedfiles/4751/original/d_Vaterschaftsurlaub_Factsheet_18_mit_Text_neu.pdf?1528874395 (Zugriff 15.11.2019).

Treas, Judy und Drobnič, Sonja (Hrsg.). 2010. Dividing the Domestic: Men, Women and *Housework in Cross-National Perspective.* Stanford: Stanford University Press.

Valarino, Isabel. 2014. *The Emergence of Parental and Paternity Leaves in Switzerland: A Challenge to Gendered Representations and Practices of Parenthood* (Ph.D. in social sciences). University of Lausanne, Lausanne. http://serval.unil. ch/?id=serval:BIB_EC9A89C2A3A6 (Zugriff 15.11.2019).

Valarino, Isabelle und Jacques-Antoine Gauthier. 2015. Paternity leave implementation in Switzerland: A challenge to gendered representations and practices of fatherhood? *Community, Work & Family,* 19(1): 1–20.

Valarino, Isabel und Rahel A. Nedi. 2019. "Switzerland country note". In Alison Koslowski, Sonja Blum, Ivana Dobrotić, Alexandra Macht und Peter Moss (Hrsg.), *International Review of Leave Policies and Research 2019.* Zugriff unter: https://www.leavenetwork.org/fileadmin/user_upload/k_leavenetwork/ annual_reviews/2019/Switzerland_2019_0824.pdf (Zugriff 03.06.2021).

Wiler, Jürg. 2016. Der Teilzeitmann. In Brigitte Liebig, Martina Peitz und Christian Kron (Hrsg.), *Väterorientierte Massnahmen für Unternehmen und Verwaltungen. Ein Handbuch* (S. 84–91). München/Mering: Rainer Hampp Verlag.

Witzel, Andreas. 2000. Das problemzentrierte Interview. *Forum Qualitative Social Research,* 1(1). Art. 22. http://www.qualitative-research.net/index.php/fqs/ article/view/1132/2519 (Zugriff 15.11.2019).

11   Fathers and Breastfeeding: Between Support and Exclusion

Isabelle Zinn, Michela Canevascini, and Brenda Spencer [1,2]

1   Introduction

For a long time the role of women and men in the family was clearly defined, but this is now in the process of change. In particular, the role of fathers during the birth of their child has evolved considerably over the past decades and we see in the current Swiss context a collective awareness that a greater involvement of fathers could not only be beneficial but is also desired by many men. This transformation can also be seen in the testimonies of the interviewees we met in the context of our research project on breastfeeding and paid employment. Although fathers generally wish to be more involved in infant care, there are still pitfalls, whether these be due to public policy (e.g. lack of parental leave) or to gender stereotypes that attribute differentiated roles to the two parents.

The importance of breastfeeding in public health is underestimated (Victora et al. 2016) and the reasons women stop or avoid breastfeeding are complex. As with all questions of reproductive health, the role of men has often been neglected. A recent comprehensive review of available literature (Sihota et al. 2019) pointed up the importance of healthcare providers giving more support to fathers in order to help overcome any feelings of exclusion they may have with regard to breastfeeding.

1   Isabelle Zinn is first author and has prepared the first draft of the manuscript together with B. Spencer, principal investigator of the research project "Health promotion in the workplace: what is the place of breastfeeding?", funded by the SNSF (http://p3.snf.ch/project-156561). Both were involved in data collection and analysis, as well as in the process of writing and editing the manuscript. M. Canevascini was involved in the conduct and analysis of interviews and reviewed the final version of the manuscript.

2   We would like to thank the following persons: B. Danuser (Unisanté), L. Floris (HESAV-HES-SO) and M. Modak (HETSL) were involved in research planning and made substantial contributions to the conception of the research and its conduct; D. Koutaissoff conducted interviews with mothers and couples and L. Bernard organised and conducted their recruitment. We also express our gratitude to the study interviewees (see Footnote 3).

In this article, we will focus on the role that breastfeeding plays in the involvement of fathers in the family sphere. To what extent does breastfeeding help or hinder this involvement? How is the sharing of childcare responsibilities perceived within couples, and what impact do these perceptions have on breastfeeding? How might these observations be understood in the wider socioeconomic context?

To answer these questions, we will use data from a qualitative study conducted in French-speaking Switzerland looking at the obstacles to continuing breastfeeding when mothers return to work. We will see that the caring role of men in the period following childbirth is essentially conceived as being a support for the mother. Even when the couple functions as a team, it is the mothers who make the decisions about caring for the new-born. Yet the father's support is crucial, especially when the mother has to overcome difficulties in her breastfeeding experience. We will analyse the couples' discourses and show how their attitudes might be favourable or unfavourable to breastfeeding.

This will lead us to reflect on the general position held by men in the current employment context. In order to understand the role breastfeeding plays in fathers' involvement in the family sphere, we have to look in more detail at the larger context in Switzerland. Shedding light on the institutional context is indeed crucial for an understanding of how individual arrangements between the two parents are impacted by public policies. We will show that it is not breastfeeding *per se* that hinders egalitarian parenting practices in the couple, but rather the unfavourable institutional context in which it takes place.

2   Methods

The results presented here are drawn from a qualitative study based on a health promotion theoretical framework (Spencer et al. 2008) and adopting a case study approach based on the canton of Geneva. The obstacles to continuing breastfeeding on return to work were examined adopting an ecological perspective. Using purposive sampling, we conducted individual and focus group interviews between 2016 and 2018 with families[3] (mothers, cou-

---

3   Regarding families, we conducted interviews with fifteen mothers individually and ten interviews with couples (mother & father of the baby). With fathers only we conducted three interviews individually and held one focus group gathering five fathers. Interviews were also conducted with fifteen private and public sector employers, two business and trade union representatives, and five policy decision-makers. Issues arising from the interviews were further explored in a half-day workshop with lactation specialists.

ples, fathers), private and public sector employers, business and trade union representatives, policy decision-makers and lactation specialists and collated extensive documentation from all sources. An interview grid was developed for each group of stakeholders, based on identified themes but with specific adaptations according to the group. Interviews were transcribed and analysed using the MaxQDA software package for qualitative data analysis. The results of interviews with families are mainly used here, but are contextualised using the data as a whole.

We considered it important to interview not only new mothers, but also new fathers. As such, we have a reading of the role of the male partner as related by the mothers interviewed alone, as discussed by couples interviewed together, and as related by men when interviewed either alone or together in a group. Fathers who agreed to be interviewed naturally had an interest in the subject of breastfeeding. These were of course not then representative of all fathers, but their perspective provides information on what the role of the father in "breastfeeding parents" may be. Those interviewed, particularly in the focus group, were specifically asked to comment not only on their personal experience but also on their perceptions of "other fathers". The attitudes and behaviour of fathers as reported by mothers interviewed on their own were more varied in terms of degree of investment, but overall the different types of interview did not reveal any important discrepancies.

3   Switzerland: Policies and Practices Based on the Traditional Family Model

Dominant gender norms continue to attribute differentiated roles to both parents. Moreover, Swiss public policies are based on traditional values featuring a "male breadwinner" and a "female carer" (Crompton 1999). As Coenen-Huther has pointed out this pattern was established at the point when the spheres of work and family became separated two centuries ago and is that which continues to prevail (Coenen-Huther 2009), with the effect of both dissuading women's professional activity and hindering a better integration of fathers in the family sphere.

Although in Switzerland most women engage in paid employment, the vast majority work part-time (BFS 2020a). Giraud and Lucas (2009) therefore note that the "neo-maternalist" gender regime in Switzerland clearly still relies on women's assignment to the household and childcare. Moreover, the existing pay inequality in Switzerland where women earn almost 20 percent less than their male counterparts (BFS 2020b) reinforces the sexual division of labour, particularly since for many couples level of income is a consideration when deciding the role of each partner following the birth of a child.

The arrival of a child is known to bring about considerable changes to the organisation of family life and has been identified as a crucial point for the development of gender inequalities, including in couples attempting to avoid such inequality before the birth (Le Goff and Levy 2016).

The Swiss institutional and political context has led to both a late and conservative development of family policy. According to Valarino (2020), the main reason has been the Swiss federalist structure and the associated principle of subsidiarity, by which any aspect of governance not under the Confederation's jurisdiction is delegated to the cantonal or municipal level. Subsidiarity also results in priority being given to initiatives from the private sphere, which means that the family is seen as responsible for the well-being of its members and should organise itself accordingly. As Peitz and Liebig (in this volume) note, instead of binding legal rights for fathers (and mothers), the political system still relies on voluntary measures by employers that help parents to better reconcile employment and family life. In other words, despite a series of more or less recent reforms (e.g. federal legislation on maternity leave, harmonisation of family allowances) Swiss family policy remains traditionally conservative compared with other European countries, following an individualistic approach where the family is considered a private affair (Valarino 2020). These reforms have included measures to protect women's rights to breastfeed on return to work, but their effective implementation continues to be a major issue.[4] In 2019, the year of the second women's strike, calls were made regarding the necessity for measures enabling a better balancing of work and family life for both men and women. At the same time, a political and societal movement was growing to push for paternity or parental leave. Conservatives argued against it, insisting that it was not the state's responsibility to assure such measures but that each family should make the necessary arrangements. We will see that the idea that the family, and all tasks or activities related to it, is a private affair has also been echoed during the interviews we conducted with various employers. Many of the employers in fact consider breastfeeding at work as an entirely private affair and a matter of individual choice.

The gendering of families can also be seen when it comes to the role of institutions: for instance, the department housing obstetrics and gynaecology services at the Lausanne University Hospital was relatively recently renamed *Woman-mother-child,* implicitly leaving out the role of fathers. In

---

4   https://www.swissinfo.ch/eng/conundrum-for-mothers_breastfeeding-in-switzerland--myths-vs-realities/44733468.

practice, this is not always the case and men are included in certain circumstances, such as programmes for babies born pre-term. The title may be considered a detail, but the symbolism with regard to such a recent change is, in our opinion, worthy of note. In general, men have been "forgotten" with regard to many aspects of sexual and reproductive health, such as birth control and post-natal depression (Eddy et al. 2019; Giami and Spencer 2004; Scarff 2019; Spencer 1999).

Despite the growing involvement of fathers in parenthood and childcare over the last decades, women remain primary caregivers, especially during the first year of the child's life (Chautems 2019; Le Goff and Levy 2016). Meanwhile, various initiatives that strive towards more gender equality and a better integration of fathers regarding caring duties within the family are worthy of note. Since 2016, a branch of the international campaign Men-Care[5] has been established in Switzerland. The campaign aims to promote the involvement of men in childcare and in family-related care more generally. Linked to this initiative, under the impulse of the organisation männer.ch, an institute has been created in Switzerland[6] to develop campaigns promoting public awareness and concrete measures, such as workshops for new fathers. Through collaboration with the School of Health Sciences, Western Switzerland, a film has been made reflecting the experiences of men discovering fatherhood.[7] Specifically, with regard to breastfeeding, it is now also possible to find attempts to better include fathers[8], but these remain somewhat exceptional. As our data suggests, fathers still embrace a secondary role where the mother has the responsibility of feeding the child. We will see that the fathers we met during our research generally wish to take on more responsibilities in the care of their children. We will look at how breastfeeding impacts on this involvement and vice versa.

4 Results

4.1 Breastfeeding and the Couple

Although the couples we interviewed generally discussed together whether or not to breastfeed the baby once born, in the majority of cases the decision lay clearly with the mother:

---

5   https://men-care.org/.
6   https://www.maenner.ch/institut-simg/.
7   http://naissancedunpere.ch/.
8   http://www.allaiter.ch/logicio/pmws/stillen__root_3_5__fr.html.

We talked about it. Well, ultimately it was my decision. I mean, he would have respected my decision whatever it was.

Many couples expressed the idea that the father saw this as a natural right of the mother, as this excerpt shows:

He said to me 'It's you who breastfeeds, so it's your choice'. He totally let me choose one way or the other. He said it was my body.

Although this reasoning respects the dictum of "her body, her choice", and may be welcomed in this regard, it seems that the situation is in fact more complex. It appears that the fathers are struggling to define their place and role when it comes to caring for infants. It has indeed emerged from the interviews that some of the fathers still had to find their place and that their role had to be defined progressively:

Having a child doesn't make you a father: in reality it's about becoming a father, and it doesn't happen from one day to the next. I'd had that completely naïve idea that because (…) well yes, you have a child and you become a father, but not at all!

More generally speaking, and in relation to this role that first needs to be clarified, the vision of the fathers emerged as in general supportive and sometimes crucial, but clearly their role was perceived to be secondary. Men often reported seeing breastfeeding as natural and best for the health of the child, but although expressing this view, as indicated above, the choice of feeding remained with the mother, whom the men saw as the chief protagonist in the birth story:

She made the decision after all. The mother carries (the baby) nine months… pregnancy, childbirth, breastfeeding (…) we're the main spectators…being complementary, giving support and backup, creating the best possible conditions so she can feel at ease to breastfeed as she wishes.

This father then concludes that his role is necessarily and clearly secondary and distinct to the mother's role when it comes to caring for the infant.

Even when fathers strongly wanted their child to be breastfed, they would demur if the mother wanted to discontinue.

I wouldn't have imposed (my wish) but it's true that I found the idea bizarre to say we have milk but then we stop (breastfeeding).

The idea of fathers feeling excluded by breastfeeding, as reported in previous work (Sihota et al. 2019) was present in some cases:

Father: My wife was the ringleader! (…) ever since the pregnancy (…) we (meaning fathers) are there to help, and then after with the breastfeeding it's true we are rather put aside.

Others recognised why men may feel excluded, but did not have a problem with this themselves:

It's beautiful, but it's not a moment we share. It's really a moment reserved for the baby and the mother. (…) It's an extremely mother-child relationship, but personally, I've never really felt excluded. (…) If she's feeding, even if you're just nearby, you have the impression you don't exist (laughter).

Certain fathers expressed being at ease with their experience, invoking the complementarity of fathers and mothers.

Each has their role. I like (…) the idea of complementarity (…) I don't feel as if I've been put aside. (…) We learn to take our place.

The idea this father expressed of 'taking their own place' highlights in an interesting way the principle of complementarity between the sexes. In other words, it is taken for granted that fathers and mothers do not have the same roles. This secondary role may then be fully acknowledged without its being seen as a kind of exclusion.

Father: *It's something so intense between the child and the mother that (…)*

Mother: *You can't compete (laughter)*

Father: *(…) what I mean, I don't know but some people could feel left out.*

The notion of fathers needing to define their role was not mirrored concerning the role of the mother. Whatever the difficulties experienced with breastfeeding, their bond with the baby is described not only as special but also as instant so they do not have to "find their place". The fathers in the above excerpts underline this special bond between the mother and the baby. Rather than feeling excluded, they acknowledge the complementarity between a father and a mother. They may, however, experience a tension in defining and taking their place, feeling at the same time side-lined and yet expected to be present and active.

Although the fathers interviewed were all in favour of breastfeeding and were giving the help necessary in order to support their partner, sometimes the involvement of the father could work against breastfeeding, despite his best intentions. Fathers could, for example, be concerned by the level of fatigue experienced by their partner and imagine that bottle-feeding would reduce this, or could want to become involved in feeding so that the mother could spend more time away from the baby in order to take up previous activities once again. Feeding may also be perceived as having a unique status with regard to contact with the baby:

> *All three times (each baby) she breastfed almost a year, and I was happy each time when she stopped. Giving my child a bottle was great. I could then give him a bottle every evening, for example. For me that was a privileged moment. It was marvellous to have that feeling.*

This father clearly speaks of his role as being secondary and as less intense because breastfeeding allowed the mother to engage more closely with the baby:

> *Father: A mother who breastfeeds has a special connection with the baby. We are to some extent put aside. (…) We could just start from the idea that we both decide not to breastfeed, even if she wants to but I don't, because (…) I want to give him a bottle so as to create that connection with him or her.*

Indeed, feeding may be seen as a prerequisite for an equal sharing of infant care, and, as such, breastfeeding could be seen as creating an imbalance or even promoting inequality within the couple. In other words, breastfeeding and more generally feeding the child become an important element of infant care and possibly crystallises questions of gender equality. If the way in which fathers may participate and share is not clarified among the couple, breastfeeding may then reinforce the distancing of the father:

> *Mother: So pretty soon that became my thing, and they (babies) quickly learn that it's mum who gets up at night when they call. (…) It's true that sometimes I said to myself 'This breastfeeding, it's really stitched things up.*

Breastfeeding seems to promote fathers acting in the background because the mother, by definition, takes care of one of the "vital needs". Fathers embrace in this sense a secondary role, where the mother has the responsibility for feeding the child.

One of the fathers interviewed indeed stated that breastfeeding does not make it easier for him to bond with his child, but still did not draw a conclusion against breastfeeding:

For the man (father) breastfeeding doesn't facilitate the relation-ship with the child, but that doesn't matter. You can catch up on that afterwards.

One of the possibilities for the fathers to engage with their child and to create a privileged link similar to mothers who breastfeed is for mothers to pump their milk for storage. Fathers may then be involved in feeding through giving a bottle with breast milk. This allows the father to engage with his child but gives also the mother more flexibility in the organisation of her time, as one of the fathers clearly stated:

At home, she pumped milk so she could continue to do other stuff. (…) She's not one to just stay at home, so after a while pumping the milk was a way to be able to go do yoga, go do classes, go run-ning (…) it was important.

In giving a bottle fathers feel able to engage more closely with their child and to bond in a similar way as mothers. This solution then enables a more equal sharing of overall responsibility regarding feeding the infant.

4.2   A Full Parent?

The supportive role played by the father could take different forms. In particular, it involved all baby-care activities apart from breastfeeding, that is to say changing nappies, bringing the baby to the mother for feed-ing, giving the bath, freezing pumped milk, giving a bottle with breast milk, calming the baby before feeding and burping him or her afterwards. One father explained how he slept beside the baby and brought her to the mother when she woke for feeding. In this way, the mother's sleep was only disturbed when necessary:

I go and get her and bring her to (name of the mother), and then when she has finished feeding, I take her back to her bed. In this way, there's a kind of task sharing.

Aside from other domestic activities, such as housework or caring for older children, the father's role could also include gathering useful knowledge on breastfeeding through research, such as on issues regarding positioning:

Mother: It's funny in fact because he started to advise the new mothers (laughter) (…) he became a breastfeeding advisor! No, he really read up on it a lot.

Moral support was also cited as a key factor: being someone for the mother to talk over decisions with and/or offering encouragement to overcome any difficulties faced. As one mother said: 'I felt that I had a driving force behind me'. When faced with difficulties, this support could make all the difference:

> *Given how things were, if he hadn't participated at all, I'd have given up (breastfeeding).*

Moral support can be also given in terms of recognising that breastfeeding demands time and effort:

> *Father: (…) a role of support and encouragement, or to show appreciation (…) to say you're more beautiful even if you have a round belly (laughter). For breastfeeding too (…) recognising that it requires some effort and acknowledge that.*

Although insisting that the choice to breastfeed was the mother's, some fathers interviewed then clearly saw the project as a joint venture; a venture that may be challenging and for which the tasks should then be shared. One talked about the different places where 'we breastfed', indicating his sense of involvement. Other examples were given: just being there 'if she needed a glass of water, a cushion or a book', stepping in once the mother had finished breastfeeding in order to give her some space, taking the baby for a walk if s/he cries, etc.

It would be possible to conclude here by stating that breastfeeding creates inequality and in order to establish a more equal distribution of tasks, the mothers could stop breastfeeding, which then would automatically lead to greater involvement of the fathers. However, reality is much more complex. The notion of fathers having a secondary role, as expressed by the parents interviewed, is rather linked to the institutional context in Switzerland than to individual decisions whether to breastfeed. The fact that fathers had to return to work after their child was born impacted how couples organised childcare and how the couple defined their respective responsibilities. This served to lay down a pattern regarding the way the different activities were shared out and laid the ground for an unequal attribution of caring duties. Although breastfeeding may be seen as factor that reinforces inequalities in the couple, we strongly think that such inequalities are rather to be laid at the door of the institutional context in Switzerland that still allocates different roles to both of the parents.

4.3 Impact of Institutional Context on the Sharing of Family Responsibilities Within the Couple

As indicated above, Swiss family policy follows an individualistic rather than societal approach where the family is not only considered a private affair, but where men are still seen as the primary breadwinners. As pointed out by Le Goff and Levy (2016), the separation of spheres and the respective association of women to the private and men to the public space is still strongly anchored in Swiss society and impacts the concrete organisation of work life and infant caring. The weight of institutions seems to be heavy and still has a direct impact on how young adults conceive their role. In qualitative research carried out in Switzerland, Baumgarten et al. (2018) found evidence of a gendered conception regarding the expectations and attitudes of young adults when it comes to having a family: even though they want to be present for their children at birth, young men continue to consider themselves as the main economic provider for their family. As a corollary, young women do not assume that they will later have to provide the main source of family income, considering that caring for the children is above all their responsibility. Furthermore, according to the majority of the forty-eight young adults interviewed, the balance between professional activity and infant care is an individual question for couples to resolve without any particular institutional support: further confirmation of perception of life-work balance as a personal issue, even within younger generations.

The impact of this context did not go without note in the families interviewed. As one father interviewed clearly stated, in his opinion men in Swiss society are primarily seen as economic providers and therefore responsible for the monetary infrastructure:

> As a father, I have the impression that you're told 'Right, you have to bring home the money then'. I have the impression we are reduced to that. You have to have a job. You have to take care of the structure and the material goods.

This father mentions the role of the male breadwinner to which men would be reduced. Being primarily branded as the economic provider also means that the caring role fathers might embrace is considered less important.

A father for instance indicated that he did not feel properly included because the information on childcare he had seen was clearly and only addressed to new mothers:

> In the brochure I read, I didn't see anything addressed to dads. Things are explained to the mother. Yes, she will breastfeed, it's her breast (…) but we are lost in all that. OK, so we have nothing to

*give (…) how can we help? What can we do? Nothing. But (…)
we just aren't included.*

That the role of the male breadwinner then impacts the availability of mothers and fathers at work does not come as a surprise. During the interviews we conducted with employer representatives, a human resource director pointed out the fact that men and women are not equal at work:

There is a difference between women and men at work, that's certain. It's rare that it's the man who stays at home when the child is ill. It's rare that the man will take the child to the nursery or will go home earlier if needed.

This director stresses a clear separation of roles between their male and female employees. The consequence of such a separation appears quite logical: when the question of balancing family and employment was discussed in interviews with the employers' representatives, the issues turned uniquely around reorganisation that could be done by the mothers. Measures generally proposed included taking unpaid leave or reducing the number of hours worked to change to a part-time contract.

One of the employer representatives we interviewed for instance stated that she would always suggest to female employees to change to a part-time contract when they have children as she is 'in favour of good health for mothers and children'.

From the interviews with the employers, it was clear that allowing new mothers to work less in one way or another (unpaid leave, reduced hours), was perceived as adopting a "gender friendly" attitude, that would allow women better to articulate their work and family life.

It should be noted on this point that the mothers and fathers we interviewed also spoke about the issue in these terms, even though such measures are first of all known to distance women from the labour market rather than to offer a better reconciliation of work and family life. Unquestioningly it seems, both employees and their employers alike perceive part-time work for mothers as the norm, while the expectation for male employees, including new fathers, is to remain fully operational in their employment. This conception exemplifies the masculine gendering of the workplace which went largely unquestioned not only by men interviewed but by almost all interviewees. It is therefore considered "normal" that female employees and not male employees should adapt their professional situation to the arrival of a child.

Besides the breadwinner role and the feeling of not being included as fathers, there is the very concrete situation that most fathers had to return to work after their child was born as there is no real paternity leave. Depending on the nature of their work, fathers were, or were not, able to carve out a way around this. Those in work with heavy seasonal influences would not have this possibility once they are back at work.

> Father: *Now I (change nappies) maybe once a month or every two months. Before I maybe did two to three a day.*

> Mother: *[Speaking with reference to the point of time when the change in behaviour occurred]*

> *Yes, but you were working a lot (…) He was working seven days a week. May is the heaviest time.*

Couples may have tried to experiment equal sharing and then been confronted with the reality imposed by the employment context:

> *So he shared and so I wouldn't have all the work, we put (the baby) on his side (…) So then we were both fully awake (…) and he began on the building site at seven in the morning, at half past six even, according to the schedule, or he finished really late when they had long days. Therefore, he was tired and on top of that he was working, whereas I was tired, but it's true I worked around it. It's not always easy but I could sleep at the same time as the baby. When he had a long sleep in the day, I tried to have one too, at least one a day in order to recuperate. So from the system 'He's on my side' to 'He's on his side so he (the father) participates and is involved', we came back to 'baby on my side' so that it's only me who is woken up and he can be fit for work.*

The night-time period and how this was handled emerged indeed as a key issue: during maternity leave should fathers engaged in paid employment be awake at night to support the breastfeeding mother, or does their need to get through the next working day confer entitlement to extra sleep? This is illustrative of the tension indicated with regard to the general position held by men in the current employment context. Although the state offers no period of leave so that the father can more easily be in a position to offer support, present mores nonetheless increasingly dictate that he be as engaged as possible in infant care.

With regard to the men and women we interviewed, lack of institutional support led to the development of diverse ad hoc "solutions" to balance family and employment in the short term, such as taking saved holidays and/or leave without pay. These solutions hardly represent a stable solution for families when it comes to infant care and are, by definition, a source of inequality, as this path will inevitably be easier for some families than for others. Indeed, as long as family policy considers the family a private affair, such individual solutions, including relying on help of other family members, will continue to generate greater inequality.

5   Discussion and Conclusions

It is argued by some organisations in Switzerland that promoting greater involvement of men in care work and improving gender equality would increase the health and well-being of all (Crettenand and Theunert 2018). In 2011–2012, a systematic research study was conducted in all European Union member states and associated European Free Trade Association states regarding men and gender equality in the fields of education and paid labour, involvement of men in care and domestic work responsibilities and men's participation in gender equality policy (Scambor et al. 2014). The report points up the fine balance between women's increasing role in employment and the development of caring masculinities. Critical masculinity studies have their merit in pointing out that men are a heterogeneous social group with privileges but also disadvantages according to class and ethnicity (Kimmel and Messner 2010; Connell 1995). Indeed, from our interviews it was clear that equality was not only an issue between men and women but also in terms of the economic and professional situation of the families. The report further notes that men are offered fewer work and family reconciliation options as compared with women. Although specific domestic tasks remain strongly gender imbalanced and men still do less unpaid work at home than women, proportionally their share is increasing. Considerable differences may be observed across countries and illustrate the impact of policy (for example leave, working time regulation, childcare systems) and structural regulations on gender equality and the division of labour. Scambor and her colleagues (2014, 560) therefore note:

> *Men's attitudes have slowly shifted from clear breadwinner roles toward care integrating models (especially fathering) over the past few decades, while companies have predominantly not changed their views on men. It seems to be important to change the perspective from "do men want to care?" to "do organisations want them to care?"*

Fathers may wish to reduce their workload at the moment they become fathers, but in reality, very few really do this for fear of gaining negative attention within the work environment. For men, working the full 100 percent remains the accepted norm. Some employers we spoke with mentioned policy moves to offer the possibility of full-time positions at 80 percent in order to improve work-life balance for women, but men were not thought of in this respect.

In Switzerland, at the arrival of a child the female partner often reduces her working hours and the male partner does not, or may even increase them (BFS 2020c). These changes are particularly facilitated by possibilities in Switzerland to be employed at variable percentages of time, rather than having only the options of half or full time.[9]

As we saw in the testimonies of all parties interviewed, this move following the birth of a child towards a greater difference in the roles of the partners appears to be accepted as a norm. On the other hand, attitudes regarding the role of a father have nonetheless been evolving towards more involvement from the birth onwards, and awareness of the need for greater equality for women, in particular regarding the workplace and the organisation of work-life balance, has been intensified over recent years. It seems that society is progressively recognising the need for the situation of women to change, but reflection regarding what this means regarding the situation of men is much rarer. This leads to a lack of clarity regarding the role of fathers – in terms of both their own expectations of themselves and of that of others towards them – and generates a certain tension, as was apparent in our study. Even if they did not feel excluded, men felt secondary. As such, they tried to work out what their role should be. How could they help? How could they be complementary? Feeding and what happens at night are focal points in the care of new infants. As such, breastfeeding may be seen as distancing fathers and reinforcing inequalities between fathers and mothers. However, we saw that some couples were able to work out complementary roles that allowed fathers to be very involved. The challenge of sharing came about rather from the necessity of role division due to men's and women's employment patterns and the lack of a progressive family policy, as pointed out earlier. In this sense, even though breastfeeding may be perceived as reinforcing inequalities in the couple, we strongly think that such perceived inequalities are rather due to the institutional context in Switzerland, which has to be taken into account when analysing the situation at hand. We therefore question the often-made biological argument that would legitimate women's greater involvement in infant care. In other words, the inequality observed does not stem from the biological differences between the mother and father, but rather from gender inequalities within the institutional context. It is therefore not breastfeeding

---

9   It must, however, be pointed out that the standard number of hours in the working week in Switzerland is greater than in neighbouring European countries.

per se that hinders equalitarian parenting practices in the couple, but the unfavourable context in which it takes place.

Adopting a health promotion framework, individual behaviour is necessarily constrained by socioeconomic determinants (Spencer et al. 2008). It emerged from interviews that for many families the arrival of the new baby was not only a source of joy but of stress. The limited duration of maternity leave and the absence of statutory leave for fathers contributed to this stress, as did the difficulties of finding satisfactory childcare so that both partners could return to work. Juggling the demands of employment and childcare affects not only the ease with which women may continue to breastfeed on return to work, but also the sharing of responsibilities within the couple. The constraints experienced therefore necessarily depend on legislation and policy around these issues. The latter are determined by political decisions; these in turn being the reflection of cultural norms and the relative power of different socioeconomic factions within the country.

In Switzerland, despite advancements made in terms of legislature permitting paid time for breastfeeding[10], implementation of legally pro-scribed conditions remains patchy and the means of enforcement of em-ployment legislation are limited. Women may therefore feel uneasy about taking the necessary time for breastfeeding on return to employment. This was indeed often reported by some of the women we interviewed. Until the implications of this situation for gender equality are explicitly spelled out and the necessary changes made to acknowledge women's needs, the "norm" remains essentially a workplace that is masculine-gendered.[11] A "gender-sen-sitive" workplace would be inclusive of the needs of both men and women. This would entail the specific reproduction-related needs of involved parents being catered to as standard, rather than as exceptional, needs; currently this is rarely the case. The inevitable corollary of this situation appears to be that home and childcare remain female-gendered. In other words, these institu-tional settings reinforce not only the separation of life spheres but of male and female gendering: men are still considered more suitable for the labour market and women are still more clearly associated with the family.

---

10   Schweizerisches Arbeitsgesetz (ArGV 1, Artikel 60).

11   It must be pointed out that we understand this as masculine-gendered in the sense of adhering to "traditional" masculine roles. Men may also argue that their reproduction-related needs are also not catered for, especially in Switzerland where it is proving difficult to obtain funded leave for new fathers.

6 References

Baumgarten, Diana, Luterbach, Matthias and Maihofer, Andrea. 2018. Wie beeinflussen Vorstellungen von Familie und Beruf die Berufsverläufe von jungen Männern* und Frauen*? *ZGS-Diskussions-Papier*, 2, Basel: Zentrum Gender Studies.

BFS (Bundesamt für Statistik).2020a. *Teilzeitarbeit.* Neucnburg: BFS, https://www.bfs.admin.ch/bfs/de/home/statistiken/wirtschaftliche-soziale-situation-bevoelkerung/gleichstellung-frau-mann/erwerbstaetigkeit/teilzeitarbeit.html (Zugriff 18.12.2020).

BFS (Bundesamt für Statistik). 2020b. *Enquête suisse sur la structure des salaires en 2018: premiers résultats. Neuenburg:* BFS, https://www.bfs.admin.ch/bfs/en/home/statistics/catalogues-databases/graphs.html (Zugriff 18.12.2020).

BFS (Bundesamt für Statistik). 2020c. *Erwerbsmodelle von Paaren mit und ohne Kinder im Haushalt.* Neuenburg: BFS, https://www.bfs.admin.ch/bfs/de/home/statistiken/wirtschaftliche-soziale-situation-bevoelkerung/gleichstellung-frau-mann/vereinbarkeit-beruf-familie/erwerbsmodelle-paarhaushalten.html (Zugriff 18.12.2020).

Chautems, Caroline. 2019. *Negotiated Breastfeeding as an Embodied Parenting Model. An Ethnography of Holistic Postpartum Care by Independent Midwives in Switzerland.* PhD dissertation, Faculté des Sciences sociales et politiques, Université de Lausanne.

Coenen-Huther, Josette. 2009. *L'égalité professionnelle entre hommes et femmes: une gageure*, L'Harmattan, Paris.

Connell, R.W. 1995. *Masculinities.* Berkley, Los Angeles: University of California Press.

Crettenand, Gilles and Markus Theunert. 2018. L'empreinte MenCare Suisse. *MenCare Report Suisse* Vol. 3. Burgdorf/Zurich. Institut Suisse pour les questions d'Hommes et de Genre Sàrl ISHG, https://www.maenner.ch/wp-content/uploads/2018/06/180601_mencare_report_iii_f.pdf.

Crompton, Rosemary. 1999. *Restructuring Gender Relations and Employment. The Decline of the Male Breadwinner.* Oxford: Oxford University Press.

Eddy, Brandon, Von Poll, Jason Whiting, and Marcia Clevesy. 2019. Forgotten Fathers: Postpartum Depression in Men. *Journal of Family Issues*, 40(8): 1001–17.

Giami, Alain, and Brenda Spencer. 2004. Les objets techniques de la sexualité et l'organisation des rapports de genre dans l'activité sexuelle: contraceptifs oraux, préservatifs et traitement des troubles sexuels. *Revue d'Épidémiologie et de Santé Publique*, 52(4): 377–387.

Giraud, Olivier and Barbara Lucas. 2009. Le renouveau des régimes de genre en Allemagne et en Suisse: Bonjour «néo-maternalisme»? *Cahiers du genre*, 1(46): 17–46.

Kimmel, Michael S. and Michael A Messner. 2010. Introduction. In Michael Kimmel & Michael Messner (Eds.), *Men's Lives*. Boston: Allyn & Bacon.

Le Goff, Jean-Marie and René Levy. 2016. *Devenir parents, devenir inégaux. Transition à la parentalité et inégalités de genre*. Genève: Éditions Seismo.

Scambor, Elli, Nadja Bergmann, Katarzyna Wojnicka, Sophia Belghiti-Mahut, Jeff Hearn, Øystein Gullvag Holter, Marc Gartner, Majda Hrzenjak, Christian Scambor, and Alan White. 2014. Men and Gender Equality: European Insights, *Men and Masculinities*, 17(5) 552–577.

Scarff, Jonathan R. 2019. Postpartum Depression in Men, *Innovations in clinical neuroscience*, 16(5–6): 11–14.

Sihota, Harvinder, John Oliffe, Mary T. Kelly and Fairleth McCuaig. 2019. Fathers' Experiences and Perspectives of Breastfeeding: A Scoping Review, *American Journal of Men's Health*, 13(3): 1–12.

Spencer Brenda. 1999. La femme sans sexualité et l'homme irresponsable, *Actes de la recherche en sciences sociales*, 128(1): 29–33.

Spencer, Brenda, Ursel Broesskamp-Stone, Brigitte Ruckstuhl, Günter Ackermann, Adrian Spoerri, and Bernhard Cloetta. 2008. Modelling the Results of Health Promotion Activities in Switzerland: Development of the Swiss Model for Outcome Classification in Health Promotion and Prevention, *Health Promotion International* 23(1): 86–97.

Valarino, Isabel. 2020. *Politique familiale*, Dictionnaire de politique sociale suisse, in Jean-Michel Bonvin, Valérie Hugentobler, Carlo Knöpfel, Pascal Maeder, Ueli Tecklenburg (dir.), Zurich et Genève: Éditions Seismo.

Victora, Cesar G., Rajiv Bahl, Alusio J. D. Barros, Giovanny V. A. França, Susan Horton, Julia Krasevec, Simon Murch, Mari Jeeva Sankar, Neff Walker, and Nigel C. Rollins. 2016. Breastfeeding in the 21st Century: Epidemiology, Mechanisms, and Lifelong Effect, *The Lancet*, 387 (10017): 475–90.

Teil IV

**Männer* und
Gleichstellungspraxis**

12   Männer* und Feminismus. Plädoyer für einen emanzipatorischen Dialog[1]

Matthias Luterbach und Anika Thym

1   Einleitung

In unserem Beitrag untersuchen wir gegenwärtige Auseinandersetzungen von insbesondere Weissen[2] heterosexuellen cis Männern*[3] in der Schweiz mit Geschlechterverhältnissen und Feminismus. Der Frauen*streik, die Kampagne #MeToo, die Debatte um toxische Männlichkeit, die so genannte Frauenwahl auf Bundesebene im Jahr 2019 und die Eidgenössische Volksinitiative für einen Vaterschaftsurlaub von 20 Tagen haben zu einem neuerlichen Aufbruch vieler geschlechterpolitischer und feministischer Diskussionen in der Schweiz geführt. Die Folgen dieser Prozesse können noch nicht richtig eingeschätzt werden, doch scheint männliche Herrschaft momentan in wesentlichen Aspekten erneut vermehrt problematisiert zu werden. In den aktuellen Transformationsprozessen wird auch die Frage verhandelt, ob Männer* überhaupt Feministen sein können. Während die einen auf der Möglichkeit feministischen Engagements von Männern* insistieren und dieses einfordern, lehnen andere eine solche Beteiligung ab, sehen darin gar eine anmassende Aneignung feministischer Diskurse und insistieren darauf, dass Männer* gar nicht wirklich feministisch sein können.

Ausgangspunkt unserer Beschäftigung mit dem Thema Männer* und Feminismus sind die fortbestehenden patriarchalen Ungleichheiten in der aktuellen Geschlechterordnung. Wir fassen diese im Anschluss an Pierre

1   Dieser Artikel ist Ergebnis eines langjährigen Austauschs über die hier diskutierten Themen und Fragestellungen, die uns immer wieder neue Erfahrungen und Einsichten brachten. Über die gemeinsame Autor*innenschaft hinaus ist er das Ergebnis dieses gemeinsamen Denkens und Schreibens.

2   Weiss bezeichnet keine biologische Identitätskategorie oder eine Farbe, sondern richtet den Blick analytisch auf die anhaltende Wirkmächtigkeit der Unterscheidungen in einer rassistischen Gesellschaftsordnung, deshalb wird Weiss gross geschrieben.

3   Mit der Verwendung des Gender-Sterns möchten wir auf die vielfältigen Positionierungen und auch das uneindeutige Ringen hinweisen, welche zu Geschlecht möglich sind. Er ersetzt nicht die spezifische Nennung nichtbinärer Personen, deren Positionierung in den Begriffen Frau* und Mann* nicht aufgeht.

Bourdieu (2013) als männliche Herrschaft. Geschlechtsspezifische Diskriminierungen zeigen sich in einer Vielzahl von Aspekten: Trotz weitreichender rechtlicher Gleichstellung setzt sich die materielle Benachteiligung von Frauen* etwa im traditionellen heteronormativen Familienmodell fort. Darin bleiben sie ökonomisch überwiegend vom männlichen Ernährer abhängig. Häufig kommt es in diesen Machtverhältnissen zu häuslicher und sexueller Gewalt gegenüber Frauen* und zu Frauen*morden. Diese ökonomische Abhängigkeit wirkt sich aber auch im Fall einer Scheidung oder bei der Rente aus, was sich im hohen Anteil an Frauen* unter Armutsbetroffenen im Alter (Guggisberg und Häni 2014) und bei Alleinerziehenden zeigt (Guggisberg et al. 2012). Sexuelle Belästigung im Alltag, der *gender pay gap* – Frauen* erhalten im Monat 19 Prozent oder 1512 CHF weniger Einkommen (EBG 2018) – sowie die geringe Vertretung von Frauen* in Führungsetagen der Wirtschaft, der Politik und der Wissenschaft verdeutlichen anhaltende materielle Ungleichheiten zwischen den Geschlechtern.

Mit Pierre Bourdieu (2013, 19–20) lässt sich verstehen, wie sich diese Ungleichheiten sowohl «in objektiviertem Zustand […] in der ganzen sozialen Welt», folglich auf der Ebene der Verteilung und Zuweisungen von Positionen und Tätigkeiten, wie auch «in inkorporiertem Zustand – in den Körpern, in den Habitus der Akteure» reproduzieren. Männliche Herrschaft stellt sich für Männer* als Zwang und Lust zur Herrschaft dar. Die Vorstellungen und Verhaltensweisen, denen sie sich unterwerfen müssen und die sie sich aneignen, bringen Männer* dazu, «die Herrschaft zu beanspruchen und auszuüben» (Bourdieu 2013, 90). Männliche Herrschaft wird also von und durch Männer* ausgeübt, gleichzeitig sind sie selber dieser Herrschaft und ihren Einteilungsprinzipien unterworfen. Aus dieser Erkenntnis stellt sich für uns die Frage nach den Möglichkeiten des kritischen Engagements von Männern*.

Für unsere Überlegungen zum Verhältnis von Männern* und Feminismus übernehmen wir von Mona Singer (2003, 100) ihre Differenzierung der feministischen Standpunkttheorie und unterscheiden zwischen einem geschlechtlichen, hier männlichen, «Standort» und einem politischen, inhaltlich gefassten feministischen «Standpunkt». Wir gehen anhand einer Analyse ausgewählter Gruppen und Debatten in der Schweiz der Frage nach, inwiefern Männer* derzeit von ihrem gesellschaftlichen Standort einen feministischen Standpunkt einnehmen (können) oder sie «sogar aus ihren eigenen spezifischen historischen Erfahrungen heraus genuin feministische Einblicke hervorbringen können» (Harding 1994, 27). Mit Singers Differenzierung ist es möglich, den inhaltlichen feministischen und emanzipatorischen Einsatz von Männern* auszuloten und zugleich die standpunkttheoretische Einsicht zur Situiertheit von Sprech- und Erkenntnispositionen zu berücksichtigen.

Mit der Frage nach Männern* als Subjekte im Feminismus knüpfen wir an eine Debatte der kritischen Männer* und Männlichkeitsforschung an (u. a. Hearn 1987; Jardine und Smith 1987; Digby 1998; Schacht und Ewing 1998). Entwickelt hat sich die Fragestellung im Anschluss an feministische Kritik am Androzentrismus, wonach die Perspektive der Männer* als implizite Norm in unser kollektives Wissen eingeht. Daraus haben Standpunkttheoretikerinnen nicht nur für eine stärkere Gewichtung des Standpunkts von Frauen* plädiert, sondern damit entwickelte sich erst eine stärkere Reflexion der Bedeutung der jeweiligen Situierung der Sprechenden auf ihr Wissen (bspw. Harding 1994; Haraway 1995). Mitunter wird in dieser Debatte diskutiert, inwiefern überhaupt aus der Perspektive von Privilegierten Kritik am herrschenden Wissen geübt werden kann – oder ob vielmehr die Norm stets reproduziert wird. Nancy Hartsock (1983, 285) vertritt beispielsweise die These, dass es Perspektiven des herrschenden Geschlechts und der herrschenden Klasse auf Gesellschaft gibt, "from which, however well-intentioned one may be, the real relations of humans with each other and with the natural world are not visible". Die Beteiligung von Männern* an Feminismus wird in diesen Perspektiven nicht nur angezweifelt, sie wird sogar als arrogant, unethisch und illegitim ausgeschlossen (vgl. kritisch Alcoff 1991, 6). Eine solche Verengung sehen wir als empirisch nicht zutreffend und politisch problematisch (vgl. Thym 2019, 2018). Vielmehr gehen wir mit Mona Singer davon aus, dass

> *Identitätskonstruktionen […] noch nicht die Frage [beantworten], wie sich Individuen letztlich positionieren, ob und wofür sie Partei ergreifen und sich engagieren […] Situiert-sein – wie auch immer widersprüchlich – und Sich-Positionieren stehen in keinem zwangsläufigen Ursache/Wirkungs-Verhältnis.* (Singer 2003, 105–106).

Wir vertreten eine emanzipatorische Perspektive, welche sich gegen alle Herrschaftsverhältnisse richtet und vielfältige Standorte einschliesst. Auch Donna Haraway (1995, 86) verbindet ihre Kritik am androzentrischen Blick mit einem Plädoyer für eine neue «gemeinsame Sichtweise» aus der «partialen Verbindung» von Situierten. Dafür braucht es neue Bündnisse. Damit Männer* sich daran im emanzipatorischen Sinne beteiligen können, müssen sie sich überhaupt erst als Partikulare erkennen (vgl. Blasi 2013) und sich selbstkritisch mit Männlichkeit beschäftigen, insbesondere mit ihrer inneren Dynamik der Herrschaft, das heisst der Selbststilisierung als überlegen und der Abwertung des weiblichen Anderen (Maihofer 1995, 109–136). Dies kann nur geschehen, wenn Männer* die für ihre Existenz konstitutiven sozialen Bindungen in die Vorstellungen ihres Selbst integrieren, sich zurücknehmen, um andere als Verschiedene zu erkennen und anzuerkennen. Dieses Zurücknehmen verstehen wir nicht zwingend als etwas Passives oder Äusserliches, noch als etwas, das sich gegen sich selbst – im Sinne einer erneuten Selbstbeherrschung – richtet. Emanzipatorisches Ziel müsste vielmehr sein, dass Männer* die Beziehung zu sich selbst verändern, so dass sie sich nicht herrschaftlich gegen das Äussere und das Innere (gemeint sind u. a. Emotionen, der eigene Körper) richten, sondern damit ko-existieren oder sich sogar damit verbinden. Insofern halten wir es mit Toni Tholen für produktiv, aus der männlichen Situierung nach Spuren einer «dialogischen Subjektivität» (Tholen 2015, 47–48) zu suchen, die feministische Kritik hört und aufnimmt und aus der Männer* ein neues Verhältnis zu sich gestalten.

Ziel unseres Beitrags ist es, die argumentative Logik verschiedener Auseinandersetzungen um die Beteiligung von Männern* in aktuellen Auseinandersetzungen um Geschlechterverhältnisse zu verstehen, an emanzipatorischen Perspektiven anzuknüpfen und auf ausgewählte problematische Tendenzen ein kritisches Korrektiv aus einer geschlechter- und gesellschaftstheoretischen Perspektive anzubieten. Aus unserer Perspektive ist jedes Denken und jede Theorie immer schon politisch, denn sie sind «Teil der gesellschaftlichen Auseinandersetzungen über die Welt» (Maihofer 2013b, 315). Dies gilt auch für unsere Analyse und unser Interesse an einer emanzipatorischen Entwicklung. Wir argumentieren einerseits, dass Männer* Feministen – nicht nur solidarische Profeministen – sein können, wenn Feminismus als Engagement gegen männliche Herrschaft und Sexismus in einem selbst sowie der Gesellschafts- und Geschlechterordnung als Ganze verstanden wird. Dabei ist zentral, stets die existierenden patriarchalen Asymmetrien präsent zu halten, welche Individuen je nach Geschlecht in den herrschenden gesellschaftlichen Arrangements sehr unterschiedlich situieren. Angesichts der Persistenz der cisheteropatriarchalen Geschlechterordnung und trotz ihrer zunehmenden Infragestellungen sind hegemoniale Männlichkeitsvorstellungen für Männer* nach wie vor eine existenzielle Orientierungsgrösse, die auf den Habitus und damit die «Denk-, Sprech- und Handlungsweisen» wirken und eines reflektierten Umgangs bedürfen (Bourdieu 2013, 8). Andererseits fokussieren wir auch auf Transformationsprozesse. Schliesslich haben Geschlechternormen auch für Männer* an Wirkmächtigkeit verloren und die Handlungsspielräume vergrössern sich. Männer* sind zunehmend gezwungen oder zumindest angehalten, sich gegenüber geschlechtlichen Anforderungen *aktiv* zu verhalten (Maihofer und Baumgarten 2015). Die Dynamiken und das Potenzial "of democratizing gender relations, of abolishing power differentials, not just of reproducing hierarchy" (Connell und Messerschmidt 2005, 853), muss im Nachdenken über (hegemoniale) Männlichkeit konzeptionell berücksichtigt werden. Das Unrecht der herrschenden Geschlechterordnung wird in der Schweiz zunehmend benannt und die weitere Entwicklung hängt wesentlich davon ab, wie Männer* diese Kritik erfahren und bearbeiten.

Unser Beitrag ist durch drei Teile strukturiert: erstens eine kurze historische Kontextualisierung der Debatten um Männer* und Feminismus, insbesondere in der Schweiz, zweitens analysieren wir ausgewählte gegenwärtige Debatten zum Thema und formulieren daran anschliessend, drittens, eigene geschlechter- und gesellschaftstheoretische Überlegungen zum feministischen Engagement von Männern*.

2 Historische Kontextualisierungen

Einführend möchten wir die gegenwärtige Diskussion um Männer* und Feminismus kontextualisieren und Einblicke in ihre Entstehungsgeschichte geben. In der Schweiz hat die Beschäftigung von Männern* mit Feminismus eine lange Geschichte. Um einige Beispiele herauszugreifen: Der in Paris geborene Francois Poullain de la Barre (1647–1723), Bürger von Genf, beteiligte sich in Anknüpfung an Christine de Pizan an den «querelles des sexes» genannten Auseinandersetzungen um Geschlechterverhältnisse. In seiner 1676 publizierten Abhandlung über *Die Gleichheit der Geschlechter* (Poullain de la Barre 1993) argumentiert er, dass Frauen* zur Ausübung derselben Tätigkeiten wie Männer* fähig sind und ihnen die gleichen Rechte zukommen sollen. Bestehende Ungleichheiten seien – heute würden wir sagen: sozialisationsbedingt – Konsequenz ungleicher Rechte und Behandlung.

Über 200 Jahre später hatten Frauen* in der Schweiz nach wie vor kein Stimm- und Wahlrecht und so reichten 1918 die Nationalräte Greulich und Göttisheim zwei Motionen zur «verfassungsmässigen Verleihung des gleichen Stimmrechts und der gleichen Wählbarkeit an die Schweizerbürgerinnen wie an die Schweizerbürger» ein (Schweizerische Bundesversammlung 1918). Die beiden Vorstösse wurden zwar in der Form von Postulaten an den Bundesrat überwiesen, jedoch liess die Regierung sie «in der Schublade verschwinden» (Schweizer Parlament 2020). In den 1940er und 1950er Jahren setzte sich Peter von Roten, ein katholisch-konservativer Nationalrat und «professioneller Frauenrechtler», wie er sich selbst nannte, für das Stimm- und Wahlrecht für Frauen* ein (Meichtry 2012, 307), welches in der Schweiz auf nationaler Ebene erst 1971 gewährt wird. Inspiriert wurde er von seiner

Frau, der Feministin Iris von Roten. Aus politischen Vorstössen und seinen Briefen lässt sich ein dezidiert eigenes Engagement für Frauenrechte erkennen. Er empört sich über die Ungleichbehandlung von Frauen* und setzt sich empathisch für ihre gleichen Rechte ein. Zugleich aber beobachtet Iris von Roten bei ihm durch seine Auseinandersetzung mit dem Feminismus auch eine «Emanzipation im tiefsten Sinne» (Meichtry 2012, 311). Sie schreibt ihm in einem Brief, sie glaube, es gehe um «eine grundlegende Entwicklung Deines geistigen Wesens», einen «Wachstumsprozess» und eine «Metamorphose» seines Verhältnisses zu sich selbst als Mann* aus katholisch-aristokratischer Walliser Herkunft. Dies ermögliche ihm eine Befreiung zu «neuen Fähigkeiten und Kräften» (Meichtry 2012, 311–212). Peter von Roten stimmt dieser Beobachtung – von seiner Frau beeindruckt – zu: «Die Ehe mit Dir ist eine Art Flucht aus dem Milieu» (Meichtry 2012, 312). Peter von Roten kann mit seiner Kritik an geschlechtlichen und sexuellen Konventionen und seinem Interesse für den Feminismus im Rückblick als «bewegter Mann» vor der eigentlichen Bewegung eingeordnet werden, zu der sich im Anschluss an die Zweite Frauenbewegung eine wachsende Zahl von Männern* zusammenschliesst, um sich mit Fragen um Männlichkeit zu beschäftigen.

Diese Männerbewegung drückt sich in einem breiten Korpus von Literatur zu Auseinandersetzungen um Männlichkeit aus, wie in Volker Elis Pilgrims (1979) «Manifest für den freien Mann» oder der Zeitschrift «Der profeministische Männerrundbrief» 1993–2002[4]. Von einer regen Debatte in der Schweiz zeugen Ueli Mäders «Sepp. Ein Männerbericht» (1983) oder Walter Hollsteins «Nicht Herrscher, aber kräftig. Die Zukunft der Männer» (1988). In dieser Männerbewegung ist die Frage, wie man sich zum Feminismus positioniert, zentral und wird immer wieder kontrovers diskutiert.

Bei diesen Auseinandersetzungen von Männern* mit Geschlecht zeichnet sich insgesamt eine wichtige Verschiebung ab: Während lange die Frage nach der Stellung der Frau* die Geschlechterdebatte dominiert hatte, beschäftigten sich Männer* nun zunehmend kritisch auch mit Männlichkeit; dem eigenen Geschlecht. Fidelma Ashe (2011) beschreibt diese Veränderung im Zuge der neuen sozialen Bewegungen. Seit Ende der 1960er Jahre haben Männer* den Zusammenhang von Männlichkeit mit Dominanz, Gewalt, aber auch mit Zwängen oder dem erschwerten Zugang zu Gefühlen von Männern* zu einem Ausgangspunkt ihrer organisierten feministischen Kritik gemacht: "Men involved in profeminism generally take the interrogation of their gendered identity as the starting point for feminist activism" (Ashe 2011, 12). Die mit der neuen Frauenbewegung wichtig werdende Losung «das Private ist politisch» führte in der (pro)feministischen Männerbewegung zu

---

4   Die 18 Ausgaben sind online abrufbar: http://maennerrundbrief.blogsport.de/

einer Beschäftigung damit, wie der eigene Alltag, die Geschlechtsidentität und Erfahrungen in der Sozialisation mit Ungleichheits-, Herrschafts- und Gewaltverhältnissen verbunden sind und wie sich diese reproduzieren (Ashe 2011, 44). Bis in die 1980er Jahre wurde Männlichkeit zu einer stark debattierten und in mehrfacher Hinsicht problematisierten sozialen Identität. Für Männer* hat diese Art der Politisierung von Identität zur Frage geführt, wie das Geschlecht einer dominanten Gruppe zum Ausgangspunkt einer kritischen Politik werden kann (Ashe 2011, 40).

Nicht zufällig entstand in dieser Zeit das wissenschaftliche Feld der kritischen Männer*- und Männlichkeitenforschung. Neu machten Männer* als Forschungsthema u. a. auch «Verletzungserfahrungen in männlichen Disziplinierungs- und Normierungsprozessen sowie die damit verbundene kritische Reflexion auf Konzepte hegemonialer Männlichkeit» zum Ausgangspunkt ihrer Untersuchungen (Maihofer 2006, 68). Mit der Etablierung «eng verbunden ist die folgenreiche Erkenntnis: Auch Männer haben ein Geschlecht. Auch sie werden nicht als Männer geboren, sondern dazu gemacht» (Maihofer 2006, 69). Dies impliziert einen Wandel von Männlichkeit und einen zunehmenden Verlust der doxischen, also der unhinterfragt selbstverständlichen Qualität männlicher Herrschaft (Bourdieu 2013, 7–8). Das heisst, «dass hegemoniale Männlichkeit reflexiv wird, sie wird in ihrer Geschlechtlichkeit markiert» (Meuser und Scholz 2011, 76)[5]. Diese Auseinandersetzung stösst bei vielen Männern* auf Interesse, wird aber auch zum Ausgangspunkt einer reaktionären Identitätspolitik von Männern*, die versuchen, an ihren Privilegien festzuhalten.

Die Infragestellung von Männlichkeitsnormen führt daher nicht einfach zu deren Auflösung und einer grundsätzlich demokratischeren Neugestaltung der sozialen Arrangements, wie sie etwa Anthony Giddens (1993) für die intimen Beziehungen vorhergesagt hat. Wie Ashe (2011, 30) deutlich macht, verweisen die lange anhaltenden und intensiven emanzipatorischen Bemühungen für die Gleichstellung sexueller und geschlechtlicher Existenzweisen vielmehr – bei aller Pluralisierung, die dabei erreicht wurde – zugleich auch auf die tief verankerten traditionalisierenden sozialen Kräfte und Machtverhältnisse, die in Geschlechtsidentitäten wirken. Dieser Konflikt um Geschlechterverhältnisse hat sich in den letzten Jahren noch zugespitzt und polarisiert, wie sich an den zahlreichen antifeministischen und antigenderistischen Angriffen zeigt (Maihofer und Schutzbach 2015; Thym, Maihofer und Luterbach 2021).

---

5   Diese Tendenz der Markierung von Männlichkeit ist nicht nur bei progressiven sondern auch in reaktionären Äusserungen von Männern* zu finden (Claus 2012) und kann somit als Ausdruck grösserer Veränderungen im Geschlechterverhältnis eingeordnet werden.

3 Männer* und Geschlechterpolitik in der Schweiz – ein Einblick in die Debatte anhand ausgewählter Äusserungen

Interessante Diskussionen um Männer*, Männlichkeit, Gleichstellung und Feminismus in der Schweiz sehen wir derzeit im Kontext des Dachverbands von Männer- und Väterorganisationen männer.ch, sowie in Männer*gruppen, welche sich mit ihrem Geschlecht beschäftigen oder die sich mit dem Frauen*streik am 14. Juni 2019 solidarisierten. Weitere interessante Beiträge finden sich in der Gruppe «die Feministen», in aktuellen sozialen Bewegungen, in Diskussionen um #MeToo und um die Einführung eines gesetzlich verankerten Vaterschaftsurlaubs beziehungsweise einer Elternzeit. In unserer kursorischen Betrachtung zeigen wir innere Logiken und Argumentationsweisen der ausgewählten Äusserungen auf. Unser Ziel ist es nicht, die einzelnen Personen oder Gruppen in politischen Schemata wie progressiv-konservativ oder feministisch-antifeministisch festzuschreiben. Wir zeichnen vielmehr das umkämpfte Terrain der aktuellen Debatte nach. Unser Beitrag besteht weniger darin, hervorzuheben, was alles an emanzipatorischen Entwicklungen stattfindet – obwohl es hier in den genannten Gruppen Vieles gibt (für eine Analyse gleichstellungsorientierter Männer*politik auch in der Schweiz s. Kastein 2019). Vielmehr fokussieren wir im Folgenden auf fünf für uns wichtige inhaltliche Aspekte der Diskussion.

3.1 Feminismus = Frauensache?

Ein erster zentraler Aspekt der Auseinandersetzung um Männer* und Feminismus ist die feministische Debatte darum, ob der Standort von Frauen* sie für einen feministischen Standpunkt privilegiert oder gar eine notwendige Voraussetzung dafür ist, was zugleich die Frage aufwirft, inwiefern Männer* feministisch sein können. Bezeichnenderweise verläuft diese Kontroverse nicht zwischen Frauen* und Männern*, sondern innerhalb der Frauenforschung (z. B. zwischen Hartsock 1983 und Singer 2003), sowie innerhalb der kritischen Männer*- und Männlichkeitenforschung (z. B. zwischen Heath 1987; Connell 2015 und Hearn 1987; Bourdieu 2013). Wird davon ausgegangen, dass ein Frauen*standort für einen feministischen Standpunkt eine notwendige Voraussetzung ist, so hat dies einengende Konsequenzen für das Verhältnis von Männern* zu Feminismus und Gleichstellung. Die Thematik wird beispielsweise über die Bedeutung von Frauenräumen verhandelt.

Zunächst möchten wir festhalten: Frauenräume und ihre spezifische Bedeutung erachten wir als zentral. Aufgrund der herrschenden bürgerlich-patriarchalen Verhältnisse sind Frauenräume oder Frauendemos wichtig für die Ermächtigung, Aneignung von Raum und Öffentlichkeit, für die kritische Auseinandersetzung mit Weiblichkeit und für eine neue Kultur des (weiblichen) Selbst als Aspekte einer Befreiung von männlicher Herrschaft. In einem Interview mit Organisatorinnen* der Demonstration zum internationalen Frauen*kampftag am 8. März 2018 in Zürich erklärt Klara-Rosa:

> *Der Begriff der weiblichen Identitäten ist für uns zentral. Wenn sich eine Person als Mann* fühlt, fordern wir sie auf, der Demo solidarisch fernzubleiben. Was nicht heisst, dass wir nicht solidarisch sind mit ihnen in der Unterdrückung, welcher sie ausgesetzt sind.* (barrikade.info 2018)

Unter Frauen* sei in solchen Räumen eine ganz andere Stimmung, wohingegen mit Männern* festgefahrene sexistische Muster greifen: «Selbst unter bewussten Menschen zeigen sich sexistische Muster. Etwa bezüglich Redezeiten, Unterbrechungen und Wiederholungen bei Diskussionen» (barrikade.info 2018). Wir halten dies für zentrale Punkte, denn wir alle bilden einen geschlechtlichen Habitus aus, welche unser Verhalten prägen, weshalb Orte von und für Frauen* einen eigenen, wichtigen emanzipatorischen Wert besitzen.

Zu kurz greift aus unserer Sicht jedoch die aufgerufene Gegenüberstellung eines von Herrschaft geformten Raums mit Männern* und eines befreienden Raums ohne. Denn gerade weil wir alle einen geschlechtlichen Habitus ausbilden, sind auch die Reproduktion patriarchaler Verhältnisse in und unter Frauen* und Hierarchien zwischen Frauen* zu berücksichtigen, beispielsweise bezogen auf bürgerlich-patriarchale und emanzipatorische Weiblichkeiten, unterschiedliche geschlechtliche Existenzweisen und Selbstsetzungen, bezogen auf Klasse, Be_hinderung oder Rassifizierung.

Auch kann die Wertschätzung des Frauenraums bzw. allgemeiner des Engagements von Frauen* für Feminismus in eine problematische Aufteilung von Zuständigkeiten übergehen. Dies geschieht zum Teil in Diskussionen bezogen auf #MeToo. Hier wird von manchen die These vertreten, Männer* können sich nicht Feministen nennen, denn dann würden sie für Frauen* sprechen, was sie nicht können (Ursula in Gianesi 2017). An patriarchalen Strukturen würden zudem vor allem Frauen* leiden, wohingegen das Leiden von Männern* weniger wichtig bis vernachlässigbar sei (Anna in Gianesi 2017). Auch wird davon ausgegangen, dass Frauen* sich eigenständig wehren müssen und Männer*, die für sie kämpfen, nur die Vorstellung aktiver Kämpfer und passiver, abhängiger, hilfloser Frauen* reproduzieren (Gianesi 2017). Aus einer solchen Perspektive wird Männern* Verantwortung für feministisches Engagement abgesprochen oder entzogen. Die Beteiligung von Männern* wird ausgeschlossen, beziehungsweise sie bleibt unauflöslich im Dilemma, entweder angesichts des Sexismus stumm zu bleiben und somit implizit Ungerechtigkeit zu akzeptieren, oder dagegen zu sprechen, dabei aber zu riskieren, Frauen* Redezeit oder Aufmerksamkeit zu entziehen oder fälschlicherweise für sie zu sprechen. Als Lösung wird von einigen der Pro-Feminismus vorgeschlagen (Aggeler in Gianesi 2017), der das Engagement von Männern* jedoch in dieser spezifischen Weise auf Solidarität begrenzt und eine eigene Situierung und feministische Positionierung von einem männlichen Standort ausschliesst.

Des Weiteren werden Männer*themen gelegentlich abgewehrt und abgewertet, aus Sorge, Frauenthemen kämen – wie ja tatsächlich sehr oft – zu kurz. So meint die SP-Nationalrätin Tamara Funiciello in einem Interview zur Frage *Wie schaffen wir eine geschlechtergerechtere Gesellschaft?*: «Mich nervt, dass wir eine Feminismus-Diskussion lanciert haben und jetzt reden wir darüber, wie sich Männer* fühlen. Können wir bitte darüber reden, wie sich die Frauen* fühlen?» (20minuten 2017) Sie steht ein gegen die Diskriminierung von Frauen*, nicht-Weissen Personen, Lesben, Schwulen, Bisexuellen und trans Personen. In diesem Engagement gegen Diskriminierung sieht sie auch für «Männer durchaus Platz in der feministischen Bewegung» (20minuten 2017). Für die Gründe, weshalb Männer* Gewalt gegen Frauen*, Männer* und sich selbst ausüben, interessiert sie sich jedoch wenig (20minuten 2017). Dem stellt Markus Theunert, Geschäftsleiter bei männer.ch, im Gespräch mit Funiciello gegenüber: «Die Idee, man könne das eine ohne das andere tun, ist Teil des Problems» (Theunert im Interview mit 20minuten 2017.). Für eine Veränderung der Geschlechterordnung brauche es Engagement für und von Männern* und Frauen*. Auch der Einsatz für Feminismus wird entsprechend anders formuliert. Während Funiciello «die vorherrschenden Machtstrukturen bis zum bitteren Ende bekämpfen» möchte und ein «bitteres Ende» (20minuten 2017) bereits als unausweichlich antizipiert, steht Theunert dafür ein, feministische Anliegen zu vermitteln: «Wir müssen eine Brücke bauen, damit der Durchschnittsmann in Würde den Sockel des Patriarchats hinabsteigen [kann] und auf Augenhöhe einen neuen Platz in der Gesellschaft findet.» (20minuten 2017) Gemeinsames feministisches Ziel solle dabei sein, dass sich weder Frauen* noch Männer* «diesem System der Fremd- und Selbstausbeutung […] länger beugen» (20minuten 2017). Theunert eröffnet so eine gemeinsame feministische Vision.

Der Ausschluss, die Abwehr und die Skepsis gegenüber feministischen Positionen von Männern* sind gesellschaftlich situiert, da «mit den weissen Männern eine spezifische Geschichte der Dominanz verbunden ist» (Blasi 2013, 7) – und diese mit einer Geschichte von Diskriminierungserfahrungen marginalisierter Personen einhergeht. Die Skepsis gegenüber

Männern* im Feminismus, so berechtigt sie oft ist, führt gelegentlich dazu, dass von Männern* nur Unterstützung der Frauenanliegen eingefordert und ihnen keine aktive Rolle zugestanden wird.

Eine solche ausschliessende Haltung hängt auch mit dem dazugehörigen Begriff von Feminismus zusammen. Gegenüber einem Feminismus, welcher sich «nur» gegen die Unterdrückung von Frauen* richtet, schlagen wir vor, Feminismus als vielstimmige Kritik an männlicher Herrschaft und an Sexismus zu verstehen (Luterbach in Gianesi 2017). Von einem männlichen Standort impliziert eine solche Haltung eine kritische Beschäftigung mit patriarchal geformten Geschlechterverhältnissen insgesamt wie auch mit dem eigenen Selbst. Diese kritische Beschäftigung erlaubt es, als Mann* feministisch und nicht nur profeministisch zu sein. Sie öffnet die Handlungsperspektiven für alle Geschlechter sowie kritisches Handeln bezogen auf die Geschlechterordnung insgesamt. Gleichstellung verlangt dabei von allen Beteiligten eine Bereitschaft, die eigenen Überzeugungen infrage zu stellen, Offenheit gegenüber der anderen Position und Geduld mit der oft langsamen und widersprüchlichen Arbeit an sich.

3.2 Männerräume – Ein Büro für sie allein?

Als zweiter Aspekt stellt sich die Frage nach dem Platz, den Männer* in der Gleichstellungspolitik einnehmen sollen. Als Umgang mit der Anforderung mancher Frauen* und Männer*, Frauen* die Definitionsmacht für Feminismus zu überlassen – wie oben ausgeführt –, formulieren einige Männer* eine profeministische, solidarische Haltung und wollen sich in eigenen Räumen auf ihre männer-spezifischen Anliegen konzentrieren.

Markus Theunert fordert in diesem Sinn eine «Männerpolitik» als eine eigenständige Position in der Gleichstellungspolitik:

> *Ich verwende dafür gern das Bild einer Bürogemeinschaft mit einem Männerbüro, einem Frauenbüro und einem gemeinsamen Besprechungsraum. Es ist wie in jeder Beziehung: Sie funktioniert nur, wenn sie durch zwei eigenständige Individuen gebildet ist, die ihren Teil der Verantwortung für das gemeinsame Dritte – die Partnerschaft, die Kinder, das Haus etc. – wahrnehmen. (Theunert 2013, 193)*

Erst mit einer solchen Erweiterung um eine Teilpolitik für Männer* – so die Überlegungen von Theunert (2012, 32) – können die Geschlechterverhältnisse grundlegend umgestaltet werden. Mit diesem Konzept entwirft er eine Grundlage für «gleichstellungs- und dialogorientierte Männerpolitiken»

(Theunert 2012, 26), an die wir anknüpfen, die unserer Ansicht nach aber inhaltlich geschärft und erweitert werden müssen. Die Forderung nach einem eigenständigen gleichstellungspolitischen Raum für Männer*, in dem diese als «eigeninitiatives ebenbürtiges Gegenüber» auftreten (Theunert 2012, 32), nimmt unserer Ansicht nach die Einwände bezüglich eines identitätspolitischen Agierens (gerade von Männern*) zu wenig auf. Statt der Betonung der Eigenständigkeit und des Insistierens auf einem männlichen Gegenüber im Gleichstellungsdiskurs möchten wir das transformatorische Potenzial des Dialogs für Männer* und ihre Beziehung zu sich selbst stärker in den Vordergrund rücken. Um unsere Überlegungen zu verdeutlichen, nehmen wir das Bild getrennter Räume für unsere kritische Reflexion auf.

Wir halten es aus Sicht einer feministischen Gesellschaftskritik für produktiv und zentral, eine Kritik androzentrischer hetero-patriarchaler Verhältnisse ausgehend von Erfahrungen von Männern* zu formulieren. Jedoch ist das Bild geschlechtlich getrennter Räume für die Gleichstellung auch problematisch. Denn *erstens* teilt dies die Verantwortung spezifisch zu: Männer* sind so nicht für Frauenemanzipation und das "empowerment" von Frauen* zuständig und nicht der Empathie mit dem von Frauen* erfahrenen Unrecht verpflichtet (vgl. die Position von Hans Jürg Sieber, Vorstand männer.ch im Interview Polyphon 2019)[6]. Auch Frauen* wiederum sind in einer solchen Zuteilung nicht in die Emanzipation von Männern* von denselben Strukturen involviert. Jedoch kann eine emanzipatorische Transformation, wie Theunert (20minuten 2017) betont, nur gelingen, wenn diese Prozesse der geschlechtlichen Unterwerfung gemeinsam überwunden werden, da sie konstitutiv miteinander verbunden sind. Auch historisch gesehen sind die Ideale bürgerlicher Männlichkeit und Weiblichkeit und damit die spezifische Geschlechterordnung gleichzeitig und in Bezug zueinander entstanden (Habermas 2000), weshalb eine emanzipatorische Kritik daran sich auf die Geschlechterordnung insgesamt richten muss. Wie Bourdieu (2013, 195) dies auf den Punkt bringt, kann

> *[...] das Bemühen um die Befreiung der Frauen von der Herrschaft, d. h. von den objektiven und verkörperten Strukturen, die ihnen von diesen aufgezwungen wird, ohne das Bemühen um die Befreiung der Männer von denselben Strukturen nicht erfolgreich sein [...]. Denn es ist ja gerade die Wirkung dieser Strukturen, dass die Männer zur Aufzwingung der Herrschaft beitragen.*

---

6   An anderer Stelle erwähnt männer.ch als Teil ihrer Politikstrategie die Unterstützung von Frauen* und ihren Rechten, Anliegen und Organisationen explizit (männer.ch 2020).

Aktuell zeigt sich die Bemühung um einen gemeinsamen Fortschritt in der Geschlechterpolitik bei der Volksinitiative zum Vaterschaftsurlaub, der als wichtiges gleichstellungspolitisches Anliegen von männer.ch und alliance F[7] (2019) gemeinsam mit Pro Familia Schweiz und TravailSuisse eingereicht wurde und laut Umfragen von Frauen* stärker als von Männern* unterstützt wurde (LINK Institut 2019)[8].

Zweitens wird bis heute die kritische Beschäftigung von Männern* mit Männlichkeit wesentlich von Frauen* und Feministinnen mitangestossen. Besonders für Männer* in heterosexuellen Beziehungen sind oft die Ermutigungen der Partnerin* mitunter ausschlaggebend. Männergruppen sind in der Schweiz seit den 1970er Jahren ein wichtiger Teil der kritischen Beschäftigung von Männern* mit Männlichkeit. Dabei waren sie gemäss Selbstdarstellung anfangs motiviert aus der Tatsache, dass sie die Frauenbewegung unterstützten und mit ihr zur Einsicht kamen, dass es «neue Männer braucht» (Stricker 2012, 10). In den vielzähligen Berichten bei Stricker wird deutlich, dass nicht nur die Frauenbewegung und ihre Fragen, sondern oft Frauen* im sozialen Umfeld der Männer* diese dazu brachten, sich der Auseinandersetzung mit Geschlecht zu stellen. Auch war es gerade der Feminismus, der Männern* eine neue Perspektive auf ihre Emotionen, eine Neugierde auf den eigenen Körper und für einige auch Zugang zur Spiritualität ermöglichte (Stricker 2012). Diese Dinge, die als weiblich galten, waren ihnen zuvor verschlossen, wie viele Männer* berichten (Stricker 2012). Insofern waren Frauen* eine wichtige Inspiration zur Erweiterung und Erneuerung von Männlichkeit über die bisherigen geschlechtlichen Zwänge hinaus.

Drittens halten wir es zwar für wesentlich, die geschlechtsspezifischen Erfahrungen von Männern* mit Gewalt, Sexualität, Vaterschaft usw. zu einem Ausgangspunkt feministischer Überlegungen zu machen und dabei diese politisch ernst zu nehmen. Allerdings scheint uns die Forderung nach einem eigenen Raum zu unbedarft mit dem Problem der Reifizierung und identitätspolitischen Schliessung umzugehen. Das Insistieren auf einen eigenen Raum erschwert Möglichkeiten im Umgang mit Uneindeutigkeiten und der eigenen Öffnung gegenüber Weiblichkeit oder Nichtbinarität. In diesem Sinn wird auch von Theunert ein «Recht» eingefordert, «nicht männlich» sein zu müssen, sondern eine Pluralität gleichwertiger Formen des Mannseins leben zu können» (Theunert 2012, 14). Auch Dirk aus der Soligruppe zum

---

7   alliance F ist die Interessenvertretung der Frauen* in der Schweizer Politik und hat sich die Realisierung der Gleichstellung zum Ziel gesetzt.

8   Der indirekte Gegenvorschlag zur Volksinitiative «Für einen vernünftigen Vaterschaftsurlaub zum Nutzen der ganzen Familie» wurde am 27. September 2020 mit 60,34 % angenommen.

Frauen*streik betont die Vielfalt von Männlichkeit und Männern* über Zweigeschlechtlichkeit hinaus (Polyphon 2019).

Zugleich können Räume ausschliesslich für Männer* für eine kritische Reflexion und kritische Einsichten über Geschlechterverhältnisse aus unserer Sicht durchaus produktiv sein. Wir sind der Ansicht, dass solche exklusiven Räume stets Vor- wie auch Nachteile haben und ihre Angemessenheit jeweils situativ eingeschätzt werden muss. Solche Räume stellen weder ein Patentrezept dar, noch sind sie zwingend kontraproduktiv für emanzipatorische Schritte. Aus unserer Sicht ist vielmehr die Rahmung der Räume entscheidend. Skeptisch macht uns die Betonung der Eigenständigkeit oder gar Unabhängigkeit einer Männerposition.

Besonders deutlich fordert Walter Hollstein (2018) – ein Schweizer Männlichkeitsforscher erster Stunde – eine getrennte und unabhängige Politik der Männer*: Männer* müssen ihm zufolge in der Männerbewegung für ihre «wirklichen Bedürfnisse» unabhängig von Feminismus und Gleichstellung einstehen. Weil die Gleichstellung von der Frauenbewegung und einer antisexistischen Männerbewegung ausgeht, (letztere kommt für ihn einer unkritischen Unterordnung der Männer* unter den Standpunkt der Frauen* gleich), statt einen eigenen männlichen Standpunkt zu vertreten, werde den Männern* eine Geschlechterpolitik «oktroyiert» (Hollstein und Caimi 2015), die ihnen «feindselig» ist (Hollstein 2018). Er argumentiert defensiv und fordert Orientierung für Männer* im Sinne eines positiven Bezugs auf Identität, die Hollstein (2018) gerne ausschliesslich aus den Bedürfnissen der Männer* selbst aktualisieren möchte. Statt eine Dialogkultur zwischen den Geschlechtern auch von männlicher Seite zu pflegen und die feministische Kritik an Dominanz und Hegemonialität ernst zu nehmen, verschliessen sich Männer* hier in einer geschlossen solipsistischen Subjektivität, was Toni Tholen (2011) als dysfunktionalen Charakter der Männlichkeit beschreibt. Die Unfähigkeit eines grossen Teils der Männer*, die Kritik ernst zu nehmen und ihr Verhalten zu verändern, führe zu einer Zuspitzung der Krise im Geschlechterverhältnis. Entgegen der gesellschaftlichen Entwicklung halten diese Männer* «weiterhin, und d. h. trotz aller feministischer Kritik an ihrer Dominanz und Hegemonialität» fest (Tholen 2011, 172). Weil Hollstein abgeschlossene Identitäten – in eigenen Räumen, wenn man so will – zum Ausgangspunkt seines politischen Denkens macht und die Möglichkeit einer geteilten oder tatsächlich empathischen Kritik an Ungleichheits- und Herrschaftsverhältnissen ausschliesst, reproduziert er unweigerlich die Idee der Konkurrenz zwischen den Geschlechtern bzw. des Geschlechterkampfs. Mit seiner Idee der Emanzipation der Männer* und einer Modernisierung von Männlichkeitsvorstellungen, die strikt nur von Männern* selbst formuliert

werden kann, trägt Hollstein zu einer Polarisierung der Geschlechterverhältnisse bei.

Mit Toni Tholen wollen wir «die Transformation der Geschlechterordnung als eine gemeinsame Aufgabe von Männern* und Frauen* begreifen» (Tholen 2011, 190). Dazu scheint uns nicht zielführend, die Geschlechterpolitik zuerst auseinander zu dividieren, um sie dann wieder zusammen zu
führen, sondern sie vom Start weg als gemeinsame Politik von Verschiedenen
zu konzeptualisieren. Unserer Meinung nach ist es nicht produktiv, getrennte Büros einzurichten und unterschiedliche Räume einzufordern, sondern
wir plädieren für eine aus dem Dialog generierte permeablere und flexiblere
Architektur in der Geschlechterpolitik. Damit wird sie einem angemessen
komplexen, fliessenden und gestaltbaren Verständnis von Geschlecht als
soziale Konstruktion und Existenzweise stärker gerecht. Das spricht nicht
grundsätzlich gegen die zeitweise Einrichtung geschlechtsspezifischer Teil-
politiken. Jedoch ist uns wichtig, dass Gleichstellungspolitik (gerade jene
von Männern*) auch kritisch zu den Polen der Zweigeschlechtlichkeit bleibt
und diese nicht weiter zementiert. Das bedeutet, dass sie ein konstitutiv re-
lationales Verständnis von Geschlecht hat und Relationalität nicht erst im
zweiten Schritt – nach einer bereits vollzogenen Setzung von Zweigeschlechtlichkeit – anerkennt. Aus unserer Perspektive bedeutet eine Verständigung
über Gleichstellung unter feministischem Gesichtspunkt den Versuch einer
gemeinsamen Gesellschaftsanalyse und -kritik aktueller heteropatriarchaler
Verhältnisse in ihrer gesamten gegenwärtigen Paradoxie (zur theoretischen
Grundlagen eines solchen Projektes vgl. Maihofer 2007, 1995). Insofern denken wir die Beteiligung von Männern* in einem gemeinsamen Raum der
Kritik der herrschenden Geschlechterordnung, in dem die unterschiedlichen
konkreten Erfahrungen ernst genommen werden und Dialog auch im Sinne
von Verständigung und Zuhören gelebt wird (vgl. Dirk von der Soligruppe
im Interview mit Polyphon 2019). Dabei scheint uns nach wie vor wichtig,
gerade die Erfahrungen von Frauen* mit Sexismus und Patriarchat ernst zu
nehmen, denn historisch und bis in die Gegenwart erhalten diese zu wenig
Raum. Diese Reflexion gilt es unserer Ansicht nach als Teil des Feminismus
weiter produktiv zu machen.

3.3   Relativieren patriarchaler Verhältnisse

Damit zusammenhängend, ist ein dritter Aspekt die Relativierung
patriarchaler ungleicher Macht- und Herrschaftsverhältnisse, die in westlichen Gesellschaften nach wie vor fortbestehen. Diese tatsächlichen Ungleichheiten zu erkennen und anzuerkennen ist für uns ein zentraler Ausgangs-

punkt für feministische Kritik. Eine relativierende Kritik hingegen blendet die strukturelle Dimension der fortbestehenden patriarchalen Geschlechterordnung und männlicher Herrschaft aus.

Relativierende Positionen sind besonders beim Zusammenhang Gewalt und Geschlecht sehr verbreitet, wenn als Reaktion auf die Benennung von Gewalterfahrungen von Frauen* umgehend betont wird, dass Männer* auch und sogar häufiger als Frauen* von Gewalt betroffen sind. Die häufigere Betroffenheit von Gewalt stimmt grossteils, doch zeigen die Zahlen auch wichtige patriarchale Asymmetrien auf. So ist zu beachten, dass wenn Männer* Gewalt erfahren, dies zumeist durch die Gewalt anderer Männer* (homosozial) geschieht, während Frauen* vor allem Opfer der Gewalt von Männern* (heterosozial) sind. Im Jahr 2018 waren 80 Prozent der einer Gewaltstraftat beschuldigten Personen Männer*, bei schweren Gewaltstraftaten waren es gar 93 Prozent (BfS 2019a). Insbesondere bei den Tötungsdelikten im häuslichen Bereich lässt sich eine umgekehrte Proportionalität beim Geschlecht von Tätern (vorwiegend Männer*) und Opfern (vorwiegend Frauen*) feststellen, wobei es sich in 98 Prozent der Fälle um Delikte in Partnerschaften handelte. Ebenfalls bemerkenswert ist die Tatsache, dass wenn sich Täter und Opfer nicht kannten, die Täter zu 96 Prozent Männer* waren (BfS 2019b). Bei den Geschädigten von Gewalt im Jahr 2018 waren 55 Prozent Männer*, wobei es bei schwerer Gewalt eine Minderheit von 41 Prozent war (BfS 2019a). Opfer von Tötungsdelikten (versucht und vollendet) werden zu 65 Prozent Männer*, hingegen ist die Zahl der vollendeten Tötungsdelikte mit 48 Prozent leicht geringer als bei den getöteten Frauen*. Diese Zahlen geben nur einen kursorischen Eindruck geschlechtsspezifischer Ausprägungen von Gewalt und sagen noch nichts über die dahinterliegenden Dynamiken aus. Entgegen dem von Michael Meuser (2013, 211) formulierten Vorschlag, empirisch stärker auf die «Geschlechtslosigkeit der Gewalt» zu fokussieren, wird für uns mit diesen Zahlen bereits deutlich, dass eine solche Perspektive wesentliche Aspekte der Problematik ausblendet und sogar unsichtbar macht. Richtet sich die Kritik ausschliesslich auf die bei Frauen* und Männern* unterschiedliche «Wahrnehmung» und «geschlechtliche Konnotation» von Gewalt, um einen «geschlechterstereotypen Erwartungshorizont» zu umgehen, übersieht sie die tatsächliche empirische Relevanz geschlechterdifferenzierter Perspektiven (vgl. Michael Meuser 2013, 211) und tabuisiert den Blick auf bestehende Differenzen (vgl. Maihofer 2001).

Relativierende Positionen gehen häufig davon aus, dass die Gleichstellung der Geschlechter bereits erreicht sei, dass also Gleichheit, nicht Ungleichheit herrsche, oder Männer* nun sogar schlechter gestellt seien. Entsprechend wird der Fokus auf Frauen* in der Gleichstellungspolitik nicht im

Sinne der *affirmative action* als Unterstützung der Benachteiligten gesehen, sondern als Ungleichbehandlung der Männer*, für die weniger getan wird. So hat ein politischer Antrag von Kerstin Wenk in Basel-Stadt für Entrüstung gesorgt. Darin wurde gefragt, wieso die Finanzierung «des Männerbüros nicht gleich gehandhabt» werde, wie die der Frauenberatung des Kantons, die einen höheren Betrag erhält und Teil des Budgets der Gleichstellung ist, während das Männerbüro, als Gewaltberatungsstelle, über das Justiz- und Polizeidepartement finanziert ist (Wenk zitiert nach Regierungsrat Kanton Basel-Stadt 2019, 2). Die Regierung hat in ihrer Antwort auf die unterschiedliche Geschichte und Tätigkeitsfelder der Institutionen verwiesen. Die Frauenberatung als Institution habe über «Jahre einen Beitrag zur Besserstellung von Frauen*, deren rechtliche Stellung in der Schweiz lange Zeit prekär war» geleistet (Regierungsrat Kanton Basel-Stadt 2019, 3). «Aufgrund weiterhin bestehender traditioneller Rollenzuschreibungen» würden auch heute noch Ungleichheiten bestehen, argumentiert die Regierung (Regierungsrat Kanton Basel-Stadt 2019). Eine solide Finanzierung und Erweiterung des Angebots für die kritische Arbeit von Männern* mit Geschlecht und insbesondere mit Gewalt ist sehr begrüssenswert. Allerdings sollte das Geld für die spezifischen Herausforderungen und Probleme bei der Arbeit mit Männern* nicht als äquivalent zu den Frauen* eingefordert werden. Aufgrund der Annahme von Gleichheit und des Anspruchs auf finanzielle Gleichbehandlung hat die Antwort bei einzelnen Verantwortlichen des Männerbüros Basel-Stadt zu Entrüstung geführt und die Abteilung Gleichstellung wurde aufgrund der «krassen Ungleichbehandlung» angegriffen (Rosch 2019).[9]

Wird Gleichheit oder gar ein «Vorsprung von Frauen*» angenommen, erscheint positive Diskriminierung von Frauen* als ungerecht. Wird hingegen strukturelle Ungleichheit in der patriarchalen Geschlechterordnung angenommen, erscheint positive Diskriminierung als Gleichstellungsarbeit. Die geforderte Gleichstellung der Männer* in der Geschlechterpolitik erweist sich aus einer patriarchatskritischen Perspektive entsprechend als Wiederherstellen der herkömmlichen Privilegien. Dieser Unterschied in der Perspektive zeigt sich auch in der Einschätzung der Krise der Männlichkeit. Toni Tholen (2011), Alex Demirović und Andrea Maihofer (2013) verstehen unter Krise der Männlichkeit ein Moment des Umbruchs und eine Infragestellung der bisherigen Geschlechterverhältnisse, der männlichen Suprematie und damit auch der damit verbundenen Subjektivierungsweisen. Damit eröffnen Krisen Möglichkeiten für Veränderungen, ohne das genau abzusehen wäre, welche

---

9   Allerdings wurde diese Kommunikation, wie zu erfahren war, nicht vom ganzen Männerbüro getragen.

es sein werden. Sie eröffnen jedenfalls auch die Möglichkeit emanzipatorischer Transformationsprozesse.

Demgegenüber wird in anderen Perspektiven angenommen, dass Männer* bedroht oder benachteiligt sind. Patriarchale Verhältnisse werden aus dieser Perspektive nicht als Ausgangspunkt von Unrecht verstanden, sondern sie werden affirmiert und deren Infragestellung problematisiert. Aus dieser Krisenperspektive lässt sich dann auch nur schwer ein produktiver und emanzipatorischer Umgang mit den Veränderungen formulieren. Vielmehr zielt sie auf eine «Resouveränisierung» (Forster 2006) von Männlichkeit.

3.4   Spezifische geschlechtliche Leiderfahrung und Existenzweise

Es ist folglich zentral, wie auch in der Debatte immer wieder eingebracht wird (Polyphon 2019), die Asymmetrie patriarchaler Macht- und Herrschaftsverhältnisse anzuerkennen und sie nicht mit dem Verweis auf das Leiden der Männer* zu relativieren. Zugleich gilt es auch, – und dies ist ein berechtigtes Hauptaugenmerk relativierender Positionen – die Spezifik der Leiderfahrung und der Tradierung von Gewalt zwischen Männern* in patriarchalen Verhältnissen angemessen zu berücksichtigen. Luca di Blasi (2013, 8), ein Schweizer Philosoph, der sich ausführlich mit der Möglichkeit der Selbstkritik von Weissen heterosexuellen Männern* beschäftigte, schlägt vor, dass Männer* bei einer kritischen Selbstthematisierung ihre eigene Privilegierung präsent halten müssen, damit sie nicht den «Privilegienabbau mit Diskriminierung verwechseln». Dieses wichtige Unterfangen führt di Blasi (2013, 17) dazu, den Standort der Männer* als einen «von schmerzhaften Markierungen weitgehend verschont» gebliebenen, zu verstehen. Damit aber fällt er hinter Einsichten der kritischen Männer*- und Männlichkeitenforschung zurück; nämlich die Erkenntnis der historischen und gesellschaftlichen Prozesse, der Disziplinierungen, Normalisierungen und Zwänge, der Herrschaft und der Gewalt zu sich und gegen andere, durch die Männer* erst zu Männern* werden. Nicht zuletzt kann di Blasi in seiner Konzeption auch die mit Männlichkeit verbundenen spezifischen Leiderfahrungen nicht fassen. Die patriarchale Geschlechterordnung entsteht eben nicht nur durch eine Veranderung von Weiblichkeit. Dies ist gleichzeitig auch ein aktiver Prozess der Selbststilisierung und Selbstbildung von Männlichkeit (Maihofer 1995). Mit anderen Worten: Auch das Unmarkierte, die männliche Norm ist kein Ergebnis einer Unversehrtheit, sondern einer spezifischen Zurichtung.

Gerade beim Thema Gewalt reicht eine Perspektive auf die «Geschontheit» (Blasi 2013, 48) der Männer* nicht aus. Autoren wie Hans-Joachim Lenz haben in ihrer dekonstruktiven Kritik zurecht darauf hingewiesen, dass die Darstellung gewaltausübender Männer* und gewaltbetroffener Frauen* selbst Ausdruck einer Kultur «heteronormativer Zweigeschlechtlichkeit» ist, denn es «gilt: Entweder jemand ist ein Mann oder ein Opfer – beides wird kulturell nicht zusammengedacht und scheint sich gegenseitig auszuschließen» (Lenz 2014, 35). Für Männer* bedeute damit die Anerkennung ihrer Betroffenheit von Gewalt nach wie vor eine Effeminierung und Abwertung, quasi ein Verlust ihres männlichen Status, was das Sprechen über deren spezifische Gewaltbetroffenheit schwierig mache. Es entstehe eine «Ignoranz gegenüber männlicher Verletzbarkeit», die eine «sozial gewollte Verzerrung» der Realität darstelle (Lenz 2014, 36).

Tatsächlich besteht eine spezifische Gewaltbetroffenheit von Männern* in der Schweiz. Aufgrund der vorhandenen bereits erwähnten Polizeistatistiken (BfS 2019a), lässt sich eine hohe Betroffenheit der Männer* von Gewalt ausmachen. Dabei lassen sich deutliche Hinweise finden, dass sowohl die Situation wie auch die Form und die Art der Gewaltbetroffenheit von Männern* geschlechtsspezifisch sind und sich von jener von Frauen* unterscheiden. Es ist daher nicht zielführend, wenn das Eidgenössische Büro für Gleichstellung mit Verweis auf Lenz beim Thema häusliche Gewalt «gleichermassen und unabhängig vom Geschlecht die Situation von Opfern wie von Gewaltausübenden» betrachtet (EBG 2017). Denn die Situationen und Erfahrungen sind, wie auch die statistische Annäherung verdeutlicht, gerade nicht geschlechtsunabhängig. Zudem besteht die Gefahr, wie oben erwähnt, die Gewalterfahrungen von Frauen* zu relativieren. Eine zentrale Einsicht ist daher, dass Männer* und Frauen* zwar gleichermassen patriarchalen Normen unterworfen sind, jedoch auf unterschiedliche spezifisch-geschlechtliche (wie auch sexualisierte, rassifizierte und klassenbezogene) Weise darin existieren und von diesen betroffen sind. Ziel der Kritik an relativierenden Perspektiven sind also nicht unterkomplexe Täter- und Opferzuschreibungen, sondern eine differenzierte Reflexion auf den vergeschlechtlichten Charakter dieser sozialen Phänomene.

Eine feministische Kritik impliziert daher nicht nur Kritik an Normen und es genügt nicht, wie dies Lenz (2014, 36) tut, zu problematisieren, wie die «männliche Verletzbarkeit» und das «Schutzbedürfnis» von Männern* häufig ignoriert wird. Darüber hinaus gilt es auch den Sozialisationsprozess zu berücksichtigen (Maihofer und Baumgarten 2015) und die geschlechtlichen «Existenzweisen» mit ihren je spezifischen Denk-, Gefühls- und Handlungsweisen (Maihofer 1995). Es gilt nicht nur zu thematisieren, wie Männer* wahrgenommen werden, sondern auch, wie sie ein männliches Selbstverhältnis ausbilden. Damit eröffnet sich für uns ein Hinweis für die Reflexion der Tradierung von Gewalt unter Männern*. So ist die Gewaltbereitschaft von Männern* häufig Resultat von Gewalterfahrungen, die ihnen zugefügt werden. Michael Kimmel (2015, 104) arbeitet für die Amokläufe in den USA heraus, wie Erfahrungen des Mobbings[10], des Ausschlusses und der Beschimpfung Teil des Profils der jungen Weissen Amoktäter ist. Solche Demütigungen werden von den Männern* als Entmannung erfahren. In der Folge sind «Zorn und Wut […] die Übersetzung der Demütigungen in Handlungsmöglichkeiten» – eine Strategie zur Wiederherstellung und Wiedergewinnung der Männlichkeit durch Gewalt (Kimmel 2015, 98).[11]

Es ist nicht eine allgemeine und entpersonifizierte «Gesellschaft», die das männliche Opfer nicht akzeptiert, wie es Lenz (2014) suggeriert. Es gehört vielmehr zur spezifischen, konkreten bürgerlichen Struktur von Männlichkeit, Ohnmacht und Verletzlichkeit abzuwehren. Es sind oft Männer* selbst, die ein solches Verhältnis zu ihrem Selbst haben. Bourdieu erkennt aufgrund des männlichen Zwangs, sich ständig als Mann zu beweisen, im «Ideal der Männlichkeit» paradoxerweise gerade ein «Prinzip ausserordentlicher Verletzlichkeit» (Bourdieu 2013, 93). Angesichts dessen kann sich eine Gleichstellungsposition nicht in einer Anerkennung der Opfererfahrungen von Männern* erschöpfen. Vielmehr müssen auch die habituellen Verarbeitungen der Erfahrungen von Gewalt, den damit verbundenen Affekten und Reaktionen kritisch reflektiert werden. Sam de Boise (2018) analysiert, wie Gefühle, die aus sozialen Erfahrungen entstehen und nicht einfach zu Körpern gehören, selbst Teil gesellschaftlicher Verhältnisse sind, auf die sie für eine patriarchatskritische Perspektive rückgebunden werden müssen. Wie Edgar Forster vorschlägt, gilt es daher bezogen auf Gefühle zu fragen:

---

10   Interessanterweise berichten 15-Jährige in der Schweiz laut den neusten PISA Statistiken signifikant häufiger von Mobbingerfahrungen als dies in vergleichbaren Ländern der Fall ist (Konsortium PISA.ch 2019). Die internationale Erhebung zeigt, dass Jungen (und leistungsschwache Schüler*innen) besonders häufig von solchen Erfahrungen berichten (OECD 2019), für die Schweiz steht das Ausweisen der geschlechtsspezifischen Zahlen noch aus.

11   Wie tief solche männlichen Lebensbewältigungsstrategien im kulturellen Gedächtnis verankert sind, hat der Kabarettist Gabriel Vetter in seiner pointierten Analyse des landesweit beliebten Kinderbuches «Schellen-Ursli» deutlich gemacht. Er analysiert die Geschichte des Buben, der bei Chalandamarz um jeden Preis die grösste Glocke tragen will, als einen «folkloristisch kostümierten Schwanzvergleich», der durchweg positiv dargestellt wird (Vetter und Knabenhans 2020). Der kleine Urs setzt auf herkömmlich männliche Bewältigungsstrategien und wird damit zum Helden. Um die «Schande der kleinsten Glocke» zu umgehen, mache er einen «auf Lone Wolf» und tut das, «was ein Bub tun muss», er zieht des Nachts alleine los auf den riskanten Weg durch den Schnee, um sich die grosse Glocke zu besorgen (Vetter und Knabenhans 2020). Die Mechanismen sozialer Ausgrenzungen werden in keinem Wort infrage gestellt, kritisiert Vetter (Vetter und Knabenhans 2020).

Wie lässt sich die Präsenz männlicher Hegemonie noch im sub-
jektiven Ohnmachtsgefühl von Männern identifizieren und auf
welche Weise aktualisieren wir Männer patriarchale Strukturen
noch in unseren reflektiertesten Praktiken? (Forster 2006, 206)

Nur dadurch können die Zyklen der Gewalt verändert werden. Es
gilt, auch den Ort, von dem aus man schaut und lebt, in den patriarchalen
Geschlechterverhältnissen zu verordnen. Männer* mit einer feministischen
Perspektive können damit nicht nur für einen eigenen Standpunkt einstehen,
sondern müssen gleichzeitig den Standort, aus dem sie diesen entwickeln, kritisch im bürgerlich-patriarchalen Herrschaftszusammenhang reflektieren.[12]

3.5 Normativität – Emanzipation und/oder Herrschaft?

Der Blick auf die letzten Jahrzehnte zeugt auch in der Schweiz von
zahlreichen Suchbewegungen nach einer Emanzipation von herkömmlichen Vorstellungen der Männlichkeit. Dafür stehen heute die – inzwischen
gut sichtbaren – neuen Väter oder die zahlreichen Männergruppen in der
Schweiz. Letztere beschreiben sich als stille Revolutionäre des männlichen
Selbstverhältnisses:

Es ist eine stille Revolution in Gang gekommen von Männern, die
gar keine Revolutionäre sein wollen. Eine wild und unkoordiniert
wachsende ‹Bewegung›, die keine Bewegung sein will, hat gleich-
wohl etwas verändert: Das Innenleben vieler Männer. Nicht die*
Welt haben sie verändert, aber ihre Sicht auf die Welt. (Stricker
2012, 12)

Wobei sich unserer Ansicht nach durch den Wandel des «Innen-
lebens» vieler Männer* auch die Welt selbst verändert. Gegenwärtige Entwicklungen mit ihren Widersprüchen und Krisen in den vorherrschenden
Subjektivierungsweisen lassen

[…] Individuen nach alternativen Lebensformen der Geschlecht-
lichkeit, der Erotik, des Körpers, der Familie, der Verhältnisse
zwischen den Generationen, überhaupt nach emanzipativen For-

---

12   Ein wichtiges geschlechterpolitisches Engagement von Männern*, auf das in diesem
Text aus Platzgründen leider nicht detailliert eingegangen werden kann, ist jenes der Schei-
dungsväter. Gerade hier zeigen sich nochmals spezifische Ohnmachtserfahrungen angesichts
der Persistenz heteronormativer Familienvorstellungen in der Rechtsprechung. Allerdings
scheint nach einem ersten Blick auf die Debatte auch hier bezogen auf das Engagement der
Männer* oft gerade die Verankerung dieses Rechts in der patriarchalen Geschlechterordnung
zu wenig reflektiert zu werden.

men des Zusammenlebens suchen. (Maihofer und Demirović 2013, 45)

Diese Entwicklungen finden im Kontext einer Polarisierung von Lebensweisen statt. Um diese Polarisierung und gesellschaftliche Konflikte, die darin stattfinden, nicht weiter zu verschärfen, ist es wichtig, die jeweils eigene feministische Vision nicht unreflektiert als die richtige zu setzen (und damit andere Perspektiven und Lebensweisen als falsch).

Mit Theodor Adorno schlagen wir vor, sowohl dezidiert an den eigenen emanzipatorischen Überzeugungen festzuhalten, sie jedoch zugleich stets auch grundsätzlich zu hinterfragen. Es geht um sowohl

> *[…] ein Moment von Unbeirrbarkeit, von Festhalten an dem, was man nun einmal glaubt, erfahren zu haben, wie andererseits eben jenes Moment, nicht nur der Selbstkritik, sondern der Kritik an jenem Starren und Unerbitterlichen, das in uns sich aufrichten will.* (Adorno 1996, 251)

So gilt es gerade jenen Gestus zu vermeiden, der sich blind als überlegen setzt, weshalb das «Bewusstsein der eigenen Fehlbarkeit» sowie «das Moment der Selbstbesinnung, der Selbstreflexion» so zentral sind (Adorno 1996, 251; vgl. zudem «Ethos der Ungewissheit», Maihofer 2014). Das impliziert, sich auch die Herrschaftsförmigkeit des eigenen Projekts und das darin liegende eigene Streben nach gesellschaftlicher Hegemonie bewusst zu machen und kritisch zu reflektieren. Denn auch ein emanzipatorisches Projekt, welches die Überwindung von Herrschaft anstrebt, ist herrschaftsförmig in dem Sinne, dass eine Verallgemeinerung von Werten, Zielen und Perspektiven erreicht werden soll. Gerade zu dieser Reflexion möchten wir anregen, denn sie scheint uns für die weiteren Entwicklungen notwendig und sehr produktiv. Immer wieder gehen feministische Visionen unreflektiert mit Dominanzansprüchen einher, was die Perspektiven auf Emanzipation einschränkt.

Bei der jungen Gruppe «Die Feministen» schwingt ein solcher Dominanzanspruch im bestimmten Artikel «die» mit, denn sie scheinen zu wissen, oder möchten zumindest festlegen, wer «die» (richtigen) Feministen sind. Darauf verweist auch der Slogan der Sticker "real men are feminists", mit denen sie ihre Organisation bewerben und zu definieren versuchen, wer die «richtigen» Männer* sind (Die Feministen 2020). Andere Weisen männlich oder als Mann* feministisch zu sein, werden tendenziell ausgeschlossen und der politische Anspruch wird ohne Perspektive des Dialogs gesetzt.

Dieses Changieren zwischen Emanzipation und Wahrheitsanspruch findet sich auch immer wieder in der breiten Diskussion zu präsenter Vaterschaft und einem Vaterschaftsurlaub.In der Schweiz existierte bis ins

Jahr 2020 keine staatliche Regelung, womit die Einführung einer Elternzeit für Väter später als in allen EU Mitgliedsländer erfolgte (Baumgarten und Borter 2017). Für die Annahme des Vaterschaftsurlaubs argumentierten Befürworter*innen in der politischen Debatte mit einem Gewinn für die Gleichstellung, weil er eine bessere Aufteilung der Betreuungsarbeit fördert oder auch aus Arbeitnehmer*innenperspektive das «Risiko von Elternschaft» besser verteilt, wodurch sich die Lohnschere verringern soll. Fabian Molina, SP Nationalrat, (Nationalrat Herbstsession 2019) argumentierte mit Freiheit, denn die Initiative für einen Vaterschaftsurlaub schaffe erst Voraussetzungen um Familie partnerschaftlich und nach eigenen Vorstellungen zu leben. Adrian Wüthrich, ebenfalls SP Nationalrat, kritisierte, dass ohne Vaterschaftsurlaub ein traditionelles Familienmodell «staatlich verordnet» wird. Positiv setzt er dagegen: «Frauen brauchen echte Partner» (Nationalrat Herbstsession 2019). In vielen Positionen für den Vaterschaftsurlaub geht es nicht nur um die Freiheit Familie anders zu leben, sondern auch um die eigene Stilisierung als moderne, zeitgemässe Männlichkeit, die in Konkurrenz zu einer herkömmlich bürgerlichen Männlichkeit tritt. Damit kritisiert neue Vaterschaft nicht nur den Hegemonieanspruch bisheriger Männlichkeit, sondern setzt sich selbst hegemonial. In diesem Gestus ist Männlichkeit gerade nicht kritisch, sondern wiederholt ein wesentliches Strukturprinzip von bürgerlicher Männlichkeit als Akt der «Selbstaffirmierung» (Maihofer 2019, 67).

Trotz der vielversprechenden Ansätze neuer Vaterschaft kann es auch problematisch sein, Männern* mit *caring masculinities* eine Identität als positive Orientierungsgrösse anzubieten, die als «Lösung» für die gegenwärtigen Konflikte steht, wie es Karla Elliott vorschlägt:

> *I propose that caring masculinities can be seen as masculine identities that exclude domination and embrace the affective, relational, emotional, and interdependent qualities of care identified by feminist theorists of care.* (Elliott 2016, 252)

Zwar sehen wir die Möglichkeit emanzipatorischer Weiterentwicklung, wenn sich Männer* zunehmend an der Betreuung von Kindern beteiligen und gegen herkömmliche männliche Autonomieansprüche neue Praxen der Bezogenheit entwickeln. Vielfältige Perspektiven auf Emanzipation werden jedoch eingeengt, wenn diese als innere Notwendigkeit selbstgewiss aus neuen Vaterschaftspraxen abgeleitet werden. Mit dieser Behauptung wird eine kritische Auseinandersetzung mit herkömmlichen Männlichkeitsanforderungen und Fragen nach neuen Vorstellungen abgekürzt. Familiale Beziehungen – etwa zwischen Vater und Sohn – waren und sind nie ausserhalb patriarchaler Anerkennungsbeziehungen situiert. Dass sich dies mit einer erhöhten Bereitschaft der Männer* in der Kindererziehung mitzuwirken, einfach erübrigen sollte, ist nicht einsichtig (Tholen 2019). Einzuwenden ist auch die Frage, wieso das Idealbild der sorgenden Mutter, das Feminist*innen etwa aufgrund der entstehenden Abhängigkeiten und der Selbstaufgabe vielfach kritisierten, nun plötzlich für Männer* als neue Leitlinie dienen sollte. Involvierte Vaterschaft besitzt ihr emanzipatorisches Potenzial gerade dadurch, dass sie sich kritisch auf bisherige Vorstellungen von Männlichkeit und Vaterschaft bezieht. In der affirmativen Stilisierung neuer Männlichkeit wird sie gegenüber neuen Setzungen unkritisch und oft wird etwa das heterosexuelle Kleinfamilienmodell gleichzeitig als Orientierungsgrösse der *caring masculinities* gesetzt. Diese Stilisierung fällt auch hinter die aktuellen Veränderungen zurück, wie Maihofer deutlich macht, denn im aktuellen Wandel der Männlichkeit gehe es «bereits um mehr als um Sorgepraktiken» (Maihofer 2019, 74). Während gegenwärtig vielfältige Normen von Männlichkeit in Bezug auf Geschlecht, Liebe und Sexualität infrage gestellt werden, beschreibt die neue Norm nur *eine* positive Identität. Hier fällt die Diskussion um *caring masculinities* hinter den eigenen Anspruch zurück, verbunden und dialogisch zu sein und wird selbst autoritär.

Der Anspruch einer neuen dialogischen und bezogenen Männlichkeit müsste also diese «Dialektik von Selbstaffirmierung und Veranderung durchbrechen» (Maihofer 2019, 75) und tatsächlich dem Anderen das Recht zugestehen, an den eigenen Überzeugungen festzuhalten. Denn wie Adorno formuliert, sitzt «das wahre Unrecht eigentlich immer genau an der Stelle […], an der man sich selber blind ins Rechte und das andere ins Unrecht setzt» (Adorno 1996, 251). Aus diesem kritischen Motiv schlägt Toni Tholen vor, *caring masculinites* eher als Wegstrecke denn als Norm zu begreifen, als

> *[…] kontinuierliche Arbeit des Anderswerdens, der Arbeit am männlichen Ich, einem Ich, das theoretisch wie praktisch die Vielfalt nichtinstrumentalisierender, sondern Resonanz erzeugender Neigungen, Zuneigungen und Zuwendungen entdeckt.* (Tholen 2019)

Statt in der Polemik einer alten und neuen Normativität zu verharren, gälte es, selbstkritisch sowohl die in den habituellen Praxen verankerten persistenten und destruktiven Strukturen der Männlichkeit in den Blick zu nehmen, wie auch die in existierenden Männlichkeitsentwürfen durchaus positiv anknüpfbaren Aspekte. So können die im aktuellen Wandel der Geschlechterverhältnisse sich zuspitzenden Widersprüche eher emanzipatorisch, dialektisch und dialogisch statt normativ, autoritär und einseitig überwunden werden.

4 Schluss: Gesellschaftstheoretische Perspektive auf Männlichkeit, Männer*, Feminismus und Emanzipation

Zusammenfassend lässt sich sagen: Weder Männer* noch Frauen* haben die patriarchale Ordnung gewählt, in die sie geboren wurden. Sie sind jedoch unterschiedlich in ihr situiert, denn Männer* und Frauen* durchlaufen in der Regel geschlechtlich unterschiedliche Sozialisationsprozesse und entwickeln geschlechtlich spezifische Existenzweisen (Maihofer und Baumgarten 2015). In der sozialisatorischen Entwicklung können beide Geschlechter sowie Geschlechter über die Zweigeschlechterordnung hinaus sich – zumindest in gewissen Aspekten – an hegemonialen Geschlechternormen orientieren oder sich von ihnen abgrenzen. Hegemoniale Geschlechternormen von Weiblichkeit und Männlichkeit sind dabei konstitutiv aufeinander bezogen und Teil einer bestimmten Geschlechterordnung. So findet eine Abwertung von Weiblichkeit nicht nur im Verhältnis zu Frauen*, sondern auch im männlichen Selbstverhältnis statt.

Die Analyse der unterschiedlichen Erfahrungen und ihrer Grundlage in einer bestimmten hetero-patriarchalen Geschlechterordnung bietet die Möglichkeit gemeinsamer feministischer Bündnispolitik. Wir verstehen die Frage nach einer feministisch-ethischen Haltung daher nicht durch Geschlecht determiniert, sondern vielmehr für alle Geschlechter möglich, wobei zentral ist, dies auch im eigenen geschlechtlichen Standort zu situieren und zu reflektieren. So gilt es aus einer Männer*perspektive die stillen und lauten Hegemonieansprüche zu reflektieren, welche sich oft auch unbewusst im Habitus fortsetzen. Aus einer Frauen*perspektive gilt es, auf einen Hegemonieanspruch gegenüber Männern* bezogen auf die Definition feministischer Ziele zu verzichten und vielmehr offen gegenüber feministischem Wissen und Engagement von Männern* zu sein (vgl. zu männlicher und weiblicher Hegemonieselbstkritik Thym 2019).

Aus unserer Perspektive können daher Männer* klar feministisch sein. Darüber hinaus stellt sich jedoch die Frage, ob der Begriff Feminismus ausreicht, um die Emanzipation von Männern* von männlicher Herrschaft und Sexismus in sich und bezogen auf die Gesellschaft als Ganzes zu beschreiben. Denn es geht nicht nur um die Kritik an einem relational gefassten patriarchalen Geschlechterverhältnis, das die Abwertung von Frauen* und von Weiblichkeit in einem selbst beinhaltet. Vielmehr verweist die Kritik an diesem patriarchalen Geschlechterverhältnis über das im engeren Sinn feministische Anliegen hinaus. Da in der bürgerlich-männlichen Subjektivierung und in der bürgerlich-patriarchalen Gesellschafts- und Geschlechterordnung Patriarchat, Homophobie, Rassismus, Kapitalismus und die Ausbeutung nicht-menschlicher Tiere und der Natur konstitutiv zusammenhängen, reicht «der Begriff Feminismus – um es paradox zu formulieren – als inhaltliche Bestimmung des Gegenstands feministischer Kritik nicht mehr aus», wie es Maihofer im Anschluss an Woolf formuliert (Maihofer 2013a, 299). Das gleiche trifft allerdings, so Maihofer weiter, «auf die anderen Kritikperspektiven zu; auch sie sind für sich genommen nicht (mehr) ausreichend, um Form und Umfang von Gesellschaftskritik und deren Ziele zu bestimmen» (Maihofer 2013a, 299). So ist die Einsicht zentral, dass diese verschiedenen Macht- und Herrschaftsverhältnisse nur gemeinsam im Rahmen emanzipatorischer Bündnispolitiken überwunden werden können. Diese emanzipatorische Perspektive beinhaltet das feministische Anliegen[13].

Wichtig für die aktuelle Diskussion scheint uns, die Relationalität und den konstitutiven Zusammenhang geschlechtlicher, aber auch rassifizierter, klassenbezogener und ökologischer Verhältnisse und somit die Notwendigkeit eines gemeinsamen Engagements für Emanzipation anzuerkennen. Aus unserer Sicht sind feministische Männer* kein Selbstwiderspruch und keine "class traitors" (Hearn 1994, 61), denn sie vertreten nicht Interessen gegen ihre Gruppe, sondern sie haben andere Interessen. In diesem Sinne gehören sie zu einer anderen Gruppe, nämlich jener mit feministischen, emanzipatorischen politischen Zielen (vgl. Thym 2019, 11). Männern* aufgrund ihrer Geschlechtsidentität bestimmte Interessen zuzuschreiben ist insbesondere vor dem Hintergrund der aktuellen komplexen Transformationsprozesse eine unzulässige Verkürzung. So lässt sich nicht allgemein beantworten, ob Männer* durch die gesellschaftlichen Veränderungen nun aktuell eher an Freiheiten und Selbstbestimmung gewinnen, oder am Ende auf jeden Fall an patriarchaler Macht verlieren. Es hängt davon ab, wie Männer* die sozialen Veränderungen erfahren: von ihren Wünschen, Vorstellungen und von ihren Ressourcen, andere zu werden, als sie bisher waren. Die Abgabe von Macht kann als Ohnmacht und Degradierung, aber auch als Gewinn und Befreiung erlebt werden, etwa wenn Verantwortung abgegeben werden und die eigene Selbstbestimmung stärker bezogen, relational und im konsensorientierten Dialog gelebt werden kann statt in solipsistischer Selbstsetzung.

13   Unsere Vorstellung einer feministischen und darüber hinaus auch emanzipatorischen Geschlechterpolitik für Männer* unterscheidet sich daher von Theunerts Unterteilung in «profeministische» und «emanzipatorische Männer» (Theunert 2019). Letztere «wollen Gleichstellung, fragen aber, ob der gleichstellungsfeministische Ansatz geeignet ist, diese zu befördern» (Theunert 2019). Auch wenn wir eine Perspektive auf Gleichstellung durch Angleichung an einen männlichen Massstab kritisch sehen und das Engagement von Männern* aus ihrer Perspektive für zentral halten – hierauf fokussiert Theunerts Kritik – teilen wir die Abgrenzung gegenüber Gleichstellung und Feminismus nicht. Vielmehr besteht im Fokus darauf, in Männern* «Emanzipationssehnsüchte» zu wecken und uns vom «zermürbenden Benachteiligungsdiskurs» zu lösen (Theunert 2019, 16) die Gefahr, zentrale gleichstellungspolitische Anliegen und Kritiken an bestehenden Ungleichheiten zu relativieren.

Trotz unterschiedlicher Verletzungserfahrungen und Enttäuschungen erscheint es uns wichtig, nicht in einen Konkurrenzkampf zu geraten, wer – qua Geschlecht – mehr leidet oder wer mehr zu sagen hat. Vielmehr gilt es mit Geduld und Offenheit die jeweiligen Perspektiven und Lebensweisen zu situieren und davon ausgehend eine emanzipatorische Perspektive der positiven Freiheit und Gleichheit für alle zu suchen und gemeinsam zu gestalten.

5   Literatur

20minuten. 27.03.2017. «Verunsicherte Männer» – «nein, das ist arschlochig». Wie schaffen wir eine geschlechtergerechtere Gesellschaft? Juso-Präsidentin Tamara Funiciello und Männerexperte Markus Theunert im Streitgespräch. *20minuten,* https://www.20min.ch/schweiz/news/story/-Verunsicherte-Maenner-----nein--das-ist-arschlochig--30705760 (Zugriff 10.11.2019).

Adorno, Theodor W. 1996. *Nachgelassene Schriften. Abteilung IV: Vorlesungen: Band 10: Probleme der Moralphilosophie.* Frankfurt a. M.: Suhrkamp.

Alcoff, Linda. 1991. The Problem of Speaking for Others. *Cultural Critique* 20 (Winter 1991–1992): 5–32.

alliance f. 2019. Chancengleichheit im Arbeitsmarkt realisieren. *alliance f – die Stimme der Frauen in der Schweizer Politik.* https://de.alliancef.ch/gesellschaft (Zugriff 20.03.2021).

Ashe, Fidelma. 2011. *The New Politics of Masculinity: Men, Power and Resistance.* New York: Routledge.

barrikade.info. 2018. Das 8. März-Frauen*bündnis Zürich im Gespräch. *barrikade.info.* https://barrikade.info/article/883 (Zugriff 20.03.2021).

Baumgarten, Diana und Andreas Borter. 2017. *Vaterschaftsurlaub Schweiz. MenCare Schweiz-Report Vol. 2.* Burgdorf/Zürich: Schweizerisches Institut für Männer- und Geschlechterfragen.

BfS (Bundesamt für Statistik). 2019a. *Polizeiliche Kriminalstatistik (PKS): Jahresbericht 2018 der polizeilich registrierten Straftaten.* Neuchâtel: BfS, https://www.bfs.admin.ch/bfsstatic/dam/assets/7726191/master (Zugriff 20.03.2021).

BfS (Bundesamt für Statistik). 2019b. *Polizeilich registrierte Tötungsdelikte 2009–2016. Innerhalb und ausserhalb des häuslichen Bereichs.* Neuchâtel: £, https://www.bfs.admin.ch/bfsstatic/dam/assets/4262024/master (Zugriff 20.03.2021).

de Boise, Sam. 2018. The personal is political … just not always progressive: affective interruptions and their promise for CSMM. NORMA 13: 158–174.

Di Blasi, Luca. 2013. *Der weiße Mann: Ein Anti-Manifest.* Bielefeld: Transcript.

Bourdieu, Pierre. 2013. *Die männliche Herrschaft.* Frankfurt a. M.: Suhrkamp.

Claus, Robert. 2012. *Ambivalente Identitäten – Männlichkeiten im Maskulismus zwischen Traditionalismus und Flexibilisierung.* In Andreas Kemper (Hrsg), Die Maskulisten. Organisierter Antifeminismus im deutschsprachigen Raum. Münster: Unrast.

Connell, R. W., und James W. Messerschmidt. 2005. Hegemonic Masculinity: Rethinking the Concept. *Gender & Society* 19: 829–859.

Connell, Raewyn. 2015. *Der gemachte Mann: Konstruktion und Krise von Männlichkeiten.* Wiesbaden: Springer VS.

Demirović, Alex und Andrea Maihofer. 2013. Vielfachkrise und die Krise der Geschlechterverhältnisse. In Hildegard Maria Nickel und Andreas Heilmann (Hrsg), *Krise, Kritik, Allianzen: Arbeits- und geschlechtersoziologische Perspektiven,* (S. 30–48). Weinheim: Beltz Juventa.

Die Feministen. 2020. *Die Feministen – Rethink Masculinity.* Zürich: Die Feministen, https://feministen.ch (Zugriff 19.05.2019).

Digby, Tom. 1998. *Men Doing Feminism.* New York: Routledge.

EBG (Eidgenössisches Büro für die Gleichstellung von Frau und Mann). 2018. Zahlen und Fakten. Bern: EBG, https://www.ebg.admin.ch/ebg/de/home/themen/arbeit/lohngleichheit/grundlagen/zahlen-und-fakten.html (Zugriff 21.03.2021).

EBG (Eidgenössisches Büro für die Gleichstellung von Frau und Mann). 2017. Gewalt. Bern: EBG, https://www.ebg.admin.ch/ebg/de/home/themen/haeusliche-gewalt.html (Zugriff 21.03.2021).

Elliott, Karla 2016. Caring Masculinities: Theorizing an Emerging Concept. *Men and Masculinities* 19 (3): 240–259.

Forster, Edgar. 2006. Männliche Resouveränisierungen. *Feministische Studien* 24 (2): 193–207.

Gianesi, Laura. 21.03.2017. Männliche Feministen wollen die Frauen unterstützen – das gefällt nicht allen. *watson.* https://www.watson.ch/schweiz/gender/905720352-maennliche-feministen-wollen-die-frauen-unterstuetzen-gefaellt-nicht-allen (Zugriff 21.03.2021).

Giddens, Anthony. 1993. *Wandel der Intimität: Sexualität, Liebe und Erotik in modernen Gesellschaften.* Frankfurt a. M.: Fischer.

Guggisberg, Martina und Stephan Häni. 2014. Armut im Alter. Hrsg. Bundesamt für Statistik (BfS). Statistik der Schweiz 20, Wirtschaftliche und soziale Situation der Bevölkerung. Neuchâtel: BFS. https://www.bfs.admin.ch/bfsstatic/dam/assets/349389/master (Zugriff 21.03.2021).

Guggisberg, Martina, Bettina Müller und Thomas Christin. 2012. Armut in der Schweiz: Konzepte, Resultate und Methoden Ergebnisse auf der Basis von SILC 2008 bis 2010. Hrsg. Bundesamt für Statistik (BfS). Statistik der Schweiz 20, Wirtschaftliche und soziale Situation der Bevölkerung. Neuchâtel: BFS. https://www.bfs.admin.ch/bfsstatic/dam/assets/348360/master (Zugriff 21.03.2021).

Habermas, Rebekka. 2000. *Frauen und Männer des Bürgertums: Eine Familienge-schichte (1750–1850).* Göttingen: Vandenhoeck & Ruprecht.

Haraway, Donna. 1995. Situiertes Wissen. Die Wissenschaftsfrage im Feminismus und das Privileg einer partialen Perspektive. In dies. (Hrsg), *Die Neuer-findung der Natur,* (S. 73–97). Frankfurt a. M. und New York: Campus.

Harding, Sandra. 1994. *Das Geschlecht des Wissens: Frauen denken die Wissenschaft neu.* Frankfurt a. M. und New York: Campus.

Hartsock, Nancy. 1983. The Feminist Standpoint: Developing the Ground for a Spe-cifically Feminist Historical Materialism. In Sandra Harding und Merrill Hintikka (Hrsg.), *Discovering Reality. Feminist Perspectives on Epistemol-ogy, Metaphysics, Methodology, and Philosophy of Science,* (S. 283–310). Dordrecht: Reidel.

Hearn, Jeff. 1994. Research in Men and Masculinities: Some Sociological Issues and Possibilities. *The Australian and New Zealand Journal of Sociology* 30: 47–70.

Hearn, Jeff. 1987. *Gender of Oppression: Men, Masculinity and the Critique of Marxism.* Brighton: Wheatsheaf.

Heath, Stephen. 1987. Male Feminism. In Alice Jardine und Paul Smith (Hrsg.), *Men in Feminism* (S. 1–32). New York: Routledge.

Hollstein, Walter. 19.12.2018. Männerbewegung – wohin?, Basler Zeitung, http://www.bazonline.ch/leben/gesellschaft/maennerbewegung-wohin/ story/18776481 (Zugriff 27.11.2019).

Hollstein, Walter. 1988. *Nicht Herrscher, aber kräftig. Die Zukunft der Männer.* Hamburg: Hoffmann und Campe.

Hollstein, Walter und Marco Caimi. 19.03.2015. «Der Mann kann heute alles nur noch falsch machen». Interviewt von Benedict Neff und Samuel Tanner. *Basler Zeitung.* https://www.bazonline.ch/basel/stadt/der-mann-kann-heu-te-alles-nur-noch-falsch-machen-/story/10098857 (Zugriff 27.11.2019).

Jardine, Alice und Paul Smith. 1987. *Men in Feminism.* New York: Routledge.

Kastein, Mara. 2019. Gleichstellungsorientierte Männerpolitik unter Legitimations-druck: Eine wissenssoziologische Diskursanalyse in Deutschland, Öster-reich und der Schweiz. Leverkusen-Opladen: Budrich UniPress.

Kimmel, Michael. 2015. *Angry white men: die USA und ihre zornigen Männer.* Zürich: Orell Füssli.

Konsortium PISA.ch. 2019. *PISA 2018: Schülerinnen und Schüler der Schweiz im internationalen Vergleich.* Bern und Genf: SBFI/EDK und Konsorti-um PISA.ch. https://pisa.educa.ch/sites/default/files/uploads/2019/12/ pisa2018_de.pdf

Lenz, Hans-Joachim. 2014. Wenn der Domspatz weiblich wäre … Über den Zusam-menhang der Verdeckung sexualisierter Gewalt an Männern und kulturel-len Geschlechterkonstruktionen. In Peter Mosser und Hans-Joachim Lenz (Hrsg.), *Sexualisierte Gewalt gegen Jungen: Prävention und Intervention,* (S. 15–40). Wiesbaden: Springer.

LINK Institut. 2019. *Report: Vaterschaftsurlaub 2019.* Luzern: Link Institut.

Mäder, Ueli. 1983. *Sepp. Ein Männerbericht.* Zürich: Rotpunkt.

Maihofer, Andrea. 2019. Wandel und Persistenz hegemonialer Männlichkeit und die Grenzen des Konzepts von Caring Masculinities. In Sylka Scholz und Andreas Heilmann (Hrsg.), *Caring Masculinities? Männlichkeiten in der Transformation kapitalistischer Wachstumsgesellschaften* (S. 63–77). München: oekom.

Maihofer, Andrea. 2014. Hegemoniale Selbstaffirmierung und Veranderung. In Karin Hostettler und Sophie Vögele (Hrsg.), *Diesseits der imperialen Geschlechterordnung. (Post)koloniale Reflexionen über den Westen,* (S. 305–318). Bielefeld: transcript.

Maihofer, Andrea. 2013a. Virginia Woolf – Zur Prekarität feministischer Kritik. In Bettina Hünersdorf und Jutta Hartmann (Hrsg.), *Was ist und wozu betreiben wir Kritik in der Sozialen Arbeit?* (S. 281–301). Wiesbaden: Springer.

Maihofer, Andrea. 2013b. Philosophie als anti-metaphysische Haltung zur Welt. In Dominique Grisard, Ulle Jäger und Tomke König (Hrsg.), *Verschieden sein: Nachdenken über Geschlecht und Differenz,* (S. 307–319). Sulzbach: Ulrike Helmer.

Maihofer, Andrea. 2007. Gender in Motion: Gesellschaftliche Transformationsprozesse – Umbrüche in den Geschlechterverhältnissen? Eine Problemskizze. In Dominique Grisard, Jana Häberlein, Anelis Kaiser und Sibylle Saxer (Hrsg.), *Gender in Motion,* (S. 281–315). Frankfurt a. M.: Campus.

Maihofer, Andrea. 2006. Von der Frauen zur Geschlechterforschung: Ein bedeutsamer Perspektivenwechsel nebst aktuellen Herausforderungen an die Geschlechterforschung. In Brigitte Aulenbacher, Mechthild Bereswill, Martina Löw, Michael Meuser, Gabriele Mordt, Reinhild Schäfer und Sylka Scholz (Hrsg.), *FrauenMännerGeschlechterforschung: State of the art* (S. 64–77). Münster: Westfälisches Dampfboot.

Maihofer, Andrea. 2001. Geschlechterdifferenz – eine obsolete Kategorie? In Herbert Uerlings, Karl Hölz, und Viktoria Schmidt-Linsenhoff (Hrsg.), *Das Subjekt und die Anderen,* (S. 55–72). Berlin: Erich Schmidt.

Maihofer, Andrea. 1995. Geschlecht als Existenzweise: Macht, Moral, Recht und Geschlechterdifferenz. Frankfurt a. M.: Ulrike Helmer.

Maihofer, Andrea und Diana Baumgarten. 2015. Sozialisation und Geschlecht. In Klaus Hurrelmann, Ullrich Bauer, Matthias Grundmann und Sabine Walper (Hrsg), *Handbuch Sozialisationsforschung,* (S. 630–658). Weinheim: Beltz.

Maihofer, Andrea und Alex Demirović. 2013. Vielfachkrise und die Krise der Geschlechterverhältnisse. Hildegard Maria Nickel (Hrsg.), Krise, Kritik, *Allianzen. Arbeitsgesellschaft im Wandel.* (S. 30–48). Weinheim: Beltz.

Maihofer, Andrea und Franziska Schutzbach. 2015. Vom Antifeminismus zum «Anti-Genderismus». Eine zeitdiagnostische Betrachtung am Beispiel Schweiz. In Sabine Hark und Paula-Irene Villa (Hrsg.), (Anti-)Genderismus (S. 201–217). Bielefeld: transcript.

männer.ch. 2020. Unsere Mission. Bern: männer.ch. https://www.maenner.ch/unsere-standpunkte/unsere-mission/. (Zugriff 09.02.2020).

Meichtry, Wilfried. 2012. *Verliebte Feinde: Iris und Peter von Roten.* Zürich: Nagel & Kimche.

Meuser, Michael. 2013. Geschlecht. In Christian Gudehus und Michaela Christ (Hrsg.), *Gewalt: Ein interdisziplinäres Handbuch* (S. 209–214). Stuttgart: Metzler.

Meuser, Michael und Sylka Scholz. 2011. Krise oder Strukturwandel hegemonialer Männlichkeit? In Mechthild Bereswill und Anke Neuber (Hrsg.), *In der Krise?* (S. 56–79) Münster: Westfälisches Dampfboot.

Nationalrat Herbstsession. 2019. 18.052 Für einen vernünftigen Vaterschaftsurlaub – zum Nutzen der ganzen Familie. Volksinitiative | Amtliches Bulletin. Das Schweizer Parlament, https://www.parlament.ch/de/ratsbetrieb/amtliches-bulletin/amtliches-bulletin-die-verhandlungen?SubjectId=46983 (Zugriff 12.11.2019).

OECD. 2019. PISA 2018 Results (Volume III): *What School Life Means for Students' Lives.* Paris: OECD Publishing.

Pilgrim, Volker Elis. 1979. *Manifest für den freien Mann.* München: Trikont.

Polyphon 2019. Können Männer feministisch sein? *Radio Bern RaBe.* https://polyphon-rabe.ch/wp/maenner-feminismus/ (Zugriff 21.03.2021).

Poullain de la Barre, François. 1993. Die Gleichheit der zwei Geschlechter. In Irmgard Hierdeis (Hrsg.), *«Die Gleichheit der Geschlechter» und «Die Erziehung der Frauen» bei Poullain de la Barre,* (S. 85–163). Frankfurt a.M., New York: Peter Lang.

Regierungsrat Kanton Basel-Stadt. 2019. Interpellation Nr. 34 Kerstin Wenk betreffend «Stellenwert und der Finanzierung des Männerbüros Basel». Basel: Kanton Basel-Stadt. https://www.grosserrat.bs.ch/dokumente/100389/000000389727.pdf?t=15572606232019050722343 (Zugriff 21.03.2021).

Rosch, Benjamin. 09.05.2019. Das Basler Männerbüro vor dem Aus – Attacke auf das Gleichstellungsamt. *bz Basel,* https://www.bzbasel.ch/basel/basel-stadt/das-basler-mannerburo-vor-dem-aus-attacke-auf-das-gleichstellungsamt-ld.1362259 (Zugriff 21.03.2021).

Schacht, Steven P. und Doris W. Ewing. 1998. *Feminism and Men: Reconstructing Gender Relations.* New York: New York University Press.

Schweizer Parlament. 2020. Frauenstimmrecht in der Schweiz: 100 Jahre Kampf. Bern: Das Schweizer Parlament, https://www.parlament.ch/de/%C3%BCber-das-parlament/politfrauen/eroberung-der-gleichberechtigung/frauenstimmrecht Ist das online verfügbar oder eine Publikation? (Zugriff 18.03.2021).

Schweizerische Bundesversammlung. 1918. Übersicht der Verhandlung der Schweizerischen Bundesversammlung. Ordentliche Winter-Tagung, Montag den 2. bis Samstag den 21. Dezember 1918, https://www.parlament.ch/centers/documents/de/suffrage-feminin-nanchen-deliberations-d.pdf (Zugriff 07.02.2020).

Singer, Mona. 2003. Frau ohne Eigenschaften – Eigenschaften ohne Frau? Situiertes Wissen, feministischer Standpunkt und Fragen der Identität. In Tatjana Schönwälder-Kuntze, Sabine Heel, Claudia Wendel und Katrin Wille (Hrsg), *Störfall Gender: Grenzdiskussionen in und zwischen den Wissenschaften* (S. 95–108). Wiesbaden: Springer.

Stricker, Bernhard. 2012. *Mensch Mann: Männergruppen im Aufwind.* Bern: Text-Art.

Theunert, Markus. 2019. Die andere Geschlechterpolitik. männer.ch, https://www.maenner.ch/wp-content/uploads/2019/03/X3_Theunert-in-Aigner.pdf (Zugriff 26.02.2020).

Theunert, Markus. 2013. *Co-Feminismus: Wie Männer Emanzipation sabotieren – und was Frauen davon haben.* Bern: Huber.

Theunert, Markus. 2012. *Männerpolitik: Was Jungen, Männer und Väter stark macht.* Wiesbaden: VS Verlag für Sozialwissenschaften.

Tholen, Toni. 2019. Caring Masculinities? Probleme und Potenziale. In Sylka Scholz und Andreas Heilmann (Hrsg.), *Caring Masculinities? Männlichkeiten in der Transformation kapitalistischer Wachstumsgesellschaften* (S. 213–224). München: oekom.

Tholen, Toni. 2015. «Krise der Männlichkeit». Zur Konzeptualisierung eines häufig verwendeten Topos. In Ders. (Hrsg.) *Männlichkeiten in der Literatur. Konzepte und Praktiken zwischen Wandel und Beharrung* (S. 45–50). Bielefeld: Transcript.

Tholen, Toni. 2011. Subjektivität – Krise – Utopie: Imagiationen von Männlichkeit im zeitgenössichen Denken und Schreiben. In Mechthild Bereswill und Anke Neuber (Hrsg.), *In der Krise?* (S. 170–192). Münster: Westfälisches Dampfboot.

Thym, Anika. 2019. Herrschaftskritik privilegierter Personen. Das Potential multidimensionaler Hegemonieselbstkritik. *Open Gender Journal* 3: 1–20.

Thym, Anika. 2018. Ansätze zu Hegemonieselbstkritik – Einblicke in kritische (Selbst)Reflexionen von Männern aus Führungspositionen im Finanzsektor. In Katharina Pühl und Birgit Sauer (Hrsg.), *Kapitalismuskritische Gesellschaftsanalyse: queer-feministische Positionen* (S. 196–214). Münster: Westfälisches Dampfboot.

Thym, Anika, Andrea Maihofer und Matthias Luterbach. 2021. «Antigenderistische» Angriffe – wie entgegnen? In Annette Henninger, Denise Bergold-Caldwell, Sabine Grenz, Barbara Grubner, Helga Krüger-Kirn, Susanne Maurer, Marion Näser-Lather und Sandra Beaufaÿs (Hrsg.), *GENDER Sonderheft 6: Mobilisierungen gegen Feminismus und «Gender»* (S. 155–171). Opladen: Barbara Budrich.

Vetter, Gabriel und Anja Knabenhans. 01.03.2020. 75 Jahre «Schellen-Ursli» – Echter Bilderbuch-Bub oder falsches Vorbild? *Schweizer Radio und Fernsehen (SRF),* https://www.srf.ch/kultur/literatur/wochenende-literatur/75-jahre-schellen-ursli-echter-bilderbuch-bub-oder-falsches-vorbild (Zugriff 21.03.2021).

13 Autor*innen & Herausgeber*innen

Die Arbeitsgruppe Transformation von Männlichkeiten (TransforMen) ist eine standortunabhängige, interdisziplinäre sowie institutionenübergreifende Arbeitsgruppe der Schweizerischen Gesellschaft für Geschlechterforschung (SGGF), die seit 2015 existiert. Der Zusammenschluss von Forschenden aus verschiedenen Stufen setzt sich für den gegenseitigen Austausch und die Förderung der kritischen Männer*- und Männlichkeitenforschung in der Schweiz ein. Weitere Informationen unter www.genregeschlecht.ch.

Gemeinsame Herausgeber*innen des Buches sind Diana Baumgarten, Matthias Luterbach, Martina Peitz, Sarah Rabhi-Sidler, Steve Stiehler, Tobias Studer, Anika Thym und Isabelle Zinn.

Diana Baumgarten ist promovierte Soziologin und Geschlechterforscherin und wissenschaftliche Assistentin am Zentrum Gender Studies der Universität Basel. Ihre Expertise liegt einerseits auf dem Themenkomplex Familie, familiale Arbeitsteilung, Vorstellungen von Männlichkeit und Vaterschaft, Vorstellungen von Weiblichkeit und Mutterschaft sowie den Wechselbeziehungen von Familien- und Berufsvorstellungen. Andererseits setzt sie sich seit Längerem mit der kritischen Männlichkeitenforschung auseinander und hat sich mit dem Gesundheitsverhalten von Männern im Alltag und der Konstruktion und der Transformation von Männlichkeit in Erwerbsarbeit und Geschlechterverhältnissen beschäftigt. Zu allen Themen führt sie regelmässig Seminare an Universitäten und Fachhochschulen durch. Neben ihrem wissenschaftlichen Engagement ist ihr der Austausch mit familien- und männerpolitischen Organisationen ein wichtiges Anliegen.

Christa Binswanger ist Professorin und Leiterin des Fachbereichs Gender und Diversity an der Universität St. Gallen. Sie ist Mitglied der Leitung Kontextstudium an der School for Humanities and Social Sciences (SHSS) sowie Mitglied der Gleichstellungskommission. Sie ist Mitorganisatorin der jährlichen Diversity und Inclusion Tagungen an der Universität St. Gallen, um den Wissenstransfer von theoretischem Wissen in die Praxis zu fördern. Im nationalen Netzwerk Think Tank Gender und Diversity beteiligt sie sich aktiv als Träger*in. Ihre Schwerpunkte in Lehre und Forschung sind kulturwissenschaftliche Geschlechterforschung, Diversität und Inklusion, Intersektionalität, Care Ökonomie, Queer und Affect Studies, Sexualität, Sexual Script Theorie, narrative Identität und geschlechtergerechte Sprache.

Michela Canevascini hat einen Doktortitel in Sozialwissenschaften an der Universität Lausanne mit einer Arbeit über Suizidprävention und Betreuung von Menschen mit suizidalem Verhalten erworben. Anschliessend arbeitete sie in Forschungsprojekten im Bereich der Tabakprävention, der Müttergesundheit und der Altenpflege.

Marisol Keller arbeitet und promoviert seit 2018 am Geographischen Institut der Universität Zürich in der Abteilung Wirtschaftsgeographie. Als Teil der Forschungsgruppe «Arbeit, Migration und Geschlecht» interessiert sie sich für die Produktion von Ungleichheiten auf dem Arbeitsmarkt. In ihrem aktuellen Dissertationsprojekt legt sie den Schwerpunkt auf die Auswirkungen der Digitalisierung auf dem Arbeitsmarkt. Sie untersucht, wie sich die Arbeitsbedingungen im Niedriglohnsektor in der Schweiz durch die Etablierung von digitalen Arbeitsvermittlungsplattformen verändern und welche Auswirkungen dies für die Arbeitskräfte hat. Als Geographin interessiert sie sich besonders dafür, welche räumlichen und zeitlichen Arbeitsarrangements, sozialen Beziehungen und Vorstellungen von Arbeit Plattformarbeit hervorbringt. Methodisch kombiniert sie dabei qualitative Interviews und Website-Analysen mit einer Autoethnographie. Das für diesen Sammelband verfasste Kapitel basiert auf Ergebnissen eines früheren Forschungsprojekts. Für ihre Masterarbeit interviewte sie junge Männer in geschlechtsuntypischen Berufen und untersuchte, wie diese über Männlichkeiten diskutieren. Ausserhalb ihrer universitären Arbeit engagiert sie sich in der Geschäftsleitung des Vereins Bildungsmotor, der sich mit Bildungsangeboten für Kinder der Stadt Zürich für Chancengleichheit einsetzt.

Brigitte Liebig ist Professorin an der Hochschule für Angewandte Psychologie der Fachhochschule Nordwestschweiz und Privatdozentin am Seminar für Soziologie der Universität Basel. Ihre Arbeitsschwerpunkte in Forschung und Lehre liegen im Bereich Arbeit und Organisation sowie Gender und Diversity. Gemeinsam mit Kolleginnen des Komitees Geschlechterforschung der Schweizerischen Gesellschaft für Soziologie leitete sie 2013 eine interdisziplinäre Veranstaltungsreihe zum Thema «Männer und Männlichkeiten in den Disziplinen» an der Universität und ETH Zürich und 2015 gemeinsam mit Mechthild Oechsle eine internationale Tagung zum Thema «Fathers in Work Organizations: Inequalities and Capabilities» am Zentrum für interdisziplinäre Forschung (ZIF) der Universität Bielefeld. Gemeinsam mit Martina Peitz und finanziell unterstützt von Schweizerischen Nationalfonds bearbeitete sie Fragen zum Umgang mit Vätern in der Arbeitswelt und entwickelte massnahmenorientierte Ansätzen zur Förderung einer aktiven Vaterschaft.

Matthias Luterbach ist wissenschaftlicher Assistent im Fach Geschlechter-forschung und Doktorand im Graduiertenkolleg des Zentrum Gender Studies und der Graduiertenschule Social Sciences an der Universität Basel. In seinem Promotionsprojekt «Emanzipierte Mütter? Involvierte Väter?» untersucht er heterosexuelle Elternpaare, in der Partner und Partnerin sich sowohl in der Kinderbetreuung engagieren wie auch erwerbstätig sind. Er fragt, was eine solche Arbeitsteilung für die Geschlechterverhältnisse im Elternpaar bedeutet, wie darin Geschlechterdifferenz wirkmächtig ist, an welchen Mutter- und Vaterschaftsvorstellungen sie sich orientieren und inwiefern darin Strukturen männlicher Herrschaft und männliche Dominanz infrage gestellt werden. Seine Arbeitsschwerpunkte sind Gesellschafts- und Geschlechtertheorie, feministische Kritik, kritische Männer*- und Männlichkeitenforschung, familiale Lebensformen und Geschlechterverhältnisse in der Schweiz im Spannungsfeld von Persistenz und Wandel und qualitative Sozialforschung.

Ueli Mäder ist Soziologe und emeritierter Professor der Universität Basel und der Hochschule für Soziale Arbeit FHNW. Seine Arbeitsschwerpunkte sind soziale Ungleichheit und Konfliktforschung. Er interessiert sich für biographische Zugänge und inwiefern sie dokumentieren, was sich gesellschaftlich abspielt. Die unterschiedlichen Momente der Sozialisierung untersuchte er bei Armen und Reichen, bei Gewalttätigen, bei Friedensbewegten und zuletzt auch bei seiner eigenen Generation. Im Fokus steht der kulturelle und politische Aufbruch, an dem er sich selbst mit kollektiven Ansätzen emanzipierter Männlichkeit engagierte. «Diese kontrastieren hoffentlich nicht nur traditionelle Vorstellungen», so Mäder, «sondern auch ganz moderne, die vornehmlich ökonomisierte Lebensverhältnisse reproduzieren.»

Andrea Maihofer ist emeritierte Professorin für Geschlechterforschung und ehemalige Leiterin des Zentrums Gender Studies an der Universität Basel. Forschungsschwerpunkte: Geschlechterforschung, kritische Gesellschaftstheorie, Wandel und Persistenz der Geschlechterverhältnisse, Normen/Normalisierung; aktuell: kollektives Gedächtnis und Wandel von Unrechtsbewusstsein, Männlichkeit, Rechtspopulismus.

Claudia Opitz-Belakhal ist Professorin für Neuere Geschichte am Departement Geschichte der Universität Basel. Ihre Forschungsschwerpunkte sind die Geschichte Frankreichs und der Schweiz in der Frühen Neuzeit sowie v.a. die Geschlechtergeschichte der Frühen Neuzeit, insbesondere die Erforschung historischer Formen von Männlichkeit. Neben der Geschichte von Familien- und Generationenbeziehungen interessiert sie derzeit vor allem eine emotionsgeschichtliche Perspektive in der Geschichtswissenschaft.

Nathalie Pasche arbeitet als wissenschaftliche Mitarbeiterin an der Hochschule für Soziale Arbeit der Fachhochschule Nordwestschweiz (FHNW). Im Jahr 2013 absolvierte sie den Master in Sozialer Arbeit und Sozialpolitik an der Universität Fribourg. Parallel dazu verfolgt sie ein Dissertationsprojekt an der Universität Siegen zum Thema der Diversität in der Polizei. Ihre Forschungsgebiete sind Differenz- und Organisationsforschung im Kontext von Polizei und Sozialer Arbeit. Zeitdiagnosen haben aufgrund ihres Gegenwartbezugs stets einen temporären Charakter. Zeitdiagnosen zu Männlichkeiten verlieren jedoch nicht an gesellschaftlicher Relevanz und müssen daher ständig revidiert werden. Umso mehr trifft dies auf Organisationen wie die Polizei zu, deren traditionell-männliche Struktur dazu verleiten kann, sie einzig als Ort klischierter Männlichkeiten wahrzunehmen und damit das Forschungsdesiderat zu verkennen.

Martina Peitz ist promoviert und arbeitet als freischaffende Soziologin. Ihre Forschungsschwerpunkte liegen im Bereich Gender und Diversity sowie in der Männlichkeitsforschung. Das Interesse für die Männlichkeitsforschung entstand vor allem im Rahmen ihrer Mitarbeit beim Komitee Geschlechterforschung der Schweizerischen Gesellschaft für Soziologie, das sich bereits im Jahre 2010 mit dem Thema Männer und Männlichkeit(en) befasste. Damals war das Thema im deutschsprachigen Raum noch Neuland. Im Anschluss an Vorarbeiten im Komitee führte sie gemeinsam mit Brigitte Liebig das SNF-Projekt «Familienfreundliche Unternehmen und Vaterschaft» durch, das auch die Grundlage des Artikels in diesem Sammelband bildet. Männer*- und Männlichkeitenforschung bedeutet für sie das spannende Öffnen einer «Black Box», die eine bisher noch wenig wahrgenommene Vielgestaltigkeit männlicher Subjektivierungsweisen offenbart.

Sarah Rabhi-Sidler ist wissenschaftliche Mitarbeiterin an der Careum Hochschule Gesundheit, wo sie zu Young Carers forscht, also Kindern, Jugendlichen und jungen Erwachsenen, welche Betreuungsaufgaben für eine nahestehende Person mit gesundheitlicher Beeinträchtigung übernehmen. Daneben doktoriert sie an der Universität Basel zu Erstvaterschaft bei Männern mit türkischem Migrationshintergrund in der Schweiz und ist Teil des Graduiertenkollegs Gender Studies. In ihrem Dissertationsprojekt interessiert sie sich für Vorstellungen und die Gestaltung von Vaterschaft der Interviewpartner sowie die Arrangements bei der Aufteilung von Familien- und Erwerbsarbeit.

Romina Seminario earned her PhD in Social Sciences at the Lausanne University. She specializes in migration from Latin America, and her dissertation analyzed international students, onward migrants and «sans papiers» amongst

Peruvian men and women in Switzerland. From 2009 to 2011 she won the Swiss scholarship of Excellence for international young scholars, did research on South American care workers in Switzerland and earned a Master's degree in Social Sciences from the Lausanne University. As an anthropologist, she worked between 2005 and 2009 on projects related to migration, gender and poverty in the Amazonian and Andean regions of Peru.

Brenda Spencer, a social scientist with a critical health perspective, has a life-long career in public health and clinical research, evaluation, surveillance and teaching. Until retirement, she was employed as Head of Research Section with the University Institute for Social and Preventive Medicine (IUMSP), Lausanne University Hospital (CHUV) and from 2005 until 2017 had the academic titles of MER PD with the Faculty of Biology and Medicine, University of Lausanne. In 2004, she joined the Lausanne Clinical Epidemiology Centre (CepiC) and developed teaching courses and coaching on qualitative establishing collaborations across a large range of clinical fields. Currently, she has a position as Honorary Researcher at the newly constituted Unisanté (Centre universitaire de médecine générale et santé publique). Her chief domain of interest is sexual and reproductive health (SRH). A key-concern over many years in this field has been the exclusion of men from SRH strategies and services, and how this is linked with essentialist readings of masculinity.

Steve Stiehler ist Professor am Departement für Soziale Arbeit und Studiengangsleiter des BSc Soziale Arbeit an der Ostschweizer Fachhochschule. Er promovierte 2008 zum Thema «Männerfreundschaften – Eine vernachlässigte Ressource» und ist seit ca. 10 Jahren für das Schwerpunktthema «Männer und Soziale Arbeit» verantwortlich. Seine Expertise liegt einerseits in den Themenkomplexen der persönlichen Beziehungen sowie der sozialen Gesundheit von Männern und Jungen. Andererseits setzt er sich seit vielen Jahren in Lehre sowie Forschung/Consulting mit den Zusammenhängen von Männlichkeiten/Mannsein im Kontext von Lebensbewältigung und Sozialer Arbeit auseinander.

Tobias Studer ist promovierter Erziehungswissenschaftler und arbeitet als wissenschaftlicher Mitarbeiter an der Hochschule für Soziale Arbeit FHNW. Er promovierte 2017 zum Thema «Privatheit und Öffentlichkeit von Pflegefamilien» und untersuchte dabei das Verhältnis aus einer hegemoniekritischen und feministischen Perspektive. Seine Schwerpunkte in Lehre und Forschung sind Kritische Theorie in der Sozialen Arbeit, Arbeitsintegration, Arbeit und Migration, Bildung, Pflegefamilien und Heimerziehung. Die Auseinandersetzung mit Männlichkeit bringt insbesondere in diesen Themen und Handlungsfeldern notwendigerweise eine kritische Diskussion von Macht- und Herrschaftsverhältnissen mit sich.

Anika Thym, Universität Basel, ist Doktorandin im Graduiertenkolleg des Zentrum Gender Studies und der Graduiertenschule Social Sciences. In ihrem Projekt untersucht sie, inwiefern Männer* aus Führungspositionen in der Finanzbranche kritisch über Geschlechterverhältnisse und die gesellschaftliche Bedeutung ihrer Branche nachdenken. Arbeitsschwerpunkte: Gesellschafts- und Geschlechtertheorie, Kritische Männer*- und Männlichkeitenforschung, Social Studies on Finance, Feministische Kritik und Politik, Reproduktion und Care und hochschulpolitische Debatten um Exzellenz, Gleichstellung und Diversity. An der kritischen Männer*- und Männlichkeitenforschung interessiert sie vor allem, wie verschiedene Macht- und Herrschaftsverhältnisse in bürgerlich-männlicher Subjektivierung zusammenhängen sowie Formen und die Bedeutung emanzipatorischer Transformation von einem solchen, derzeit hegemonialen Ausgangspunkt. Kurz: ein zentrales Interesse liegt in der Frage nach Möglichkeiten und Grenzen der Hegemonieselbstkritik.

Margot Vogel Campanello arbeitet als Oberassistentin am Lehrstuhl Sozialpädagogik der Universität Zürich und als Projektleiterin am Departement Soziale Arbeit der Hochschule Luzern. In ihrer Dissertation beschäftigte sie sich mit der Selbstdarstellung von rechtsorientierten jungen Erwachsenen. Zu ihren Forschungsthemen gehören unter anderem soziale Ungleichheit und Familie, Kindesschutz, Entscheidungsprozesse und Normativität in der Sozialen Arbeit, Rechtsextremismus, Rassismus und Gewalt.

Isabelle Zinn ist Soziologin und promovierte an der Universität Lausanne und der EHESS in Paris. In ihrer Dissertation interessierte sie sich für zwei geschlechtersegregierte Berufe und untersuchte ethnografisch wann und wie die Kategorie Geschlecht am Arbeitsplatz relevant (gemacht) wird. Nach einer ersten Postdoc Stelle zum Thema Stillen am Arbeitsplatz forschte sie anschliessend mit Unterstützung des Schweizerischen Nationalfonds zu verschiedenen Berufsgruppen, die das Alt-Sein in Institutionen begleiten und interessierte sich dabei für Fragen zu Arbeitsteilung und Professionalisierung. Isabelle Zinn ist zurzeit Oberassistentin und Lehrbeauftragte in Arbeitssoziologie und Geschlechterforschung an der Universität Lausanne. Neben der thematischen Ausrichtung, hat sich Isabelle Zinn auf die Methoden qualitativer Sozialforschung, insbesondere der Ethnografie, spezialisiert. An der kritischen Männlichkeitsforschung interessiert sie, die Vielfalt der Menschen, die zur Gruppe der Männer* gehören, aufzeigen zu können und die soziale, kulturelle und historische Konstruktion dieser Gruppe zu unterstreichen.